U0771533

"101计划"核心教材

中药学领域

中药信息学

主　审　程翼宇

主　编　孟昭鹏　赵鸿萍

副主编　闫朝升　周作建　张燕玲　张定堃　赵　娟

编　者（按姓氏汉语拼音排序）

高振元（天津瀚海星云数字科技股份有限公司）

贺亚男（成都中医药大学）　　　　胡　珍（天津中医药大学）

贾勇哲［天大智图（天津）科技有限公司］

李　丹（黑龙江中医药大学）　　　李　潜（天津中医药大学）

孟昭鹏（天津中医药大学）　　　　茹原芳（中国药科大学）

宋懿花（南京中医药大学）　　　　孙继佳（上海中医药大学）

王　苹（天津现代创新中药科技有限公司）

王石峰（北京中医药大学）　　　　辛贵忠（中国药科大学）

闫朝升（黑龙江中医药大学）　　　闫文鑫（天津药物研究院）

尹　刚（头歌教学研究中心/湖南智擎科技有限公司）

张定堃（成都中医药大学）　　　　张　冬（天津中医药大学）

张洁玉（中国药科大学）　　　　　张燕玲（北京中医药大学）

赵鸿萍（中国药科大学）　　　　　赵　娟（上海中医药大学）

赵天易（天津中医药大学）　　　　周　倩（天津中医药大学）

周作建（南京中医药大学）

中国教育出版传媒集团

高等教育出版社·北京

内容简介

本教材编写旨在结合中药现代化和信息学发展的实际需求，向中药学科各专业本科生讲授中药信息学的基本概念、基础知识、技术原理及应用方法，并简述相关重要软件工具的实际使用方法。通过本教材的学习，不仅能帮助学生掌握中药信息学基本理论知识、常用技术手段及相关软件的正确操作方法，还将拓展学生的知识领域和国际视野，培养学生多学科交叉融合创新发展思维。

本教材注重理论与实践结合，以融合创新的思路，将信息技术与教材建设、课程建设融合，助力中药学拔尖人才培养。本教材主要供中药学基础学科拔尖学生培养基地班、创新实验班及其他中药学相关专业学生使用。

图书在版编目（CIP）数据

中药信息学 / 孟昭鹏，赵鸿萍主编 . -- 北京：高等教育出版社，2025.9. -- ISBN 978-7-04-064510-1

Ⅰ. R28

中国国家版本馆 CIP 数据核字第 202513JW76 号

Zhongyao Xinxixue

策划编辑 李远骋	责任编辑 李远骋	封面设计 李小璐		责任印制 赵义民	

出版发行	高等教育出版社	网　　址	http://www.hep.edu.cn
社　址	北京市西城区德外大街4号		http://www.hep.com.cn
邮政编码	100120	网上订购	http://www.hepmall.com.cn
印　刷	北京盛通印刷股份有限公司		http://www.hepmall.com
开　本	850mm×1168mm　1/16		http://www.hepmall.cn
印　张	16		
字　数	420千字	版　次	2025 年 9 月第 1 版
购书热线	010-58581118	印　次	2025 年 9 月第 1 次印刷
咨询电话	400-810-0598	定　价	52.00元

物 料 号　64510-00

中药学"101 计划"主审专家委员会

（按姓氏汉语拼音排序）

蔡宝昌（南京中医药大学）

陈红专（上海中医药大学）

陈士林（成都中医药大学）

程翼宇（浙江大学）

段金廒（南京中医药大学）

谷晓红（北京中医药大学）

果德安（中国科学院上海药物研究所）

匡海学（黑龙江中医药大学）

李　萍（中国药科大学）

李永吉（黑龙江中医药大学）

刘红宁（江西中医药大学）

彭　成（成都中医药大学）

屠鹏飞（北京大学）

万德光（成都中医药大学）

王广基（中国药科大学）

王继峰（北京中医药大学）

肖　伟（南京中医药大学）

徐宏喜（上海中医药大学）

颜正华（北京中医药大学）

张伯礼（天津中医药大学）

新形态教材网
Abooks

数字课程（基础版）

中药信息学

主　编　孟昭鹏　赵鸿萍

abooks.hep.com.cn/64510

使用方法：

1. 电脑或移动设备访问课程网站。

2. 注册并登录后，进入"个人中心"。

3. 刮开图书封底防伪码涂层，通过扫描二维码或
   手动输入 20 位密码，完成防伪码绑定。

4. 绑定成功后，即可开始本数字课程的学习。

如有使用问题，请点击页面下方的"疑问"按钮。

"中药信息学"数字课程编委会

主　审　程翼宇

主　编　孟昭鹏　赵鸿萍

副主编　闫朝升　周作建　张燕玲　张定堃　赵　娟

编　者　（按姓氏汉语拼音排序）

　　　　高振元（天津瀚海星云数字科技股份有限公司）

　　　　贺亚男（成都中医药大学）

　　　　胡　珍（天津中医药大学）

　　　　贾勇哲［天大智图（天津）科技有限公司］

　　　　李　丹（黑龙江中医药大学）

　　　　李　潜（天津中医药大学）

　　　　孟昭鹏（天津中医药大学）

　　　　茹原芳（中国药科大学）

　　　　宋懿花（南京中医药大学）

　　　　孙继佳（上海中医药大学）

　　　　王　苹（天津现代创新中药科技有限公司）

　　　　王石峰（北京中医药大学）

　　　　辛贵忠（中国药科大学）

　　　　闫朝升（黑龙江中医药大学）

　　　　闫文鑫（天津药物研究院）

　　　　尹　刚（头歌教学研究中心/湖南智擎科技
　　　　　　　　有限公司）

　　　　张定堃（成都中医药大学）

　　　　张　冬（天津中医药大学）

　　　　张洁玉（中国药科大学）

　　　　张燕玲（北京中医药大学）

　　　　赵鸿萍（中国药科大学）

　　　　赵　娟（上海中医药大学）

　　　　赵天易（天津中医药大学）

　　　　周　倩（天津中医药大学）

　　　　周作建（南京中医药大学）

总　序

党的二十大报告指出，"全面提高人才自主培养质量，着力造就拔尖创新人才，聚天下英才而用之"。党的二十届三中全会强调，"加强基础学科、新兴学科、交叉学科建设和拔尖人才培养""分类推进高校改革，建立科技发展、国家战略需求牵引的学科调整机制和人才培养模式"。教育部为落实党中央指示，开拓了培养能够引领重大原始创新、突破关键核心技术的拔尖人才有益探索，启动了"四个一流"建设的"101 计划"。以小切口解决大问题，在深处（课程）、实处（教材）、难处（实践）、痛处（教师）下功夫，为培养拔尖人才创造了一种新的教育范式。

习近平总书记多次对中医药工作做出重要指示，要"充分发挥中医药的独特优势，推进中医药现代化""加快推进中医药现代化、产业化""积极推进中医药科研和创新，注重用现代科学解读中医药学原理"，对中医药现代化与拔尖创新人才培养提出了具体要求。

中药学"101 计划"作为教育部基础学科教育教学改革研究项目之一，对中药学拔尖人才的培养目标、培养模式、课程体系、实践项目、教材建设、师资队伍建设进行了前瞻性、设计性改革。

本套中药学"101 计划"核心教材共 13 本。其中既有对中药学传统专业课程进行前沿性、研究性深化与延伸的教材，也有将生命与基础医学相关课程整合形成的教材（如《生命科学基础》），还有为了满足对人工智能、大数据与智能制造等新技术发展的需求，前瞻性编写的教材（如《中药工程学》《中药信息学》）。该系列教材建设强调教材质量，建立了主编、主审双负责制，强化顶层设计，建立学科督导组，动态跟踪评估教学效果和课堂授课质量，建立了多元评价体系。

这 13 门核心课程的建设及其相应教材的编写，进一步固化了中药学"101 计划"改革成果，加强了课程建设与科学进步、产业革新的紧密结合，推动了知识图谱与能力图谱建设，促进了院校间高水平教师的教研活动与交流，更是为开设中药学专业的院校开展拔尖人才培养改革提供了借鉴与参考。

本套中药学"101 计划"核心教材由天津中医药大学、北京中医药大学、上海中医药大学、南京中医药大学、成都中医药大学、黑龙江中医药大学、中国药科大学牵头，相关院校的专家参与编写。教材编写等的组织工作中，一直得到了教育部等单位有关领导的指导和支持。在此一并致谢！

张伯礼

2024 年 8 月

　　中药是中医药传承创新发展的物质基础，关乎人民身体健康和生命安全，如何让中药学科提升原始创新能力，以科技革新推动新质生产力的发展，汇聚科技创新的力量，已经成为当前中医药现代化研究的重要内容。

　　中药学"101计划"是中药拔尖创新人才培养的一项筑基性工程，是中医药产业链高质量发展的重要基石。根据教育部提出的深刻把握教育强国建设的新部署，以及人工智能等技术发展带来的新机遇和挑战，为全面提升人才培养质量，满足夯实根基的新要求，中国工程院院士、天津中医药大学名誉校长张伯礼教授牵头组织实施了中药学"101计划"项目，推动核心课程、核心教材、核心师资、核心实践项目建设。

　　随着中药学与现代信息技术的快速发展与融合，中药信息学这一新兴交叉学科日益显现其重要价值。中药信息学不仅深入探索中药相关信息的表征、管理、分析与利用，还与中药药理学、中药药剂学等课程相互关联，共同构建完整的中药知识体系。中药信息学集成中药学、信息学等多学科知识，利用计算机和人工智能技术深入探索中药领域的信息规律，对提升中药研究效率和质量起到关键作用。同时，随着技术的不断进步和研究的不断深入，中药信息学将在中药领域扮演更加重要的角色，为中医药的传承与创新注入新的活力。

　　受中药学"101计划"项目专家委员会委托，我们联合来自国内七所医药院校、若干科研院所和企业长期从事中医药与信息学交叉融合科研及教学工作的专家、学者，编写了这本《中药信息学》新形态教材。

　　本教材共9章，分别为概论、中药信息学数据基础、数据分析与可视化、经典机器学习算法、深度学习方法、中药信息技术前沿、中药信息学在基础研究中的应用、中药信息学在生产中的应用、中药信息学在临床中的应用。本教材图文并茂、内容精练，注重理论与实践相结合。

　　本教材主要供中药学基础学科拔尖学生培养基地班、创新实验班及其他中药学相关专业学生使用。教材的编写得到了各参编单位及高等教育出版社的大力支持，在此表示衷心的感谢！由于编者能力水平有限，在教材编写过程中难免存在不足，衷心希望广大读者批评指正。

孟昭鹏　赵鸿萍

2024年10月

目 录

第一章

概　论

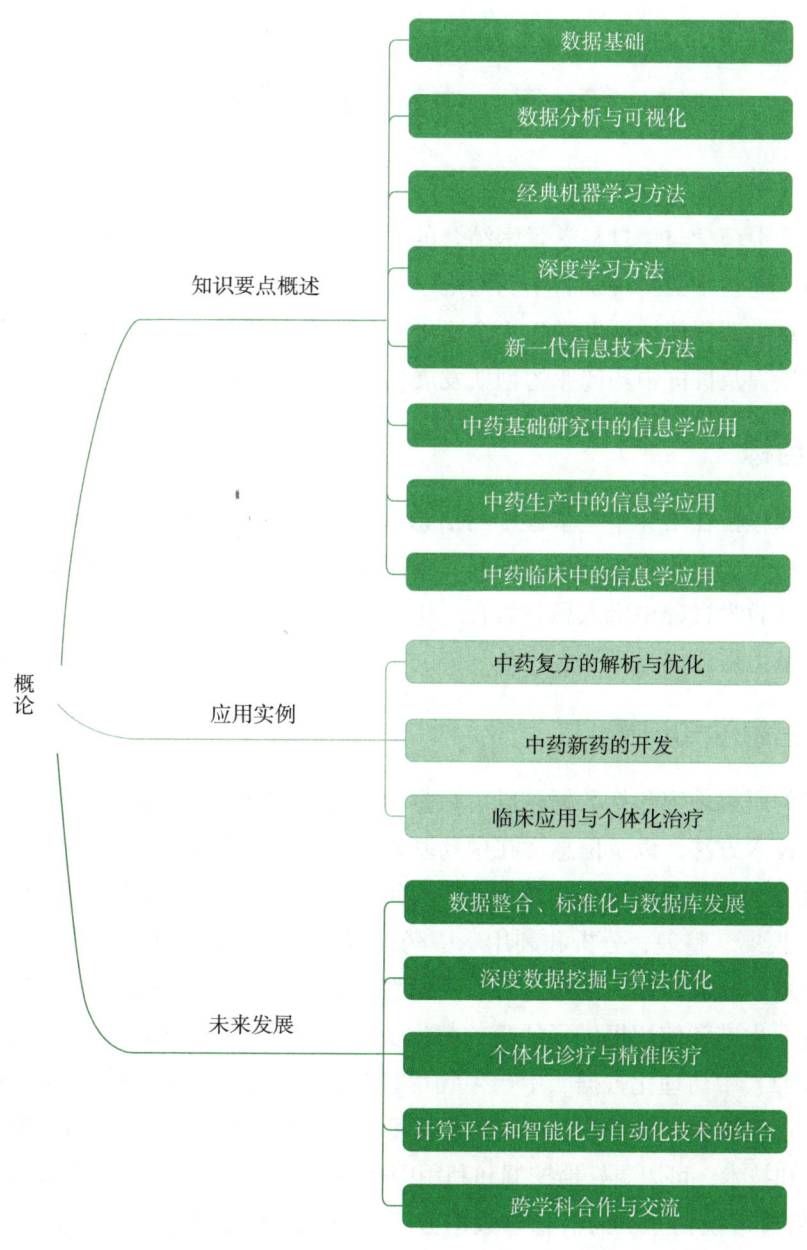

概论
- 知识要点概述
  - 数据基础
  - 数据分析与可视化
  - 经典机器学习方法
  - 深度学习方法
  - 新一代信息技术方法
  - 中药基础研究中的信息学应用
  - 中药生产中的信息学应用
  - 中药临床中的信息学应用
- 应用实例
  - 中药复方的解析与优化
  - 中药新药的开发
  - 临床应用与个体化治疗
- 未来发展
  - 数据整合、标准化与数据库发展
  - 深度数据挖掘与算法优化
  - 个体化诊疗与精准医疗
  - 计算平台和智能化与自动化技术的结合
  - 跨学科合作与交流

随着中药学的快速发展及其与现代信息技术的融合，中药信息学这一新兴交叉学科日益显现其重要价值。中药信息学涉及数据基础、数据分析与可视化、经典机器学习、深度学习及新一代信息技术等多个研究层面，对提升中药研究效率和质量起着关键作用。

中药数据库的构建是中药信息学的基石，它涵盖中药材的详细数据，为中药的研、产、用提供了强大的数据支撑。同时，先进的数据挖掘和分析技术如网络药理学方法进一步揭示了中药的治疗机制和药效，推动了中药的现代化转型。此外，前沿技术如人工智能和大数据分析正在极大地扩展和深化中药信息学的研究。这些方法和技术不仅提升了中药研究的效率和精度，还为实现中药研发的个性化和精准化铺平了道路。

总的来说，中药信息学作为新兴的交叉学科，正成为推动中医药现代化和国际化的关键力量。展望未来，随着技术的不断进步和研究的不断深入，中药信息学将在中药学领域扮演更加重要的角色，为中医药的传承与创新注入新的活力。

第一节 中药信息学简介

中药信息学是中药学与信息科学紧密结合的学科，它不仅深入探索中药相关信息的表征、管理、分析与利用，还与中药药理学、中药药剂学等学科相互关联，共同构建起完整的中药知识体系。学习中药信息学课程能够帮助学生更全面地理解中药的现代化研究与应用，对提升中药研发水平、优化生产流程及推进中药产业的创新发展具有重要意义。

一、课程目标

中药信息学课程旨在培养学生掌握中药信息学的基本理论和技能，能够熟练运用现代信息技术对中药信息进行分类、管理和分析；同时，通过实践操作，提升学生解决实际问题的能力，培养创新思维；并在教学过程中融入思政教育，引导学生树立科学精神，增强文化自信，为中药学的传承与发展贡献力量。

二、中药信息学知识概要

中药信息学的研究内容包括数据基础、数据分析与可视化、经典机器学习方法、深度学习方法、新一代信息技术方法，以及信息学在中药基础研究、生产和临床中的应用等。

1. **数据基础** 中药信息学数据基础涉及中药领域的各个方面，旨在通过信息学的方法和技术，对中药信息进行收集、整理、分析和利用。中药信息学注重构建全面、系统的中药资源数据库，包括中药材的产地、采收时间、药用部位、性状鉴别、化学成分、药理作用等详细信息。这些数据库为中药研究、生产和使用提供了便捷的数据支持。具体来说，中药信息学数据基础主要包括中药数据信息来源、中药理化数据、中药生物信息学数据、中药临床与药理学数据、中药其他信息及处理方法，以及数据结构设计。中药信息学数据基础是中药研究与应用的重要支撑，通过运用信息学的方法和技术，可以更好地挖掘和利用中药资源，推动中药学的现代化和国际化发展。

2. **数据分析与可视化** 中药信息学数据分析与可视化融合中药学、信息学等技术，通过采集、分析中药相关数据，揭示其内在规律，以指导合理应用与创新。该过程包括数据收集、处理与挖掘，利用各类静动态图表展示分析结果，有助于研究者和使用者对中药的理解与使用，推动其现代化与国际化。

3. 经典机器学习方法　中药信息学经典机器学习方法涉及使用机器学习算法处理和分析与中药相关的信息。这些方法在中药研究领域具有广泛的应用，包括中药成分的识别、药效预测、中药配伍优化等。机器学习是人工智能领域的一个分支，它让计算机能够"学习"并根据经验自动改进其性能。

在中药信息学中，经典机器学习方法通常包括监督学习、无监督学习和强化学习等。监督学习是机器学习中的一种方法，它利用已知标签的数据集进行训练，使模型能够学习从输入到输出的映射关系。在中药信息学中，监督学习可以用于中药药效的预测。例如，通过收集大量已知药效的中药成分数据，构建预测模型，然后利用该模型对新的中药成分进行药效预测。无监督学习是另一种机器学习方法，它可以在没有标签的数据集上发现数据的内在结构和规律。在中药信息学中，无监督学习可以用于中药成分的聚类分析，将具有相似性质的中药成分进行分组，以便进一步研究和应用。强化学习是一种通过试错来学习的方法，它与中药信息学的结合相对较少，但在某些特定场景下也可能有应用。例如，在中药配伍优化中，强化学习可以用于模拟不同配伍方案的效果，通过不断尝试和调整，找到最优的配伍方案。除了上述方法，中药信息学经典机器学习方法还包括一些特定的算法和技术，如人工神经网络、决策树、支持向量机等。这些算法和技术可以根据具体的研究需求进行选择和组合，以实现对中药信息的有效处理和分析。

需要注意的是，机器学习在中药信息学中的应用仍然面临一些挑战和限制。例如，中药成分的复杂性、药效的多样性及数据的稀缺性和质量问题都可能影响机器学习模型的性能和准确性。因此，在实际应用中，需要充分考虑这些因素，并结合具体的研究背景和需求进行模型的设计和优化。总之，中药信息学经典机器学习方法为中药研究提供了一种新的思路和工具，有助于推动中药领域的科学化和现代化进程。随着技术的不断发展和完善，机器学习在中药信息学中的应用将会越来越广泛和深入。

4. 深度学习方法　依托深度神经网络自动提取中药数据的深层特征，实现精准分类与高效分析，助力中药材图像识别、药效预测、配伍优化及临床数据分析等。卷积神经网络等模型已经被应用于中药材视觉分类、基于化学药理等多源信息的药效预测、优化方剂安全性与疗效等研究中。然而，中药信息的复杂性及深度学习模型的解释局限性也给应用推广带来了挑战。因此，需结合具体情境，科学设计中药学研究模型，以推动中药研究现代化、国际化。

5. 新一代信息技术方法　中药信息学正积极发展新一代信息技术，包括大数据与云计算、机器人、区块链技术及数字孪生等，为中药研究、开发与应用带来变革。

（1）大数据处理与分析技术的引入，让中药领域海量数据得以有效整合与深度挖掘，揭示中药的潜在价值与规律。云计算平台则构建了强大的数据处理与分析能力，助力中医药知识图谱的构建，实现了知识的系统化组织与快速查询，极大地提升了科研与应用的效率。

（2）机器人技术在中药信息学中的应用，通过图像识别与深度学习算法，实现了中药材的自动化识别与分类，解决了辨识难题，提高了药材使用的准确性。此外，机器人还能智能配伍中药方剂，结合现代研究成果推荐个性化药方，提升治疗效果。在数据挖掘与知识发现方面，机器人亦展现出巨大潜力，为中药研究提供新视角与参考。

（3）区块链技术的应用，为中药质量管理、知识产权保护及供应链管理等领域带来了新机遇。其不可篡改、透明的特性，构建了中药材溯源系统，增强了消费者对中药产品的信任。同时，区块链还优化了临床试验数据管理，保护了中药知识产权，并实现了供应链的智能化追踪与自动化交易，降低了市场风险与成本。

（4）数字孪生技术在中药研发、生产、管理与教育等方面展现出深远影响。通过模拟中药在人体内的作用过程，预测药效与不良反应，加速了中药研发进程。在生产领域，数字孪生助力生产线智能化改造，提升运行效率与产品质量。在管理方面，实现更加精准的中药质量控制，确保产品质量与安全。在教育教学上同样能够模拟中医诊疗环境，提高学生的学习与实践能力。

三、中药信息学的应用领域

1. 中药基础研究中的信息学应用 中药信息学作为生物技术与计算机技术融合的产物，正引领中药基础研究迈向新纪元。该学科凭借现代信息技术手段，在药物筛选、成分鉴定及作用机制研究等关键环节展现出巨大潜力，为中药系统性研究奠定了坚实基础。

（1）药物筛选的新篇章：面对新药研发的高投入与长周期挑战，中药信息学通过构建详尽的中药成分数据库，融合计算机辅助药物设计技术，实现了从海量数据中快速锁定潜在活性成分。分子对接技术的运用，让预测中药成分与靶蛋白的结合亲和力成为可能，帮助精准筛选出高亲和力的候选药物。网络药理学的引入，则进一步揭示了成分间的复杂网络关系，为药物组合策略提供科学依据，显著提升了筛选效率并降低了研发成本。

（2）成分鉴定的精准飞跃：传统成分鉴定方法受限于操作复杂与耗时问题，而中药信息学则通过生物信息学及人工智能技术的融合，实现了鉴定过程的革命性变革。基于基因组学、蛋白质组学的深入分析，不仅揭示了中药成分的代谢路径与作用靶点，还促进了对其全面认知的深化。人工智能算法的引入，实现了中药成分的自动识别与高效分类，极大地提升了鉴定精度与速度，为中药研究开辟了新的快速通道。

（3）作用机制研究的深度洞察：作用机制是理解中药疗效的核心，中药信息学通过整合多组学数据，采用系统生物学方法，全面揭示了中药的整体作用图景。转录组学、蛋白质组学及代谢组学的联合应用，不仅描绘了中药成分对基因表达、蛋白质相互作用及代谢途径的广泛影响，还深入探讨了其疗效产生的复杂机制。这些发现不仅深化了对中药作用机制的理解，更为中药的优化与创新提供了坚实的理论基础。

2. 中药生产中的信息学应用 中药信息学作为现代科技与传统中药生产的桥梁，正在逐步解决传统生产方式中的效率与质量难题，为中药产业转型升级注入新活力。该学科在生产实践中的应用广泛而深入，涵盖原料种植、生产加工及质量控制等关键环节，引领中药生产向高效、优质、可持续方向发展。

（1）原料种植的智慧化转型：面对中药材资源保护与利用的双重挑战，中药信息学通过建立种质资源数据库，实现资源的精准管理与保护。生物信息学技术的应用，为中药材种植提供了"定制化"的环境优化方案，结合遥感监测技术，实现对生长状况的动态监控与科学调控。这一系列举措不仅提升了中药材的产量与品质，还促进了生态环境的和谐共生，为中药产业的可持续发展奠定了坚实基础。

（2）生产加工的自动化与智能化：在生产加工环节，中药信息学通过构建生产工艺数据库，推动了生产流程的标准化与智能化。自动化生产线与智能制造技术的融合，大幅提高了生产效率，减少了人为误差，降低了生产成本。同时，基于机器学习的质量控制系统，能够精准捕捉生产过程中的关键指标变化，确保每一环节都符合质量标准，实现了从"制造"到"智造"的飞跃。

（3）质量控制的精准化与透明化：质量控制是中药产品赢得市场信任的关键。中药信息学通过建立质量标准数据库，运用先进的分析技术，如光谱分析、色谱分析等，对中药材及制品进行全方位、深层次的质量评价，确保产品安全有效。区块链技术的引入，为中药产品构建起一条不可篡改的信息链，实现从田间到药房的全程追溯，让消费者买得放心、用得安心。

然而，中药信息学的发展之路并非坦途，数据共享壁垒、技术更新换代及人才短缺等问题亟待解决。未来，需加强行业间的数据交流与合作，推动技术创新与成果转化，同时加大人才培养力度，为中药信息学的持续发展提供坚实支撑。只有这样，中药信息学才能更好地服务于中药生产，助力中药产业焕发新生机。

3. 中药临床中的信息学应用　中药信息学正以其独特的优势逐步成为推动中医药现代化进程的重要力量，面对中医药学对疗效的不懈追求，中药信息学在临床实践中展现出了强大的生命力和广阔的发展前景。

（1）辅助诊断的智能化革新：在中医临床诊断中，中药信息学通过构建丰富的中药数据库与智能专家系统，为医生提供了前所未有的诊断支持。基于中医四诊信息的智能辅助诊断系统，能够迅速整合并分析患者症状，辅助医生快速准确地做出诊断。同时，图像识别技术的引入，使舌象、脉象等传统诊断手段实现了自动化分析，进一步提升了诊断的精准度与效率，为中医临床决策提供了科学依据。

（2）个性化治疗方案的精准推送：针对每位患者的独特病情，中药信息学利用大数据分析技术，深入挖掘患者病史、症状、体质等多维度信息，为医生量身定制个性化治疗方案。这一创新不仅提升了治疗效果，还显著降低了医疗风险，使中医药治疗更加符合"以人为本"的医疗理念。此外，人工智能技术在治疗效果预测与评估中的应用，为医生提供了丰富的治疗策略选择，促进了治疗方案的持续优化。

（3）药物不良反应监测的智能化升级：在保障患者用药安全方面，中药信息学同样发挥着不可替代的作用。通过建立药物不良反应数据库与实时监测系统，中药信息学能够迅速捕捉并分析药物使用过程中可能出现的不良反应，为及时发现和处理潜在安全风险提供有力保障。同时，生物信息学技术的运用，进一步揭示了药物不良反应的发生机制，为预防和控制不良反应提供了科学依据。

然而，中药信息学在临床应用中仍面临数据质量、隐私保护及技术普及等挑战。为克服这些难题，需加强数据质量控制、完善隐私保护机制、加大技术普及力度，以提升中药信息学的整体应用水平。

展望未来，中药信息学将继续深化与中医药临床实践的融合，推动中医药研究思想与工作模式的根本性转变。从经验性、偶然性驱动的传统研究模式，逐步迈向由理性和知识驱动的现代研究模式，为中医药事业的传承与发展注入新的活力。

第二节　中药信息学的应用实例与未来发展

随着大数据、人工智能等技术的迅猛发展，中药信息学在中药的研发、评价、临床应用等方面展现出巨大的潜力和价值。本节旨在探讨中药信息学的应用现状，并展望其未来的发展趋势。

中药信息学的发展与现代信息技术的进步紧密相连。早期，中药信息学的研究主要集中在中药数据库的建设上，随着时间的推移，研究重心开始转向如何高效利用这些数据库中的信息，包括但不限于中药成分的结构解析、中药药效的关联分析、中药复方的配伍原理等。近年来，随着人工智能、大数据分析技术的飞速发展，中药信息学的研究方法和应用领域正在经历前所未有的扩展和深化。尽管其发展前景广阔，但面临着诸多挑战。首先，中药数据的采集、整理和标准化工作量巨大，且难度高。其次，中药成分复杂，其相互作用机制更是难以用现有的模型和算法完全揭示。此外，中药信息学的发展还需要跨学科的合作，如何构建有效的跨学科合作平台也是一大挑战。在挑战中孕育着巨大的机遇。随着科技的进步，尤其是人工智能技术的发展，中药信息学这一学科有望实现质的飞跃，带领中药学研究和应用实现新的跨越。

一、中药信息学的应用实例

本部分内容通过以下几个方面开展中药信息学应用实例的介绍：①通过中药信息学方法对中药复方进行系统的解析，识别复方中的关键成分和作用机制，进而指导复方的优化和改良。②用于新药的开发，即通过分析中药成分的生物活性，结合药效团预测和分子对接技术，可以设计和筛选出具有潜在药效的新化合物。③结合中药信息学和临床数据分析，对中药的临床应用效果进行更精准的评估，为患者提供更加个性化的治疗方案。

（一）中药复方的解析与优化

通过中药信息学方法，研究者们能够利用现代计算技术和大数据分析，对中药复方进行系统的解析。这一方法主要依赖生物信息学、化学信息学、药理学等多学科交叉的知识体系，通过对中药复方中各个成分的生物活性、药理作用及相互之间的作用机制进行深入分析，从而识别出复方中的关键有效成分及其作用机制。这不仅有助于揭示复方的内在治疗机制，还能指导复方的优化和改良，提高其治疗效率和安全性。

具体而言，中药信息学方法首先会对复方中的各个药材成分进行成分数据库的构建和整理，包括药材的化学成分、生物活性等信息。随后，通过生物信息学工具和算法，分析这些成分与疾病相关靶点的相互作用，从而推测出复方的作用机制。此外，药理学实验的辅助验证也是不可或缺的一环，它能真实地验证复方成分对特定生物标志物的影响，以及在生物体内的实际药效。

以"黄连解毒汤"为例，该复方由黄连、黄芩、黄柏、栀子四味药组成，传统上用于治疗热毒炽盛、湿热蕴结所致的疾病。通过中药信息学方法的分析，研究人员可以详细识别出这些药材中具有抗炎、抗菌作用的关键成分，如黄连中的黄连素、黄芩中的黄芩苷等，并进一步分析它们与人体内的炎症反应、细菌感染等相关的作用机制。这种方法的应用，使我们不仅能够更加精确地理解"黄连解毒汤"的治疗作用，还能在此基础上对复方进行优化，如调整药材比例，以提高治疗效果和减少不良反应。

再以"四物汤"为例，其由当归、熟地黄、白芍、川芎组成。通过中药信息学分析，研究者们发现这些药材中的特定成分，如熟地黄中的多糖和苷类化合物，能够有效地促进血红蛋白的合成和血液的生成。此外，这种方法还揭示了复方中各成分在调节女性激素水平、改善血液循环等方面的协同作用机制，为"四物汤"在治疗女性血虚病证中的应用提供了科学依据。

（二）中药新药的开发

中药信息学作为一门新兴的交叉学科，它整合了中药学、生物信息学、计算化学等多方面的知识和技术，不仅为传统中药的现代化研究提供了强大的支持，而且在新药开发领域展现出了巨大的潜力。通过深入分析中药成分的生物活性，并结合前沿的药效团预测、分子对接技术等方法，中药信息学能够高效筛选和设计出具有潜在治疗效果的新化合物，大大加快了新药的发现和开发过程。

药效团预测技术是指通过分析已知活性分子的结构特征，来预测未知分子可能的活性部位。这一技术的应用，可以帮助研究人员理解中药成分与其生物靶标之间的相互作用机制，从而为设计新型化合物提供理论基础。分子对接技术则是通过计算预测药物分子与其靶蛋白的结合模式和亲和力，用以评估分子的药效潜力。结合这两种技术，研究人员能够在庞大的化合物库中，高效筛选出具有特定生物活性的候选分子。

例如，在心血管疾病治疗药物的开发中，研究者利用中药信息学方法对传统中药如丹参、黄芩中的活性成分进行分析。通过药效团预测发现，某些成分如丹参酮 IIA、黄芩素等具有调节血压、改善心脏功能的潜在活性。进一步运用分子对接技术模拟这些成分与血管紧张素转换酶（ACE）等心血管疾病相关靶标的结合情况，从而筛选出了几种具有高亲和力和特定药效的新化合物。这些化合物经过合成和生物活性验证后，成为心血管疾病新药开发的有力候选。

再如抗肿瘤新药的开发。通过对传统抗癌中药成分的深入分析，研究人员发现了某些具有抑制肿瘤细胞增殖、诱导细胞凋亡作用的关键成分，如紫杉醇等。基于这些成分的化学结构和活性特点，运用中药信息学方法设计了一系列结构相似但具有更强生物活性和更低毒副作用的新化合物。通过分子对接技术，进一步优化了这些化合物与肿瘤相关靶标如微管蛋白的结合能力，从而提高了抗肿瘤效果。经过体外和体内实验验证，一些化合物显示出良好的抗癌活性，成为抗肿瘤新药研发的重要基础。

（三）临床应用与个体化治疗

在临床应用方面，中药信息学通过构建中医药知识库、疾病数据库等，为医生提供了便捷的查询和学习工具。例如，通过在线中医药知识服务平台，医生可以快速获取中药的性味归经、功效主治等详细信息，从而更准确地为患者开具处方。同时，这些平台还提供了丰富的临床案例和医案分析，帮助医生拓宽诊疗思路，提升临床疗效。例如抗肿瘤治疗，近年来，通过结合中药信息学研究和临床数据分析，科研人员发现某些中药，如白花蛇舌草、雷公藤等，在抗肿瘤方面具有潜在的疗效。通过详细分析这些药材的成分和作用机制，识别出它们对特定肿瘤细胞生长抑制、促进凋亡等方面的作用。结合对不同肿瘤类型患者的临床治疗数据分析，研究人员能够精确评估这些中药在不同肿瘤和不同患者个体中的疗效和安全性，为患者定制更为精准的治疗方案，既提高了治疗效果，也减少了不必要的副作用。

在个体化治疗方面，中药信息学的应用则更加深入。通过对患者的体质、症状、舌脉象等信息的综合分析，结合中药的性味归经和功效，可以为患者制定更加个性化的治疗方案。例如，在肿瘤治疗中，根据患者的肿瘤类型、分期及分子标志物等信息，中药信息学可以帮助医生选择更具针对性的中药组合，以达到增效减毒的效果。再如，在治疗糖尿病的临床实践中，结合中药信息学和临床数据分析，研究人员发现某些中药复方对糖尿病患者具有良好的降血糖效果。通过分析这些复方中的主要成分，如黄芪、丹参等，以及它们的药理作用机制，研究人员能够理解其在改善胰岛 B 细胞功能、增强胰岛素敏感性等方面的作用原理。同时，通过对大规模临床数据的分析，进一步确认了这些复方在不同类型、不同病程阶段的糖尿病患者中的疗效差异，为患者提供了更加个性化的治疗方案，显著提高了治疗的有效性和安全性。

此外，中药信息学还在新药研发和临床试验中发挥着重要作用。通过对大量临床数据的挖掘和分析，可以发现新的药物作用靶点和潜在的治疗方案，为新药研发提供有力支持。同时，在临床试验中，中药信息学也可以帮助研究人员更准确地评估药物的疗效和安全性，提高临床试验的效率和质量。

随着物联网、大数据、人工智能等新技术的发展，中药信息学的应用范围将进一步扩大。例如，通过智能穿戴设备收集患者的生理数据，结合中药信息学的分析方法，可以实现对患者健康状况的实时监测和预警。同时，利用人工智能技术对数据进行深度学习和挖掘，还可以发现更多潜在的疾病规律和治疗方案。

二、中药信息学的未来发展展望

随着国家对中医药事业发展的日益重视，中药信息学正站在新的历史起点上。党的十九大报告重点强调"坚持中西医并重，传承发展中医药事业"，党的二十大报告再次强调"促进中医药传承创新发展"。《中医药发展战略规划纲要（2016—2030 年）》和《中华人民共和国国民经济和社会发展第十三个五年规划纲要》都明确提出了中医药的发展目标。这为中药信息学的蓬勃发展注入了强大动力。在此背景下，我们有必要深入探讨中药信息学的未来发展趋势及所面临的挑战。

拓 展 阅 读 1-1：《中医药发展战略规划纲要（2016—2030 年）》介绍

拓 展 阅 读 1-2：《中华人民共和国国民经济和社会发展第十三个五年规划纲要》介绍

1. **数据整合、标准化与数据库发展**　随着大数据时代的到来，数据成为推动中药信息学发展的关键。然而，目前中医药数据存在来源多样、格式混乱、质量参差不齐等问题。因此，未来的中药信息学将更加注重数据的整合与标准化工作。通过建立统一的数据采集、存储和管理标准，确保数据的准确性和一致性，从而为后续的数据挖掘和分析提供坚实的基础。此外，随着国际中医药交流的日益频繁，建立国际通用的中医药数据标准也显得尤为重要，这将有助于推动中医药的国际化进程，提高中医药在全球的认可度和影响力。未来，随着生物信息学与中医药学的深度融合，数据库的建设将进入一个新的发展阶段。研究人员需持续投入精力，确保数据库的实时更新与维护，不断提升其有效性、权威性和完整性。这将为中药的现代化和国际化提供坚实的数据支撑。

2. **深度数据挖掘与算法优化**　中药信息学的核心是数据挖掘和分析。未来，随着计算能力的提升和算法的不断进步，中药信息学将能够进行更深入、更复杂的数据挖掘工作。例如，利用深度学习、机器学习等先进技术，对中医药数据进行多维度的关联分析，挖掘出隐藏在数据背后的规律和知识。同时，算法的优化也是未来中药信息学发展的重要方向之一。通过改进现有的数据挖掘和分析算法，提高数据处理的效率和准确性，从而更好地服务于中医药的临床应用和基础研究。

3. **个体化诊疗与精准医疗**　随着精准医疗概念的兴起，中药信息学在个体化诊疗方面的应用将更加广泛。通过对患者的基因组、代谢组等多维生物信息的深入分析，结合中医药的理论和实践，可以为患者提供更加精准的个体化治疗方案。这不仅有助于提高患者的治疗效果和生活质量，还能推动中医药的现代化和国际化。此外，中药信息学还可以与西医的精准医疗理念相结合，形成中西医结合的新型诊疗模式。通过整合中医的整体观念和西医的精准治疗，为患者提供更加全面、个性化的医疗服务。

中药安全性评价需要建立科学的评价方法和标准。开展中药特异质毒性研究，推动中药安全性问题解决由"从药找毒"向安全精准用药转变。针对中药安全性的问题，通过建立科学的临床安全性评价方法和标准，开展特异质毒性研究，可以更有效地监控和预防中药使用中可能出现的安全风险。这种主动评估模式的转变，将有助于中药安全精准用药的实现。

4. 计算平台和智能化与自动化技术的结合 中药药效与机制的研究是一个多层次、多环节的复杂过程。目前，虽然各环节已有一定的技术和工具支持，但尚缺乏一个统一、高效的计算平台来支撑全景式、大规模的数据分析。因此，整合和开发一个功能强大的计算平台，将是中药信息学未来发展的重要方向。随着人工智能和自动化技术的不断发展，中药信息学也将迎来智能化和自动化的新时代。通过引入人工智能技术，可以实现中医药数据的自动采集、处理和分析，从而提高数据处理的效率和准确性。同时，自动化技术还可以应用于中药的炮制、配伍和制剂过程，提高中药生产的效率和质量。

此外，智能化技术还可以帮助构建智能中医药辅助诊疗系统。这类系统能够根据患者的症状和体征，自动推荐合适的中医药治疗方案，为临床医生提供有力的决策支持。这将极大提高中医药服务的可及性和便捷性，推动中医药的普及和发展。

5. 跨学科合作与交流 中药信息学作为中医药学和信息科学的交叉学科，其发展离不开跨学科的合作与交流。未来，中药信息学将与更多的学科领域进行深度融合，如生物学、化学、计算机科学等。通过跨学科的合作与交流，引入更多的先进技术和方法，推动中药信息学的创新和中医药的全球化发展。

6. 面临的挑战 尽管中药信息学取得了显著进展，但仍面临诸多挑战。其中，最主要的问题是如何确保通过信息计算技术得到的结果符合客观实际。这要求研究人员不仅具备深厚的信息科学素养，还需对中医药学有深刻的理解。同时，寻找合适的验证方法，并基于循证医学证据解析结果，也是中药信息学发展过程中需要解决的关键问题。

综上所述，中药信息学在新时代背景下迎来了难得的发展机遇，但同时也面临着诸多挑战。只有不断创新、勇于探索，才能推动中药信息学持续健康发展，为中医药事业的传承与创新贡献力量。

第三节　学习思路与方法

中药信息学作为中医药学与信息学的交叉学科，其学习既具有挑战性也充满了机遇。以下从4个方面详细阐述学习中药信息学的思路和方法。

1. 明确学科交叉特点，构建知识体系 中药信息学融合了中医药理论和现代信息技术，因此，学习该课程首先需要明确这一学科交叉的特点。在此基础上，构建自己的知识体系。学生应该分别从中医药和信息科技两个方面入手，了解并掌握中药的分类、药性、功效等基本知识，同时也要熟悉数据库管理、数据分析、信息检索等信息技术。通过整合这两方面的知识，形成一个全面而系统的中药信息学知识体系。

2. **理论与实践相结合，深化理解** 理论学习是基础，但实践才是检验真理的唯一标准。学习中药信息学应注重将理论与实践相结合。可以通过参与课题研究、实验操作、实习实训等方式，亲身体验中药信息的采集、整理、分析和应用过程。这样不仅能加深对理论知识的理解，还能培养实际操作能力，为将来从事相关工作打下坚实的基础。

3. **注重跨学科融合，拓宽视野** 中药信息学作为跨学科领域，需要具备跨学科融合的思维。学习中应主动拓宽视野，关注与中药信息学相关的其他学科发展动态，如生物医学、计算机科学、数据分析等。通过了解这些学科的前沿知识和技术，更好地理解中药信息学的内涵和外延，为未来的研究和创新提供灵感和思路。

4. **培养自主学习能力，持续更新知识** 在信息爆炸的时代，自主学习能力尤为重要。对于学习中药信息学来说，培养自主学习能力是必不可少的。建议通过阅读学术文献、参加学术会议、关注行业动态等方式，主动获取最新的研究成果和前沿知识。同时，要学会利用网络资源，如在线课程、学术论坛等，与同行交流学习心得和研究成果，不断提升自己的学术水平。

综上所述，在学习中药信息学时，应从明确学科交叉特点、理论与实践相结合、注重跨学科融合和培养自主学习能力 4 个方面入手，全面地掌握中药信息学的核心知识和技能，为将来的学术研究和职业发展奠定坚实的基础。

（赵天易 胡 珍 周 倩）

🌐 **数字资源详见 新形态教材网**

✦编者导学　👥拓展阅读　🖥教学课件　✂思考题

中药信息学数据基础

🔲 思维导图

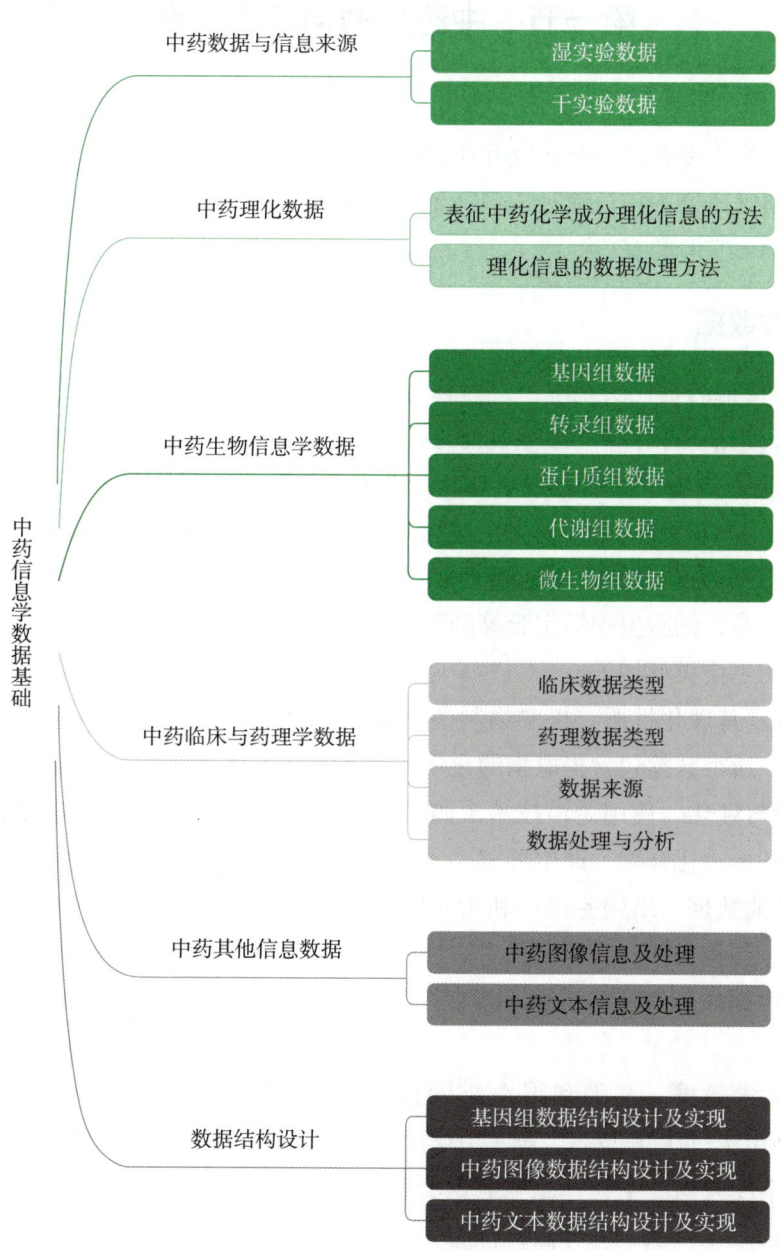

数据是中药信息学研究的基础，本章将从中药信息学数据的来源、获取与处理三个环节系统介绍不同类型的数据基础。数据来源分为湿实验和干实验两大来源途径，数据类型包括表征中药化学结构的理化数据、解析中药调控机体功能的生物信息学数据和表征中药疗效的临床与药理学数据等。基于以上框架，系统介绍了不同中药信息学数据的表征、获取与处理方法，强调数据的多样性和在研究中的基础性作用。例如，通过介绍基因组、转录组、蛋白质组、代谢组等数据的获取与处理方法，引导学生利用生物信息学数据研究中药对生物体系的调控作用。同时，介绍了中药的药效、配伍、临床应用和药理活性的数据基础，并探讨中药信息学研究中的非结构和半结构数据，如图像、文本数据等的处理方法。最后，本章将简述如何在中药信息学研究中设计有效的数据结构（如多维数组、数据框、张量等）来存储、管理和分析数据。

第一节　中药数据与信息来源

中药数据与信息来源是指中药研究和应用过程中获取知识和数据的各种渠道，涵盖了从传统医学典籍到现代科学研究的广泛途径，包括依赖实验测试获得的湿实验数据和从典籍、文献和数据库等途径获得的干实验数据。

一、湿实验数据

"湿实验"通常指的是在实验室中进行样本处理的实验，需要结合使用化学试剂、生物材料和实验仪器设备，包括理化分析实验、分子生物学实验、细胞生物学实验等，如从中药样本中提取药效成分或从生物样本中提取 DNA、RNA、蛋白质等物质，进行高效液相色谱法、蛋白质印迹法（western blot，WB）等湿润的实验过程。因此，湿实验数据来源于实验室内对样本的直接处理和测试，如药效成分的含量或细胞组织中 DNA、RNA、蛋白质的浓度，或者是理化分析实验、分子生物学实验、细胞生物学实验等的其他形式结果。

湿实验数据的主要类型如下。

1. 化学成分及其理化性质　提取物制备：通过水、乙醇、乙醚等不同溶剂系统从中药材料中提取有效成分。所得数据包含提取物的化学成分及其基本理化性质，如溶解度、稳定性等。

2. 成分分离与纯化　使用色谱技术（如高效液相色谱、薄层色谱、气相色谱等）分离和纯化中药提取物中的单一化合物，产生纯度、含量等数据。

3. 结构和功能数据　结构鉴定：利用质谱、核磁共振等技术对化合物进行结构鉴定，获取化合物的分子式、结构骨架和官能团信息。活性评价：通过细胞培养、动物实验或酶活性测试等生物学方法评价中药成分的药理活性，获取关于成分生物活性的数据，如抗癌、抗炎、抗氧化活性等。

4. 分子生物学数据　基因和蛋白质表达 / 丰度数据：通过聚合酶链式反应（polymerase chain reaction，PCR）、WB 等技术，研究中药处理前后基因表达水平和蛋白质丰度的变化，生成相应的表达 / 丰度数据。生物标志物数据：利用免疫组化和酶联免疫吸附测定（enzyme linked immunosorbent assay，ELISA）等方法，检测和量化样本中的特定生物标志物。

5. 生化指标数据　测量生物样本中的特定生化指标，如血清中的酶活性、激素水平等，生成关于中药生理影响的数据。

这些数据来源于对中药成分的提取、分离、纯化及生物活性的评估，是理解中药复杂性和多样性的基础。湿实验数据不仅提供了定性和定量的信息，还揭示了中药成分的结构和功能特性，为中药研究提供了科学依据。

二、干实验数据

"干实验"是指使用计算机和生物信息学技术进行的模拟实验，包括从大规模数据中提取信息，进行机器学习建模与模拟、统计分析和生物信息学分析等。干实验不涉及直接的实验室实际操作，而是基于计算机分析和处理生物学数据。

干实验数据的主要来源和用途包括：①计算机辅助药物设计（computer-aided drug design，CADD），利用计算机技术模拟中药成分与生物大分子（如蛋白质、DNA 等）的结合过程，预测中药化学成分的活性及其可能的作用靶点。②分子对接和动力学模拟，通过计算机模拟中药活性成分与靶蛋白之间的相互作用，揭示其潜在的结合模式和作用机制。③药效团预测，应用化学信息学方法分析中药成分的结构特征，预测其药理活性及作用类型。④数据库检索，通过访问中药数据库、药物数据库、化合物库等资源，收集关于中药成分的化学结构、药理活性、传统应用和现代研究进展的信息。⑤文献分析，系统分析和整合已发表的中药研究文献，提取关于中药成分活性、药效和安全性的数据并进行研究分析。⑥组学数据分析，通过分析公共数据库中的生物大数据，探索中药成分对生物体基因表达、蛋白质丰度及代谢途径的影响。

干实验方法强调信息技术在中药研究中的应用，通过理论分析和计算机模拟来预测和解释中药成分的作用机制和药效特性。国家药品监督管理局药品审评中心在 2020 年 12 月发布的《模型引导的药物研发技术指导原则》中指出，模型分析（干实验）与实测研究（湿实验）的关系应遵循"学习与确认"循环（"learn and confirm" cycle），两者应是一个有机整体，通过已有信息建立模型，预测相关研究结果，然后进一步通过后续实测数据验证模型分析结果的可靠性，以及判断后续研究方向。这种"干湿迭代"的方法，在越来越多的科学家对于构建高质量的、公开的数据库资源达成共识背景下，为中药研究提供了一种高效且低成本的研究手段。

拓 展 阅 读 2-1：《模型引导的药物研发技术指导原则》介绍

以下简要介绍干实验过程中常用的一些数据库资源。

（一）NCBI 数据库

美国国立生物技术信息中心（National Center for Biotechnology Information，NCBI）是生物信息学研究和开发中心，其网站提供众多基础和应用生物医学数据库，内容涵盖了从基因组序列、基因表达模式到蛋白质结构等多个层面的生物医学信息，为科研人员在疾病研究、药物开发和生物多样性研究等领域提供支持。其主要数据库如下。

1. GenBank 公共 DNA 序列数据库，收录了来自全球研究社区的各种生物物种的核酸序列数据。GenBank 为生物信息学和比较基因组学的发展提供了巨大的帮助，也是遗传学研究不可或缺的资源。

2. GEO（gene expression omnibus） 专注于存储高通量基因表达数据，如微阵列和下一代测序实验结果。GEO 提供了一个平台，使研究人员能够轻松访问和分享基因表达数据，促进转录组学和功能基因组学的研究。

3. Protein　存储蛋白质序列及其功能信息的数据库，包括蛋白质的结构、序列、活性，以及参与的生物过程信息。

4. Nucleotide　一个包含核酸序列（DNA和RNA）的数据库，这些序列来自GenBank及其他相关数据库，支持快速搜索和访问。

5. dbSNP（the single nucleotide polymorphism database）　一个综合性的数据库，收录了单核苷酸多态性（SNPs）和其他类似的遗传标记。

6. dbGaP（database of genotypes and phenotypes）　存储与研究基因型和表型数据，为理解遗传对健康和疾病的影响提供资源。

7. ClinVar　提供关于遗传变异及其与人类健康关系的信息，是临床遗传学研究的重要资源。

8. SRA　存储来自高通量测序实验的序列数据，支持广泛的生物医学研究应用。

9. PubChem　免费的化学物质和生物活性数据库。它为科研人员提供关于化学物质、生物活性和药物分子的丰富信息。PubChem主要包括三个互联的部分：PubChem Substance、PubChem Compound和PubChem BioAssay。主要提供化学物质检索（用户可以通过化学名称、分子式、结构、分子量等多种方式检索特定的化学物质）、生物活性数据查询、化学结构分析、药物信息获取、数据下载和API访问等功能。

（二）EBI数据库

欧洲生物信息研究所（European Bioinformatics Institute，EBI）服务于生物医学领域的研究人员，旨在促进生物学的发现，提高生物医学研究的效率，并推动生命科学的知识和技术传播。其数据库和分析工具涵盖从基因组学、蛋白质组学到功能基因组学、系统生物学等多个领域，主要数据库如下。

1. ENA（European nucleotide archive）　作为欧洲主要的核酸序列数据库之一，ENA聚焦于收集和维护DNA和RNA序列信息。这些信息源自个体研究者、大规模基因组测序项目及专利申请，为研究基因功能、演化及生物多样性提供宝贵的资源。

2. UniProt　作为蛋白质序列和功能注释数据库，UniProt为研究蛋白质的结构、功能和相互作用提供了丰富的信息，支持生物医学和生物技术研究。

3. InterPro　提供蛋白质家族、结构域、功能位点及重要序列模式的集成信息，InterPro是理解蛋白质功能和结构的重要工具，有助于识别新蛋白质的潜在功能。

4. PDBe（protein data bank in Europe）　专注于生物大分子的三维结构数据，PDBe是全球生物分子结构数据的重要组成部分，支持结构生物学、药物设计和系统生物学研究。

5. Array Express　一个用于存储基因表达实验结果的数据库，Array Express支持对转录组数据的查询和分析，有助于研究基因表达模式、调控网络及疾病机制。

6. Ensembl　为脊椎动物及其他选定物种提供基因组信息的数据库，Ensembl通过自动化分析为基因组序列提供注释，支持对基因结构、功能及其演化的研究。

7. STRING　是一个广泛使用的生物信息学资源，专门用于整合已知和预测的蛋白质相互作用信息。它可为研究人员提供一个关于蛋白质之间相互作用的综合性视图，这些相互作用可能包括直接的物理接触，以及功能上的合作关系。STRING覆盖了大量的物种，为跨物种比较提供了便利。

（三）DDBJ

日本核酸数据库（DNA data bank of Japan，DDBJ）是亚洲的生物信息学数据库之一，提供包括核酸序列数据库、蛋白质序列数据库和基因表达数据库等在内的多种数据库。其主要数据库如下。

1. DRA（DDBJ sequence read archive）　是一个存储高通量测序数据的数据库。DRA可以存储和检索来自各种高通量测序平台的原始序列数据，包括Illumina、Roche454、ABI SOLiD和Helicos等。

2. GEA（genomic expression archive）　是一个功能基因组学数据库，收集并存储基因表达数据。GEA支持各种类型的功能基因组学数据，包括转录组学、蛋白质组学和代谢组学等。

3. MetaboBank　是一个代谢组学数据库，收集并存储代谢组数据。MetaboBank支持各种类型的代谢组学数据，包括质谱和核磁共振数据等。

4. JGA（Japanese genotype-phenotype archive）　是一个人类遗传和表型数据数据库，收集并存储人类遗传和表型数据。JGA收集并存储了大量的人类遗传和表型数据，为研究人员提供了丰富的资源。

（四）KEGG数据库

京都基因与基因组百科全书（Kyoto encyclopedia of genes and genomes，KEGG）是一个综合性数据库，其特点在于综合性和系统性，提供了跨种类的基因组、生物化学途径、疾病信息等数据。它不仅包含基因和蛋白质的信息，还整合了它们在细胞内的功能网络，如代谢途径、信号传导途径等，使得研究者可以从分子水平理解生物系统的运作。此外，KEGG强调将基因组信息与系统功能和服务联系起来，以支持疾病机制研究和药物开发。其主要数据库如下。

1. KEGG PATHWAY　是KEGG数据库中的核心部分，包含了细胞和生物体中各种代谢途径和信号传导途径的图解信息。这些通路图帮助研究者理解生物分子之间的相互作用和生物过程。

2. KEGG GENES　提供细菌、真菌、植物、动物等生物的基因组信息，包括基因序列和功能注释，有助于研究基因的功能和进化关系。

3. KEGG DISEASE　提供人类疾病的信息，包括疾病的基因变异、代谢途径的变化等，对于疾病的研究和治疗有着重要意义。

4. KEGG DRUG　提供药物信息，包括药物的化学结构、作用机制、作用靶点等，是药物研发的重要参考资料。

5. KEGG BRITE　为生物大分子、细胞和生物过程的分类和层次结构提供参考，有助于理解生物系统的组织结构。

6. KEGG ORTHOLOGY（KO）　通过比较不同生物体中的同源基因，提供基因的功能分类信息，为跨物种的功能预测和比较基因组学研究提供便利。

（五）TCGA数据库

癌症基因组图谱计划（the cancer genome atlas program，TCGA）由美国国立卫生研究院（NIH）和美国国家癌症研究所（NCI）共同发起和资助，旨在通过大规模的基因组测序和生物信息学分析，深入理解癌症的基因变异和分子机制。TCGA 数据库汇集了 33 种人类癌症类型的样本数据，包括数千个患者的基因组序列、转录组数据、蛋白质组数据和表观遗传学数据。TCGA 数据库通过集成分析癌症患者的多层次生物信息，揭示癌症发生和发展的关键分子事件，为癌症的预防、诊断和治疗提供新的策略。其包含了大量的癌症基因组数据，探索特定癌症的基因突变、基因表达模式、拷贝数变异和甲基化模式等多种分子层面的信息，一方面推动癌症研究和个性化医疗的发展，另一方面增进对癌症生物学的理解，促进新的诊断方法、治疗靶点和药物的发现。此外，TCGA 通过共享数据和分析工具，也促进了跨学科合作，建立了全球性的癌症研究社区。

（六）TCMSP 数据库

中药系统药理学数据库与分析平台（traditional Chinese medicine systems pharmacology database and analysis platform，TCMSP）是一个中药系统药理学平台，可捕获药物、靶标和疾病之间的关系。该数据库包括化学物质、靶标和药物 – 靶标网络，相关的药物 – 靶标 – 疾病网络，以及天然化合物的口服生物利用度、药物相似性、肠上皮渗透性、血脑屏障、水溶性等药代动力学性质。包含中药（植物）499 种，成分 29 384 个，靶点 3 311 个，疾病 837 个。

（七）TCMIP 数据库

中医药整合药理学研究平台（integrative pharmacology-based research platform of traditional Chinese medicine，TCMIP）v2.0 在 TCMIP v1.0 基础上进行升级优化，主要包括来自中医药百科全书（the encyclopedia of traditional Chinese medicine，ETCM）的"中药材数据库""中药方剂数据库""中药成分数据库""中药靶标数据库"和"疾病相关分子库"5 大数据库资源。同时，采用人工智能、数据挖掘、网络计算及可视化等方法和技术，形成 7 大整合药理学分析模块，包括"疾病相关分子集及其功能挖掘""证候相关分子挖掘及功能分析""中药（含方剂）靶标预测及功能分析""中药药性相关分子挖掘及功能分析""组方用药规律分析""中医药关联网络挖掘"和"反向查找中药（含方剂）"。作为一个智能化数据挖掘平台，TCMIP v2.0 将为揭示中医药理论的科学内涵和中医原创思维的科学价值、总结与传承名医经验、中药质量控制、中药作用原理阐释、中药新药研发，尤其是现代药物组合发现和优化等，提供数据基础和分析平台。

（八）TCM–ID

中药综合资源数据库（traditional Chinese medicine information database，TCM–ID）于 2005 年首次启动，由新加坡国立大学药学系生物信息学与药物设计（BIDD）小组维护。包含 7 443 个中药处方，10 126 个成分，768 个靶点和 366 个疾病种类。

（九）TM–MC 2.0

东北亚传统医学药材化学数据库（a database of medicinal materials and chemical compounds in Northeast Asian traditional medicine，TM–MC）2.0 提供中国、韩国和日本药典中所列药材化合物的信息集合。所有化合物都已被鉴定和去重复，并给出了相应的标识符和药代动力学性质。TM–MC 2.0 还包括有关处方、基因靶点、现代疾病及其关联的新信息。包含处方 46 929 个，中药（植物）640 种，原料 32 760 个。

（十）本草组鉴

本草组鉴（a high-throughput experiment-and reference-guided database of traditional Chinese medicine，HERB）包含中药（植物）7 263 种，成分 49 258 个，靶点 12 933 个，疾病 28 212 个。

除此之外，还有其他常用中药数据库收录了中药研究的相关数据信息，此处不再一一列举。

第二节　中药理化数据

中药理化数据与信息获取是指通过各种科学实验方法和技术手段收集中药成分的物理和化学属性数据。这些数据包括但不限于中药成分的分子结构、纯度、含量、溶解度、稳定性等理化特性。理化数据与信息的获取是中药信息学研究的重要基础，它帮助研究者开展后续实验，以便更深入地理解中药的作用机制、药效成分及其与生物体相互作用的方式。

一、表征中药化学成分理化信息的方法

1. **紫外 – 可见光谱法**（ultraviolet and visible spectrophotometry，UV–Vis）　是利用物质的分子或离子对紫外光与可见光的吸收所产生的紫外可见光谱及吸收程度对物质的组成、含量和结构进行分析、测定、推断的方法。

信号采集：记录样品对不同波长光的吸收强度。

基线校正：调整谱图，消除杂散光和仪器噪声的影响。

吸收峰分析：通过特定波长处的吸收强度进行化合物的定性和定量分析。

2. **红外光谱法**（infrared spectrometry，IR）　又称红外分光光度法（infrared spectrophotometry）。通过测定物质在波长 2.5 ~ 25 μm 的红外光区范围内光的吸收度，对物质进行定性和定量分析的方法。所用仪器为红外分光光度计。这种方法对于鉴别和分析中药成分结构具有重要意义。其中，近红外光谱法（near infrared spectrometry，NIR）是用可见光和红外光之间波长范围的光谱进行分析的方法。近红外反射光或透射光光谱可用于快速测定样品中的蛋白质、脂肪，以及 DNA 测序样品中的染料等物质的含量，在中药材的鉴定和成分含量测定中有广泛应用。

信号采集：采集样品对近红外波段光的反射或透射强度。

谱图分析：通过多元统计分析方法，如主成分分析，进行成分分析和质量控制。

3. **拉曼光谱法**（Raman spectrometry）　又称拉曼光谱分析（Raman spectrum analysis）。利用物质分子在单色光照射下产生拉曼散射时的拉曼散射强度和拉曼位移相关性，分析试样分子的振动或转动能级，解析分子结构，可对分子和细胞进行定性分析的光谱方法。

信号采集：记录样品对激光光散射后的频率位移。

谱图处理：基线校正和噪声滤除以提高信号质量。

化合物识别：通过拉曼位移和强度分析化合物结构。

4. **质谱法**（mass spectrometry，MS）　用电场和磁场将运动的离子（带电荷的原子、分子

或分子碎片）按它们的质荷比（mass-to-charge ratio，m/z）分离后进行检测的方法。通过对中药成分的电离和质量分析，质谱技术可以提供化合物的分子式、结构骨架和官能团信息。其中，高分辨率质谱（high resolution mass spectrometry，HRMS）可提供更准确的质量测量，用于复杂混合物中的微量成分分析和结构鉴定。

信号采集：测定化合物的质荷比和相对丰度。

谱图解析：识别特征离子峰，进行化合物的定性分析。

定量分析：通过标准曲线或内标法进行。

结构分析：高分辨质谱通过精确质量、同位素模式和碎片离子的模式，进行深入的化合物鉴定和结构分析。

5. **高效液相色谱法**（high performance liquid chromatography，HPLC） 相对于经典液相色谱而言，高效液相色谱法主要指采用小粒度（< 10 μm）的分离填料，使用高压输液泵驱动流动相的现代液相色谱法。用于分离和定量分析中药中的多种化合物，特别适合于复杂混合物的分离和定量。通过选择适当的色谱柱和流动相，可以有效分离中药提取物中的不同成分，并通过紫外、荧光进行检测和定量。HPLC 不仅能够提供成分的定性信息，还能通过标准物质对比，实现成分的准确定量。

信号采集：通过检测器收集不同时间点的吸收强度。

基线校正：去除背景噪声，确保峰值准确。

峰值检测与定量：根据保留时间（峰的位置）和峰面积（与浓度成正比）来鉴定和定量化合物。

数据分析：使用软件进行峰面积的积分和化合物的定量分析。

6. **气相色谱法**（gas chromatography，GC） 以气体如氮气、氢气或氦气等作为流动相，利用物质的沸点、极性及吸附性质的差异实现混合物分离的柱色谱方法。适用于挥发性和半挥发性有机化合物的分析。

信号采集：通过检测器记录随时间变化的信号强度。

基线校正：自动或手动调整基线，以提高数据的准确度。

峰值分析：通过保留时间识别化合物，通过峰面积进行定量分析。

数据处理：利用软件进行峰的识别和面积计算，用于成分的定性和定量分析。

7. **毛细管电泳**（capillary electrophoresis，CE） 以毛细管为分离通道、高压电场为驱动力的电泳分离分析法。包括毛细管区带电泳、毛细管自由流动电泳等。用于分离和分析小分子和大分子，尤其适合于带电药物分子的分析。

信号采集：记录通过毛细管迁移的化合物的检测信号。

数据处理：通过迁移时间和峰形分析化合物的性质。

8. **液相色谱 – 质谱联用**（liquid chromatograph-mass spectrometry，LC–MS） 液相色谱作为分离系统，质谱为检测系统，样品在质谱部分和流动相分离，被离子化后，经质谱的质量分析器将离子碎片按质量数分开，经检测器得到质谱图的过程。质谱图的信息和质量分析器的种类有关。结合了液相色谱的分离能力和质谱的鉴定能力，特别适合于复杂样品中未知化合物的分析。

信号采集：结合色谱分离后的质谱分析数据。

数据处理：色谱提供分离信息，质谱提供结构信息，通过软件联合分析这些数据。

化合物鉴定：利用色谱数据进行时间分离，质谱数据进行化合物鉴定和定量。

9. **气相色谱－质谱联用（gas chromatography-mass spectrometry，GC–MS）**　又称气相色谱－质谱法。样品以气相层析进行预分离后通过接口导入质谱仪进行定性、定量的分析技术。结合了气相色谱的分离能力和质谱的鉴定能力，主要用于挥发性和半挥发性化合物的分析。

信号采集：结合气相色谱分离后的质谱分析数据。

数据处理：气相色谱提供分离信息，质谱提供结构信息，通过软件联合分析。

化合物鉴定：利用气相色谱的保留时间数据，结合质谱碎片和峰高／峰面积信息进行化合物的鉴定、定量。

10. **核磁共振波谱法（nuclear magnetic resonance spectroscopy，NMR spectroscopy）**　利用核磁共振现象获取物质内分子结构、排列和相互作用的方法。核磁共振波谱法是一种非常有效的结构解析技术，它可以提供化合物的详细分子结构信息，包括分子骨架、官能团类型和位置，以及分子内部的空间排布。NMR 用于确定有机化合物的分子结构，对于复杂天然产物的结构鉴定尤其有用，是中药成分结构鉴定的关键技术之一。

信号采集：记录不同化学环境下原子核的共振频率。

谱图处理：通过傅里叶变换将时间域信号转换为频率域信号。

峰值分析：识别和分配谱图中的信号，进行化合物结构解析。

量化分析：通过比较峰面积进行定量。

11. **X 射线衍射（X-ray diffraction，XRD）**　是利用 X 射线与物质中原子核外电子相互作用所产生的衍射现象来分析物质微观结构的一种技术。当 X 射线入射到晶体样品中时，由于晶体内原子以高度有序的方式排列，X 射线会在电子云上发生散射并形成具有特征花样的衍射图谱。通过对这些图谱进行分析，可以获得分子内部各原子之间的距离、排列方式和三维结构信息。这一技术在大分子空间构型研究领域具有重要意义，同时也广泛应用于固态中药材料的晶体结构分析，为中药成分的性质和功能研究提供有力的结构依据。

信号采集：记录样品对 X 射线的衍射图案。

数据分析：通过衍射峰的位置和强度进行晶体结构分析。

12. **热分析技术（thermal analysis technique）**　是在程序控制温度下，测量物质的物理性质与温度关系的一类技术，如热重分析（thermogravimetric analysis，TGA）、差示扫描量热法（differential scanning calorimetry，DSC）和差热分析（differential thermal analysis，DTA）。用于研究中药材料的热稳定性和成分含量。

信号采集：记录样品在加热过程中的质量变化和热流变化等。

数据分析：通过热分析曲线分析样品的热稳定性和组成成分。

二、理化信息的数据处理方法

理化信息的数据处理涉及将从各种实验技术获得的数据转化为有意义的结论和理解。这些处理方法不仅用于中药的定性和定量分析，还包括对成分的结构、物理性质和化学性质的解析。

1. **数据预处理**　是通过数学算法调整测试信号、消除背景噪声和仪器引起的偏差，包括数据清洗（滤噪）、基线校正、归一化和标准化，以及特征提取等过程，以期获得高数据质量的数据集进行后续分析。如处理基于质谱检测数据的算法大多先通过对信号进行变换，然后利用数字信号处理中的各种滤波方法来进行数据预处理，如利用傅里叶变换进行周期滤波、高低频滤波、小波变换等。在仪器测试过程中待测物常会受到背景噪声的干扰，需要通过一些方法进行降噪处理。噪声是指混杂在有用信息中对其造成不良影响的各种干扰信号或在数据中混入无用的各种信息。色谱和光谱仪器中的噪声类型如下。

（1）电子噪声：来自仪器电子部件的随机电流波动，例如放大器、探测器和电源。在所有电子设备中普遍存在，如质谱仪的电子倍增器、气相色谱仪的焰离子化探测器等。

（2）热噪声：由仪器内部电阻在有温差时产生的随机电流波动引起。在所有需要电子设备的仪器中都可能存在。

（3）化学噪声：来自样品或试剂中不可避免的化学波动。在色谱和光谱分析中尤为明显，如高效液相色谱法（HPLC）和气相色谱法（GC）中的溶剂纯度和样品制备问题。

（4）机械噪声：来自仪器机械部件的振动和磨损。例如，旋转泵和机械泵在质谱和光谱仪器中产生的振动。

（5）环境噪声：来自实验室环境的干扰，如温度波动、空气流动、声音和电磁干扰。对于高灵敏度测量，如原子吸收光谱（AAS）和拉曼光谱等，这类噪声尤为关键。

通过数据清洗滤除噪声，实现基线校正的方法有很多，大多是基于谱峰强度进行处理，属于阈值类方法，即根据某个阈值，保留阈值以上的峰作为信号峰，而阈值以下的则作为噪声峰去除。根据基线设定的滤噪方法大致可分为3类：①固定基线法，即根据经验对所有的谱峰设定同样的基线，而不考虑仪器之间的差异；②窗口基线法，这种方法是将谱图分成若干个窗口，计算出每个窗口内谱峰强度的平均值及标准差，将强度的平均值加上标准差作为此窗口的基线；③固定峰数可变基线法，即将谱峰按照强度高低排序，保留固定数目的峰作为信号，其余舍弃。

我们以窗口基线法中常用的消除噪声方法——移动窗口平均平滑法具体解释降噪处理过程。移动窗口平均平滑法（moving average，MA）是一种基于滑动窗口的滤波方法，应用信号和噪声统计特性之间的差异，通过计算窗口内数据的平均值或加权平均来实现平滑效果。这种方法可以对单个样本数据进行平滑，消除数据中的噪声。通过选择一个宽度为奇数 $2w+1$ 的平滑窗口，以中心波长点 k 为参照点从左到右移动窗口，将窗体覆盖区域内所有测量的平均值代替中心波长点对应的测量值，直至完成所有点的平滑。该方法的平滑窗口宽度 w 会影响平滑结果，宽度太小，则平滑效果不佳；宽度太大，则会平滑掉特征峰信息，造成光谱失真。另外，该方法存在边界问题，对于宽度为数 $2w+1$ 的平滑窗口，光谱左右两端各有 w 个点不能被处理。

2. 定性分析　在定性分析中，中药成分的理化信息是鉴别真伪、判断有无的数据基础。色谱法中常用的定性依据是保留值，利用保留时间定性，即采用对照品对照法，在相同的操作条件下，分别分析对照品和试样，依据保留值是否一致确定色谱峰的归属，判断试样中是否含有与对照品相同的组分。在光谱法中，对于已知物的鉴定，是将试样的谱图与标准的谱图或文献上的谱图进行比较，依据两张谱图特征峰的位置、形状和相对强度的相似程度进行匹配和鉴定。需要注意的是，测试样品的物态、结晶状态、溶剂、测定条件及所用仪器类型应与产生标准谱图或文献上谱图的条件相同。对于未知成分和多成分的中药复杂体系的鉴定，往往采用色谱法、光谱法或二者联用的方法表征中药成分的结构或组成信息。在数据处理过程中会涉及特征提取与相似性评价，通过选择有鉴定意义的特征吸收峰或谱带等，反映和比较样品的化学成分或物理状态。

3. 定量分析　在定量分析中，量化的中药化学成分信息是判断中药质量的数据基础。由于相同量的不同物质在同一分析条件下的响应不同，相同量的同一物质在不同类型的检测器上响应亦不同，因此不能用峰面积直接计算物质的量，需要引入定量校正因子，使校正后的峰面积或峰高可以定量代表物质的量。但是，绝对定量校正因子的测定要求色谱条件高度重复，色谱条件的波动常导致定量校正因子测定的产生较大误差。为了提高定量分析的准确度，实际工作中一般采用相对校正因子。目前，中国药典和美国药典中收录的"一测多评法"即采用的是相对校正因子法。

常用的定量方法有外标法、内标法、标准加入法和归一化法等。

（1）外标法：通过比较在相同条件下对照品和样品中待测组分的色谱峰面积进行定量的方法称为外标法，分为工作曲线法、外标一点法和外标两点法。

（2）内标法：选择样品中不含有的，且化学结构、物理性质与被测组分相近的一种纯物质作为内标物，将一定量的内标物分别加入供试品和对照品工作液中，以待测物峰面积与内标物峰面积比值为纵坐标，待测物浓度为横坐标，绘制标准曲线，最后根据样品中被测组分与内标物的峰面积比值求得待测物的浓度或含量。

（3）标准加入法：在定量分析复杂体系中化学成分含量时，为了清除基质效应的影响，在样品溶液中加入一定量的被测组分的对照品，测定加入对照品后被测组分峰面积的增加量，计算被测组分含量。

（4）归一化法：当试样中所有组分全部流出色谱柱，在检测器上都产生响应，同时已知各组分的相对定量校正因子时，可用归一化法测定各组分的相对百分含量。归一化法的定量结果与进样量无关，但归一化法要求所有组分必须在一个分析周期内都流出色谱柱，且它们都产生色谱信号，同时还需要所有组分的对照品，以测定校正因子或已知校正因子数据，限制较大，往往很难实现。目前，应用较多的归一化法是一种半定量方法，即默认所有组分的相对校正因子为1，基于总峰面积归一化各组分的百分含量。

4. 结构鉴定分子指纹分析　使用特定算法将复杂的谱图转化为可以代表化合物结构特征的"指纹"，用于化合物的比较和分类。例如，通过核磁共振（NMR）技术获得化合物的NMR碳谱，每个峰的位置（化学位移）、强度和形状都是潜在的特征，可以用来描述化合物的化学结构。在生成分子指纹的过程中，首先要对NMR谱图中的每个峰进行识别和量化，包括确定峰的确切位置、计算峰的面积（代表该峰的相对量）及峰的宽度。这些数据点被抽象和转换成数值特征，形成了一个特征向量，即"分子指纹"。这些指纹捕捉了每个化合物独有的化学性质，为后续的分析和比较提供了数据基础。例如，使用极限梯度提升算法来处理这些分子指纹，通过构建多个决策树来学习如何从分子指纹中区分不同类别的天然产物。在训练过程中，算法会尝试找出最能区分不同类别的特征，并用这些特征来优化决策树的结构。另外，以化合物二级质谱（MS/MS）数据为基础，使用支持向量机（SVM）或深度学习网络分析，可实现预测分子的可能断裂模式和相应的子结构。这种方法可以提高未知化合物与数据库中化合物的匹配准确性。

第三节　中药生物信息学数据

中药生物信息学方法是指运用生物信息学的技术和方法来研究中药的作用机制、有效成分及其与生物体相互作用的方式。这种研究方法往往是将机体与中药视作两个整体系统，探讨关于系统的组成部分之间的互动，以及各系统要素的相互作用如何产生系统的功能和行为。因此，基因组学、转录组学、蛋白质组学、代谢组学和微生物组学等技术手段被用来收集各系统要素的定量数据，从而用于生物信息学模型的建立和验证。

一、基因组数据

（一）简介

基因组学（genomics）是一门从整体层面研究生物体全部基因及其功能、结构、进化和相互关系的交叉学科。通过全基因组测序和 RNA 测序等高通量技术，我们能够全面获得基因组数据，从而在分子层面探讨中药的作用机制和治疗效果。利用这些数据，我们可从多个层面理解中药对生物体系的影响。

1. **基因表达层面**　中药可能通过上调或下调特定基因的表达水平，从而调节机体的生理过程。例如，上调与抗氧化相关的基因可以增强机体应对氧化应激的能力。借助 RNA 测序等方法，我们可对中药干预前后基因表达谱进行定量分析，进而识别关键基因和受影响的生物学通路。

2. **个体差异和基因变异层面**　不同个体的基因型差异会导致中药疗效和响应度的不同。通过关联基因变异与中药作用效果的数据分析，我们能为个体化医疗和精准治疗提供科学依据。

3. **基因调控网络层面**　中药的作用往往并非局限于单个或少数基因，而是可能通过调控多个基因及其调控因子之间的复杂网络来实现整体生理状态的调整。对中药干预前后基因组数据的整合分析，有助于揭示中药在更高维度上对生物体系的综合调控机制。

（二）获取方法

1. **高通量测序**　使用下一代测序技术（如 Illumina 平台、Nanopore 平台）对经中药处理的样本进行全基因组测序。

2. **数据库**　利用公共数据库（SRA、DRA）获取相关物种的参考基因组数据作为分析基础。

（三）处理方法

1. **质量控制**　使用工具如 FastQC 检查测序数据质量，根据质量报告剪切低质量序列和去除接头序列。

2. **比对**　将测序得到的读段（read）比对到参考基因组上，常用的比对工具包括 Burrows-Wheeler Aligner（BWA）、Bowtie2。

3. **变异检测**　识别 SNPs 和插入缺失（InDels），使用工具如 GATK、SAMtools。

二、转录组数据

（一）简介

转录组学（transcriptomics）是研究细胞或生物体在相同环境或生理条件下所产生的全部转录物的组成、结构、功能的学科。转录组数据是指通过高通量测序技术从一个特定细胞、组织或生物体中同时测定所有 RNA 分子（包括 mRNA、非编码 RNA 等）的集合。这种数据类型可以提供一个时间点所有被转录基因的信息，反映了基因在特定环境条件、发育阶段或疾病状态下的表达水平。转录组数据的分析对于理解中药对于基因表达模式、生物学过程和疾病的调控机制具有重要意义。转录组学研究思路见图2-1。

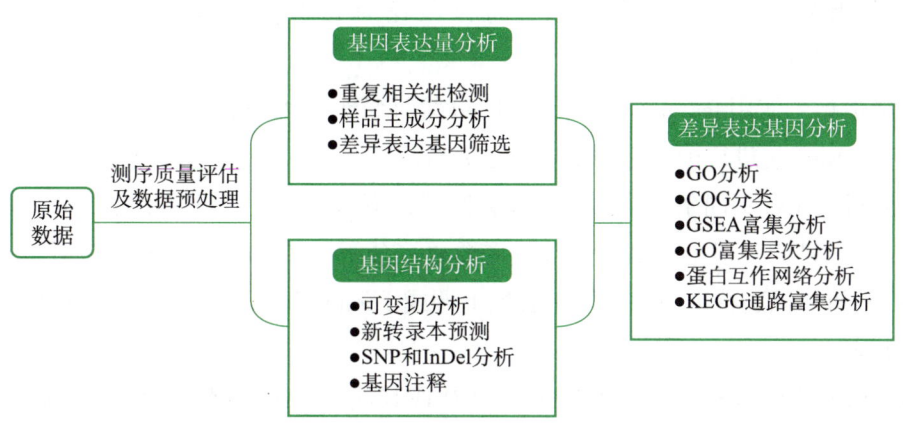

图2-1 转录组学研究思路

如今，转录组学通常有两种研究方法：单细胞转录组学和批量转录组学。

1. 单细胞转录组学（single-cell transcriptomics） 是指从单个细胞内提取RNA，并对其进行测序以研究基因表达。这种技术允许研究者观察到单个细胞水平上的基因活动，揭示细胞间的异质性和不同细胞类型的独特基因表达模式。通过单细胞转录组学，可以了解不同细胞之间在基因水平上的差异，对于理解组织功能、发病机制和发育过程中的细胞行为至关重要。

2. 批量转录组学（bulk transcriptomics） 是在更高的水平上进行的研究，是从许多细胞中提取RNA一起进行测序。这种方法得到的基因表达数据是来自所有细胞的平均信号，它提供了在特定条件下一群细胞整体的基因表达情况。这适用于不需要解析单细胞层面差异的研究场景，如分析组织样本的整体反应或识别基因表达的广泛变化趋势。

（二）获取方法

1. 单细胞转录组

（1）样本准备与单细胞分离：首先是从生物样本中分离出单个细胞。这可能涉及使用流式细胞仪、微流控芯片技术或其他方法来捕获和隔离单个细胞。

（2）单细胞RNA提取与逆转录：单个细胞中的RNA被提取出来，并通过逆转录过程转换成cDNA，为下一步的测序作准备。

（3）cDNA的扩增与数据库构建：由于单细胞中RNA的量非常少，因此需要通过扩增来增加cDNA的数量，然后构建适合测序的数据库。

（4）单细胞测序：使用高通量测序技术来读取每个细胞的基因表达信息。

2. 批量转录组

（1）样本收集与处理：选取特定组织或细胞群体的样本，通过诸如RNA提取的标准化实验流程来保证数据质量。

（2）RNA测序（RNA-seq）：对样本进行RNA测序，以获得整体基因表达数据。

（三）处理方法

1. 质量控制和修剪 使用 Trimmomatic 或 Cutadapt 去除低质量读段和接头序列。

2. 比对和组装 使用 STAR 或 Hisat2 将读段比对到参考基因组或转录组，Cufflinks 或 StringTie 用于转录本的组装。

3. 表达量估计 使用 featureCounts 或 HTSeq 统计每个基因或转录本的读段数，然后用 R 语言中 DESeq2、EdgeR 包进行标准化和差异表达分析。

4. 数据分析 比较不同条件下（如疾病和健康、不同时间点或不同治疗）的基因表达差异，以识别显著变化的基因。但是单细胞转录组需要更多分析，如细胞聚类来鉴别不同的细胞类型，差异表达基因分析来识别特定细胞群体中表达上调或下调的基因，以及轨迹分析来了解细胞分化或状态转换过程。

5. 功能注释与生物学解释 使用 KEGG、GO 或其他基因组数据库对鉴定的基因或转录本进行功能注释，将识别出的基因表达模式与已知的生物过程、通路或疾病状态相关联，以推测其生物学功能和重要性。

三、蛋白质组数据

（一）简介

蛋白质组学（proteomics）是指系统研究某一基因组所表达的所有蛋白质，包括组成蛋白质一级结构的氨基酸序列、蛋白质的丰度、蛋白质的修饰，以及蛋白质之间的相互作用。蛋白质组数据是应用高分辨质谱法对生物体内全部蛋白质进行的大规模鉴定和定量分析，用于全面理解蛋白质的丰度变化、功能状态、相互作用及它们在不同生物学状态下的动态变化，为研究生物过程、疾病机制及治疗作用提供数据基础。蛋白质组学研究思路见图 2-2。

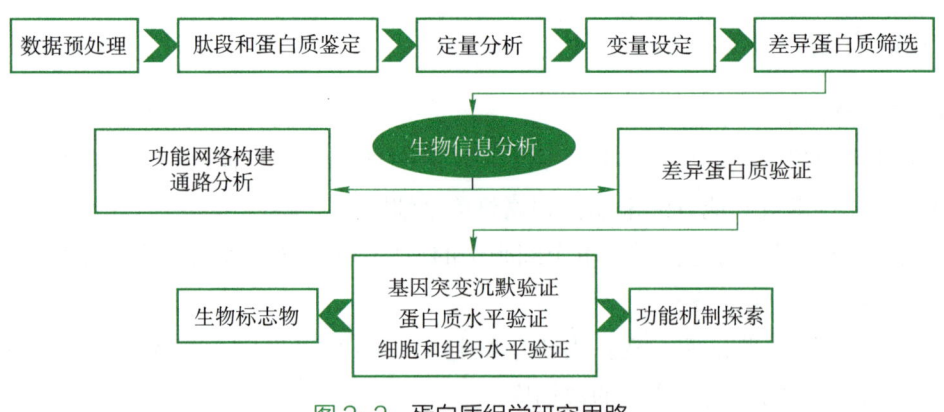

图 2-2 蛋白质组学研究思路

（二）获取方法

1. 基于质谱的蛋白质组学分析

（1）蛋白质提取：通过液氮研磨等方式进行样本处理，之后进行蛋白质抽提、BCA 法定量、SDS-page 跑胶。

（2）肽段提取：蛋白酶解、肽段抽提及纯化。修饰类的蛋白质组学需要在肽段提取后增加富集步骤（磷酸化、泛素化、乙酰化）。

（3）液相色谱 – 质谱：对肽段进行液相色谱 – 质谱分析，分离、电离、能量碰撞后获得实验碎片离子信息。

（4）样本信息：对质谱实验所获得的碎片离子进行进一步分析，还原出待测样本中的肽段和蛋白质的具体信息。

2. 组织微阵列（tissue microarray，TMA）技术

（1）组织样本收集与制备：从多个来源（如不同患者或实验组别）获取组织块。使用特定取样工具在组织块中钻取小型组织柱，将多个组织样本柱整齐地排布到同一块石蜡包埋模块中，形成高密度的组织阵列。

（2）切片与染色：对组织芯片进行切片处理，并同时对大量组织样本进行统一条件下的染色（如 HE 染色、免疫组织化学或原位杂交）。确保所有样本在相同条件下处理，以实现高通量、可重复的比较分析。

（3）高通量检测与成像：利用显微镜成像系统对同一载玻片上的大量组织阵列进行自动化、高通量扫描。获取每个组织核心对应的显微成像数据，确保高通量数据的采集。

（4）数据分析与整合：使用图像分析软件对大量组织图像进行定量分析，例如目标蛋白质的染色强度、分布位置等。将分析结果整合，利用统计学或生物信息学方法从大规模样本数据中寻找与疾病特征、分子机制相关的标记物或规律。

3. 邻位延伸技术（proximity extension assay, PEA）

（1）样本与特异性探针孵育：将生物样本（如血清或细胞裂解液）与成对的特异性抗体探针孵育。每对探针通过抗体部分识别并结合到目标蛋白质的不同位点上。

（2）邻近寡核苷酸延伸反应：只有当两个探针同时结合在同一蛋白质分子上且彼此足够邻近时，其携带的寡核苷酸序列才能相互配对。在外源引物的作用下，这些配对的寡核苷酸发生延伸反应，形成可供后续扩增的核酸模板。

（3）扩增与检测：对所得核酸模板进行 PCR 扩增或其他核酸扩增方法（如 qPCR）。随后通过荧光定量或高通量测序等技术测定扩增产物，以定量蛋白质丰度。

（4）数据分析：将扩增信号与已知标准曲线或参照样本比较，获得目标蛋白质的定量信息。利用统计和生物信息学工具对数据进行整合和解释，从而识别目标蛋白质在不同生物条件下的表达差异和潜在生物学意义。

4. 数据库

（1）数据库选择：确定适用的公共数据库平台，如 UniProt、PDB、PRIDE、ProteomicsDB、Human Protein Atlas 等。根据研究目标和数据类型选择相应的数据库，如需要蛋白质序列信息可选 UniProt，需要已发表质谱数据可选 PRIDE，需要组织表达信息可选 Human Protein Atlas。

（2）数据检索与下载：使用目标蛋白质的名称、基因符号、UniProt ID 或特定生物学特征关键词在数据库中进行检索。按需过滤结果（如物种、数据质量、实验类型），然后下载所需的数据（序列信息、定量结果、修饰位点数据等）。

（3）数据格式与标准化：检查下载数据的格式（如 FASTA、CSV、mzML、mzTab 等）。根据研究需要对数据进行标准化处理和转换，使其可与已有实验数据或分析软件工具兼容。

（4）数据整合与分析：将下载的蛋白质数据与自有实验数据或其他公共数据进行整合分析（如交叉验证蛋白质丰度、修饰状态或结构信息）。利用统计学、蛋白质功能注释和通路分析工具，从整合数据中挖掘蛋白质生物学意义和潜在机制。

（三）处理方法

通过 MS 检测流出液中蛋白质的浓度，可以获取蛋白质和肽段的质量与丰度信息，进行蛋白质的鉴定和定量分析。所获数据的处理方法如下。

1. 数据预处理　进行信号去噪、峰值检测、质量校正等预处理以提高数据质量。

2. 肽段和蛋白质鉴定　使用 MaxQuant、Proteome Discoverer 等软件进行质谱数据的质量控制、肽段识别和蛋白质鉴定。

3. 定量分析　根据肽段或蛋白质的相对或绝对丰度，进行定量分析。标记法需要根据不同标记的峰强度比较，非标记法则依据肽段峰强度进行定量。

4. 差异表达蛋白质分析　在多个样本或条件间比较蛋白质的丰度，找出差异显著的蛋白质。差异蛋白质筛选的标准和转录组类似，通常包括丰度倍数变化、统计学意义、校正 P 值等，蛋白质的相对或绝对丰度亦可以作为指标。在某些情况下，即使蛋白质丰度的变化倍数不高，但其在生物学过程中的绝对丰度变化可能仍然具有重要意义。

5. 功能注释和富集分析　通过利用公共数据库（如 UniProt、KEGG）对鉴定到的蛋白质进行功能注释，并使用软件（如 DAVID、GSEA）进行生物学过程、分子功能和细胞组分的富集分析，以揭示蛋白质的生物学意义。

6. 验证实验　使用独立的实验方法（可以进行基因突变沉默验证、蛋白质水平验证、细胞和组织水平验证）对高通量测序或其他基因组学和蛋白质组学分析结果进行验证。以下介绍几种验证实验：①蛋白质印迹法（WB），主要用于检测特定蛋白质的表达和修饰状态。通过这项技术，研究人员可以定量地分析在基因突变后，特定蛋白质的表达水平是否发生变化。因此，蛋白质印迹法可以用于蛋白质水平上的验证。②免疫荧光（immunofluorescence），一种使用荧光标记的抗体来检测细胞中特定蛋白质的位置和表达水平的技术。它可以在细胞甚至组织水平上提供蛋白质定位的精确信息。通过比较突变和野生型（正常）细胞或组织中蛋白质的分布和强度，验证基因突变对蛋白质定位和功能的影响。免疫荧光适用于细胞水平和组织水平上的验证。③实时定量 PCR（qPCR），一种高灵敏度的技术，用于测量特定 DNA 或 RNA 片段的表达量。在基因突变的研究中，qPCR 常用于验证特定基因的表达水平是否因突变而改变。它可以提供定量的数据，说明基因表达在突变体中相对于野生型的变化。这种技术适用于基因水平上的验证。

四、代谢组数据

（一）简介

代谢组学（metabonomics）是通过组群指标分析，进行高通量检测和数据处理，研究机体的动态代谢变化，特别是研究内源代谢、遗传变异、环境变化乃至各种物质进入代谢系统的特征和影响的学科领域。代谢组数据涉及对生物体内所有低分子量代谢物的全面分析和描述，可反映生物体的代谢状态及其对内外环境变化的响应。这种数据是通过高通量分析技术获取的，可以揭示特定生理条件、疾病状态或治疗干预下的代谢变化，研究思路见图 2-3。

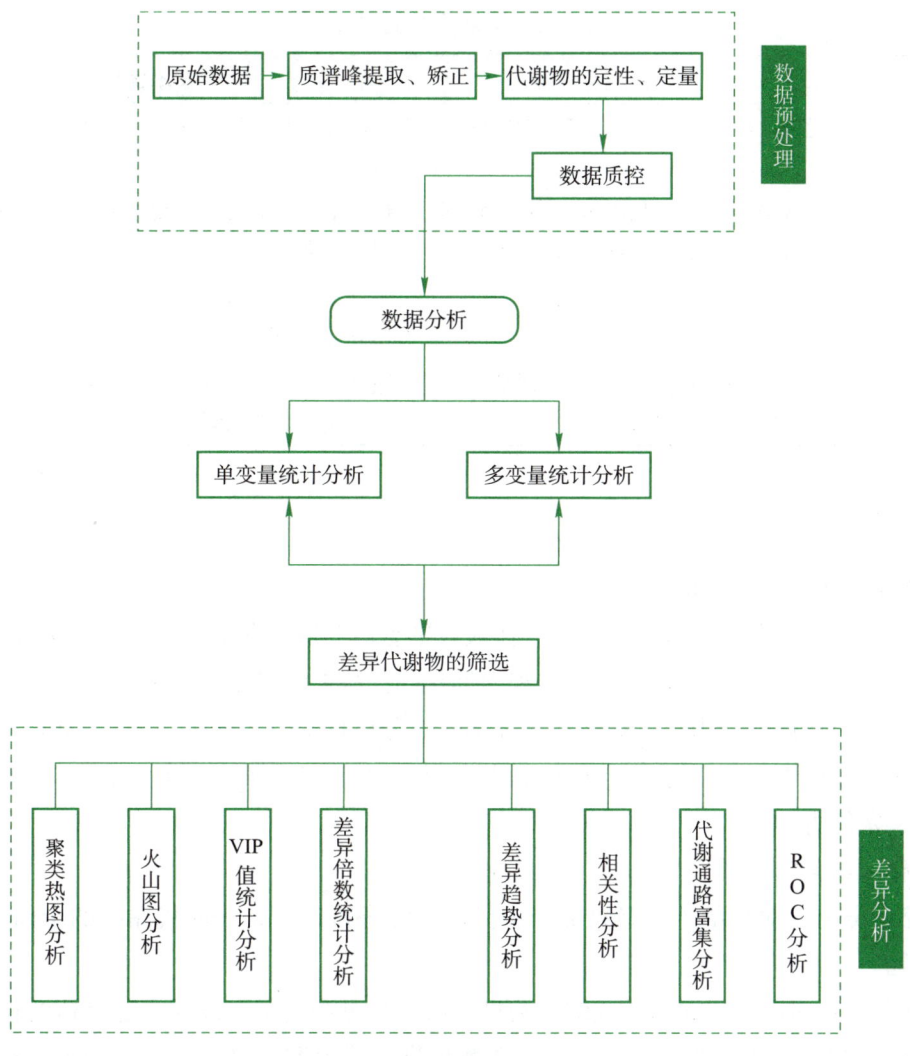

图 2-3　代谢组学研究思路

代谢组学又分为非靶向代谢组学、靶向代谢组学、拟靶向代谢组学和脂质组学。

1. 非靶向代谢组学　是一种全面分析生物样本中所有可检测代谢物的研究策略，旨在尽可能广泛地覆盖样本中的代谢物组成，而不仅限于预先定义的一组特定代谢物。

2. 靶向代谢组学　是一种专注于预先选定的一组代谢物的分析方法，用于定量测定生物样本中的特定代谢物或代谢途径中的代谢物。与非靶向代谢组学不同，靶向代谢组学通过精确和重复性高的分析，为特定生物学问题或假设提供直接的数据支持。

3. 拟靶向代谢组学　是一种结合了非靶向和靶向分析技术的代谢组学研究方法，具有非靶向方法的高覆盖、全扫描精确分子量定性和靶向方法的多反应监测（multiple reaction monitoring，MRM）精确量化的优点。该方法的核心是通过非靶向方法的"拟"靶向化来实现的，包括三个步骤：基于四极杆飞行时间质谱的非靶向分析，母离子 / 产物离子对的选择，以及使用三重四极杆质谱系统对这些 MRM 离子对进行分析。

4. 脂质组学　是一门综合性科学，旨在全面分析生物体内的脂质组成及其变化，包括脂质的种类、结构、功能和相互作用。这一领域涵盖了对脂质代谢路径的研究，以及脂质如何参与细胞信号传递、能量存储、细胞结构维持和疾病发生的过程。

对各类型代谢组学预期目标和技术优势的归纳总结见表 2-1。

表 2-1　代谢组学分类总结

类型	预期目标	技术优势
非靶向代谢组学	无偏向性地对所有小分子代谢物同时进行监测分析	无偏向性，高通量，样本无须特殊处理且一次进样分析
靶向代谢组学	对特定的某一类代谢物的分析，特别针对一种或几种途径的代谢产物	灵敏度高，绝对定量（需对照品），可得到样本中代谢物的准确浓度
拟靶向代谢组学	针对更广泛的一类或几类代谢产物	灵敏度高、覆盖范围广、相对定量（无须对照品），可估算样本中代谢产物的浓度
脂质组学	特异性地研究脂类家族、脂质分子在各种生物过程中的改变与功能	高通量，针对疏水或两亲性的脂质分子，进行八大脂质无偏向性的检测

（二）获取方法

1. 代谢组学数据采集技术

（1）样本前处理与质控：从生物组织、体液或细胞培养液中获取样本，经过标准化处理（如除蛋白质、衍生化），并使用质量控制样本和内标物确保数据的稳定性与可重复性。

（2）分析平台选择：利用高灵敏度和高分辨率的分析技术，如核磁共振（NMR）波谱或串联质谱（MS/MS）等，结合气相色谱（GC）、液相色谱（LC）或毛细管电泳（CE）等分离技术，提高代谢物的鉴定能力。

（3）非靶向与靶向分析

1）非靶向分析：对全部（或绝大部分）代谢产物进行初筛，获取代谢组的全面概况，发现潜在新标志物。

2）靶向分析：对已知代谢物或代谢通路进行特定检测和定量，以提高定量精度和特异性。

（4）数据处理与分析：通过对获得的谱图数据进行峰提取、对齐、定量和多变量统计分析，最终对代谢物进行鉴定与注释，并探索代谢通路和生理机制。

2. 数据库　表 2-2 是常用代谢组学数据库的介绍。

表 2-2　常用代谢组学数据库

数据库名称	特点	适用范围
HMDB	包括水溶性、脂溶性代谢物 114 100 个条目，含有三种数据：化学数据、临床数据、分子生物学和分子化学数据	主要适用于 LC-MS/MS，偏重非靶向代谢组鉴定
Lipidmaps	包含脂肪酸、甘油酯、磷脂、甾醇、黄酮等，是优秀的脂质类物质定性数据库	适用于 LC-MS/MS，偏重非靶向代谢组鉴定
Metlin	主要用于内源性代谢物对诊断和药物生物标志物发现的影响，有大量二级质谱信息	适用于 LC-MS/MS，偏重非靶向代谢组鉴定
OSI-SMMS	包含 1 500 多种标准信息，主要源于动物尤其是临床样品信息，并且可以和 HMDB、Metlin 联合检索定性	适用于 LC-MS/MS，用于拟靶向代谢组，定性准确
Fiehn	包含 1 000 多种代谢物标准品信息，并且可以直接回溯到衍生化之前的原始物质	适用于 GC-MS，偏重非靶向代谢组鉴定
Nist	包含几十万种化合物信息，代谢物只是其中的一部分，数据丰富，但需要人工进行衍生化基团回溯	主要适用于 GC-MS，偏重非靶向代谢组鉴定

（三）处理方法

1. 数据预处理 通过峰检测、归一化、峰鉴定等步骤进行数据过滤，常用软件有 MZmine、XCMS。

2. 统计分析 使用多变量统计分析（如 PCA、PLS-DA）、t 检验或者 ANOVA 来识别差异显著的代谢物，使用 MetaboAnalyst 等工具进行数据分析和可视化。

3. 代谢物注释和途径分析 利用 KEGG、HMDB 等数据库进行代谢物的注释和代谢途径分析。

五、微生物组数据

（一）简介

微生物组学（microbiomics）是研究微生物组结构与功能、内部群体间的相互关系和作用机制，并解析其与环境或宿主的相互关系的一门学科。微生物组数据涉及对环境样本或生物体（如人体）内微生物群落进行全面分析的信息集合，可通过 16S rRNA 基因测序、宏基因组测序、宏转录组测序、宏蛋白质组学和宏代谢组学技术获得。微生物组数据揭示微生物群落的组成、多样性、功能，以及它们如何响应药物干预、环境变化或与宿主互动的基础。基于 16S rRNA 基因测序的微生物组数据分析流程见图 2-4。

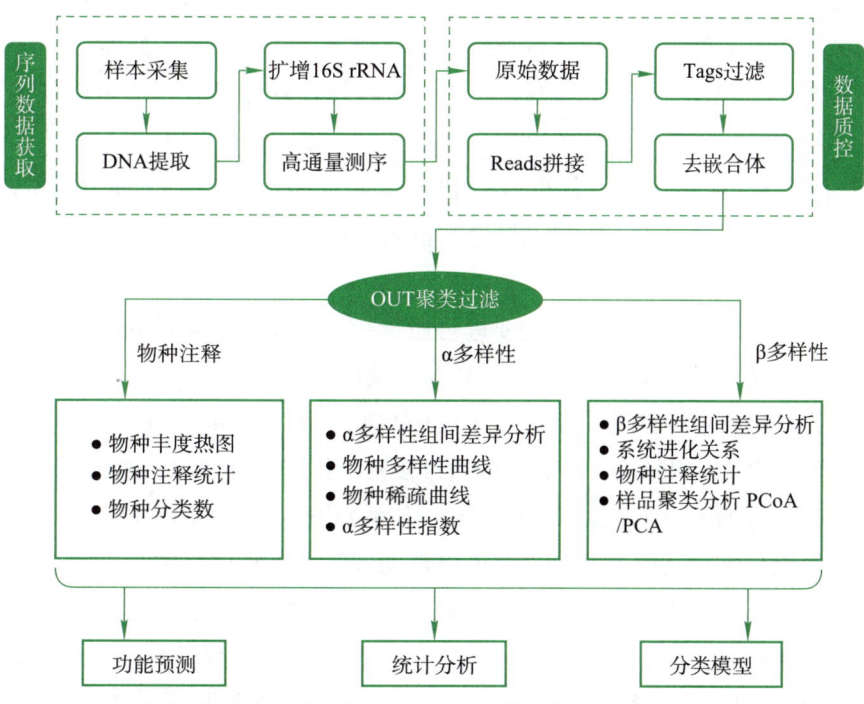

图 2-4 基于 16S rRNA 基因测序的微生物组数据分析流程

（二）获取方法

使用高通量测序技术对提取的 DNA 进行测序，主要有以下几种方法。

1. 16S rRNA 基因测序 针对细菌和古菌 16S rRNA 基因的特定区域进行测序，用于微生物的分类和系统发育分析。

2. 宏基因组测序（metagenomics） 无选择性地测序样本中所有微生物的 DNA，可以提供关于微生物群落组成和功能更全面的信息。

3. 宏转录组测序（metatranscriptomics） 通过测序环境样本中的总 RNA（主要是 mRNA），研究微生物群落的活跃基因和代谢活动，可以帮助了解微生物在特定环境条件下的功能和相互作用。

4. 宏蛋白质组学（metaproteomics） 分析微生物群落中的蛋白质表达，宏蛋白质组学提供了微生物当前功能状态的信息，包括哪些蛋白质在特定条件下被表达。

（三）处理方法

1. 16S rRNA 基因序列分析

（1）质量控制：对测序得到的读段进行质量控制，移除低质量读段，去除引物和接头序列，以及筛选出长度符合要求的读段。

（2）OTU 聚类或 ASV 分析：将处理过的读段基于序列相似度聚类成操作分类单元（OTUs）或使用更精确的方法如 DADA2 确定扩增序列变体（ASVs）。OTUs 通常基于 97% 的序列相似度阈值进行聚类，而 ASVs 提供了一种辨识单核苷酸变异的方法，可以提供更精细的微生物群落结构分析。

（3）物种注释：使用数据库（如 SILVA、Greengenes 或 RDP）将 OTUs 或 ASVs 与已知的微生物 16S rRNA 序列比对，以鉴定样本中的微生物物种。

（4）多样性分析：计算 α 多样性（评估单一样本内部的微生物多样性）和 β 多样性（比较不同样本之间的微生物组成差异）指数，以评估微生物群落的多样性和相似性。

（5）功能预测：虽然 16S rRNA 基因测序不能直接提供功能信息，但可以使用诸如 PICRUSt 等工具通过已知的物种与功能之间的关联来预测群落的功能潜力。

（6）结果解释和可视化：使用各种软件和脚本（如 QIIME2、R 语言中的 vegan 和 phyloseq 包）进行数据可视化和统计分析，以揭示微生物群落的组成、结构和潜在功能。

2. 宏基因组序列分析

（1）质量控制和过滤：测序数据首先要进行质量控制，剔除低质量的读段，包括去除低质量的碱基、短读段，以及含有接头序列或污染 DNA 的读段。

（2）组装：将经过质量控制的读段组装成较长的连续序列（contigs）。这一步骤旨在恢复原始微生物群落中微生物的基因组结构。组装可以通过多种软件实现，如 MetaSPAdes、MEGAHIT 等。

（3）基因预测与注释：在组装得到的 contigs 上预测开放阅读框（ORFs）或基因，并使用数据库比对这些基因以预测其功能。注释过程可以帮助理解微生物群落中基因的功能和代谢途径。

（4）物种组成分析：根据读段或组装后的序列，使用特定的生物信息学工具（如 Kraken2、MetaPhlAn）分析样本中的微生物组成。这些工具可以鉴定样本中存在的微生物物种及其相对丰度。

（5）功能分析：除了物种组成分析外，还可以通过各种数据库和工具（如 KEGG、COG、MetaCyc）分析微生物群落的潜在功能，包括代谢途径和生物地球化学循环的参与。

（6）生态和进化分析：使用生态指标（如丰富度、多样性指数）评估微生物群落的结构和多样性。通过比较不同样本或条件下的宏基因组数据，可以研究微生物群落对环境变化的响应和适应策略。

（7）整合与可视化：将分析结果整合并使用各种可视化工具（如 R 软件中的 ggplot2、

Phyloseq 包）呈现，以便理解和解释。

3. 宏转录组序列分析

（1）原始数据质控：对测序获得的原始 reads 进行质量控制和过滤（去除低质量 reads、接头序列和污染序列）。

（2）rRNA 过滤：将获得的 reads 中与 rRNA 相关的部分剔除，以减少对后续 mRNA 分析的干扰。

（3）基因组或参考数据库对齐：将过滤后的 reads 比对到参考基因组或参考基因数据库（如 NR、KEGG、eggNOG）上进行功能注释和分类。

（4）转录本组装与基因表达定量：对未对齐到参考的 reads 尝试进行去重组装（de novo assembly），得到转录本（contigs 或 unigenes），并对其进行基因丰度和表达水平定量分析。

（5）功能与通路分析：将所得基因序列与功能数据库进行比对，获取基因注释与通路信息，以阐述微生物群落的功能特性和动态变化。

4. 宏蛋白质组数据分析

（1）蛋白质组数据质控：对质谱（MS）数据进行质量评估，剔除噪声信号和低质量的质谱峰信息。

（2）肽谱匹配与数据库搜索：利用蛋白质搜索引擎（如 MASCOT、SEQUEST、MaxQuant）将 MS/MS 数据与蛋白质或肽段数据库（如 UniProt、NR）进行比对，以识别蛋白质。

（3）定量分析：对识别出的蛋白质进行定量分析（可利用标签定量、标记自由定量和同位素标记定量等方法），确定不同样本间蛋白质丰度差异。

（4）功能与通路注释：将鉴定到的蛋白质映射到功能与代谢通路数据库（如 KEGG、GO）以解析微生物群落功能特征。

（5）统计与多元分析：通过统计分析、聚类分析、PCA/PLS-DA 等多元统计方法探究群落中蛋白质丰度变化及其与环境或宿主因素的关联。

5. 宏代谢组数据分析

（1）原始数据预处理：对 LC-MS、GC-MS 或 NMR 获得的代谢组数据进行谱图分析，进行峰提取、对齐和归一化处理，以确保不同样本间数据可比性。

（2）特征峰鉴定与定性定量：将提取的特征峰与代谢物标准数据库（如 HMDB、METLIN）进行匹配，鉴定出具体代谢物并对其丰度进行定量。

（3）统计与多元分析：利用多元统计分析（如 PCA、PLS-DA 等）对代谢组数据进行可视化和模式识别，探讨代谢特征变化与实验条件或宿主状态之间的关系。

（4）通路分析与功能解释：将鉴定出的代谢物映射到代谢通路数据库（如 KEGG），深入解析微生物群落代谢活动与生态功能的联系。

第四节 中药临床与药理学数据

中药临床与药理学数据的系统收集和分析是揭示中药作用机制、验证临床效果、优化治疗方案，探索新的治疗潜能的基石。中药的复杂性要求我们从多个维度获取和处理相关数据，包括临床试验结果、病例研究、药效和安全性评估等。通过集成这些数据，可以全面评估中药的疗效和安全性，优化其临床应用，同时推动中药的现代化进程。本节详细介绍了中药临床与药理学数据的主要来源和处理方法。临床数据包括从随机对照试验到电子健康记录等多种形式，这些数据帮助我们评估中药的治疗效果和患者满意度。药理学数据则主要来源于药物毒理学和药效学研究，可为研究者提供中药成分的生物活性和作用机制。数据处理与分析部分则介绍了从数据预处理到建模技术，这些技术有利于研究者准确解读和利用收集到的数据。

一、临床数据类型

1. **临床试验数据**　从随机对照试验等获取的数据，涵盖治疗效果、疗程反应和药物安全性。包括患者症状改善、生存率、生活质量提升等量化指标。

2. **病例研究数据**　详细记录特定患者在使用中药治疗过程中的医疗反应和治疗结果。长期随访数据，用于评估中药治疗的持续效果和潜在副作用。

3. **患者报告结局（PRO）数据**　即直接来自患者对自身健康状况、功能状态及治疗感受的报告，不包括医护人员及其他任何人员的解释。患者自我评估的数据，反映治疗后的感受、症状变化和生活质量改善。

4. **电子健康记录（EHR）数据**　利用电子系统记录的患者治疗历程，包括诊断信息、治疗方案、药物使用记录和随访结果。

二、药理数据类型

1. **药物毒理学数据**　通过实验室测试和动物模型研究中药成分的安全性，评估毒性、副作用和药物相互作用，包括毒性剂量、安全剂量范围、代谢途径等关键参数。

2. **药效学数据**　研究中药成分的生物活性、作用机制和药效特性。包括药物的吸收、分布、代谢和排泄（ADME）特性研究。

3. **生物标志物数据**　通过生化指标和生物标志物评估中药的治疗效果。用于监测治疗效果和早期生物反应的指标，如炎症因子水平、肿瘤标志物等。

三、数据来源

1. **文献收集**　系统回顾中医古籍（如《黄帝内经》《伤寒杂病论》《本草纲目》《金匮要略》《神农本草经》等）和现代研究文献，以及《中华人民共和国药典》、现代中药数据库等，可获取关于中药药性、配伍、临床功效和药理活性的数据。

2. **实验研究**　通过体内外实验获取中药成分的药理活性数据，包括其对疾病模型的影响及与生物靶标的相互作用。

3. **临床试验**　从临床试验和观察性研究中获取中药在人体中的疗效和安全性数据。

4. **数据库挖掘**　利用 TCMSP、TCMIP 等数据库，获取已经整理好的中药数据，这些数据基于广泛的文献回顾、实验结果和专家知识。

拓 展 阅 读 2-2：中国中医药数据库介绍

拓 展 阅 读 2-3：国家古籍数字化资源总平台介绍

四、数据处理与分析

1. 数据预处理

（1）清洗数据、去除重复记录：删除重复的数据条目以避免分析错误。

（2）处理缺失值：通过插值、删除或预测方法处理缺失的数据点。

（3）纠正错误：校正数据录入错误，如不一致的日期格式、非标准单位等。

（4）标准化数据单位转换：确保所有数据单位一致（如将所有体重单位统一为千克）。

（5）数据格式标准化：统一日期格式、化合物命名等。

2. 数据统计分析

（1）描述性统计：计算平均值、标准偏差、中位数等，提供数据的基本描述。

（2）推断性统计：使用 t 检验、ANOVA、回归分析等方法，分析变量间的关系和差异。

（3）药效评估与剂量－反应关系：分析药物剂量与治疗效果之间的关系。

（4）时间序列分析：评估药物效果随时间变化的趋势。

3. 数据建模

（1）多元统计与化学计量学建模

1）主成分分析（principal component analysis, PCA）：通过降维方法将高维度、多变量的中药成分数据映射到低维空间中，提取主要影响药效或生物学效应的潜在成分特征。

2）偏最小二乘回归（partial least squares regression, PLSR）：将中药化学成分数据与药效响应变量联系起来，建立线性定量模型，从而解释活性成分与药理效果之间的定量关系。

（2）动力学建模

1）药代动力学（pharmacokinetics，PK）模型：利用常微分方程（ODE）描述中药有效成分在体内的吸收、分布、代谢和排泄过程。经典模型包括一室、两室或多室模型，通过参数估计（如最小二乘法、最大似然估计）确定药物在不同体内分区的浓度时间变化规律。

2）药效动力学（pharmacodynamics，PD）模型：借助非线性回归或微分方程将中药成分的浓度变化与生物学效应（如酶活性变化、生物标志物水平）关联起来，常用模型有 Emax 模型、Sigmoid Emax 模型等。

（3）网络药理学与网络分析建模

1）图论模型（graph theory model）：将中药有效成分、分子靶标和通路节点及疾病状态构建为图结构。利用图论的数学方法（如网络中心性分析、模块检测和路径算法），解析复杂网络中的关键节点与关键路径，从整体层面解释中药多成分－多靶点－多通路的作用机制。

2）网络流分析与随机游走模型（random walk model）：通过在网络中进行随机游走或应用最大流最小割等算法，从数学上量化成分与靶点间的关联紧密度和信息传播效率。

（4）机器学习与人工智能模型

1）线性模型与正则化方法（如 LASSO、Ridge 回归）：在中药复杂成分与药理学效应关联的定量结构－活性关系研究中，利用正则化回归技术挑选关键变量，避免过拟合。

2）支持向量机（support vector machine，SVM）与随机森林（random forest）：通过将中药成分数据与体内外生物活性数据输入这些模型，实现非线性、多维度的数据分类和回归，为预测中药疗效与机制提供数据驱动的模型。

3）深度学习（如神经网络）：利用多层网络结构对大规模、多类型数据进行非线性映射，从多成分数据、组学数据到药理效应的预测与关联挖掘。

（5）贝叶斯建模与贝叶斯网络

1）贝叶斯统计模型：通过设定先验分布，在获取实验数据后更新成后验分布，从概率统计层面实现对中药药效参数不确定性的量化和推断。

2）贝叶斯网络（Bayesian network）：利用条件概率表达中药成分、分子标志物与药效结果间的因果关联，为复杂生物网络关系的因果推断提供数学框架。

4. 数据可视化图表展示　使用条形图、散点图、箱线图等可视化工具直观展示数据分析结果。应用热图和网络图展示药物作用机制和生物标志物间的复杂关系。

第五节　中药其他信息数据

中药信息涉及多个层面和维度，除了前文提及的组学数据、中药临床数据和药理学数据信息等，还包括中药的图像和文本信息，这些信息为中药的鉴别、质量控制、历史研究及现代应用提供了独特的视角和深入的见解。图像信息可以直观地展示中药材的外观、质地、显微结构、产地环境等特征，为药材鉴别、质量控制和评价提供重要依据。文本信息则详细记录了中药的历史渊源、药材功效、临床应用等知识，是中药研究不可或缺的资料来源。因此，如何有效处理和应用中药的图像与文本信息，成为中药信息学的重要研究内容。

一、中药图像信息及处理

中药图像可以分为很多不同种类，如药材本身的形态特征图像（中药材植物、动物、矿物等原形图像），中药饮片图像，中药粉末细胞图像，中药饮片切片显微图像，以及反映中药地域资源的遥感图像等。图像处理技术作为现代信息技术的核心之一，已经广泛应用于各个领域。近年来，随着中药学的深入研究与数字化转型，图像处理技术也已在中药领域发挥重要作用。

图像处理技术可以通过对中药材的相关图像进行分析和处理，提取出中药材的特征信息，为中药材的鉴定、中药质量评价、中药目标资源的动态监测等提供更为客观、准确和高效的方法。

（一）经典中药图像处理技术

经典中药图像处理技术的步骤一般分为图像采集、图像标注、图像预处理、图像特征提取、图像分类识别，其研究思路如图 2-5 所示。

1. 图像采集　中药图像的种类非常广泛，涵盖了中药材原形图像、中药饮片图像、中药饮片切片显微图像、中药粉末细胞图像、中药植物遥感图像等。中药图像采集方法主要涉及图像采集设备和采集环境的选择。首先，需要选择合适的图像采集设备，确保设备具有良好的分辨率和色彩还原能力，以便能够捕捉到中药的细节和颜色信息及纹理信息等。其次，应选择光线充足、背景简洁的环境，避免光线过强或过弱及背景杂乱对图像质量的影响。采集中药植物遥感图像时，需要选择合适的遥感平台和传感器，如具有多光谱或高光谱分辨率的传感器，以捕捉植物的生长状态、病虫害等信息。另外，采集遥感图像时，要根据中药植物的生长周期和地理位置，确定最佳的遥感图像采集时间和地点。不同的中药植物可能在不同的生长阶段呈现出不同的光谱特征，因此选择合适的采集时间对于获取高质量的遥感图像至关重要。

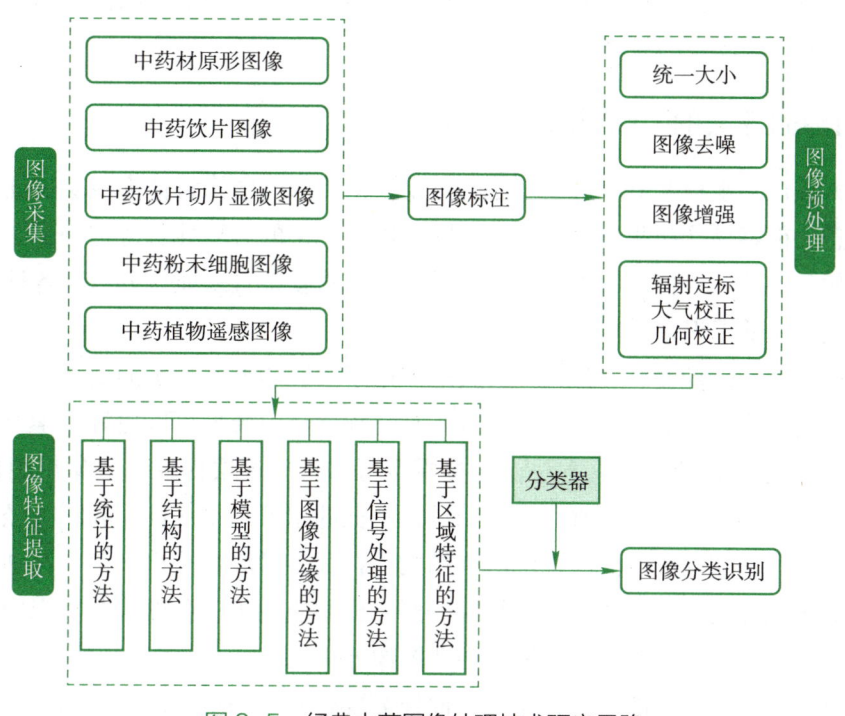

图 2-5　经典中药图像处理技术研究思路

2. **图像标注**　对于采集到的每一张中药图像，都需要进行准确的标注。标注的内容可以包括中药的种类、属性等，这一过程需要有专业背景的专家进行，以确保标注的准确性和一致性。

3. **图像预处理**　在建立图像数据集之前，需要对图像进行预处理，以便后续能够更好地进行识别和分析。预处理操作一般包括裁剪所有图片为统一大小，图像去噪和增强等。去噪可以消除图像中的噪声和干扰，增强可以突出图像中的有用信息。对于中药植物遥感图像，需要进行的预处理包括辐射定标、大气校正和几何校正等，以消除图像中的噪声和畸变，提高图像的质量和准确性。

不同种类的中药图像收集难度不同，导致不同类别的中药图像数量差距较大。在后续的图像识别分类过程中，训练样本的数量越充足，训练得到的模型效果越好，其泛化能力也越强。当训练样本较少时，容易造成过拟合。在图像处理中，基本的图像变换操作并不会改变用于图像分类的特征信息，因此当数据量不够大时，可以采用数据增强的方式来扩充数据集。数据增强方式有很多，常用的包括平移、缩放、旋转、翻转和对比度增强等。

4. **图像特征提取**　在中药鉴定识别中，提取能够反映中药材图像重要信息的特征是关键，如颜色特征、纹理特征和形状特征等。传统的特征提取方法有基于统计的方法，如灰度共生矩阵、灰度差分统计等；基于结构的方法，如数学形态学等；基于模型的方法，如马尔科夫随机场、分形模型等；基于信号处理的方法，如小波变换、Gabor 滤波器等；基于图像边缘的方法，如 Sobel、Canny 算子等；基于区域特征的方法，如 SIFT（尺度不变特征变换）、SURF（加速稳健特征提取）、HOG（方向梯度直方图）等。这些方法各有优缺点，应根据具体的应用场景和需求选择合适的特征提取方法。

5. **图像分类识别**　提取得到图像的各类特征后，可进行多维特征融合，再结合机器学习算法，用一定数量的实测样本数据训练分类器，建立对不同中药图像特征识别的分类模型，有效地为相近品种、易混淆品种和不同产地中药材鉴别提供可视分析手段。分类器的设计直接影响图像识别的性能。常见的性能优越的分类器有很多，如支持向量机（SVM）、k近邻（kNN）、决策树、随机森林、朴素贝叶斯、传统神经网络等。选择合适的分类器用于中药图像识别，可以得到较好的效果，从而实现中药鉴定的目标。

（二）基于深度学习的中药图像处理技术

上述经典方法在一定程度上取得了较好的效果，但提取的图像特征为浅层特征，不具有高层语义的特征信息，很容易受检测环境影响，实际应用中识别的可靠性有待进一步提高。另外，分别提取形状、颜色、纹理等特征后再将其进行融合，算法复杂且未能充分考虑各种特征之间的关联性，效果较差，降低了识别效率。

近年来，人工智能的发展突飞猛进，极大地推进了中医药相关技术的发展。其中深度学习算法的出现，为中药图像处理提供了更为强大的工具。深度学习模型可以更好地学习和表达图像隐藏特征信息，相比传统的特征提取方法，该类模型可以自动逐层提取并抽象出图像中的高级特征，不需要人为设计或选择特征，避免了手动设计特征的繁琐和主观性。卷积神经网络是深度学习的代表算法之一，是应用最广泛的神经网络结构，在很多领域均表现出色，特别是在图像识别和分类任务中表现尤为突出。因此，将卷积神经网络模型应用于中药图像分类识别任务，实现对中药图像准确高效的识别，成为现今主流的中药图像处理技术。

采用卷积神经网络对中药图像进行识别，同样需要首先对采集的图像数据进行预处理，包括图像的裁剪、去噪、增强、标注等；根据中药图像的特点构建卷积神经网络模型；使用标注好的中药图像数据集对模型进行训练；采用验证集对训练好的模型进行验证，以评估模型的性能，如果模型性能不佳，可以对模型结构或参数进行调整，并重新进行训练；利用测试集对模型进行测试，以评估模型的泛化能力，若模型在测试集上表现良好，则可以将模型应用于实际的中药图像识别任务中。

基于深度学习的中药图像分类识别流程如图2-6所示。

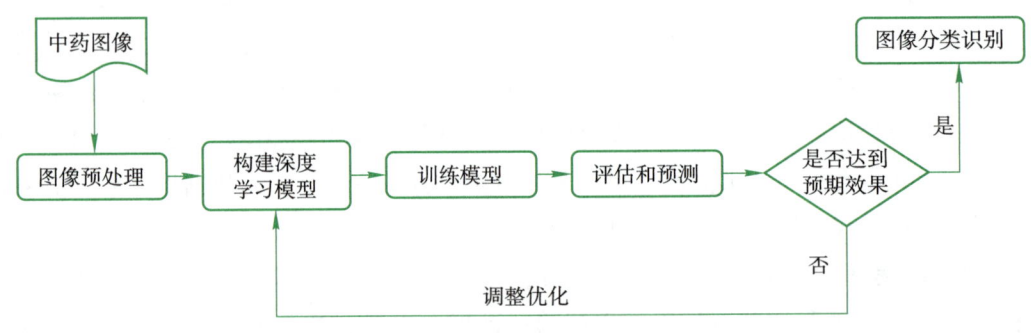

图2-6　基于深度学习的中药图像分类识别流程

（三）中药图像处理技术应用场景

中药图像处理技术在中药领域的应用十分广泛，涵盖了中药材的鉴定与分类、中药质量控制、中药资源动态监测与调查保护等。

1. 中药材的鉴定与分类　中药作为传统医学的瑰宝，其药材种类繁多、形态各异，且同一类别的中药还有很多子属品种。因此，中药材鉴定是一个复杂的过程，需要对中药材的外观、质地、颜色、气味等多个方面进行综合评估。传统的药材鉴别方法主要依赖专家的经验和感官判断，但这种方法不仅耗时耗力，而且受到主观因素的影响。另外，通过化学检测或仪器分析的鉴定方法，需要专业设备和专业人员，在实际鉴定中可操作性不强。图像处理技术的引入，为中药鉴定提供了新的方法和途径，通过对中药宏观图像或显微图像进行处理和分析，结合各类机器学习方法实现中药材的鉴定和分类。该方法可以大大提高中药鉴定的准确性和效率，不仅可以用于中药的种类鉴定、真伪鉴定，还可以用于中药的品质评估、产地识别等方面。随着技术的不断进步，该方法将会有更加广泛的应用前景。

2. 中药质量控制 通过对中药的质量进行严格控制，可以确保中药的成分、纯度、剂量等符合规定标准，从而保证中药的安全性和有效性。这对于预防和治疗疾病、保障人民健康具有重要意义。另外，通过加强中药的质量控制，可以推动中药的现代化和国际化进程，促进中药在国际市场上的竞争力和影响力。

基于图像处理技术的中药质量控制方法，结合深度学习模型，对中药的外观、颜色、形状等进行分析识别，以此实现中药质量等级分类和评估。该方法的优点在于可以通过中药的外观特征进行客观、量化的分析，避免了传统质量控制方法中的主观性和经验性。

目前该技术在中药领域的应用还处于起步阶段，仍然存在一些局限性，例如它只能对中药的外观特征进行分析，对于中药的内在成分和药效等方面无法评估。因此在实际应用中，需要结合其他质量控制方法，达到全面评估中药质量的目的。

3. 中药资源动态监测 基于遥感图像处理的中药资源动态监测是一种利用遥感技术来监测和分析中药资源的面积、资源储量、空间分布、生长状况、产量预测及生态环境变化的方法。参考当地中药资源地域性、散生性特征，利用不同植物产生不同光谱特征的特点，对卫星遥感图像及无人机等图像数据进行识别，同时结合地面调查数据，可以实现对中药资源的宏观、快速和连续性的监测，为中药资源的合理利用、保护和管理提供科学依据。

基于遥感图像处理的中药资源动态监测方法主要研究思路如图 2-7 所示。

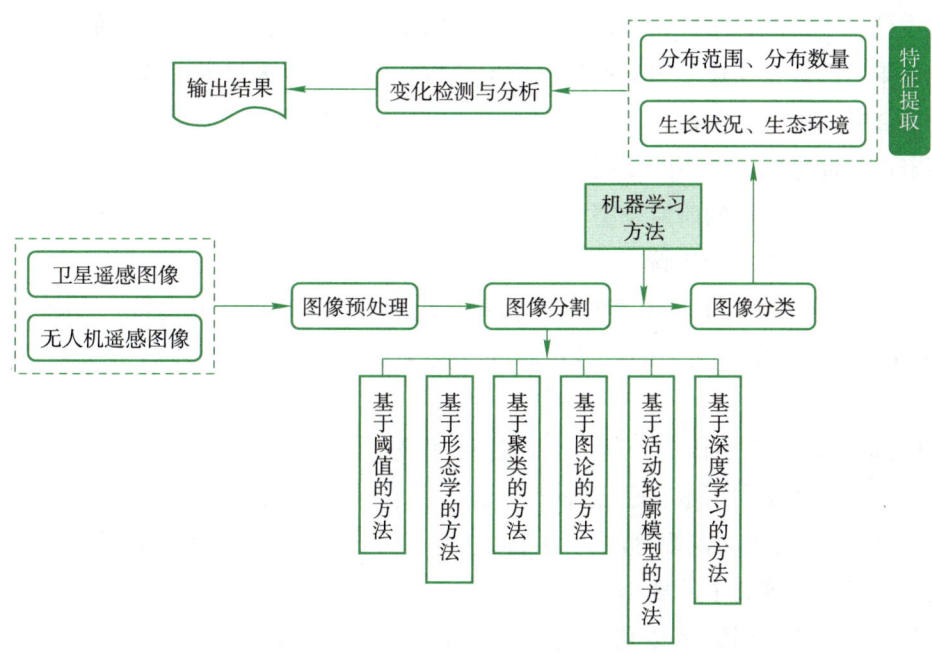

图 2-7 基于遥感图像处理的中药资源动态监测方法主要研究思路

该方法的研究步骤如下。

（1）数据获取：选择合适的遥感数据源，如卫星遥感数据、无人机遥感数据等，根据监测需求设定合适的时相和分辨率，对中药资源分布区域进行定期或不定期的遥感影像获取。

（2）数据预处理：对获取的遥感影像进行预处理，包括辐射定标、大气校正、几何校正、图像增强等操作，以提高影像质量和可解译性。

（3）图像分割与分类：利用图像分割技术将遥感影像划分为不同的区域或对象，并结合分类算法（如监督分类、非监督分类等）对中药资源进行识别与分类。通过建立分类体系，可以识别出不同类型的中药资源及其分布情况。

（4）特征提取：从分类后的遥感影像中提取中药资源的特征信息，如分布范围、数量、生长状况、生态环境等。这些特征信息可以反映中药资源的动态变化情况。

（5）变化检测与分析：利用时间序列的遥感影像进行变化检测，分析中药资源的动态变化情况。通过比较不同时相的遥感影像，可以检测出中药资源的生长速度、分布范围的变化，进行产量预测，掌握生态环境的变化趋势。

（6）结果输出与应用：将监测结果以地图、图表、报告等形式输出，为中药资源的合理利用、保护和管理提供科学依据。同时，可以将监测结果与其他地理信息系统相结合，实现中药资源的空间分析和决策支持。

需要注意的是，基于遥感图像处理的中药资源动态监测虽然具有很多优势，但由于药用植物的特征差异和卫星遥感技术的限制，目前遥感技术在药用植物中应用的种类偏少，应用范围较小。同时，该技术也存在一些挑战。例如：遥感影像的分辨率和时相选择对监测结果的准确性有很大影响。同时，中药资源的生长环境和生态因素也会影响遥感影像的解译和分类效果。因此，在实际应用中，需要综合考虑多种因素，形成关联性评价机制，以提高监测结果的准确性和可靠性。

二、中药文本信息及处理

中药文本信息主要来源于古籍、现代文献、临床实践记录等，蕴含了中药的传统知识、临床应用和研究成果。因此，通过中药文本信息数据挖掘技术可以从大量的中药文献、古籍、处方等文本信息中提取有用的信息和模式，如药效、用法、历史背景等，从而帮助研究人员更好地理解和利用中药资源，促进中药的不断发展。

中药文本信息数据挖掘的研究思路如图 2-8 所示。

该技术一般包括以下几个步骤。

1. **数据收集**　收集各种中药相关的文本信息，包括古籍、各种研究文献、临床处方等。

2. **数据预处理**　对中药文本信息进行清洗、去噪、分词、标注等处理，以便后续的数据挖掘和分析。

3. **信息提取**　利用自然语言处理、文本挖掘等技术，从中药文本信息中提取出关键信息，如中药名称、功效、用法、用量、配伍等。

4. **数据挖掘**　采用数据挖掘算法，如关联规则挖掘、聚类分析、情感分析等，对提取出的中药信息进行分析，发现其中的规律和模式。

5. **结果展示**　将挖掘结果以可视化、交互式等方式展示出来，方便用户查询、浏览和理解。

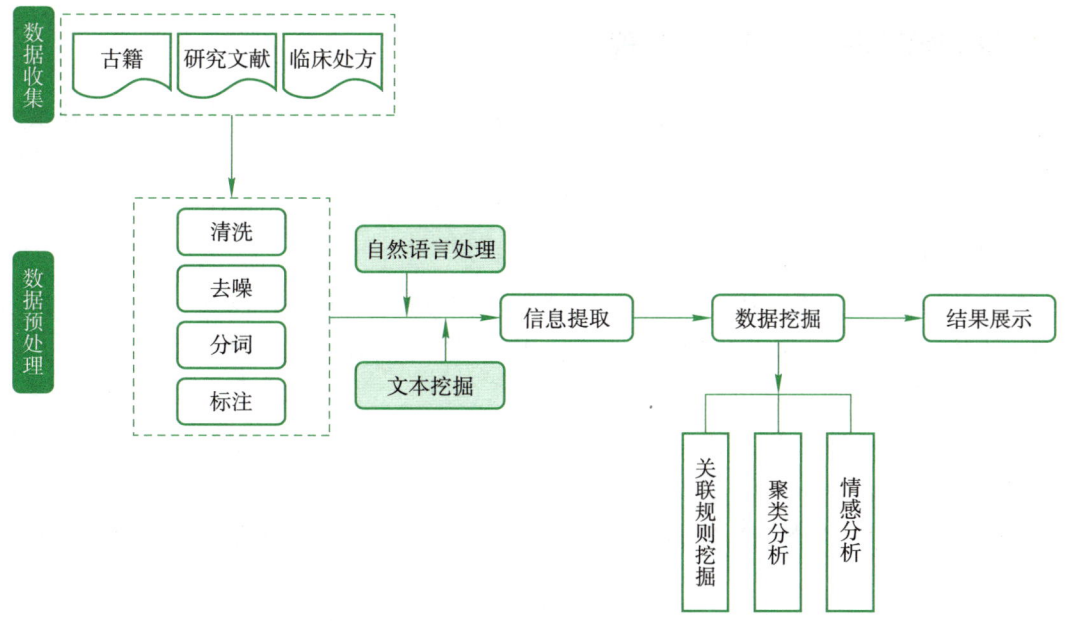

图 2-8　中药文本信息数据挖掘的研究思路

　　中药文本信息数据挖掘技术的应用范围非常广泛，可以用于中药方剂的研究、中药药效的评价、中药资源的开发、中药知识库的建设，以及辅助临床决策等方面。同时，该技术也可以与其他领域的技术相结合，如生物信息学、化学信息学等，以更好地推动中药研究的发展。需要注意的是，中药文本信息数据挖掘技术还存在一些挑战和难点，如数据质量的不稳定、文本信息的复杂性等。因此，在应用挖掘技术时，需要综合考虑各种因素，选择合适的方法，以获得更准确、有用的挖掘结果。

第六节　数据结构设计

　　数据是信息的载体。利用计算机进行数据分析并获得各种信息，首先必须在计算机中描述和存储现实世界中的数据。数据结构是解决这类问题的关键。数据结构是指相互之间存在一种或多种特定关系的数据元素集合。通常数据对象中的数据元素不是孤立的，而是彼此之间存在着某种关系，如表结构、图结构、树形结构等，我们把数据的这种组织形式称为"结构"。

　　设计数据结构时，首先需要明确数据的来源和特性。例如，基因组数据通常以序列数据或基因表达数据的形式存在，这些数据包含大量的样本和特征，并且基因组数据具有高维度、强稀疏性和高复杂性的特点。采用深度学习模型进行中药数据处理和分析时，需要合理设计数据结构以便模型能够有效地进行数据分析。

　　拓展阅读 2-4：《数据结构与算法》介绍

　　设计合适的数据结构对于有效管理和分析中药数据至关重要。本节将分别以基因组数据、中药图像数据和中药文本数据为例，介绍如何设计高效的数据结构，并简要阐述在 PyTorch 框架下的实现方法。

一、基因组数据结构设计及实现

Python 凭借其强大的数据处理能力和丰富的库资源，已成为人工智能大数据处理领域的核心工具，而 PyTorch 作为 Python 中的主流深度学习框架，凭借其高效性与灵活性，极大地简化了复杂 AI 模型的构建与训练过程。下面以基因组数据处理为例，在 PyTorch 框架下针对相关的数据预处理、数据结构设计及数据加载的方法进行介绍。

假设有一个基因数据集，其中每个样本包含数千个基因的表达量，以及一个或多个目标变量（如药效、副作用等）。对此数据集进行分析时，可采用如下步骤进行处理。

1. 数据预处理

（1）缺失值处理：对于缺失的基因表达值，可以使用中位数填充、k 近邻算法、插值方法或机器学习模型预测方法进行处理。

（2）异常值处理：检查并处理可能的异常值，如使用四分位距（IQR）方法识别并处理异常值。

（3）数据编码：将非数值型数据（如基因组序列）转换为数值型数据，以便后续深度学习模型的处理，转换方法可以采用独热编码（one-hot encoding）、嵌入（embedding）等。

（4）特征选择：基于统计测试（如 t-test、ANOVA）、相关性分析或机器学习模型（如随机森林、梯度提升机等）进行特征选择，以选择与目标变量相关性较高的基因。

（5）数据标准化或归一化：将基因表达值转换为统一尺度，以消除不同基因之间表达水平的差异，可以使用 Z-score 标准化或 Min-Max 归一化等方法。

2. 数据结构设计

在 PyTorch 中，处理数据通常涉及张量（tensor）及数据加载器（data loader）。其中，Tensor 是一个多维数组，用来存储数值、向量、矩阵或更高维的数据，是数值计算的主要数据结构。DataLoader 是 PyTorch 提供的一个类，它接收一个 Dataset 对象，并提供可迭代的数据加载机制。DataLoader 可以自动进行批处理、打乱数据和并行加载数据等操作，使得数据加载更加高效和灵活，它与 Tensor 一起使用，用于构建和训练深度学习模型。

对于预处理后的基因组数据，我们可以将其存储为特征矩阵和标签向量。

（1）特征矩阵：使用二维数组或矩阵形式存储特征数据，其中行代表样本，数量记为 num_samples，列代表特征（即选定的基因），数量记为 num_features。如果数据稀疏性较高，为了方便处理，可以使用稀疏矩阵格式，如 Scipy.sparse 库中的 CSR 或 CSC 进行存储。假设基因组数据保存在一个 NumPy 数组 geno_data_np 中，则其形状为（num_samples，num_features）。

（2）标签向量：使用一维数组或向量形式存储标签数据，其中每个元素对应一个样本的目标变量值，长度记为 num_samples。对于分类任务，标签可以是整数；对于回归任务，标签可以是浮点数。标签向量保存在一个 NumPy 数组 labels_np 中，则其形状为（num_samples，）。使用 PyTorch 的 torch.from_numpy（）函数，可以分别将 NumPy 数组 geno_data_np 和 labels_np 转换成二维张量 geno_data_tensor 和一维张量 labels_tensor。基因组数据对应的二维张量，其数据类型可使用浮点数（float32 或 float64）；标签对应的一维张量，如果元素是整数，则可以使用 long（在 PyTorch 中对应 int64）。

3. 数据加载

为了使用 DataLoader 进行数据加载和批量处理，要先定义一个 Dataset 类（继承自 torch.utils.data.Dataset），并实现两个方法 _len_ 和 _getitem_。其中 _len_ 返回数据集中样本的总数，_getitem_ 根据给定索引返回相应的样本和标签。接着，使用实际的基因组数据和标签实例化 Dataset 类。然后，利用 torch.utils.data.DataLoader 加载数据，设置批处理大小和其他参数。最后，即可使用 DataLoader 迭代数据进行训练。

对于生物学数据（如基因组数据），进行预处理后可将数据存储为二维特征矩阵和一维标签向量，再将其转换为 PyTorch 中的 Tensor 张量，以便结合深度学习模型进行高效的分析和处理，为后续生物信息学的应用，如寻找基因变异、分析基因表达模式、预测基因功能等研究，提供有力支持。

二、中药图像数据结构设计及实现

（一）数据结构设计

中药图像数据结构的设计需要考虑图像处理的每个环节，包括图像的读取、预处理、特征提取、识别及后续的存储和查询等。由于图像处理算法需要处理大量的中药材图像，并且每种药材可能对应多种不同的形态和变种，因此通常情况下图像数据需要采用多种不同的结构来充分利用它们的优势，方便后续任务的进行，如结合二维表结构实现图像信息的描述和存储，利用树形结构实现图像信息的检索和分析等。

1. 二维表

（1）药材信息表：存储药材的基本信息，如名称、产地、等级、科属、药用部位、功效等，药材信息表结构如表 2-3 所示。信息表中每个字段对应一列，每行代表一个药材品种。

表 2-3　药材信息表结构

字段名	数据类型	约束	字段描述
herb_id	INT	主键	中药材唯一标识符
herb_name	VARCHAR		中药材名称
origin	VARCHAR		中药材产地
grade	VARCHAR		中药材等级
description	TEXT		中药材描述

（2）图像信息表：存储与药材图像相关的信息，如图像存储路径、拍摄时间、图像类型等，同样为标准的二维表结构，其结构如表 2-4 所示。

表 2-4　图像信息表结构

字段名	数据类型	约束	字段描述
image_id	INT	主键	图像唯一标识符
image_path	VARCHAR		图像存储路径
image_time	DateTime		图像拍摄时间
image_type	VARCHAR		图像类型（实物图、显微图、遥感图）
description	TEXT		图像描述

（3）药材与图像关联表：用于建立药材信息表和图像信息表之间的关联，指明哪些图像对应于哪种药材，该表包含两个外键字段，分别关联到药材信息表和图像信息表的主键，其结构如表2-5所示。

表2-5　药材与图像关联表结构

字段名	数据类型	约束	字段描述
relation_id	INT	主键	关联关系的唯一标识符
herb_id	INT	外键	关联的药材 ID
image_id	INT	外键	关联的图像 ID

（4）分类结果表：存储图像处理和分析的结果，如识别出的药材名称、种类、识别置信度等。该表也可以设计合适字段与其他二维表进行关联，其结构如表2-6所示。

表2-6　分类结果表结构

字段名	数据类型	约束	字段描述
result_id	INT	主键	分类结果的唯一标识符
herb_id	INT	外键	关联的药材 ID
class_name	VARCHAR		分类名称
confidence_score	FLOAT		分类置信度（分类结果的可靠性）

2. 树形结构

（1）药材分类树：由于中药材种类繁多，为了方便用户浏览和查询，可以构建一个药材分类树。该树形结构用根节点表示所有药材的集合，然后按照药材的科、属、种等层次关系构建子节点。每个子节点代表具体的中草药，包含它们的图像信息、特征信息及标注信息等。

（2）药材特征树：对于每种药材，可以根据其形态、颜色、气味等特征构建一个特征树。该树形结构以药材名称作为根节点，然后按照特征的层次关系构建子节点。这种结构有助于在后续图像处理过程中结合其他方法提取和分析药材的特征。

在树形结构中，每个节点都包含指向其子节点的指针或引用，用户可以通过遍历树形结构访问和处理所有的中草药。该结构还支持各种操作，如插入、删除、搜索中草药等，操作灵活且高效。

通过结合二维表和树形结构，中药图像处理系统可以实现对药材的高效管理和分析，同时提供方便的用户查询和浏览功能。用户上传中药图像到系统中，系统采用机器学习方法进行识别鉴定，并根据结果生成详细的分析报告，展示药材的识别鉴定结果、品质等级等信息，同时用户可以通过查询药材信息表和分类结果表查看具体相关信息。

（二）数据结构实现

对于数据库二维表和树形结构等复杂的数据结构，需要进行一些转换和预处理，以便它们能够被 PyTorch 的模型所使用。在 PyTorch 中实现结合二维表和树形结构的数据结构，其大致步骤如下。

1. **数据预处理**　从数据库中读取二维表内的数据，将数据转换为 PyTorch 可以处理的格式，即通常将它们转换为 Numpy 数组或 Pandas DataFrame，再转换为 Tensor 张量。

2. **构建树形结构**　明确药材分类树和药材特征树的定义和结构，树形结构可以使用 Python 中的字典、列表等来表示。

3. **将树形结构转换为张量**　遍历树形结构并提取相关特征或属性进行编码，将编码后的特征或属性组合成一维或者二维 Tensor 张量，通常二维张量中每行表示一个样本，每列表示一个特征。

4. **结合二维表和树形结构数据**　使用药材和图像关联表等数据，将二维表数据与树形结构数据进行关联，关联后的数据将组合成一个完整的数据集，包含了所有必要的特征和信息。

5. **在 PyTorch 中使用数据集**　定义数据集类 Dataset，该类能够加载并处理前面步骤中准备的数据。使用 PyTorch 的 DataLoader 类创建一个数据加载器，用于在训练过程中批量加载数据。结合定义好的数据加载器，利用 PyTorch 的深度神经网络模型进行训练。

上述步骤提供了一个基本的框架，实现过程应该根据具体的应用场景和需求进行调整和优化。

三、中药文本数据结构设计及实现

（一）数据结构设计

对中药文本信息进行数据挖掘之前，对数据结构进行设计至关重要，合理的数据结构有助于组织、存储和管理中药文本信息，以便于后续的信息提取、分析和应用。常用的数据结构如下。

1. **中药数据库表结构**　在关系型数据库中，中药的信息可以被组织成一系列的表，每个表代表一个实体（如中药、处方等），表中的列代表实体的属性（如中药的名称、性状、功效、用法用量等）

2. **中药分类树结构**　中药可以根据其性质、功效或用药部位进行分类，形成一个分类树结构。该结构可以方便地进行中药的浏览和查询。

3. **中药关联网络结构**　中药之间存在许多关联关系，如相似功效、相同用药部位、相同药性等。这些关联可以形成网络结构，便于进行中药的比较、配伍和推荐。

4. **中药属性字典结构**　为了方便查询中药的特定属性（如药性、归经、功效等），可以建立属性字典结构，将中药名称与对应的属性关联起来。

5. **中药文本向量结构**　在处理中药的文本信息时，可以将文本转化为向量形式，如使用词袋模型、词频 – 逆文档频率（TF–IDF）、词向量（Word2Vec）等技术。这种结构便于进行文本相似性计算、信息检索和分类等任务。

6. **中药图结构**　在图结构中，节点可以代表实体（如中药、药性、功效等），边可以代表实体间的关系（如中药与药性的关系、中药与功效的关系等）。这种数据结构能够很好地表示中药知识图谱中的实体及实体之间的关系。

以上这些数据结构应该根据具体的应用场景和需求进行选择和设计。在实际的中药文本信息处理中，需要结合多种数据结构来实现复杂的功能和需求。

（二）数据结构实现

在 PyTorch 框架下，上述部分数据结构实现过程中的关键点如下。

1. 中药数据库表结构　可将数据库中的数据导出为 CSV 或 JSON 格式，然后使用 Pandas 等工具加载到 Python 中，再进一步处理成 PyTorch 可以使用的 Tensor 张量数据格式。

2. 中药分类树结构　需要将树中的信息转换为特征向量，可以通过遍历树结构，提取每个节点的分类标签、深度、父节点、子节点等信息，并转换为数值特征。这些特征可以作为 PyTorch 深度学习模型的输入。

3. 中药属性字典结构　可以使用字典对数据进行表示，同时需要将中药属性值转换为数值特征，如可以通过 one-hot encoding 将分类属性转换为二进制向量，这些数值特征可以作为 PyTorch 深度学习模型的输入。

4. 中药文本向量结构　在 PyTorch 中，可以使用预训练的文本嵌入模型（如 Word2Vec、BERT 等）将中药文本转换为向量。这些模型可以将文本中的每个单词或句子转换为固定长度的向量。然后，将这些向量作为 PyTorch 深度学习模型的输入，进行文本分类、聚类或其他文本分析任务。

中药的标准化、数字化和信息化处理对于中药融入现代医学体系至关重要。通过对中药的图像和文本信息进行智能分析与处理，可以标准化和规范化中药的描述和分类，使中药的信息更加准确和规范。中药图像和文本等信息处理技术，也是中药数字化和信息化的重要途径，可以使中药信息能够方便地存储、传输、检索和使用，提高中药信息的使用效率，提升中药使用效果。

为了进一步规范中药信息处理，2019 年中国中医药信息学会颁布了《中医药信息数据元值域代码》标准，规定了中医药信息数据元值域代码的编码方法、代码表格式和表示要求、代码表的命名与标识，以及反映中医药信息数据元的值域代码。该标准适用于中医药领域信息的表示、交换、识别和处理，以及相关信息系统的建设。它确保了中医药信息的一致性和准确性，提高了数据质量，促进了信息共享与利用。在中药信息处理的各个环节中，如药材的采集、加工、储存、销售、使用等，都可以利用中医药信息数据元值域代码进行数据录入、存储、查询、分析等操作。例如，在药材的入库管理中，可以使用数据元值域代码对药材的种类、产地、规格等信息进行编码和记录，方便后续的查询和管理。在中药的配方和制备过程中，可以利用数据元值域代码对药材的用量、炮制方法、配伍关系等信息进行规范化和标准化，确保中药的质量和效果。

拓 展 阅 读 2-5：《中医药信息数据元值域代码》介绍

综上所述，通过标准化、数字化和信息化处理，可以使中药更好地融入现代医学体系，提高中药的知名度和影响力，为中药走向世界提供有力支持。

（赵鸿萍　辛贵忠　茹原芳　张洁玉）

数字资源详见　新形态教材网

✦编者导学　✦拓展阅读　✦教学课件　✦思考题

第三章

数据分析与可视化

📊 思维导图

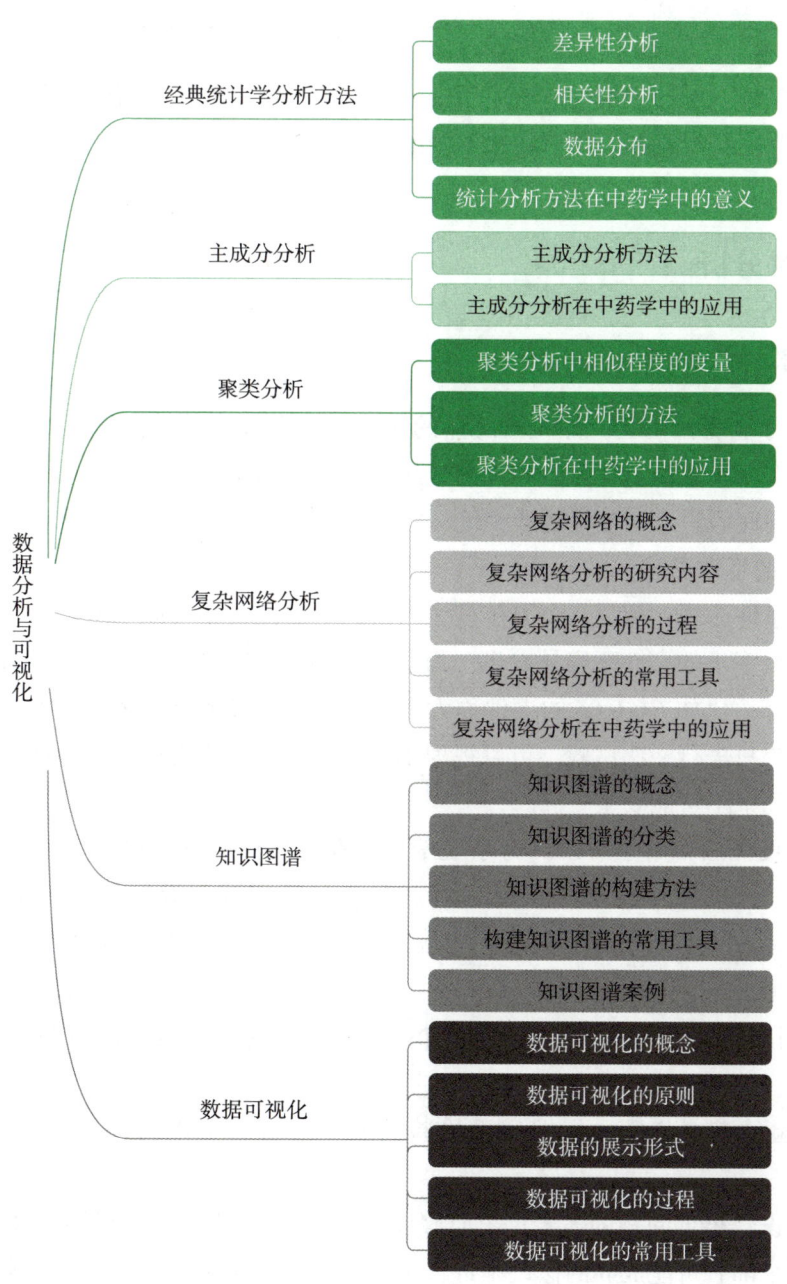

数据分析与可视化
- 经典统计学分析方法
  - 差异性分析
  - 相关性分析
  - 数据分布
  - 统计分析方法在中药学中的意义
- 主成分分析
  - 主成分分析方法
  - 主成分分析在中药学中的应用
- 聚类分析
  - 聚类分析中相似程度的度量
  - 聚类分析的方法
  - 聚类分析在中药学中的应用
- 复杂网络分析
  - 复杂网络的概念
  - 复杂网络分析的研究内容
  - 复杂网络分析的过程
  - 复杂网络分析的常用工具
  - 复杂网络分析在中药学中的应用
- 知识图谱
  - 知识图谱的概念
  - 知识图谱的分类
  - 知识图谱的构建方法
  - 构建知识图谱的常用工具
  - 知识图谱案例
- 数据可视化
  - 数据可视化的概念
  - 数据可视化的原则
  - 数据的展示形式
  - 数据可视化的过程
  - 数据可视化的常用工具

数据分析是指使用适当的分析方法对收集到的数据进行分析，进而把隐藏在数据背后的信息提炼出来，这些信息包括研究对象的具体特征、分布规律和变化趋势等；数据可视化则是将数据以静态或动态的图形、图表等可视化的形式展示出来，帮助阅读者更好地理解数据和发掘有用信息。实际工作中，数据分析与可视化常用于探索并发现数据中的规律，进而辅助判断和决策；数据可视化技术因"一图胜千言"的原因，还被广泛应用于信息交流与共享。本章主要介绍经典的数据分析技术和数据可视化的方法，包括经典统计学分析方法、主成分分析、聚类分析、复杂网络分析、知识图谱及数据可视化六大方面的内容，每个具体内容从基本理论、使用方法及其在中药学领域的应用三个方面进行阐述。

第一节　经典统计学分析方法

在科学研究领域，统计方法被广泛应用于实验设计和数据分析，帮助研究人员验证假设、推断总体特征，并作出科学判断。本节将从不同的角度重点介绍一些在中药学中经常用到的经典统计学分析方法。

一、差异性分析

（一）假设检验

假设检验亦称显著性检验，即先对总体的参数或分布提出某种假设，如假设两总体均值相等、总体服从正态分布或两总体分布相同等，然后用适当的统计方法计算某检验统计量，根据统计量的大小来推断此假设应当被接受或拒绝，它是统计推断的一个重要工具。

1. 假设检验的基本思想

（1）小概率事件原理：衡量一个事件发生与否的可能性大小用概率来表示，通常概率大的事件更容易发生，概率小的事件不容易发生。为了对"小概率"之"小"有一个通用的尺度，习惯上会树立一个标杆，比如 $P \leqslant 0.05$ 的事件称为小概率事件，表示在一次试验中该事件发生的可能性很小，因此如果只进行一次试验，可以视为不会发生，这被称为小概率事件原理，即小概率事件在一次试验中几乎不可能发生。

（2）小概率反证法：由于可以认为小概率事件在一次试验中不应当发生，因此可以首先假定考察的某个原假设成立，在此基础上进行推导，计算在该假设所代表的总体中进行抽样研究，得到当前样本的概率。如果结果显示这是一个小概率事件，则意味着如果原假设成立，那么在一次抽样研究中竟然发生了小概率事件，这显然违反了小概率事件原理，因此可以根据反证法的思路推翻所提出的原假设，认为它们实际上不成立，从而拒绝原假设，此即小概率反证法。

2. 假设检验的基本步骤　根据假设检验的基本思想，可以将假设检验的基本步骤归纳如下。

（1）提出假设：根据问题的需要提出原假设 H_0 及其对立面备择假设 H_1。假设检验的核心目的，就是在这两个都有可能成立的假设中进行统计决策，确定哪个假设更有可能成立。

（2）确定检验水平（显著性水平）：确定小概率事件的界值 α，这个 α 是指原假设正确但被错误地拒绝了的概率或风险，一般确定为 0.05 或 0.01 等，意味着原假设正确且正确地接受了的可能性（概率）是 0.95 或 0.99。

（3）进行试验：得到用于统计分析的样本。

（4）选择检验方法，计算检验统计量及观测值发生的概率 P 值：在假定原假设成立的条件下，构造对应的统计量，并根据样本值计算检验统计量观测值发生的概率。

（5）做出统计决策：将计算得到检验统计量的概率值 P 和检验水平 α 作比较，如果 $P \leqslant \alpha$，表明一次试验中小概率事件发生了，则根据小概率事件原理，拒绝原假设，认为原假设不成立；否则，接受原假设。

（二）t 检验

在针对连续变量的统计推断方法中，t 检验是最基本的检验方法，也是统计学中跨里程碑的一个杰作。它最初由 W. S. Gosset 提出，并从此开创了小样本计量资料进行统计推断的先河，迎来了统计学的新纪元。

1. 单样本 t 检验 利用来自某总体的样本数据，推断该总体的均值 μ 是否与已知的检验值 μ_0 差异具有统计学意义。具体检验步骤如下。

（1）提出假设。$H_0: \mu = \mu_0$，表示总体均值和检验值差异无统计学意义；$H_1: \mu \neq \mu_0$。

（2）计算 t 统计量。$t = \dfrac{\bar{x} - \mu_0}{s / \sqrt{n}}$，式中，$\bar{x}$ 是样本均值，s 为样本标准差，n 为样本数。

（3）计算 P 值。根据统计量 t 的值计算显著性概率 P 值。

（4）做出统计推断。对于给定的显著性水平 α，如果 $P \leqslant \alpha$，则拒绝 H_0，认为总体均值与检验值之间差异具有统计学意义；如果 $P > \alpha$，则接受 H_0，认为总体均值与检验值之间差异无统计学意义。

2. 两独立样本 t 检验 利用来自两个总体的独立样本数据，推断两个总体的均值 μ_1 和 μ_2 差异是否具有统计学意义。

两独立样本 t 检验和单样本 t 检验的原理和步骤基本相同，但其检验统计量在不同情形下有不同的计算公式。其检验步骤如下。

（1）提出假设。$H_0: \mu_1 = \mu_2$，表示两总体均值差异无统计学意义；$H_1: \mu_1 \neq \mu_2$。

（2）计算统计量。

1）当两总体方差均未知且相等，即 $\sigma_1^2 = \sigma_2^2$ 时，其检验统计量 t 为

$$t = \frac{\bar{x} - \bar{y}}{s\sqrt{\dfrac{1}{n_1} + \dfrac{1}{n_2}}} \sim t(n_1 + n_2 - 2) \tag{3-1}$$

$$s^2 = \frac{(n_1 - 1)s_1^2 + (n_2 - 1)s_2^2}{n_1 + n_2 - 1} \tag{3-2}$$

其中，$\bar{x}$、$\bar{y}$ 分别为两组样本均值，s_1、s_2 分别为两组样本标准差，s^2 为合并的样本方差，作为两个总体方差的估计。

2）当两总体方差均未知且不相等，即 $\sigma_1^2 \neq \sigma_2^2$ 时，其检验统计量 t' 为

$$t' = \frac{\bar{x} - \bar{y}}{\sqrt{\dfrac{s_1^2}{n_1} + \dfrac{s_2^2}{n_2}}} \tag{3-3}$$

该统计量服从修正的 t 分布，自由度为 $df = (n_1 + n_2 - 2)\left(\dfrac{1}{2} + \dfrac{s_1^2 \cdot s_2^2}{s_1^4 + s_2^4}\right)$，计算的时候四舍五入取整数。

由此可见，两总体方差是否相等是决定 t 统计量选择的关键，因此两独立样本 t 检验首先需要对两总体方差齐性（两总体方差相等，即 $\sigma_1^2 = \sigma_2^2$）做检验。

（3）计算 P 值。根据统计量 t 的值计算显著性概率 P 值。

（4）做出统计推断。对给定的显著性水平 α，如果 $P \leq \alpha$，则拒绝 H_0，认为两总体均值差异具有统计学意义；如果 $P > \alpha$，则接受 H_0，认为两总体均值差异无统计学意义。

3. 两配对样本 t 检验　利用两个配对样本的数据来推断其对应的总体均值差异是否具有统计学意义。

在很多科学研究中，常采用配对设计来提高研究效率。常见的配对设计有两种情况：①同一组受试对象处理前、后（或不同部位，或分别接受两种不同处理）的成对数据；②两同质受试对象，即条件相同的受试对象，配成对子分别接受两种不同的处理。这两种情况都需要比较两种处理结果的差异。

在配对设计下所得的两个配对样本数据不是独立的，而是具有一定的相关性。两配对样本 t 检验的基本思想是，先求每对数据的差值，如果两种处理实际上没有差异，那么差值的总体均值应当为 0，从该总体中抽出的样本均值也应当在 0 附近波动；反之如果两种处理有差异，差值的总体均值应当远离 0，其样本均值也应当远离 0。因此通过检验该差值总体的均值是否为 0，就可以得知两种处理的差异是否具有统计学意义。其检验步骤如下。

（1）提出假设。$H_0 : \mu_d = 0$，表示两种处理差异无统计学意义；$H_1 : \mu_d \neq 0$，表示两种处理差异有统计学意义。

（2）计算 t 统计量。$t = \dfrac{\bar{d} - 0}{s_d / \sqrt{n}} = \dfrac{\bar{d}}{s_d / \sqrt{n}}$，式中，$\bar{d}$、$S_d$ 分别为差值 d 的样本均值和样本标准差，n 为配对对子数。

（3）计算 P 值。根据统计量 t 的值计算显著性概率 P 值。

（4）做出统计推断。对给定的显著性水平 α，如果 $P \leq \alpha$，则拒绝 H_0，认为两种处理差异有统计学意义；如果 $P > \alpha$，则接受 H_0，认为两种处理差异无统计学意义。

4. 使用 t 检验的注意事项　使用 t 检验的一个重要前提是样本和总体都要服从正态分布。但在实际应用中，只要样本量足够大（> 30），即使原始数据不服从正态分布，其样本均值的抽样分布仍然是正态分布。因此当样本量较大时，我们很少去考虑 t 检验的适用条件。当样本量较小时，一般要求样本来自的总体服从正态分布或近似正态分布，这可通过正态性检验和做 P–P 图来判断。

（三）单因素方差分析

在医药科学实验和生产实践中，需要通过实验观察某一种或多种因素的变化对试验结果的指标是否有显著性影响，这就需要比较多个正态总体均值差异是否具有统计学意义，也就是需要用到同时比较多个总体均值是否相等的方差分析法。本节只介绍单因素方差分析。

1. 单因素方差分析的基本思想 方差分析（analysis of variance，ANOVA）由 R. A. Fisher 爵士提出，其理论基础为：将总变异分解为由研究因素所造成的部分和由抽样误差所造成的部分，通过比较来自不同部分的变异，借助 F 分布做出统计推断。

方差分析就是基于变异分解的思想进行的，整个样本的变异可以被看作两部分，即

$$总变异 = 随机变异 + 处理因素导致的变异 \tag{3-4}$$

其中，随机变异永远存在，处理因素导致的变异是否存在就是要研究的目标，只要能证明它不是显著等于 0，就等同于证明了处理因素对研究目标具有显著性影响。

在方差分析中，代表变异大小，并用来进行变异分解的指标就是离差平方和。总变异记为 SS_T。总变异可以被分解为两项，第一项是各组内部的变异（组内变异），反映随机变异的大小，其大小用各组的离均差平方和之和，或称组内平方和（sum of squares within groups）来表示，记为 SS_W；第二项是各组之间均数的差异（组间差异），反映了随机变异的影响与可能存在的处理因素的影响之和，其大小可以用组间平方和（sum of squares between groups）来表示，记为 SS_B，则有 $SS_T = SS_W + SS_B$。

由此可以考虑采用一定的方法来比较组内变异和组间变异的大小，如果后者远远大于前者，则说明处理因素的影响的确存在；如果两者相差无几，则说明处理因素的影响不显著，以上就是方差分析的基本思想。

2. 单因素方差分析的基本步骤

（1）针对实际问题，提出假设。$H_0 : \mu_1 = \mu_2 = \cdots = \mu_k$，表明处理因素对观测变量没有显著影响；$H_1$：$k$ 个均数不同或不完全相同，表明处理因素对观测变量有显著影响。

（2）计算统计量。

$$F = \frac{SS_B/(k-1)}{SS_W/(n-k)} = \frac{MS_B}{MS_W} \sim F(k-1, n-k) \tag{3-5}$$

其中，$MS_B = SS_B/(k-1)$，称为组间均方或因素均方；$MS_W = SS_W/(n-k)$，称为组内均方或误差均方。当 F 值很大时，说明处理因素引起的变异明显超过了随机因素引起的变异，即可认为处理因素对试验结果有显著性影响，从而拒绝原假设。

（3）计算 P 值。根据统计量 F 的值计算显著性概率 P 值，并列出方差分析表（表 3-1）。

表 3-1　方差分析表

方差来源 Source	离差平方和 SS	自由度 df	均方 MS	F 值 F Value	概率 P 值 Sig.
因素（组间）	SS_B	$k-1$	$SS_B/(k-1)$	$F = \dfrac{SS_B/(k-1)}{SS_W/(n-k)}$	P
误差（组内）	SS_W	$n-k$	$SS_W/(n-k)$		
总变异（total）	$SS_T = SS_B + SS_W$	$n-1$			

（4）做出统计推断。对给定的显著性水平 α，如果 $P \leqslant \alpha$，则拒绝 H_0，认为处理因素对试验结果有显著影响；否则认为无显著影响。

二、相关性分析

（一）交叉列联表分析

交叉列联表分析包括两个基本任务：一是根据收集到的样本数据，产生二维或多维交叉列联表；二是在交叉列联表的基础上，对两个变量间是否存在相关性进行检验。本节重点讨论分类变量之间的相关性，主要是对实际频数和理论频数的一致性做 χ^2 检验，下面给出检验步骤。

（1）提出假设。H_0：两个分类变量 X 和 Y 独立，即不相关；H_1：两个分类变量不独立，即相关。

（2）计算各实际频数 a_{ij} 的理论频数 A_{ij}，并计算 χ^2 统计量的值。计算公式如下。

$$A_{ij} = \frac{a_{i.} \cdot a_{.j}}{\sum\limits_{i,j=1}^{r,c} a_{ij}} \tag{3-6}$$

$$\chi^2 = \sum_{i,j=1}^{r,c} \frac{(a_{ij} - A_{ij})^2}{A_{ij}} \sim \chi^2 \left[(r-1),(c-1) \right] \tag{3-7}$$

（3）计算 P 值。根据统计量 χ^2 的值计算显著性概率 P 值。

（4）做出统计推断。对给定的显著性水平 α，如果 $P \leqslant \alpha$，则拒绝 H_0，认为 X 和 Y 不独立，即具有相关性；否则，接受 H_0，认为 X 和 Y 独立。

注意，当列联表为 2×2 时，χ^2 统计量的计算需要用校正公式，即

$$\chi^2 = \sum_{i,j=1}^{r,c} \frac{(|a_{ij} - A_{ij}| - 0.5)^2}{A_{ij}} \sim \chi^2(1) \tag{3-8}$$

（二）相关分析

在数据处理中，一般将描述和分析两个及两个以上变量之间相关关系的性质及相关程度的过程，称为相关分析，其主要目的是通过具体的数量描述，呈现研究变量间相互关系的密切程度及变化规律，以便于统计、预测和推断，为做出正确决策提供参考依据。本节重点讨论数值变量的相关性。

1. 皮尔逊（Pearson）相关系数 在相关分析中，用来度量随机变量 X 和 Y 之间线性关系密切程度的统计指标称为相关系数，一般用 r 来表示。不同类型的变量采取不同的相关系数指标，但其取值范围和含义都是相同的，即 $-1 \leqslant r \leqslant 1$。$|r|$ 的值越大，越接近 1，随机变量 X 与 Y 之间线性相关程度越高；反之，$|r|$ 的值越小，越接近 0，表明随机变量 X 与 Y 之间线性相关程度就越低。具体来说，r 的值 > 0，变量 X 与 Y 为正相关；r 的值 < 0，变量 X 与 Y 为负相关；$|r| = 1$，变量 X 与 Y 呈完全线性相关；$r = 0$，表示变量 X 与 Y 之间不存在线性相关关系。

皮尔逊相关系数是用来度量两数值变量间的线性相关性的一个指标。记 n 为样本数，x_i 和 y_i 分别为两变量 X 与 Y 的取值，则皮尔逊相关系数计算公式为

$$r = \frac{\sum\limits_{i=1}^{n} (x_i - \bar{x})(y_i - \bar{y})}{\sqrt{\sum\limits_{i=1}^{n} (x_i - \bar{x})^2 \sum\limits_{i=1}^{n} (y_i - \bar{y})^2}} \tag{3-9}$$

其中，$\bar{x} = \frac{1}{n}\sum_{i=1}^{n} x_i$，$\bar{y} = \frac{1}{n}\sum_{i=1}^{n} y_i$。

说明：皮尔逊相关系数也是常用的一个相似性指标，它不受量纲的影响。其绝对值取值越接近 1，说明 X 与 Y 相似程度越大；其绝对值取值越接近 0，说明 X 与 Y 相似程度越小，差异越大。

2. 对两总体间的相关关系进行检验推断 由于抽样的随机性和样本量可能较小等原因，通常样本相关系数不能直接说明样本来自的两个总体是否具有显著的线性相关性，而是需要通过假设检验进行统计推断。基本步骤如下。

（1）提出假设。H_0：两总体不存在显著的线性相关性；H_1：两总体存在显著的线性相关性。

（2）计算皮尔逊样本相关系数。

（3）计算统计量 t 及相应的概率 P 值。$t = \frac{r\sqrt{n-2}}{\sqrt{1-r^2}} \sim t(n-2)$。

（4）做出统计推断。对给定的显著性水平 α，如果 $P \leqslant \alpha$，则拒绝 H_0，认为两总体 X 和 Y 不独立，即具有显著的线性相关性；否则，接受 H_0，认为 X 和 Y 不存在显著的线性相关性。

三、数据分布

在实际应用中，需要了解一组样本数据来源的总体是否与某个已知的理论分布相吻合，这时，可以通过绘制样本数据的直方图、P–P 图等方法进行粗略判断，也可以利用单样本非参数检验中 K–S 检验方法实现分布检验。

（一）单样本 K–S 检验

K–S 检验是苏联数学家柯尔莫哥洛夫（Kolmogorov）和斯米尔诺夫（Smirnov）提出的一种拟合优度的非参数检验方法，它利用样本数据推断其总体是否服从指定的理论分布，适用于探索连续性随机变量的分布。

K–S 检验的原假设为样本来自的总体服从某一指定的理论分布。其基本思想是：根据指定的理论分布，计算相应的累积概率分布值 $F_0(x)$，再计算样本数据的累积经验分布值 $F_n(x)$，两者在各样本数据点差值序列中的最大绝对差值即为 K–S 统计量。

$$D = \max(|F_n(x_i) - F_0(x_i)|) \tag{3-10}$$

小样本的情形，在原假设成立的条件下，D 统计量服从柯尔莫哥洛夫分布；大样本的情形，$\sqrt{n}\,D$ 近似服从柯尔莫哥洛夫分布。显然，如果样本来自的总体服从理论分布，D 的值不应该较大。故对已给定的显著性水平 α，如果统计量 D 的值显著偏大，即其相应的概率值 $P \leqslant \alpha$，则拒绝原假设，认为样本来自的总体不服从指定的分布；否则，接受原假设，认为样本来自的总体服从指定的分布。

（二）绘制分布检验的 P–P 图

通过绘制 P–P 图来判别样本来自的总体分布。P–P 图本质上是一种散点图，当数据来自的总体与理论分布完全一致时，各个数据点应落在中间的对角线上。如果数据来自的总体与理论分布差异无统计学意义，那么各个数据点应该随机分布在 0 横线的附近。

拓 展 阅 读 3-1：统计学分析常用软件介绍

四、统计分析方法在中药学中的意义

统计学在中药学领域的应用日益广泛，通过经典统计学方法，可以对中药学领域的数据进行全面且系统的分析。t 检验可用于比较不同中药治疗组和对照组之间的药效差异，方差分析可用于比较多个中药制剂的疗效差异，相关分析可用于分析中药成分之间的相关性等。这些方法为中药学研究提供了强大的数据分析工具，有助于深入理解中药的药理作用、临床疗效等重要问题。通过严谨的统计分析方法，可以有效地减少随机误差和提高实验结果的可信度。通过数据的统计分析，可以客观地评估中药的药效、毒副作用等特性，为中药的临床应用和新药研发提供科学依据。

第二节　主成分分析

主成分（principal component）这个概念由 Karl Pearson 于 1901 年提出，但当时只对非随机变量进行了讨论，1933 年 Hotelling 将这个概念推广到了随机变量中。

主成分分析（principal component analysis，PCA）是利用降维的思想，在损失很少信息的前提下，将多个指标转化为少数几个综合指标的一种统计分析方法。通常把转化生成的综合指标称为主成分，其中每个主成分都是原始变量的线性组合，且各个主成分之间互不相关，使得主成分能最大程度地反映原始变量信息，并且具有某些更优越的性能。其应用的目的可以概括为信息的浓缩。

一、主成分分析方法

通常，数学上的处理方法就是将原始变量做线性组合，作为新的综合指标，但是这种新的综合指标如果不加以限制，可以有很多，应该如何选择？如果将选取的第一个线性组合即第一个综合变量记为 F_1，自然希望它尽可能多地反映原有变量的信息，这里的"信息"用方差来衡量，即 F_1 的方差越大，表示 F_1 包含的信息越多，如果在所有的线性组合中所选取的 F_1 方差是最大的，则称 F_1 为第一主成分。如果第一主成分不足以代表原有变量的信息，再考虑选择第二个原有变量的线性组合 F_2，为了有效地反映原有信息，F_1 已有的信息就不需要在 F_2 中出现，用数学语言表示就是要求 F_1 和 F_2 的协方差为 0，此时称 F_2 为第二主成分。以此类推可以构造出第三、第四、……、第 p 个主成分。接下来首先介绍主成分分析的数学模型。

（一）主成分的定义及主成分分析的数学模型

假设有 n 个样本，每个样本测得 p 项观测指标（变量）$X_1, X_2, \cdots, X_p$，得到原始数据资料矩阵

$$\boldsymbol{X} \xlongequal{\text{def}} (\boldsymbol{X}_1, \boldsymbol{X}_2, \cdots, \boldsymbol{X}_p)^{\mathrm{T}} = \begin{bmatrix} x_{11} & x_{12} & \cdots & x_{1n} \\ x_{21} & x_{22} & \cdots & x_{2n} \\ \vdots & \vdots & & \vdots \\ x_{p1} & x_{p2} & \cdots & x_{pn} \end{bmatrix} \tag{3-11}$$

其中，$\boldsymbol{X}_i = [x_{i1}, x_{i2}, \cdots, x_{in}]$（$i = 1, 2, \cdots, p$），并假设其协方差矩阵为 $\boldsymbol{\Sigma} = \mathrm{Cov}(\boldsymbol{X})$（也可以是相关系数矩阵）。

考虑数据矩阵 X 的 p 个向量 $X_1, X_2, \cdots, X_p$ 的线性组合（即综合指标向量）

$$
\begin{cases}
F_1 = a_{11}X_1 + a_{12}X_2 + \cdots + a_{1p}X_p \\
F_2 = a_{21}X_1 + a_{22}X_2 + \cdots + a_{2p}X_p \\
\qquad\qquad \cdots\cdots\cdots\cdots \\
F_p = a_{p1}X_1 + a_{p2}X_2 + \cdots + a_{pp}X_p
\end{cases}
\tag{3-12}
$$

其中，$a_i^{\mathrm{T}} = [a_{i1}, a_{i2}, \cdots, a_{ip}]$，则 $F_i = a_i^{\mathrm{T}} X$（$i = 1, 2, \cdots, p$）。

现在的目标是在约束条件 $\| a_1 \| = 1$ 下寻求向量 a_1，使得 F_1 的方差最大，即 $\mathrm{Var}(F_1)$ 最大，此时 F_1 就称为第一主成分。

记 X 的协方差矩阵 Σ 的特征值为 $\lambda_1 \geqslant \lambda_2 \geqslant \cdots \geqslant \lambda_p \geqslant 0$，$e_i^{\mathrm{T}} = [e_{i1}, e_{i2}, \cdots, e_{ip}]$（$i = 1, 2, \cdots, p$）为相应的一组正交单位特征向量，则利用线性代数和高等数学的知识计算可得第一主成分为 $F_1 = e_{11}X_1 + e_{12}X_2 + \cdots + e_{1p}X_p = e_1 X$，且其方差为 λ_1，达到最大值。

如果第一主成分所含信息不够多，还不足以代表原始变量，则需考虑使用第二个线性组合 $F_2 = a_2^{\mathrm{T}} X$，并要求 $\mathrm{Cov}(F_1, F_2) = 0$，在此条件和约束条件 $\| a_2 \| = 1$ 下寻求向量 a_2，使得 F_2 的方差达到最大，此时所求 F_2 就称为第二主成分。再次利用线性代数和高等数学的知识可得 $F_2 = e_{21}X_1 + e_{22}X_2 + \cdots + e_{2p}X_p = e_2 X$，且其方差为 $\mathrm{Var}(F_2) = \lambda_2$。

一般地，X 的第 i 主成分可以定义为：在约束条件 $\| a_i \| = 1$ 和 $\mathrm{Cov}(F_i, F_j) = 0$（$i = 1, 2, \cdots, j - 1$）下寻求 a_i，使得 $\mathrm{Var}(F_i)$ 达到最大，即第 i 主成分为 $F_i = e_{i1}X_1 + e_{i2}X_2 + \cdots + e_{ip}X_p = e_i X$，$i = 1, 2, \cdots, p$。

若记 $F = (F_1, F_2, \cdots, F_p)^{\mathrm{T}}$，则主成分向量 F 与原始向量 X 有如下关系。

$$
\begin{cases}
F_1 = e_{11}X_1 + e_{12}X_2 + \cdots + e_{1p}X_p \\
F_2 = e_{21}X_1 + e_{22}X_2 + \cdots + e_{2p}X_p \\
\qquad\qquad \cdots\cdots\cdots\cdots \\
F_p = e_{p1}X_1 + e_{p2}X_2 + \cdots + e_{pp}X_p
\end{cases}
\tag{3-13}
$$

此即主成分分析的数学模型，简记为 $F = EX$，E 为正交矩阵。

（二）主成分含义的解释

通过分析主成分数学模型中原始变量前面的系数来解释各主成分的含义。一般地，第一主成分中所有原始变量前的系数为正，可以将第一主成分理解为各指标的加权和，赋予"大小因子"的名称；第二主成分及后面的各个主成分，原始变量前的系数有正有负，此时要观察哪些变量前的系数为正，哪些变量前的系数为负，这些变量的实际含义是什么，以此来解释主成分的实际含义。在实际问题中，要结合具体情况进行解释。需要说明的是，主成分含义的解释一般是带有模糊性的，不像原始变量的含义那么清楚、确切，这是变量降维过程中付出的代价。

（三）主成分分析模型中各统计量的意义

用以评判主成分影响能力的统计量主要有以下 3 种。

1. **特征值 λ_k**　主成分的方差 $\mathrm{Var}(F_k) = \lambda_k$ 可以被看成是衡量主成分影响力度的指标，代表引入该主成分后可以解释平均多少原始变量的信息。如果特征值小于 1，说明该主成分的解释力度还不如直接引入一个原变量的平均解释力度大，因此一般可以用特征值大于 1 作为主成分的纳入标准。

2. 主成分 F_K 的方差贡献率 $\quad G_k = \dfrac{\lambda_k}{\sum_{i=1}^{p}\lambda_i}$ ，表示主成分 F_k 的方差在总方差中所占的比重。

该值越大，表示主成分 F_k 携带的原始变量 $X_1, X_2, \cdots, X_p$ 的信息越多。

3. 累计贡献率 $\quad \dfrac{\sum_{i=1}^{k}\lambda_i}{\sum_{i=1}^{p}\lambda_i}$ （$k < p$），表示前 k 个主成分累计提取原始变量信息的比率。如果前 k 个主成分的贡献率达到 85%，表明前 k 个主成分基本包含了全部原始变量所具有的信息，其他的主成分就可以忽略不计，这样既减少了变量的个数又便于对实际问题的分析和研究。

（四）主成分分析的步骤

主成分分析通常有以下几个步骤。

（1）对原始变量 $X_1, X_2, \cdots, X_p$ 进行标准化，以消除变量在数量级或量纲上的影响。

（2）根据标准化后的数据矩阵求出协方差矩阵或者相关系数矩阵。

（3）求相关系数矩阵的特征值和特征向量。

（4）以特征向量作为原始变量线性组合的系数确定各主成分的表达式，再由累计贡献率和特征值等确定主成分提取的个数，从而确定主成分分析的模型。

（5）在可能的情况下，结合专业知识为各主成分赋予适当的解释。

（五）主成分分析的主要用途

主成分分析往往会成为大型研究中的一个中间环节，用于解决信息的浓缩等问题，其具体用途主要有以下几项。

1. 实现可视化 在数据信息分析的过程中，对直观图像的观察是一种重要的分析手段，如果将高维数据有效地降至二维，就可以在一个平面上描绘每一个样本点，得到散点图，直接观察样本群点的分布特点和结构，这样可以更好地协助系统分析人员进行思考与判断，大大提高数据信息的分析效率，而主成分分析使高维数据点的可视化成为可能。

2. 综合评价 在进行多指标综合评价时，由于要求评价结果客观、全面，就需要从各个方面用多个指标进行测量，但观测指标间存在信息重叠，同时还会存在量纲及权重系数等问题，此时可以使用主成分分析进行信息的浓缩，解决权重的确定等问题。

3. 主成分回归 是解决共线性问题的一种方法。主成分回归利用自变量间的高度相关性，先对自变量进行主成分分析降维，消除回归模型中的多重共线性，再以主成分作为自变量进行回归分析，然后根据主成分表达式将原始变量代回得到新模型。

二、主成分分析在中药学中的应用

在中药学中，主成分分析被用于药材质量指标的评价、药效物质的筛选和中药配方的优化等方面。利用主成分分析，可以对大量药材质量数据进行综合评价，快速筛选出与药效相关的物质，实现中药配方的优化和控制，为中药研究和生产提供重要的支持和保障。下面结合已有的研究结果做简单介绍。

（一）中药材的分类

中药材质量深受采收时间的影响，因此，对于中药材生产者来说，优化种植技术时充分尊重这一关键因素至关重要，以获取高质量的中药材产品。在一项川牛膝（*cyathula officinalis* kuan）的研究中，研究人员收集了播种后 1~4 年生长的川牛膝样本，并应用基于气相色谱－质谱的代谢组学方法来全面分析该药材的化学特征。通过方差分析、主成分分析、偏最小二乘判别分析和层次聚类分析，比较了不同生长年限川牛膝之间的质量差异。通过气相色谱－质谱方法，鉴定了 166 种代谢产物。方差分析显示，63 种代谢产物在不同生长年限中的含量发生了显著变化。层次聚类分析将这些代谢产物分为四类，以表征不同生长年限的样本；主成分分析表明，最早收获的样本（1~2 年）与最晚收获的样本（3~4 年）之间存在明显差异；偏最小二乘判别分析进一步揭示了每年生长中的详细差异。这些差异可能与川牛膝的质量有关，为优化其种植技术提供了重要参考。

在另一项研究中，为了对原药材与加工后的黄柏进行化学成分分析，研究者采用化学计量学手段，对原药材和加工后的黄柏进行了快速鉴别和质量控制，结果表明，加工过程对黄柏中的化学成分有显著影响。通过主成分分析评估原始和加工的黄柏样品之间的区别，结果表明，测定的样品明显地分为 3 类，即未加工、腌制和炭化的 3 类样品，与未加工相比，其他两种样品的化学成分变化更大。这项研究为黄柏的质量控制提供了新的思路和方法，为中药材的质量保障提供了科学依据。

（二）中药质量评价

天麻头痛片（tianma toutong tablets，TMTTTs）是一种由六种中药组成的复方制剂，在一项关于天麻头痛片的研究中，研究者结合多指纹图谱分析、定量分析和处方分析，对 TMTTTs 的质量进行了全面评估。通过高效液相色谱（HPLC）指纹图谱和电化学指纹图谱（electrochemical fingerprint）结合，准确反映 TMTTTs 中复杂成分的特征。又通过主成分分析，说明不同厂家样品的化学成分存在一定差异。此项研究不仅为 TMTTTs 的质量控制提供了科学依据，也为中药复方制剂的全面质量评价提供了新的技术支持和理论参考。

为了对逍遥丸进行综合性多组分表征和质量评估，有研究人员采用了多种技术对逍遥丸进行了全面的分析，成功地鉴定了逍遥丸中的关键成分，如 E2–Pentenal 和 Z3–hexenyl acetate 等。通过主成分分析得出样品中非挥发性有机化合物含量和挥发性有机化合物含量存在显著差异，这与定量实验结果一致。这项研究不仅展示了现代分析技术在中药研究中的应用，还为提高中药质量和疗效提供了科学依据。

第三节　聚 类 分 析

聚类分析是研究"物以类聚"的一种多元统计方法。所谓类，就是指相似元素的集合。聚类分析是按照观测样本（或变量）取值的相似程度，对观测样本（或变量）进行分类，使得类别内部的差异尽可能小，类别间的差异尽可能大。聚类分析的目的就是需要通过对观测数据进行分析处理，选定一种度量样本（或变量）相似程度的统计量，确定分类数目，建立一种分类方法，并按相似程度对观测数据给出合理的分类。

聚类分析是一种探索性的统计方法，已经被广泛应用于各个领域，在市场营销中，聚类分析可帮助企业发现不同消费者群体的特征和行为模式，有针对性地制定营销策略；在生物信息学中，聚类分析被用来识别基因表达数据中的基因模式，为研究人员提供疾病分类和治疗方案；通过对中药材数据进行聚类分析，可以发现中药材之间潜在的相似性和差异性，有助于揭示中药材的药效机制及其在临床应用中的差异性，为中药学研究提供更加全面的数据支持。

一、聚类分析中相似程度的度量

在分析学中，一般是把某种性质相近的东西归成一类，把性质不同的东西归于不同的类。在对样本进行聚类分析时，首先要有描述或刻画样本彼此性质上亲疏程度的度量或指标，这类指标就是距离和相似系数。下面介绍几个常用的距离和相似系数的定义。

（一）距离

对于具有 k 个变量的 n 个样本，如果涉及的 k 个变量都是定量变量，就可以将这 n 个样本看成 k 维空间中的 n 个点，则两个样本间的相似度就可以用 k 维空间中两点间的距离来度量，距离越小，表明两样本间的相似程度越高。

考察两样本 X、Y 间距离，用 x_i，y_i 分别表示样本 X、Y 的第 i 个变量的变量值，那么两样本间的距离通常有以下几种。

1. **欧氏距离（Euclidean distance）** 两样本 k 个变量值之差的平方和的平方根。

$$d_{ij}(1) = \sqrt{\sum_{i=1}^{k} (x_i - y_i)^2} \qquad (3-14)$$

2. **欧氏平方距离（squared Euclidean distance）** 两样本 k 个变量值之差的平方和。

$$d_{ij}(2) = \sum_{i=1}^{k} (x_i - y_i)^2 \qquad (3-15)$$

3. **闵氏距离（Minkowski distance）** 两样本 k 个变量绝对差值的 p 次方总和的 p 次方根（p 可以任意指定）。

$$d_{ij}(3) = \sqrt[p]{\sum_{i=1}^{k} |x_i - y_i|^p} \qquad (3-16)$$

4. **兰氏距离（Canberra distance）** 由兰斯（Lance）和威廉姆斯（Williams）最早提出，定义如下。

$$d_{ij}(4) = \frac{1}{k} \sum_{i=1}^{k} \frac{|x_i - x_j|}{x_i + x_j} \qquad (3-17)$$

（二）相似系数

研究样本之间的关系，除了用距离表示外，还可以用相似系数来表示。顾名思义，相似系数是描述样本间相似程度的一个量，常用的有夹角余弦和相关系数。其中相关系数即为皮尔逊相关系数，前面已做过介绍，以下只介绍夹角余弦法。

夹角余弦法指通过计算两个矢量之间的夹角（夹角余弦系数）来计算它们之间的相似度，即

$$\cos(X, Y) = \frac{\sum_{i=1}^{n} x_i y_i}{\left(\sum_{i=1}^{n} x_i^2\right)\left(\sum_{i=1}^{n} y_i^2\right)} \qquad (3-18)$$

其中，$0 \leqslant \cos(X, Y) \leqslant 1$。当 $\cos(X, Y) = 1$ 时，说明两个样本 X 与 Y 完全相似；$\cos(X, Y)$ 越接近 1，说明 X 与 Y 相似程度越大；当 $\cos(X, Y) = 0$ 时，说明 X 与 Y 完全不一样；$\cos(X, Y)$ 越接近 0，说明 X 与 Y 差异越大。

二、聚类分析的方法

聚类分析根据分类对象的不同分为两类：样本（Q 型）聚类分析和变量（R 型）聚类分析。其中样本（Q 型）聚类是对观测样本（case）进行聚类，根据被观测对象的各种特征进行分类，分类结果比较直观，且比传统的分类方法更细致、全面和合理；变量（R 型）聚类是对变量（varible）进行聚类，可以了解变量间的关系，并在相似性变量中选择典型相关变量参与进一步的统计分析，如回归分析，判别分析等，达到变量降维的目的。本节主要研究样本（Q 型）聚类问题，对变量（R 型）聚类问题，类似可推导，本书不作重点介绍。常用的聚类分析方法有层次（系统）聚类法、快速聚类法（动态聚类法）、有序样品聚类法、模糊聚类法、智能聚类法等。下面介绍几种常用的聚类方法。

（一）层次聚类法

层次聚类法又称为系统聚类法，简单地讲，是指聚类过程按照一定层次进行的聚类分析法，是聚类分析中使用最多的一种方法。

1. 层次聚类法的基本步骤

（1）构造 n 个类，每个类包含且只包含一个样本。

（2）计算 n 个样本两两间的距离，构成距离矩阵。

（3）合并距离最近的两类为一个新类。

（4）重新计算新类与当前各类的距离。若类的个数等于 1，转到步骤（5），否则回到步骤（3）重复执行。

（5）绘制聚类图形。

（6）确定类的个数，以及各类包含的样本数，并对类作出解释。

2. 类间距离 层次聚类法中，为了完成并类，需要度量类与类之间的亲疏程度，类与类之间用不同的方法进行度量，就会产生不同的层次聚类法。

下面介绍几种常用的类间距离。距离公式中 D_{pq} 表示类别 G_p 与类别 G_q 之间的距离，$D(X_i, Y_j)$ 表示样本 X_i 与样本 Y_j 之间的距离。

（1）最短距离（nearest neighbor）：类别 G_p 与类别 G_q 之间的最短距离为两类中最近样本之间的距离。

$$D_{pq} = \min_{i \in G_p,\, j \in G_q} \{D(X_i, Y_j)\} \tag{3-19}$$

（2）最长距离（furthest neighbor）：类别 G_p 与类别 G_q 之间的最远距离为两类中最远样本之间的距离。

$$D_{pq} = \max_{i \in G_p,\, j \in G_q} \{D(X_i, Y_j)\} \tag{3-20}$$

（3）组间平均链距离（between-groups linkage）：类别 G_p 与类别 G_q 之间的组间平均链距离为两个类别之间各样本两两之间所有距离的平均值。

$$D_{pq}^2 = \frac{1}{n_p n_q} \sum_{i \in G_p, \, j \in G_q} D\left(X_i, Y_j\right)^2 \qquad（3\text{–}21）$$

组间平均链距离又称为类平均法，它利用了类与类之间的所有距离信息，克服了最短距离和最长距离中距离易受极端值影响的缺点，是一种优秀和稳健的方法。

（二）K– 均值聚类法

K– 均值（k-means）聚类法又称快速聚类法，是一种非层次聚类法，它先将聚类对象进行初始分类，然后逐步调整，得到最终分类。其基本步骤如下。

（1）确定需要聚类的类别数 K，即聚类数，这由研究者自己指定（这也是 k-means 中 k 的含义）。

（2）确定每个类别的初始聚类中心，这个既可以由研究者指定，也可以由系统根据数据本身结构来初步确定每个类别的原始中心点。

（3）根据最短距离原则进行分类，逐一计算各样本点到各类别初始聚类中心的距离，并按最短距离原则将所有样本归入距离最短的类别，形成新的分类。

（4）重新确定新的分类中心，依次计算新形成的各类中各变量的均值，并以均值点来表示新的分类中心点（用平均值表示，这也是 k-means 中 means 的含义）。

（5）更新类别聚类中心，按照新的聚类中心，重复步骤（3）进行重新计算和归类。

（6）重复迭代直至达到一定的收敛标准，或者达到事先指定的迭代次数为止。

与层次聚类法相比，K– 均值聚类法计算量小，处理速度快，特别适合处理大样本的聚类分析。在实际分析中，往往需要根据实际情况，反复尝试把数据分成不同类别数，并作比较，找出最优的方案。

三、聚类分析在中药学中的应用

在中药学中，聚类分析可以用于中药材的分类、中药方剂配伍规律的研究、中药药效的评价，以及中药质量控制等方面。通过聚类分析可以揭示中药材之间的内在关系、方剂配伍的内在规律、药效的差异及中药材质量的差异，为中药的研发、利用和质量控制提供科学依据。下面结合已有的研究成果分别做一些介绍。

（一）方药配伍

在方剂研究中，聚类分析多用于方剂中的用药规律、用药方案调整等。有研究者联合关联规则和聚类分析探讨了《中华医典》中含有竹沥的中药方剂"病 – 药 – 量"的相应规律，指出针对不同疾病的证型特点不仅应调整药物配伍，还应调整竹沥的剂型和用量。

利用聚类分析算法将关系较为密切的药物聚集在一起，有研究人员得到治疗中风后遗症方剂的 13 个常用药对及 4 个聚类方，并结合中药理论知识，分析中药性味与疗效之间的关系，客观地对治疗中风后遗症的用药规律做出总结，为该方的临床应用提供有益参考。

有相关研究人员收集了临床治疗糖尿病肾病的中医经验方剂数据，利用聚类分析、关联规则算法对糖尿病肾病分期、证型要素与用药进行分析，发现糖尿病早期以黄芪、生地黄、山药等益气养阴中药为主，兼用丹参以活血；临床期以白术为主，由于正虚加重，需要逐渐增加补益药物；终末期则以大黄为主。

采用聚类分析算法研究治疗肾性贫血的方剂，有研究者发现黄芪和当归始终分在同一簇并且处于中心位置，说明黄芪和当归为治疗肾性贫血方剂的关键药物，并且常与白术、茯苓和党参配合使用。

（二）发现新方剂

聚类分析算法将未被标记的数据分为具有相似特征的簇，从而发现数据集中的内在结构和规律，在方剂研究中实现筛选核心药物的目的，以 $K-$ 均值聚类法、层次聚类法为代表。有研究者在 3 次聚类中分别比较了不同 K 值下的药物聚类结果，得到了不同 K 值下的药物关系图及核心组合。层次聚类算法适合小规模数据集，如在数据量有限的自身免疫性肝炎的研究中，可依据药物性味特征进行聚类，用以挖掘药物的核心组合或生成新处方。

有研究人员利用关联规则、聚类分析等数据挖掘方法总结归纳全国名老中医陈宝贵教授治疗痞满的处方用药规律，通过统计药物的性味和归经发现痞满主要与脾、胃、肺、肝关联较大，药味以苦、辛、甘和酸为主，药性则以温、平、寒为主；运用关联规则得到治疗痞满的核心药对，总结出陈教授在中药的运用上注重和胃降气、消除积痞这一结论，并通过熵聚类将核心药物组合进一步演化得到 10 个新处方，为痞满的临床辨证论治提供有效的指导。

有相关研究者收集整理了治疗先兆流产的药物及出现频率、归经和常用药组，经聚类分析算法获得了 7 个能够改善患者临床症状的新组方。此外，有研究人员用无监督的熵聚类分析算法对两类核心组方进一步聚类，得到了 6 个治疗咯血的新药物组合，并结合中药理论知识分析了新方的合理性。

（三）中药材分类

大黄在临床应用广泛，大黄饮片有 3 种不同基源，研究发现它们具有不同的化学成分和药理作用。有些研究者基于指纹图谱和化学计量学方法对 29 批大黄进行评价和鉴别，采用聚类分析法对 29 批大黄样品进行区分，根据共同峰的特征进行分类，研究了不同品种大黄的一致性和差异性。

（四）中药药效评价

有研究者采用层次聚类分析、主成分分析和偏最小二乘法判别分析对 $NaIO_3$ 诱导的视网膜变性小鼠的 4 个枸杞品种进行疗效比较，探究了 4 个栽培枸杞品种的不同功效。根据药效学指标，将样品分为两簇，层次聚类分析结果表明，AREDS2（age-related eye disease study 2）配方营养素和枸杞提取物组对 $NaIO_3$ 诱导的视网膜损伤具有改善作用，宁杞 1 号表现出更好的药效作用。

癫痫是一种神经系统疾病，其临床治疗是一项重大的医学挑战。青礞石是一种传统的矿物药物，几个世纪以来一直被用于治疗神经系统疾病，并显示出良好的疗效。有关研究人员探讨了青礞石对戊四唑（PTZ）诱导的癫痫大鼠肠道菌群丰度和多样性的影响，并探讨了菌群之间的相互关系。在此研究中，进行 β 多样性分析时，在运算分类单元（operational taxonomic unit，OTU）水平上对大鼠肠道菌群进行分层聚类分析，结果显示在空肠或回肠中均未呈现明显的聚类趋势。在回肠中，施用青礞石的组表现出相似的微生物群落结构，说明各种处理对微生物群落整体结构的影响很小。同时，观察到高剂量和低剂量青礞石对回肠肠道菌群结构的干预效果相当。

（五）中药质量控制

紫金龙（dactylicapnos scandens）是一种常用于镇痛的民族药物。有研究者们提出了一种基于"植物化学－网络药理学－有效性－特异性"的综合策略，以明确其与镇痛相关的质量标志物（Q 标志物）。从特异性、有效性和可测量性等因素出发，选取 9 种成分作为 Q 标志物，并在 12 批次的枸杞中测定其含量。层次聚类分析和热图结果表明，所选的 Q 标志物可用于鉴别，并且 Q 标志物的含量在不同批次中差异很大。

聚类分析在不同的应用研究中，结合使用了主成分分析、关联规则、相关性分析等统计学方法及中药学的专业理论知识，相关的结果可以阅读更多参考文献。统计方法在中药学中的应用可以拓展中药学研究的深度和广度，提高研究的科学性和可靠性，也可以为中药研究的发展提供强有力的支持和理论保证。

第四节　复杂网络分析

复杂网络分析是一种研究复杂系统的有效工具。通过分析网络的结构、动态特性和演化规律，可以揭示网络中的潜在模式和规律。研究成果不仅可以用于预测和控制复杂系统的行为，还可以为相关领域的决策提供科学依据。本节将从复杂网络的概念、研究内容、分析流程、常用工具及其在中药学领域的应用五个方面，阐述开展复杂网络分析的方法。

一、复杂网络的概念

复杂网络是指由大量节点和连接节点的边构成的网络。这些网络具有复杂的拓扑结构和动态性质。以下是复杂网络研究中经常用到的一些基本概念。

1. **节点（node）**　是构成网络的基本单元，对应现实中的各种实体或元素，如人物个体、物体、分子等。

2. **边（edge）**　是网络中节点之间的连接线，表示节点之间的关系。

3. **度（degree）**　是与该节点直接相连的边的数量。对网络中所有节点的度求均值，可以得到网络的平均度。另外，在有向网络中，度还分为入度和出度两种。

4. **跳数（hop count）**　在一个网络中，两个节点之间可能有多条路径相通，其中边数最少的路径中，边的总数称为跳数。

5. **最短路径（shotest path）**　在不考虑权重的情况下，两个节点之间的最短路径就是跳数最少的路径；在考虑权重的情况下，两个节点之间的最短路径就是边的权重之和最小的路径。最短路径体现了在网络中进行信息传播或搜索时的最小耗费。

6. **聚类系数（clustering coefficient）**　一个节点的邻居节点之间连接（即边）的实际数量占这些邻居节点之间最大可能连接的数量的比例，叫作该节点的聚类系数。聚类系数用来描述网络中一个节点的邻居节点的聚集程度。

7. **节点中心性（node centrality）**　是衡量网络中节点重要程度的指标，常见的节点中心性指标包括度中心性、介数中心性、接近中心性等。

（1）度中心性（degree centrality）：是刻画节点中心性最直接的度量指标。一个节点的度中心性定义为该节点的度数与该节点最大可能的度数的比值。度中心性的计算公式为

$$DC_i = \frac{D_i}{N-1} \tag{3-22}$$

其中，D_i 表示节点 i 的度，N 表示网络中的总节点数，$N-1$ 恰好是一个节点最大可能度数的值。

具有高度度中心性的节点在网络中有着较多的直接连接，意味着该节点在信息流动中具有比较重要的作用。

（2）介数中心性（betweenness centrality）：是指节点在网络中作为中介或桥梁的频率，即节点位于网络中连接其他节点的最短路径中的次数。介数中心性的计算公式为

$$BC_i = \sum_{s \neq i,\ t \neq i} \frac{n_{st}^i}{g_{st}} \tag{3-23}$$

其中，s 和 t 表示网络中非 i 节点的任意两个节点，n_{st}^i 表示 s 和 t 之间经过节点 i 的最短路径的数量，g_{st} 表示 s 和 t 之间所有最短路径的数量。

具有高度介数中心性的节点通常位于网络中的关键位置，可以控制较多节点之间的信息流动。

（3）接近中心性（closeness centrality）：是指节点与网络中其他节点的平均最短路径长度的倒数，表示节点与其他节点的接近程度。节点 i 的接近中心性的计算公式为

$$CC_i = \frac{1}{d_i},\quad d_i = \frac{\sum_{s \neq i} d_{si}}{N-1} \tag{3-24}$$

其中，s 表示网络中非 i 节点的任意节点，d_{si} 表示 s 和 i 之间的最短路径的长度。

具有高度接近中心性的节点与网络中的其他节点之间具有较短的平均距离，可以更快地传播信息或影响。

这些节点中心性指标可以帮助我们理解网络中节点的相对重要程度，并找出在网络中具有关键影响力的节点。分析复杂网络时，一般根据具体的网络特点和分析目的，选择适当的节点中心性指标进行分析和评价。

8. 社区结构（community structure） 网络中节点之间存在着紧密连接的子图，称为社区或模块。社区结构描述了网络中节点的组织方式和内部结构。

9. 动力学行为（dynamical behavior） 指网络中节点状态随时间演化的规律。例如，信息传播、疾病传播等现象都可以通过动力学行为来描述。

10. 网络模型（network model） 是用来描述网络拓扑结构和动态特性的数学模型。常见的网络模型包括随机网络模型、小世界网络模型和无标度网络模型等。

（1）随机网络模型（random network model）：基本假设是，网络中任意两个节点之间的连接是随机的，没有特定的规律。随机网络模型的主要特征有 3 点：①节点度数的分布呈泊松分布或近似于正态分布；②网络中不存在显著的簇状结构或社区结构；③平均最短路径长度随着网络规模的增大而增大，但增长速率较慢。

实际上，真实复杂网络并非完全随机的，这是随机网络模型的不足。

（2）小世界网络模型（small-world network model）：是由瓦茨（Duncan J. Watts）和他的老师斯托加茨（Steven Strogatz）在 1998 年提出的，其特点是介于随机网络和完全规则网络之间，具有短平均最短路径长度和高聚类系数、高度的局部连通性和全局连通性。

（3）无标度网络模型（scale-free network model）：是由巴拉巴西（Albert-László Brazil）和艾伯特（Réka Albert）在1999年提出的，其特点是节点的度数呈幂律分布，即存在少数"枢纽节点"（hub node），这些节点具有极高的度数，对网络结构和功能具有重要影响。由于枢纽节点的存在，无标度网络对随机故障容错能力强，原因是：如果错误随机发生，因为枢纽节点数目很少，枢纽被破坏的概率也很小，而破坏其他节点对网络的影响很小。但是，如果蓄意攻击枢纽节点，则网络结构很容易被破坏，网络会变得离散破碎。

11. **复杂系统（complex system）** 是由大量相互作用的组件组成，呈现出非线性、自组织、多样性和适应性等特征的系统，复杂网络通常被视为复杂系统的重要研究工具。

二、复杂网络分析的研究内容

复杂网络分析的研究内容主要包括网络结构分析、节点中心性分析、社区结构分析、动力学行为分析、复杂系统建模与仿真、网络优化与设计等方面。

1. **网络结构分析** 研究网络的拓扑结构、度分布、聚类系数等特征，揭示网络的基本组织方式。网络结构分析广泛应用于人类社交网络、互联网、生物网络的分析等领域，通过分析揭示网络结构的特点，进而为设计高效的网络模型和算法提供参考。

2. **节点中心性分析** 通过计算度中心性、介数中心性、接近中心性等指标，评估网络中节点的重要性。节点中心性分析应用在人类社交网络分析中，可以识别出影响力大的人物个体；应用在网络药理学相关的网络分析中，可以识别出多靶点药物、热点靶标、重要致病基因等关键信息；应用在交通网络分析中，可以确定重要的路口或交通枢纽。

3. **社区结构分析** 用于揭示网络中存在的社区结构，即紧密连接的节点群体。社区结构分析应用于人类社交网络分析中，可以发现一些用户群体和兴趣社区；应用于生物网络分析中，可以识别蛋白质相互作用网络中的功能模块。

4. **动力学行为分析** 研究网络中节点状态随时间演化的规律，如分析节点间信息的传播规律、人群中疾病的传播规律等。动力学行为分析应用于人类社交媒体分析中，可以预测信息的传播趋势；应用于流行病学中，可以发现疾病的传播路径，帮助制定疾病防控策略。

5. **复杂系统建模与仿真** 基于复杂网络理论构建模型，模拟和分析复杂系统的行为。该方法应用于生态学研究中，可以研究食物网的稳定性；应用于经济学研究中，可以模拟金融市场的波动，预测金融市场的风险。

6. **网络优化与设计** 指依据复杂网络分析的结果，优化网络结构和设计网络算法。网络优化与设计应用于互联网领域，可以指导改善网络性能和提高数据传输效率；应用于电力系统中，可以进一步指导设计智能电网、优化电力分配。

综上所述，复杂网络分析不仅可以帮助我们深入理解各种网络的结构和行为规律，还可以应用于多个领域中，为问题的理解、预测和解决提供支撑。

三、复杂网络分析的过程

复杂网络分析的过程通常包括以下8个主要步骤。

1. **问题定位** 在进行复杂网络分析之前，首先需要明确定位研究或想解决的问题，进而确定复杂网络分析的具体研究内容。

2. **数据收集** 获取网络数据是进行复杂网络分析的重要步骤。这可能涉及从实验、观测、

数据库、文献或网络爬虫等多种渠道收集数据。数据包括节点信息、边信息，以及节点状态随时间变化而变化的信息等。

3. 数据预处理　对采集到的原始数据进行预处理，包括数据清洗、去噪、空值填充、去重、格式转换、数据增强等系列操作，以确保数据的质量和一致性，为后续的分析工作打好基础。

4. 网络构建　基于预处理后的数据定义节点、边，建立节点之间的连接关系，同时，根据具体问题的需求，确定网络类型（即确定采用无向图、有向图、加权网络等类型）。

5. 网络分析　在构建好网络模型之后，根据步骤 1 确定的研究内容，对网络进行具体分析。

6. 结果解释与验证　解释分析结果，进一步理解网络的特征和行为规律，结合专业知识和实际情况进行比较和确认，验证分析结果的可靠性和合理性。

7. 结果应用　将分析结果应用到实际问题中，提供决策支持、解决方案或优化设计。

8. 反馈与迭代　根据应用结果的反馈，改进和优化分析内容与分析过程，可能需要重新调整问题定位、重新收集数据、优化分析方法等，以更好地解决实际问题。

以上是复杂网络分析的一般过程，具体实施过程中会根据问题的分析目标、复杂程度和数据的特点进行一些调整、优化和补充。

四、复杂网络分析的常用工具

复杂网络分析的工具包括多个编程库和软件平台，它们提供了丰富的分析、计算功能，用于构建、分析和可视化复杂网络。以下是一些常用的复杂网络分析工具及其主要功能。

1. NetworkX　是一个 Python 编程库，常用于创建、操作和研究复杂网络。NetworkX 的主要功能如下。

（1）网络创建和可视化：使用 NetworkX 可以方便地创建各种类型的网络，包括有向图、无向图、加权图等；通过 NetworkX 的绘图功能，可以将网络以各种方式可视化，设置节点位置、边的权重、颜色等。

（2）网络结构分析：使用 NetworkX 可以分析网络的基本结构，如节点数量、边数量、节点度分布等；同时，还可以计算网络的密度、直径、平均最短路径长度等指标，以了解网络的稠密程度和连接性。

（3）节点中心性分析：使用 NetworkX 可以计算节点的度中心性、介数中心性、接近中心性等，通过分析节点中心性来识别网络中的关键节点或影响力大的节点。

（4）社区检测：使用 NetworkX 中提供的社区检测算法（如 Louvain 算法、谱聚类等）可以识别网络中的社区结构，进而将网络分割成具有高内聚性和低耦合性的社区，以揭示网络的功能模块或群体。

（5）网络传播分析：使用 NetworkX 可以模拟信息或影响在网络中的传播过程，例如模拟信息传播过程、疾病传播过程等。通过分析节点的影响力、扩散速度等指标，可以评估网络结构对传播过程的影响。

（6）网络演化分析：使用 NetworkX 可以分析网络的演化过程，包括节点的添加和删除、边的形成和消失等。通过 NetworkX 中的时间序列功能，可以跟踪网络随时间的变化而发生的变化。

（7）网络模型拟合：使用 NetworkX 中的网络模型（如 ER 随机图、小世界网络、无标度网络等）与实际网络进行比较，可以了解网络的生成机制。通过拟合网络模型，可以验证网络的特征与理论模型的一致性，并进一步深入理解网络的特性。

（8）路径分析：通过 NetworkX 可以探寻节点之间的最短路径或其他路径特征，如路径的可达性、路径的频率分布等。基于路径分析，可以评估网络的连通性和信息传递效率。

2. Igraph　是一个开源的网络分析库，用于创建、操作和分析各种类型的网络和图形。它提供了丰富的功能和工具，用户能够进行网络结构分析、社区检测、图形布局、可视化等操作。Igraph 支持 R、Python、Mathematica 和 C/C++ 编程使用。

3. MATLAB Network Toolbox　是 MATLAB 的一个工具箱，专门用于分析和可视化网络数据。它提供了一系列功能，帮助用户对复杂网络进行建模、分析和可视化。

4. Gephi　是一款开源软件，用于可视化和分析复杂网络。Gephi 可用于探索、分析、空间化、过滤、聚类、操作和导出各种类型的网络图形。Gephi 使用 3D 渲染引擎实时显示图形并加速探索。

5. Pajek　是一款用于分析大型网络的软件工具，主要用于可视化和分析复杂网络结构。它最初是由斯洛文尼亚的 Vladimir Batagelj 和 Andrej Mrvar 开发的，可用于各种网络分析任务，包括社交网络、生物网络和互联网拓扑结构等。

6. Cytoscape　是一款开源的生物网络分析和可视化软件，专门用于研究生物学领域的分子相互作用网络、代谢网络、信号传导网络等生物网络。除了生物学领域，Cytoscape 也可用于其他领域的网络分析和可视化。

五、复杂网络分析在中药学中的应用

复杂网络分析方法在中药学领域的应用范围很广，涵盖了中药组方分析、药效机制研究、中药质量控制、中药药效评价、新药研发等多个方面。

1. **中药组方分析**　利用复杂网络分析方法，可以对中药复杂组方中的药材、组分及其相互作用进行建模和分析。通过分析，发掘不同药材之间的相互作用关系，进而为中药复方的优化设计提供理论依据。

2. **药效机制研究**　利用复杂网络分析方法，可以构建中药与疾病、基因、蛋白质、生物体内分子等元素之间的相互作用网络，通过分析相互作用网络，揭示中药的药效机制，有助于理解中药在治疗特定疾病时的作用机制，并为中药新药的研发提供指导。

3. **中药质量控制**　通过构建中药制剂、中药材、中药提取物等的复杂网络，可以分析中药的成分组成、相互作用关系及质量特征，有助于对中药质量进行全面评价，控制中药质量，保证中药产品的安全性和有效性。

4. **中药药效评价**　利用复杂网络分析方法，通过构建疾病、症状、中药治疗方案及药物相互作用的网络，可以对中药治疗效果进行网络化建模和评价，系统评估中药治疗效果，为中医临床实践提供科学依据。

5. **新药研发**　基于中药中有效组分的相互作用网络，可以进行药物组合设计和筛选；通过分析中药中的有效组分及其靶点之间的相互作用网络，可以辅助发现新的药物靶点或候选化合物，为新药研发提供线索。

第五节　知 识 图 谱

知识图谱（knowledge graph，KG）是一种结构化的知识表示方式。利用知识图谱技术，可以实现知识的高效整合、智能化管理和价值挖掘。知识图谱已经和大数据、深度学习一起，成为推动人工智能发展的核心驱动力。本节将从概念、分类、构建方法、常用工具四个方面阐述知识图谱的知识，并以药物重定位知识图谱 DRKG 为例，阐述知识图谱的物理形式及其在中药学领域的应用。

拓 展 阅 读 3-2：*知识图谱国家精品课介绍*

一、知识图谱的概念

知识图谱是一种结构化的知识表示方式。这种表示方式将抽象的概念、具体事物、事件等表示为实体，将实体之间的联系表示为关系，并支持以图的形式呈现指定范围内的知识。知识图谱相关的重要概念主要有以下 9 个。

1. 概念（concept） 是对现实世界中具有相同属性的事物的概括和抽象，如"国家""人""基因""生物过程"等就是概念。

2. 实体（entity） 在知识图谱中，实体对应现实世界中的具体事物或事件，如"中国""屠呦呦""青蒿素"等就是实体。

3. 关系（relation） 描述概念 / 实体之间的关联关系。关系可以是有向的或无向的，可以有不同的类型和属性。例如，关系 1 "新型冠状病毒感染，症状：中度，发热"描述"新型冠状病毒感染"实体和"发热"实体的关系，关系 2 "新型冠状病毒感染，相关药物，连花清瘟颗粒"描述"新型冠状病毒感染"实体和"连花清瘟颗粒"实体的关系。关系 1 和关系 2 都是有向的，但属于两种不同类型的关系，其中，关系 1 还具有严重程度的属性。

4. 属性（property） 描述概念 / 实体 / 关系的特征，用于对概念 / 实体 / 关系进行更详细的描述。例如，"人"概念包括姓、名、性别、年龄等特征，这些特征就是"人"的属性。

5. 三元组（triple） 是知识图谱中常用的表示关系的方式。一个三元组由主体（subject）、谓词（predicate）和客体（object）组成，分别对应关系的头实体、关系类型和尾实体。例如，"新型冠状病毒感染，并发症，肾衰竭"构成一个三元组，表示"新型冠状病毒感染"和"肾衰竭"的关系，该关系中，"新型冠状病毒感染"的"并发症"是"肾衰竭"，"新型冠状病毒感染"是主体，"并发症"是谓词，"肾衰竭"是客体。

6. 图数据（graph） 是知识图谱的另一种表示方式，其中，概念 / 实体对应图中的节点，关系对应图中的边，知识图谱的图数据常常存储在图数据库中。

7. 本体（ontology） 本体和知识图谱共同构成一个知识库。其中，本体位于概念层，定义了实体、属性和关系的概念、类别和层次结构，本体也采用结构化数据表示。

例如，假设我们正在建立一个关于电影的知识图谱。在这个知识图谱中，可能会有以下本体。

实体：电影、演员、导演、电影类型等。

属性：电影可能有标题、上映日期、票房收入等属性。

关系：演员和电影之间可能存在"表演"关系，"表演"关系具有"主演与否"的属性；导演和电影之间存在"执导"关系；电影和电影类型之间存在"属于"类型的关系等。

在这个示例中，知识图谱的本体就是电影、演员、导演等实体及它们之间的属性和关系的定义，这个定义最终会采用一种结构化数据来表示。通过本体结构，我们可以更加清晰地理解不同概念的特征及它们之间的关系，有助于后续开展数据分析、推理和应用。

8. RDF 数据　指资源描述框架（resource description framework）三元组，它使用三元组（主语、谓语、宾语）来描述资源之间的关系，常用于表示知识图谱中的关系和本体。

9. 查询语言（query language）　用于在知识图谱中检索和获取特定信息。常见的知识图谱查询语言包括 SPARQL（针对 RDF 数据）和 Cypher（针对图数据库）。

二、知识图谱的分类

根据不同的分类标准，知识图谱可以划分为不同的类别，以下是几种常见的知识图谱分类方式及相应的类别。

1. 基于领域的分类　基于知识涵盖的领域不同，知识图谱可以分为通用知识图谱和特定领域知识图谱两大类。其中，前者涵盖了广泛的知识领域，如 Google 的 Knowledge Graph 就是通用知识图谱；特定领域知识图谱针对特定领域或行业的知识进行构建，表示了特定领域的知识，如医学知识图谱、金融知识图谱等就属于特定领域的知识图谱。

2. 基于数据来源的分类　从用于构建知识图谱的源数据的特征角度，知识图谱分为结构化知识图谱、半结构化知识图谱和非结构化知识图谱。前者由结构化数据构建，数据通常来源于结构化数据库、表格等；半结构化知识图谱由部分结构化数据和部分非结构化数据构建，例如从 HTML 代码中提取知识构建的知识图谱；非结构化知识图谱主要由文本、图像、音频、视频等非结构化数据构建，需要进行语义理解和信息提取才能构建知识图谱。

3. 基于应用场景的分类　基于应用场景不同，知识图谱主要分为以下 4 大类。

（1）搜索引擎知识图谱：用于改进搜索引擎的搜索结果，如 Google 的 Knowledge Graph。

（2）智能问答知识图谱：用于支持自然语言问答系统的知识表示，如 IBM 的 Watson。

（3）推荐系统知识图谱：用于提升个性化推荐系统的效果，例如用于电商平台的商品知识图谱。

（4）自然语言处理知识图谱：用于支持自然语言理解和生成的知识表示，如微软的 ConceptGraph。

4. 基于知识表示方式的分类　基于知识表示方式不同，知识图谱常分为以下 5 类。

（1）基于本体的知识图谱：这种类型的知识图谱使用本体来表示知识。基于本体的知识图谱通常采用本体描述语言（如 OWL）来定义本体，并使用 RDF 来表示知识图谱中的实体、属性和关系。

（2）基于图结构的知识图谱：这种类型的知识图谱将知识表示为图形结构，其中节点表示实体或概念，边表示实体之间的关系。图结构的知识图谱通常采用图数据库或图算法来存储和分析数据，适用于表示复杂的实体关系。

（3）基于语义网络的知识图谱：语义网络是一种将实体、关系和属性组织成网络结构的知识表示方式，其中实体之间的关系和属性以图形的形式表示。基于语义网络的知识图谱通常使用

RDF 来表示知识，利用语义网络技术来实现知识的共享和交互。

（4）基于向量空间模型的知识图谱：这种类型的知识图谱将实体和关系表示为向量空间中的向量，利用向量之间的相似度来表示实体之间的关联程度。基于向量空间模型的知识图谱通常采用词嵌入等技术来学习实体和关系的向量表示。

（5）基于图神经网络的知识图谱：这种类型的知识图谱利用图神经网络模型来学习知识图谱中的表示，将实体和关系表示为图结构中的节点和边，并利用神经网络模型来进行图结构的学习和推理。

上述 5 种类型并不是严格区分的，通常在实际应用中会综合使用多种知识表示方法来构建复杂的知识图谱系统。选择知识表示方式的主要依据是应用需求、数据特点和应用场景等因素。

三、知识图谱的构建方法

知识图谱的构建主要分为自底向上（bottom-up）和自顶向下（top-down）2 种方式。自底向上构建方式从开放的 Open linked data 中抽取置信度高的知识，或从非结构化文本中抽取知识，完成知识图谱的构建，该方式常用于通用知识图谱的构建；自顶向下构建方式需要先定义好本体（ontology 或称为 schema），再基于输入数据完成信息抽取到图谱构建的过程，该方法更适用于特定领域知识图谱的构建。本文重点介绍自顶向下构建方式的过程及在构建过程中用到的技术。

自顶向下构建知识图谱的过程主要包括以下 7 步。

1. 确定领域和范围　首先需要确定知识图谱的领域和范围，以及你希望知识图谱支持的应用场景，这有助于确定需要收集和整合的数据源及构建的知识图谱的规模和深度。

2. 收集数据　收集确定领域的数据，这些数据可以来自结构化数据库、半结构化数据源（如 XML、JSON 等格式的数据）及非结构化数据（如文本、音频、图像、视频等）。收集数据时，常用爬虫、API 接口、数据库查询、数据集下载等方式获取数据。

3. 数据预处理　对收集到的数据进行语义标注、抽取有用信息、统一实体名称等预处理操作，以确保数据的质量、一致性和可用性。数据预处理还可能进行数据去重、缺失值填充、数据格式转换、语义标注等常规数据清理工作。

本环节的语义标注是指在文本或数据中标记出与特定语义相关的信息。语义标注一般标注以下内容。

（1）实体标注：将文本中的实体识别出来，并标注其类型。实体可以是人名、地名、组织机构、日期、时间、产品名称等。

（2）关系标注：标注文本中实体之间的关系或关联。例如，标注出文本中的人物关系、地理关系、时间顺序等。

（3）情感标注：标注文本中的情感倾向或情感极性。情感标注通常将文本中的情感分为正面、负面和中性等类别，有助于情感分析、舆情监测等应用。

（4）事件标注：标注文本中描述的事件或行为。事件标注可以识别文本中的动作、事件触发词、事件参与者等信息，支持事件抽取、事件关系分析等任务。

（5）语义角色标注：标注文本中句子成分与其在句子中的语义角色的对应关系。语义角色标注可以识别出句子中的谓词、主语、宾语、施事者、受事者等成分，有助于语义分析和语义理解。

4. 建立本体　根据领域知识和收集到的数据，设计并建立知识图谱的本体。本体定义了知识图谱中实体、属性和关系的结构化表示，通常使用 OWL 或 RDF 等语言来表示本体。

5. 数据整合和映射　将预处理后的数据与本体进行映射和整合，将数据转化为知识图谱的实体、属性和关系。这可能用到数据模式匹配、实体、关系抽取等技术。

6. 知识图谱的存储　选择合适的存储方式来存储知识图谱数据，包括图数据库、关系数据库、文件等方式。图数据库通常是存储知识图谱的首选，因为它们可以更好地支持实体之间复杂的关系表示和查询操作。

7. 知识图谱的应用和维护　将构建好的知识图谱应用于实际场景中，例如数据分析、推荐系统、智能问答等。同时，需要定期更新和维护知识图谱，以保持其与现实世界的同步，并不断丰富和完善其中的知识内容。

由以上知识图谱的构建过程可见，知识图谱的构建通常采用半自动化方式构建，多步骤需要人工处理；另外，在本体构建阶段，还需要领域专家的知识和经验辅助，因此，构建知识图谱是一件非常耗时耗人力的工作。

四、构建知识图谱的常用工具

构建知识图谱常用的工具包括数据挖掘工具、本体建模工具和图数据库等。

1. 数据挖掘工具　可以用于对收集到的数据进行预处理、本体抽取、关系抽取等操作。常用工具主要有 Apache Spark 和 RapidMiner 等。

数据挖掘工具的使用方法为：首先将数据导入数据挖掘工具中，然后利用工具提供的算法和功能进行数据挖掘。例如，可以使用文本挖掘技术从文本数据中抽取实体和关系，后续可以将抽取结果与知识图谱进行整合。

2. 本体建模工具　用于创建和编辑知识图谱的本体，定义实体、属性、关系和约束等。常用工具主要是 Protege、TopBraid Composer 等。

本体建模工具的使用方法为：首先使用本体建模工具创建一个新的本体项目，然后定义本体的类、属性和关系等，可以通过图形界面或者本体描述语言（如 OWL 语言）进行本体建模，最后将本体导出为目标格式，供后续构建知识图谱使用。

3. 图数据库　用于存储知识图谱数据，并支持复杂的图查询和分析操作，常用工具有 Neo4j、Amazon Neptune、TigerGraph 等。

图数据库工具的使用方法为：首先，将收集到的数据导入图数据库中；然后，使用图数据库的查询语言（如 Cypher 语言）进行数据查询和分析。通过图数据库的可视化工具，可以直观地展现知识图谱的结构和关系。

4. 可视化工具　用于将知识图谱的结构和关系以图形方式呈现出来，帮助用户理解和分析知识图谱。常用工具是 Gephi、Cytoscape 等。

可视化工具的使用方法为：将知识图谱的数据导入可视化工具中，然后根据用户需求设置图形展示的样式和布局。通过交互式操作，可以浏览知识图谱的不同部分，并进行数据探索和分析。

上述工具通常是相互配合使用的，根据知识图谱构建的需求和复杂程度选择合适的工具组合，进行知识图谱的构建和管理。

五、知识图谱案例

（一）药物重定位知识图谱概述

药物重定位知识图谱（drug repurposing knowledge graph，DRKG）是一个开源的、大规模的知识图谱。这个知识图谱的存储形式是".csv"文件，使用者可以直接从网络下载这些文件。

DRKG 是一个综合型生物医药知识图谱，本体概貌如图 3-1 所示，涉及人类基因、化合物、生物过程、药物副作用、疾病和症状 6 个方面。DRKG 从 6 个公开的大型医药数据库（Drug-Bank、Hetionet、GNBR、String、IntAct 和 DGIdb）和 2 200 万篇医学文献中提取知识，并进行了规范化和知识融合。DRKG 共计包含实体数 97 238 个，分为 13 种实体类型；三元组数目 5 874 261 个，分为 107 种关系类型。

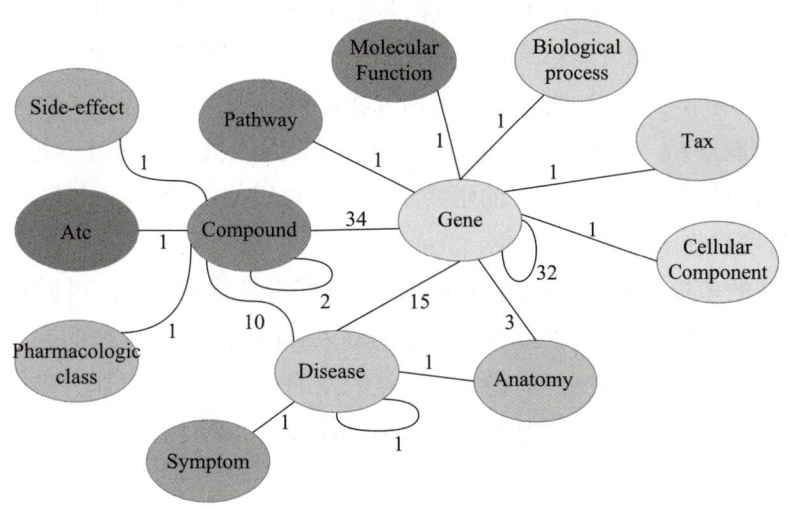

图 3-1 DRKG 本体简图

在 DRKG 中，实体使用"实体类型::ID"的形式表示，例如，"Compound::DB08906"是 DRKG 的一个实体，其中"Compound"是类型，表示该实体的类型是化合物；"DB08906"是这个化合物的 ID。

RDKG 中的关系使用如下格式的三元组表示。

头实体 数据源名称::关系名::头实体类型:尾实体类型 尾实体

例如，RDKG 中的一个关系如下。

> Compound::DB08906 DRUGBANK::ddi-interactor-in::Compound:Compound Compound::DB09198

其中，Compound::DB08906 是头实体；DRUGBANK 是数据源名称，ddi-interactor-in 是关系名，Compound:Compound 表示头实体和尾实体都是化合物类型；Compound::DB09198 是尾实体。这里，数据源名称和头实体类型、尾实体类型是关系的属性。

（二）DRKG 在中药学中的应用

DRKG 在中药学研究中可以应用于多个领域，包括但不限于以下 5 大方面。

1. **药物重定位**　通过分析 DRKG 中的药物、疾病的关系，可能发现某些中药对其他疾病具有治疗效果，从而引导中药的重定位。重定位的分析方法主要有 2 种，一种是检索 DRKG 并结合专业知识分析检索结果；另一种是利用 DRKG 中的药物 – 疾病的关系数据，通过机器学习或深度学习方法建模预测 DRKG 中药物和疾病的关系。

2. **药物相互作用预测**　通过分析 DRKG 中的药物、药物的关系，可以发现药物、药物之间的协同、相加、拮抗、产生副作用等药物相互作用，进而发现某种中药与其他药物联合使用时的协同作用、毒副作用等，从而指导药物组合的设计，或从联合用药的效果和安全性方面指导制定临床用药方案。药物相互作用的分析方法主要包括 2 种，一种是检索 DRKG，另一种是基于 DRKG 中的关系建立机器学习或深度学习模型预测药物之间的相互作用。

3. **药物靶点预测**　通过分析 DRKG 中药物与基因的关系，结合相关的信号通路、蛋白质、细胞的分析，可以推断出药物可能影响的靶点，助力中药作用靶点的发现。这个分析过程同样可以使用机器学习或深度学习的方法建模预测药物可能的靶点。

4. **中药作用机制解析**　DRKG 可以用于解析中药的作用机制。通过分析知识图谱中药物、基因、信号通路之间的关系，结合相关的生物学知识，可以揭示中药对于特定疾病的治疗机制，进一步指导中药研发和临床应用。

5. **中药学领域的多模态学习**　使用 DRKG 作为训练集进行预训练，可以获得预训练的知识图谱的嵌入，包括知识图谱中实体的嵌入和关系的嵌入。DRKG 知识图谱的嵌入可以用于药物适应证的预测、药物相互作用的预测、药物有效靶点的预测建模，还可以作为多模态输入的一种数据，应用到中药学领域一些多模态学习（multimodal learning）模型中。

第六节　数据可视化

数据可视化是将数据形象化呈现的一种技术。数据可视化不仅能够帮助人们更好地理解数据，进而发掘数据中隐藏的模式和规律，同时，数据可视化还有利于信息交流与共享，进而提升工作效率。本节将从概念、可视化原则、数据的展示形式、可视化工作的流程、常用工具五大方面阐述数据可视化的理论和应用方法，并通过一个案例展示数据可视化在中药学领域的应用。

一、数据可视化的概念

数据可视化是将数据以图形、图表、地图等适当的形式展示出来，以帮助阅读者更容易理解数据的含义和特征，助力研究者深入理解数据，发掘数据中隐藏的模式和规律。

二、数据可视化的原则

数据可视化要确保呈现数据的图形或图表能够清晰、准确地传达信息，并且能够有效地引导阅读者对数据进行理解和分析。数据可视化一般需要遵循以下 10 个原则。

1. **简洁性（simplicity）**　图形应该简洁明了，避免不必要的装饰和复杂性，突出数据的主要信息。简洁的图形能够帮助观众更快速地理解数据。

2. **清晰性（clarity）**　图形应该清晰可辨，确保文字、标签和线条清晰可读，避免模糊或混乱的情况出现。清晰的图形能够准确地传达数据的信息。

3. **一致性（consistency）**　保持图形的一致性，指确保数据与文档一致，全图的视觉风格、排版布局、交互行为、数据精度一致，故事表达一致。

4. **合适性（appropriateness）**　根据数据的类别和分析目的选择合适的可视化展示形式和展示方式，确保能够准确地表达数据的含义。

5. **重点突出（emphasis）**　突出数据的重点和关键信息，通过颜色、大小、标签等方式强调重要的数据，帮助阅读者更快地理解数据中的关键信息。

6. **可读性（readability）**　确保图形易于理解和阅读，包括合理的字体大小、标签位置、坐标轴刻度等，使得阅读者能够轻松地解读图形中的信息。

7. **准确性（accuracy）**　保证图形准确地反映数据的真实情况，避免误导或歪曲数据，确保数据的准确性和可信度。

8. **交互性（interactivity）**　在需要交互式可视化的情况下，提供适当的交互功能，如缩放、筛选、悬停提示等，帮助用户深入探索数据并发现隐藏的模式和规律。

9. **美学性（aesthetics）**　尽量使图形具有美感和吸引力，通过选择合适的颜色、线条和布局等，增强图形的视觉效果，提升用户的体验和参与度。

10. **可解释性（interpretability）**　提供足够的文本说明和解释，帮助观众理解图形中的数据和趋势，确保数据的可解释性和可理解性。

三、数据的展示形式

数据可视化需要根据数据的类别，选择合适的可视化展示形式。实际应用中，主要的数据类别有 6 大类。下面分别说明 6 类数据适用的展示形式。

（一）结构化数据

结构化数据是指以清晰、明确定义的数据结构存储和组织的数据，通常以表格形式表示，具有明确的字段和记录。

1. **特点**　结构化数据主要有 4 个特点。

（1）清晰的数据结构：结构化数据具有清晰的数据结构，每个数据字段都有明确定义，数据之间的关系清晰明了。

（2）易于存储和管理：结构化数据以表格的形式存储，易于存储和管理，能够通过数据库管理系统进行有效的查询和操作。

（3）易于分析和处理：结构化数据易于进行分析和处理，可以使用各种数据分析工具和技术进行数据挖掘、统计分析等操作。

（4）适用范围广泛：结构化数据适用于各种领域和行业，包括金融、医疗、零售、制造等，广泛应用于数据分析和决策支持。

2. **可视化方式**　针对结构化数据的特点，常使用的可视化方式主要有以下 10 类。

（1）线图（line chart）：用于显示数据随时间变化的趋势，通过连接数据点形成折线图，帮助观察数据的趋势和变化。

（2）柱状图（bar chart）：用于比较不同类别之间的数据大小，通过不同长度的柱形条表示数据的大小。

（3）饼图（pie chart）：用于显示数据的相对比例，将数据分成不同的扇区，每个扇区的大小表示相应数据的比例。

（4）散点图（scatter plot）：用于展示两个变量之间的关系，通过散点的分布情况观察变量之间的相关性。

（5）热力图（heatmap）：用于展示数据的密度分布情况，通过颜色的深浅表示数据的密度，常用于显示二维数据的热点区域。

（6）箱线图（box plot）：用于展示数据的分布情况和离群值，通过箱体、须和离群值表示数据的分布情况。

（7）地图（map）：用于显示地理数据，通过不同的颜色或标记表示地区的数据情况，帮助用户理解地理空间的数据分布。

（8）雷达图（radar chart）：用于比较多个变量的相对大小，通过多边形的轮廓表示不同变量的数值，方便比较多个变量之间的关系。

（9）树图（tree map）：用于显示层次结构数据的比例关系，通过不同大小的矩形表示数据的大小，并通过嵌套关系表示层次结构。

（10）时间轴（timeline）：用于展示事件或数据随时间的变化情况，通过时间轴上的节点或区域表示事件发生的时间和持续的时长。

（二）关系数据

这里的关系数据指表达关系的数据，即数据中包含了实体之间的连接关系或相关性的数据，常见于网络、社交网络、知识图谱等领域。

1. 特点　关系数据主要有 4 个特点。

（1）节点和边的结构：数据通常以节点和边的结构表示，节点代表实体，边代表实体之间的关系或连接。

（2）复杂性：关系数据通常具有复杂的结构和关联关系，包括多层次、多关系类型等。

（3）网络性质：数据通常呈现网络性质，即节点之间的连接形成网络结构，这些网络可能是有向图，也可能是无向图。

（4）关联性：数据中的实体之间具有关联性，关系可能是直接的、间接的，或者具有多种类型。

2. 可视化方式　基于关系数据的上述特点，常用以下 8 种方式实现关系数据的可视化。

（1）力导向图（force-directed graph）：通过节点之间的吸引力和斥力来模拟节点之间的连接关系，以网络结构展示。

（2）树状图（tree diagram）：适用于可视化数据的层次结构和父子关系，通过树状结构来展示实体之间的层级关系。

（3）圆形树状图（radial tree diagram）：将树状图呈现为圆形结构，中心表示根节点，边缘表示叶子节点，方便展示大规模数据的层级结构。

（4）关系矩阵（relationship matrix）：以矩阵的形式展示数据实体之间的关联关系，通过方阵和色块来表示实体之间的连接强度或相似性。

（5）网络热图（network heatmap）：适用于呈现大规模网络数据的密度和结构，通过颜色的变化来表示节点之间的连接情况和强度。

（6）社区发现（community detection）：该算法可以将网络数据分成若干个社区或群组，然后可视化展示不同社区之间的连接关系和结构。

（7）圆形布局图（circular layout）：将节点以圆形排列，节点之间的连接关系以弧线表示，方便展示节点之间的环状连接关系。

（8）路径可视化（path visualization）：将数据中的路径或通路可视化，帮助用户理解实体之间的连接路径和关联关系。

（三）文本数据

1. 特点 文本数据一般具有 4 大特点。

（1）非结构化：文本数据通常是非结构化的，不像表格数据那样具有明确的字段和记录，而是由自由文本组成，包含了各种语言文字的信息。

（2）语义丰富：文本数据包含丰富的语义信息，包括词语、短语、句子等，能够表达丰富的信息和含义。

（3）多样性：文本数据的内容多样，涵盖了各种主题和领域，包括新闻、社交媒体、文学作品、科技论文等。

（4）高维度：文本数据往往具有高维度的特点，即词汇量庞大，文本长度不一，包含的信息量巨大。

2. 可视化方式 基于文本数据的特点，常用的可视化方式包括以下 7 种。

（1）词云（word cloud）：是一种常见的文本可视化方式，通过词语的大小和颜色来反映其在文本中的频率或重要性，常用于展示文本中的关键词。

（2）文本热图（text heatmap）：可以将文本数据转化为热图的形式，通过单词、短语或段落的频率或相关性来呈现文本的结构和特征。

（3）文本网络图（text network）：可以将文本数据转化为网络图的形式，通过单词或短语之间的共现关系或语义关系来呈现文本的网络结构。

（4）主题模型可视化（topic model visualization）：可以将文本数据转化为主题模型的形式，通过词语、主题和文档之间的关系来呈现文本的主题结构和分布情况。

（5）情感分析可视化（sentiment analysis visualization）：可以将文本数据转化为情感分析的结果，通过情感词的频率或情感得分来呈现文本的情感倾向和情绪分布。

（6）文本聚类可视化（text clustering visualization）：可以将文本数据进行聚类分析，然后通过热图、散点图等形式来呈现不同文本类别之间的关系和相似性。

（7）文本摘要可视化（text summarization visualization）：可以将文本数据转化为摘要的形式，通过关键句或关键词来呈现文本的主要内容和要点。

（四）多媒体数据

多媒体数据是指包含了不同媒体类型（如文本、图像、音频、视频等）的数据集合，这些数据集合通常涉及人类感知的多个方面，如视觉、听觉等。

1. 特点 多媒体数据具有以下 5 大特征。

（1）多模态性（multimodality）：多媒体数据通常包含不同媒体类型的信息，如图像、文本、音频、视频等。

（2）高维度（high dimensionality）：每种媒体类型都有其独特的特征空间，导致了多媒体数据的高维度特性。

（3）数据量大（large volume）：由于多媒体数据通常包含大量的文件和内容，因此其数据量较大。

（4）复杂性（complexity）：多媒体数据的复杂性主要体现在数据的结构多样性、语义丰富性和信息冗余性等方面。

（5）非结构化（unstructured）：多媒体数据通常是非结构化的，即不像结构化数据那样具有明确定义的字段和记录。

2. 可视化方式 为了更好地理解和分析多媒体数据，可以使用多种方式对多媒体数据进行可视化。多媒体数据的可视化方式包括但不限于以下 6 种。

（1）图像可视化：展示图像数据的内容和特征，如图像浏览器、图像特征可视化等。

（2）音频可视化：展示音频数据的声波形态和频谱特征，如音频波形图、频谱图等。

（3）视频可视化：展示视频数据的内容和动态特征，如视频播放器、视频摘要图、视频关键帧提取等。

（4）多模态数据融合：将多种媒体数据融合在一起进行可视化呈现，例如将图像、文本、音频等数据同时展示在同一个界面上。

（5）多媒体交互可视化：通过交互式方式呈现多媒体数据，让用户可以与数据进行互动和探索。

（6）多媒体摘要可视化：将多媒体数据进行摘要和提取关键信息，然后将摘要信息进行可视化展示。

多媒体数据一般使用专门的多媒体数据可视化工具进行数据分析和可视化呈现，如 TensorBoard、OpenCV、matplotlib 等。

（五）时变型数据

1. 特点 时变型数据是指随着时间变化而产生的数据，一般具有以下 6 个特点。

（1）时间依赖性：时变型数据的特征和数值随时间的推移而变化，因此时间是数据的一个重要维度。

（2）趋势性：时变型数据可能呈现出一定的趋势或模式，如逐渐增长、周期性波动等。

（3）季节性：部分时变型数据可能受到季节因素的影响，呈现出季节性变化规律。

（4）随机性：时变型数据在时间上的变化可能存在一定的随机性，例如噪声、突发事件等。

（5）连续性：时变型数据通常是连续的，即使用连续的时间间隔采集得到数据。

（6）不稳定性：时变型数据的特征和分布可能随时间而变化，呈现出一定的不稳定性。

2. 可视化方式 时变型数据的可视化方式主要包括以下 6 种。

（1）时间序列图：将数据随时间变化的趋势直观地呈现出来，通常以时间为横轴，数据值为纵轴，可以是折线图、面积图、散点图等形式。

（2）时序图：将时变型数据在时间维度上的分布情况可视化展示，通常以时间为横轴，数据的分布或密度为纵轴，可以是直方图、密度图等形式。

（3）时间轴瀑布图：将数据在时间轴上呈现出来，通过分段表示时间序列中的不同阶段或事件，以便观察数据的演变过程。

（4）时变型热图：通过色彩来表示时变型数据在时间和其他维度上的变化，例如颜色深浅表示数据的大小，时间轴和其他维度轴分别表示时间和其他维度。

（5）动态可视化：通过动态可视化技术，将时变型数据的变化过程以动画或交互式方式展示出来，以增强用户对数据变化的理解和感知。

（6）时变型网络图：将时变型数据转化为网络图的形式，通过节点和边的变化来反映数据的演化过程。

（六）空间型数据

1. 特点　空间型数据是在地理空间上分布的数据，具有以下 5 个特点。

（1）地理位置信息：空间型数据具有地理位置信息，通常以地理坐标或地理区域来表示数据的空间位置。

（2）地理关联性：空间型数据之间可能存在地理上的关联关系，例如空间邻近性、空间自相关性等。

（3）空间分布：空间型数据在地理空间上呈现出不同的分布模式，可能是均匀分布、聚集分布、随机分布等。

（4）地形地貌特征：空间型数据可能受到地形地貌特征的影响，例如海拔高度、地形起伏等。

（5）地理环境因素：空间型数据可能受到地理环境因素的影响，例如气候、土壤、植被等。

2. 可视化方式　空间型数据的可视化方式主要包括以下 8 种。

（1）地图：是最常见的空间型数据的可视化方式，可以使用各种地图投影方式和符号化方式来呈现数据的空间分布和属性信息。

（2）热力图：通过颜色的深浅来表示数据在地理空间上的分布密度或强度，从而直观地展示数据的空间分布情况。

（3）点图：将空间型数据的位置以点的形式标注在地图上，可以根据数据属性和分类进行符号化，以反映不同位置的特征。

（4）线图：将空间型数据的位置以线的形式表示在地图上，适用于展示路径、道路、河流等线状特征的空间分布。

（5）面图：将空间型数据的位置以面的形式表示在地图上，适用于展示区域、地形、行政边界等面状特征的空间分布。

（6）等值线图：通过连接具有相同属性值的点来描绘数据在地理空间上的等值线分布，适用于展示地形高度、温度等连续变量的空间分布。

（7）三维可视化：通过将空间型数据呈现在三维空间中，以增强用户对数据的理解和感知。

（8）交互式地图：允许用户自由地浏览地图，放大缩小，选择感兴趣的区域等，以增强用户对数据的探索和理解。

上述针对 6 大类数据的可视化，有的采用静态可视化，有的采用动态可视化，这主要依据展示场景确定。一般情况下，静态可视化适用于数据分析报告、学术论文等场景，动态可视化常用于数据仪表板、在线数据分析工具等场景。

四、数据可视化的过程

数据可视化的过程一般包括以下 8 个步骤。

1. 确定可视化目标　首先要明确可视化的目的是什么，是为了探索数据的特征、展示数据的趋势、比较不同数据集之间的差异，还是为了传达特定的信息或故事。明确目标有助于选择合适的可视化方式和呈现形式。

2. 数据清理　对需要进行可视化的数据进行清理，以保证数据的适用性，这可能包括缺失值处理、异常值处理、展示数据提取、格式转换等步骤。

3. 选择合适的展示形式　根据数据的类型、特征和可视化目标，选择合适的可视化技术。例如，对于分类变量，可以选择柱状图或饼图；对于连续变量，可以选择直方图或折线图；对于空间数据，可以选择地图等。

4. 设计图形　根据选择的可视化展示形式，设计具体的可视化图形，并选择合适的图形属性，如颜色、大小、形状、标签等。设计过程中需要考虑如何准确地传达数据信息，避免歧义和误导。

5. 创建可视化图表　利用数据可视化工具或编程语言（如 matplotlib、ggplot2、D3.js 等），将设计好的可视化图形转化为实际的图表。根据需要添加交互性，以增强用户的探索和理解能力。

6. 解读和分析图表　对生成的可视化图形进行解读和分析，从中获取有用的信息、发现规律或趋势，并提出相关的见解和结论。这需要对图表中的模式、异常、趋势等进行认真的观察和分析。

7. 优化和改进　根据解读和分析的结果，对可视化图形进行优化和改进。这可能涉及改变可视化展示方式、调整图形属性、改进图表布局、增加交互性等方面的工作。

8. 分享和传播　将生成的可视化图表分享给目标受众，可以通过报告、演示、网页、社交媒体等渠道进行传播，以便更广泛地传达数据的信息和数据蕴含的模式。

五、数据可视化的常用工具

实现数据可视化常用的工具包括编程库、计算机语言和软件平台 3 大类。

（一）编程库

实现数据可视化常用的编程库有以下 7 个。

1. Matplotlib　是 Python 中常用的数据可视化库，提供了丰富的绘图功能和灵活的参数设置，可以用于创建各种静态图表。

2. Seaborn　是基于 Matplotlib 的高级数据可视化库，提供了更简单的 API 和更美观的默认样式，适用于创建统计图表和多种类别的数据的可视化。

3. ggplot2　是 R 语言中常用的数据可视化库，采用了"图层（layer）"的思想，可以用于创建内容丰富的统计图表和数据可视化。

4. D3.js　是一款基于 JavaScript 的数据可视化库，提供了丰富的可视化组件和灵活的定制功能，可以用于创建各种高度定制化的可视化图表。

5. Bokeh　是 Python 中的交互式数据可视化库，支持大规模数据集的可视化和交互式探索，适用于创建 Web 应用和数据分析工具。

6. Highcharts　是一款基于 JavaScript 的交互式图表库，提供了丰富的图表类型和定制功能，适用于 Web 应用和数据可视化平台。

7. Plotly　是一款支持多种编程语言的交互式数据可视化库，提供了丰富的图表类型和交互式功能，适用于 Web 应用和数据分析平台。

（二）计算机语言

可以用以下 4 种计算机语言实现数据可视化。

1. Python　是一种流行的通用编程语言，具有丰富的数据处理和可视化库，如 Matplotlib、Seaborn、Plotly 等，适用于数据科学和数据分析领域。

2. R 语言　是一种专门用于数据分析和统计建模的语言，具有强大的数据可视化库，如 ggplot2、Plotly 等，适用于统计学、数据挖掘等领域。

3. JavaScript　是一种用于 Web 开发的脚本语言，具有丰富的前端可视化库，如 D3.js、Highcharts 等，适用于 Web 应用和数据可视化平台。

4. HTML/CSS　是用于构建 Web 页面和样式设计的语言，可以通过 HTML 标签和 CSS 样式将数据可视化图表嵌入到网页中。

（三）软件工具

可以用以下 6 个常用的软件工具实现数据可视化。

1. RawGraphs　是一个开源、简单易用、功能丰富的数据可视化工具。RawGraphs 支持的图表类型包括但不限于散点图、线图、柱状图、面积图、树状图、饼图、雷达图、力导向图等。

2. Google 数据工作室（Google data studio）　是一款免费的在线数据可视化工具，可以连接各种数据源并创建交互式的报表和仪表板。

3. Excel　是一种常用的数据处理和可视化工具，Excel 中实现数据可视化的常见方法包括：图表工具（折线图、柱状图、饼图、散点图、雷达图等）、条件格式化、数据条、批注、数据透视表、Sparklines、宏和 VBA 编程。

4. GraphPad Prism　是一款广泛用于生物医学和科学研究领域的统计分析和绘图软件。它提供了丰富的统计分析功能，包括 t 检验、方差分析、回归分析、生存分析等，同时也提供了多种图表类型，如柱状图、折线图、散点图、生存曲线等，用户可以轻松地创建高质量的科学图表。

5. Tableau　是一款流行的商业数据可视化工具，具有用户友好的界面和丰富的可视化功能，可以用于创建交互式的图表和仪表板。

6. Power BI　是微软推出的商业智能工具，具有强大的数据连接能力和丰富的可视化形式，可以用于创建仪表板、报表和数据分析应用。

拓 展 阅 读 3-3：数据可视化案例

（赵鸿萍　辛贵忠　茹原芳　张洁玉）

🌐 **数字资源详见　新形态教材网**

⚓编者导学　　👥拓展阅读　　🖥教学课件　　✂思考题

经典机器学习算法

思维导图

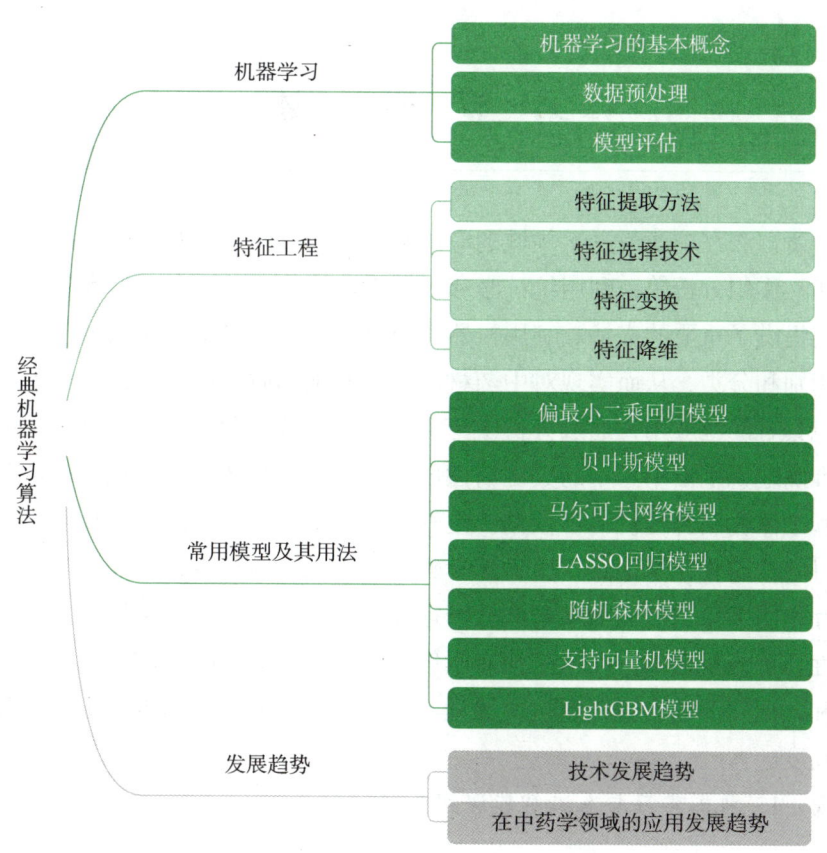

在数据驱动的时代，机器学习已成为解决复杂问题的关键技术。特别是在中药信息学领域，面对海量的药材数据、复杂的药效机制和多维的诊疗信息，经典机器学习算法，包括决策树、支持向量机、朴素贝叶斯和随机森林等，以其强大的数据处理能力和模式识别能力，在中药分类、药效预测、成分分析等方面展现出巨大潜力。本章聚焦经典机器学习算法，即深度学习兴起之前广泛应用于分类、回归等任务的传统方法，首先介绍基础概念，按照机器学习的基本流程，介绍数据预处理、模型评估及特征工程等内容，然后深入分析每类算法的算法思想、模型原理、优势及其在中药信息学领域的适用性，最后分析机器学习在未来的发展方向。本章的目标是为学生提供清晰的理论框架和实际的应用指导，帮助学生在中药信息学领域中有效地应用机器学习技术解决实际问题。通过本章的学习，学生能够理解并掌握如何选择合适的机器学习算法来分析中药数据，提高预测和分类的准确性，同时对算法的局限性有清晰的认识。期待学生能够将这些知识应用于实际问题，推动中药信息领域的发展，为中医药的传承与创新贡献力量。

第一节　概　　述

经典机器学习方法在中药信息学领域的应用涵盖多个方面，涉及中药材的质量控制、药效成分分析、药物相互作用分析等，利用统计学和机器学习算法，处理和分析大规模的中药数据，为中药研究和应用提供了重要的支持。利用机器学习算法，可以对中药材的外形、质地、色泽等特征进行自动化识别和分类，从而实现对中药材的真伪鉴别和质量评价。机器学习在中药成分的分析和预测方面也具有广泛应用，通过分析中药成分的结构特征和活性，结合大数据和机器学习算法，可以快速准确地识别出中药中的关键活性成分，并预测其药理作用和适应证范围，从而为中药的合理配伍和个体化用药提供科学依据。此外，机器学习还在中药药物相互作用研究中发挥着重要作用，通过整合药物化学信息、生物医学数据和临床试验结果，机器学习可以揭示不同中药成分之间的相互作用关系，从而为多药联合治疗和药物副作用预测提供科学支持，促进中药的临床应用和安全性评价。机器学习在中药信息学领域的应用具有广阔的前景和深远的意义。随着技术的不断进步和数据资源的丰富积累，机器学习将为中药研究与应用带来更多创新，推动中医药事业迈向新的高度。

拓 展 阅 读 4-1：机器学习与人工智能课程介绍

一、机器学习的基本概念

机器学习是人工智能（artificial intelligence，AI）领域的一个重要分支，其核心目标是通过设计和研究统计算法，使计算机系统能够从数据中学习并具有泛化能力，从而能够解决各种任务而无需明确的指令。算法能够分析大量的数据，识别数据中的模式和规律，并将学习到的知识应用于未知数据进而做出预测或决策。近些年，随着人工神经网络等深度学习技术的发展，机器学习取得了巨大的进步，在许多任务上已经超越了以往的方法，为人工智能的发展开辟了新的前景。中药信息学中的机器学习是一种通过对中药相关数据进行学习和分析，从中提取模式、规律和知识，并利用学习的知识来解决中药学中的问题的方法和技术。

拓 展 阅 读 4-2：机器学习发展历程

1. 机器学习范式 机器学习通常根据数据训练的不同情况，被划分为监督学习、无监督学习和半监督学习 3 大类机器学习范式。以下是 3 种不同的机器学习范式的概念和内涵。

（1）监督学习（supervised learning）：在输入数据及其对应输出数据已知的前提下，模型通过对样本数据的学习，能够对新的输入数据进行预测或分类。在监督学习过程中，模型会依据输入数据与目标输出之间的关联进行学习，从而精准预测未来的输出。例如，在中药分类任务中（如依据药材特征和功效进行的分类），给定一批已标记的中药样本，使用监督学习算法（如决策树、支持向量机等）来学习样本的特征与类别之间的关系。随后，模型可以根据新的中药样本的特征进行分类预测。在此例中，监督学习借助已知的标记信息（即中药的类别）训练模型，使模型学习到不同中药特征与类别的映射关系，进而可用于对新的中药进行分类。

（2）无监督学习（unsupervised learning）：在缺乏明确的目标输出或标签的情况下，模型通过对输入数据的剖析与探究，自主发掘数据中的模式、结构或特征。无监督学习主要应用于探寻数据中隐藏的结构或群体，无须人工标记。例如，中药药材聚类分析中，给定一批未标记的中药药材样本，运用无监督学习算法（如聚类算法）来揭示样本之间的自然分组或模式。无监督学习在没有明确标记的前提下，通过对中药药材样本特征的分析，自动发现相似的药材样本并将其分组，有助于我们理解中药药材之间的相似性与差异性，揭示潜在的分组或类别。

（3）半监督学习（semi-supervised learning）：融合监督学习和无监督学习的特性。在半监督学习中，一部分数据带有标签，而另一部分数据则没有标签。模型利用有标签的数据学习模型的结构和参数，同时借助无标签的数据进一步改进和优化模型。例如，通过使用少量被专家标记了类别（如寒性、热性等）的中药样本和大量未标记的样本来进行模型训练，半监督学习将有标记和未标记的数据相结合，模型可以利用有标记样本的信息来引导对未标记样本的学习。通过这种方式，模型能够更好地利用所有可用的数据，提升对中药性质的理解和预测能力。

以上 3 种范式是机器学习中常见的基本分类，它们反映了不同的学习场景和任务需求。根据具体问题的特点和可用数据的情况，可以选择适合的学习方法来构建和训练模型。此外，还有其他一些机器学习范式，如强化学习、主动学习等，它们在不同的应用领域中也有重要的作用。

2. 经典机器学习步骤 包括数据收集、数据预处理、特征工程、模型选择与训练、模型评估和参数调优，以及模型部署和应用等步骤，如图 4-1 所示。

3. 其他相关概念 基于以上经典机器学习的基本流程，下面介绍一些与机器学习相关的重要概念。

（1）回归（regression）：机器学习中，回归任务的目标是预测一个连续的数值结果。例如，根据患者的症状和体征，预测疾病的发展趋势和可能的转归。回归问题通常涉及连续的数值输出，例如预测一个具体的数值或范围。

（2）分类（classification）：将数据对象划分到不同的类别或类别组中。例如，图像分类（识别图像中的对象）、文本分类（将文本分配到不同的主题类别）、疾病风险分类（判断疾病的风险级别）等。分类问题通常涉及离散的类别输出，例如将数据对象分类为几个固定的类别之一。

图 4-1 经典机器学习的步骤

（3）数据集（data set）：在机器学习中，数据集是指用来训练和测试机器学习模型的数据的集合。数据集通常包括输入数据和相应的标签或目标值。根据用途不同，数据集又分为训练集、验证集和测试集。其中，数据集中的每一条记录称为样本（sample），描述样本的具体属性或变量叫作特征（feature）。此外，针对监督学习问题，数据集中的目标值或分类结果被称作标签，用于指导模型学习。

1）训练集（training set）：用于训练机器学习模型的已知数据集。模型通过学习训练集中的样本数据，来调整参数和构建模型。

2）验证集（validated set）：用于在训练过程中调整模型的超参数，如网络结构、学习率等，以找到最优的模型配置.

3）测试集（test set）：用于评估训练好的模型性能的独立数据集。通过在测试集上进行预测，可以验证模型的准确性和泛化能力。

（4）特征向量（feature vector）：指用来表示数据样本的向量，其中每个分量对应一个特征。特征向量在机器学习中是样本的数值表示形式，是算法处理和学习的主要对象。一个特征向量的维度（长度）等于数据样本的特征数量。每个特征在特征向量中有一个对应的位置，表示该特征的值。例如，在一个特征向量"$x_1, x_2, x_3, \cdots, x_n$"中，$x_1$、$x_2$、$x_3$、$\cdots$、$x_n$是特征值，每个特征值对应数据样本的一个属性或特性。

（5）数据预处理（data preprocessing）：在数据分析和机器学习之前，对原始数据进行的一系列处理和清洗操作，以提高数据质量、降低数据噪声、增强数据的可用性和可理解性。

（6）特征工程（feature engineering）：将原始数据转换为更有意义的特征的过程，以便模型能够更好地理解和处理数据。

（7）模型评估指标（model evaluation metrics）：用于衡量模型性能的指标，常用的模型评估指标包括准确率、召回率、F_1值、均方误差和混淆矩阵。我们可以使用不同指标帮助评估模型在不同任务中的表现或综合多个指标评估模型表现。

（8）过拟合（overfitting）：当模型在训练数据上表现得非常好，但在未见过的新数据（如验证集或测试集）上表现不佳时，就发生了过拟合。换句话说，模型学得太复杂或太精确，以至于它不仅捕捉到数据中的真实模式，还"记住"了训练数据中的噪声或随机波动，从而失去了对新数据的泛化能力。

（9）欠拟合（underfitting）：与过拟合相反，欠拟合发生在模型过于简单，以至于无法捕捉到训练数据中的基本模式或结构。结果是模型在训练数据和新数据上的表现都很差，无法提供有用的预测或分类。

（10）正则化（regularization）：是一种防止机器学习模型过拟合的方法，通过在损失函数中添加惩罚项来限制模型的复杂度。正则化的目的是约束模型，使其在学习数据的同时不过于拟合训练数据中的噪声和特殊样本，进而提高模型的泛化能力，即在未见过的新数据上的表现。

（11）超参数调优（hyperparameter tuning）：寻找模型的最佳超参数值，以提高模型的性能。参数调优需要通过试验和最小化误差来完成。

（12）模型选择（model selection）：根据评估指标，从不同的模型和超参数组合中，选择最适合特定任务的模型。

（13）集成学习（ensemble learning）：是一种将多个基学习器（base learner）结合起来以提高整体模型性能的机器学习方法。常见的技术包括提升法、堆叠法等。

（14）深度学习（deep learning）：深度学习是机器学习的一个分支，专注于使用深度神经网络（DNN）来解决各种复杂的任务。深度神经网络由多层非线性变换组成，可以自动学习数据的多层次表示和特征，从而在图像识别、自然语言处理及语音识别等领域表现出色。

（15）迁移学习（transfer learning）：利用已训练好的模型在新任务或数据集上进行学习，以减少训练时间和提高性能。

上述内容为经典机器学习的部分基本概念，在理论学习的持续深入和实践过程的不断探索中，可以发现数据质量、特征工程、模型选择及参数调优等每一个要素，都对模型的性能有着至关重要的影响。

二、经典机器学习在中药信息学中的应用

机器学习以计算机为工具模拟人类思维方式，通过学习知识和技能解决问题，在计算机视觉、自然语言处理、搜索技术、语音识别和推荐系统等诸多领域得到广泛应用。决策树、聚类、关联规则等传统经典机器学习算法通过提取样本的数据特征分析其内在规律，往往适用于小样本集。传统机器学习方法因其小样本适应性、可解释性已在中药信息学领域取得很多成果。大部分研究围绕以下3个方面展开。

1. 药物虚拟筛选 在药物虚拟筛选中，机器学习与分子指纹（molecular finger-print）技术相结合的方法是当前的研究热点之一。分子指纹是一种用于描述化合物结构的表征方式。它通过特定的向量或字符串形式表达分子结构或特性，但通常具有高维度和稀疏性的特点，不利于小样本学习及预测结果的提升。故而在许多研究中，往往通过不同的方法对分子指纹特征进行优化处理。例如，新型的抗纤维化中药化合物筛选模型可以较好地完成中药化合物功效筛选任务，对中药化合物药物机制研究及临床实践具有较高的应用价值，为中药药性的进一步深入研究提供了新的思路。

2. 中药药材分类 如通过建立药材归经判别模型区分中药药材的主归经络；利用数据分析和机器学习算法，对中药的药性（如寒、热、温、凉等）进行分类和识别；又如中药五味识别分类，味道与中药的药性密切相关，不同的味道往往对应着不同的功效和适用病症。构建基于机器学习的中药材分类识别模型，有利于药性标准的建立，从而更好地指导临床用药，为中药的研发和创新提供基础。

3. 药物关联预测 基于药物结构和相似性预测药物的功效，是研究药物成分的有效手段。其中一个关键技术是基于高通量技术的药物相关成分筛选，通过药物筛选、组合药物、靶向药物网络构建，筛选出中药成分、活性成分、毒性成分，进而研究其分子机制。例如，利用关联规则算法，挖掘出各功效所对应的药性组合，全面阐述中药药性、功效的关联性，以及采用频数分析和关联规则算法从方剂中挖掘核心药性组合模式。此外，还可通过中药作用的靶点预测，预测化学成分对应蛋白质靶点；使用协同药物组合预测方法，得到具有增效减毒效果的药物组合；复方与疾病机制的相关研究中，基于中药包含多种活性成分先验知识，分析多种疾病靶点和药物靶点之间相互作用的信号通路，构建药物 – 靶点 – 通路 – 疾病的治疗网络模型，可合理推测中药机制和新适应证。

除以上研究，体内代谢成分预测也是研究热点之一，研究者基于中药化学组日常积累的大量数据，利用人工智能算法推断化合物的体内代谢产物。一些药物安全性预测等的研究将信息学算法或机器学习模型与中药安全性预测相结合，包括基于中药成分结构、"疾病 – 基因 – 靶点 – 药物"相互作用网络或代谢组学和基因组学来预测中药安全性。

<h1 style="text-align:center">第二节　数据预处理与模型评估</h1>

一、数据预处理

数据预处理是数据分析和机器学习过程的关键步骤，主要目的是对原始数据进行清洗、集成和转换，以提高数据的质量和可用性。通过数据预处理，可以纠正数据中的错误、缺失值，解决数据不一致问题，并将数据转换为适合分析的格式，减少噪声和异常值的影响，提高数据的准确性和可靠性。同时，数据预处理还可以进行特征工程，提取有意义的特征，增强数据的表达能力。有效的数据预处理可以构建更精确、高效的模型。数据预处理主要包括数据清洗、数据转换、数据集成、数据选择、数据增强、数据平衡、异常值处理及数据可视化等一系列处理。下面着重对数据清洗、转换、集成、增强进行介绍。

1. 数据清洗　目的是去除数据中的噪声、重复项和缺失值等异常数据，提高数据的准确性和可靠性，保证数据的"干净"，为后续的分析和建模提供更好的数据基础。一般针对异常数据有以下5种数据清洗方案。

（1）缺失值的处理：在数据集中，某些数据可能缺失，即没有记录值。处理缺失值的方法包括删除含有缺失值的记录、使用插值或估计方法来填补缺失值，或者利用其他相关数据进行推断。

（2）异常值的处理：异常值是指数据集中与其他数据明显偏离或不符合正常模式的数据点。处理异常值的方法可以是删除异常值、使用统计方法进行检测和修正，或者对异常值进行特殊处理，例如将其视为特殊情况进行单独分析。

（3）数据不一致的处理：数据不一致指的是数据集中存在的矛盾或不一致的信息，一般由数据收集过程中的错误、数据转换问题或不同来源数据的整合导致。处理不一致数据需要识别和纠正数据中的错误，或者制定一致的数据处理规则。

（4）量纲影响的处理：不同的变量（如重量、长度、时间等）具有不同的量纲，会影响数据的分析和比较。为了消除量纲的影响，可以对数据进行标准化、规范化或转换，使其具有可比性。

（5）维度灾难的处理：随着数据维度的增加（即变量的数量增多），会出现维度灾难问题，导致分析和模型变得复杂且难以解释。处理维度灾难的方法包括特征选择、降维技术（如主成分分析），以及使用合适的模型和算法来处理高维数据。

2. 数据转换　是将原始数据转换为适合机器学习算法的形式，包括对数据进行规范化、标准化、离散化等操作。

（1）标准化/归一化：为了使数据分布更为均匀或避免某些特征对模型的影响过大，可以对数据进行标准化（将数据转换为零均值和单位方差的形式）或归一化（将数据缩放到特定范围，如0到1）。归一化确保了所有特征都在相同的比例尺上，有助于避免数值较大的特征在模型训练过程中占据主导地位。

（2）数据编码：将分类变量转换为数值形式，如使用独热编码（one-hot encoding）或标签编码（label encoding）。其中，独热编码为每个类别创建一个新的列，如果记录属于该类别，则该列的值为1，否则为0，适用于名义变量，即类别之间没有固有顺序。标签编码为每个类别分配一个唯一的数字标签，适用于有序变量，即类别之间存在一定的顺序关系。

（3）特征缩放：对特征进行缩放，使它们在同一量级上，防止某些特征因数值较大而对模型产生过大影响。

3. 数据集成 在实际应用中，数据可能来自多个不同的数据源。数据集成就是将这些多个数据源的数据进行整合，确保数据的一致性和完整性。在进行数据集成时，需要注意数据的格式、编码等问题，以确保数据能够正确地合并在一起。

4. 数据增强 在图像和自然语言处理领域，数据增强是指通过生成新的数据样本（如旋转图像、翻转图像）来增加数据集的多样性，从而提高模型的泛化能力。

二、模型评估

模型评估是机器学习的重要环节，用于衡量模型在预测或分类任务中的准确性和有效性。通过各种评估指标和方法，对模型的表现进行定量分析。其中，准确率、召回率、F_1 值等指标用于评估分类任务，而均方误差等指标适用于回归任务。此外，混淆矩阵可以直观地展示模型在不同类别上的预测结果，帮助我们发现潜在的问题和误分类情况。模型评估不仅有助于了解模型的优势和不足，还为模型的改进和优化提供了依据。

根据机器学习的不同任务类型，我们对常用的模型评估指标进行相应的分类。每种任务类型都有其特定的评估方法和指标，确保了模型的性能和效果得到准确衡量。

（一）分类任务的评估指标

1. 准确率（accuracy） 是模型预测结果正确的比例。计算公式如下。

$$准确率 = (TP + TN) / (TP + TN + FP + FN) \qquad (4-1)$$

其中，TP（true positive）表示将正样本预测为正样本，即真阳性，预测正确；TN（true negative）表示将负样本预测为负样本，即真阴性，预测正确；FP（false positive）表示将负样本预测为正样本，即假阳性，预测错误；FN（false negative）表示将正样本预测为负样本，即假阴性，预测错误。

准确率衡量了模型在整体上正确分类或预测的能力，但是在样本不平衡的情况下，并不能作为很好的指标来衡量结果。

2. 精确率（precision） 关注的是模型预测为正类的样本中，真正属于正类的比例。计算公式如下。

$$精确率 = TP / (TP + FP) \qquad (4-2)$$

精确率反映了模型在预测正类时的准确性。较高的精确率意味着模型在预测正类时产生的误判较少，即预测为正类的样本中，真正属于正类的比例较高。

3. 召回率（recall） 用于衡量模型找到所有正例的能力。计算公式如下。

$$召回率 = TP / (TP + FN) \qquad (4-3)$$

召回率关注的是模型对正例的检测能力，尤其在正例比较重要的情况下。

4. F_1 值（F_1-score） 是精确率和召回率的综合衡量指标。计算公式如下。

$$F_1 = 2 \times 精确率 \times 召回率 / (精确率 + 召回率) \qquad (4-4)$$

F_1 值在精确率和召回率之间进行了权衡，对评估模型在不平衡的数据集上的表现更具代表性。

5. 混淆矩阵（confusion matrix） 是一种可视化模型分类结果的方法。它通过将实际类别与预测类别进行对比，展示了模型在不同类别上的预测情况。混淆矩阵可以帮助我们了解模型在各个类别上的误分类情况，以及总体的分类性能。如果已经训练好了一个模型用来进行二分类，那么混淆矩阵就可以概括算法的测试结果以便将来的检查。假设总样本量为 1 000，混淆矩阵结果如表 4-1 所示，那么，混淆矩阵的不同值可以表示如下。

表 4-1　混淆矩阵结果

真实的类别	预测的类别	
	阳性	阴性
阳性	580	40
阴性	50	330

真阳性（*TP*）= 580，表示该模型正确分类了 580 个阳性类别数据点。

假阴性（*FN*）= 40，表示该模型将 40 个阳性类别数据点错误地归类为属于阴性类别。

假阳性（*FP*）= 50，表示该模型将 50 个阴性类别数据点错误地归类为属于阳性类别。

真阴性（*TN*）= 330，表示该模型正确分类了 330 个阴性类别数据点。

因此，所有正确的预测都位于表格的对角线上。通过检查对角线之外的值，可以直观地发现预测错误。

6. 受试者操作特征曲线（receiver operator characteristic curve，ROC 曲线）和曲线下面积（area under the curve，*AUC*）　ROC 曲线（图 4-2）是一种用于评估分类模型性能的图形工具，特别适用于二分类问题。通过绘制真阳性率（true positive rate，*TPR*）与假阳性率（false positive rate，*FPR*）之间的关系来展示模型在不同阈值设置下的性能。ROC 曲线的横轴是 *FPR*，纵轴是 *TPR*。理想情况下，一个完美的分类器会在 ROC 曲线的左上角，即 *FPR* 为 0，*TPR* 为 1。

AUC 指 ROC 曲线下面积，它是一个介于 0 和 1 之间的值，用来衡量分类器的整体性能。*AUC* 值越高，表示模型的分类能力越强，即在不同阈值下，模型区分正负类的能力越好。*AUC* 为 0.5 时，表示分类器的性能不比随机猜测好；而 *AUC* 为 1 时，表示分类器具有完美的分类能力。*AUC* 是一个阈值无关的度量，因此它可以用来比较不同分类器的性能，即使它们的输出概率分布不同。

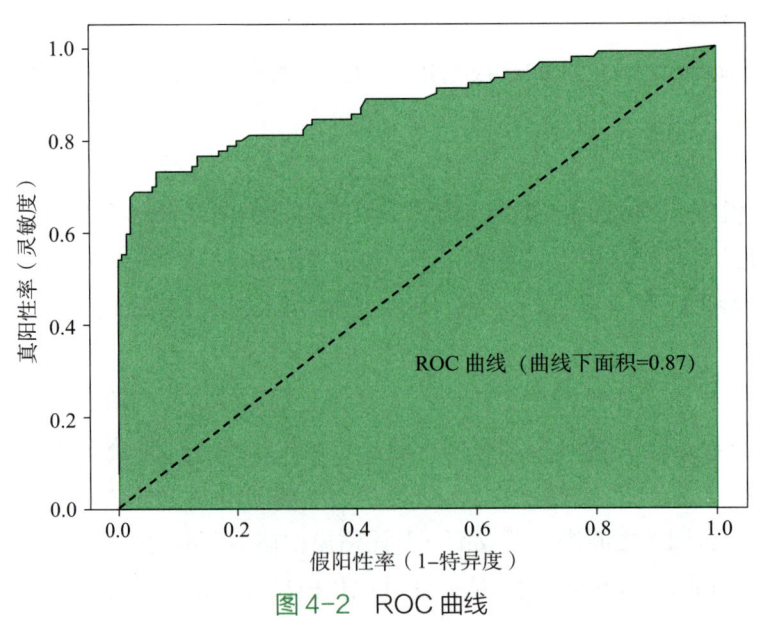

图 4-2　ROC 曲线

（二）回归任务的评估指标

1. **均方误差**（mean squared error，*MSE*） 是用于评估预测值与真实值之间差异的一种常见指标。计算公式如下。

$$MSE = \frac{1}{m} \sum_{i=1}^{m} (y_{\text{test}}^{(i)} + \hat{y}_{\text{test}}^{(i)})^2 \tag{4-5}$$

其中，m 表示样本量，$y_{\text{test}}^{(i)}$ 表示真实值，$\hat{y}_{\text{test}}^{(i)}$ 表示预测值。均方误差适用于连续型目标变量的预测，值越小表示预测越准确。

2. **均方根误差**（root mean squared error，*RMSE*） 观测值与真值偏差的平方的平均数的平方根，它衡量了预测值与实际值之间的差异。计算公式如下。

$$RMSE = \sqrt{\frac{1}{n} \sum_{i=1}^{n} (Y_i - \hat{Y}_i)^2} \tag{4-6}$$

其中，n 是样本量，Y_i 是第 i 个观测值，$\hat{Y}_i$ 是第 i 个预测值。

3. **平均绝对误差**（mean absolute error，*MAE*） 是观测值与预测值偏差的绝对值的平均数，它提供了预测误差的平均大小。计算公式如下。

$$MAE = \frac{1}{n} \sum_{i=1}^{n} |Y_i - \hat{Y}_i| \tag{4-7}$$

与 *RMSE* 相同，n 是样本量，Y_i 是第 i 个观测值，$\hat{Y}_i$ 是第 i 个预测值。

4. **决定系数**（R-squared，R^2） 是一个统计指标，用于衡量模型对数据的拟合程度。它的值介于 0 到 1 之间，0 表示模型没有解释任何变异性，1 表示模型完美拟合数据。计算公式如下。

$$R^2 = 1 - \frac{\sum_{i=1}^{n} (Y_i - \hat{Y}_i)^2}{\sum_{i=1}^{n} (Y_i - \overline{Y})^2} \tag{4-8}$$

其中，$\overline{Y}$ 是观测值的平均值。

5. **平均绝对百分比误差**（mean absolute percentage error，*MAPE*） 是观测值与预测值偏差的绝对百分比的平均数，通常用于衡量预测值相对于实际值的相对误差。

$$MAPE = \frac{100\%}{n} \sum_{i=1}^{n} \left| \frac{Y_i - \hat{Y}_i}{Y_i} \right| \tag{4-9}$$

第三节 特征工程

特征工程是指在机器学习和数据挖掘任务中，对原始数据进行处理、转换和选择，以提取出对模型训练和预测有意义的特征的过程，其目标是通过设计和构建适当的特征集合，来提高机器学习模型的性能。

一、特征提取方法

特征提取是指从原始数据中自动或手动地提取出能够表达数据重要特征的属性或特征。在机器学习和数据挖掘领域，特征提取是将原始数据转换为可用于建模的特征表示的关键步骤之一。

特征提取的目的是将数据转换为更具信息量、更易于理解和处理的形式，以便机器学习算法能够更好地理解和利用数据。提取出的特征通常被设计为与特定任务相关，例如分类、回归、聚类等。特征提取过程包括从原始数据中选择、转换、过滤、组合或生成特征，以提高模型性能和泛化能力。考虑到数据类型的多样性，特征提取的方法也会有所不同。每种数据类型都有其独特的结构和特性，因此需要特定的技术和算法来处理。下面，我们分别从文本数据、图像数据及时间序列数据角度来讨论其相应的特征及特征提取方法。

（一）文本数据

文本数据可提取出以下特征。

1. 词袋模型（bag of words，BoW）　将文本表示为单词的出现频率向量，忽略单词的顺序和语法，常用于文本分类和聚类任务。提取步骤如下。

（1）文本预处理

1）分词：将文本拆分成独立的单词或词语。

2）去除停用词：去除常见但对文本分类影响不大的词汇（如"的""是""在"等）。

3）小写转换：将所有文本转换为小写，以避免大小写差异带来的影响。

4）词干提取或词形还原：将词语还原为基本形式，如将"药材"变为"药"。

5）标点符号和特殊字符的移除：去除标点符号和不必要的特殊字符。

（2）构建词汇表：将所有文档中的单词提取出来，构建一个词汇表（词典），词汇表包含了所有出现在数据集中的词汇。

（3）向量化：将文本转换为词汇表中词频构成的数值向量。

1）词频向量：用文本中各个词在词汇表中出现的次数（词频）来表示文本的数值向量。向量中的每个元素表示该词汇在该文档中出现的频率。

2）二元向量：每个元素表示某个单词是否在文档中出现（1表示出现，0表示未出现）。

3）词频 – 逆文档频率（term frequency–inverse document frequency，*TF-IDF*）：为了降低常见词汇对文本表示的影响，可以使用 *TF-IDF* 来加权词频。*TF-IDF* 不仅考虑词频，还考虑单词在整个数据集中出现的频率。提取步骤如下。

ⅰ. 文本预处理：与 BoW 相同，去除标点符号、转换为小写、去除停用词。

ⅱ. 计算词频（term frequency，*TF*）：对于每个文档中的每个词，计算该词在文档中的出现频率。*TF* 衡量某个词在单个文档中的重要性。计算公式如下。

$$TF(\mathrm{t,d}) = \frac{某个词语（\mathrm{t}）在文档（\mathrm{d}）中出现次数}{文档的总词数（n）} \tag{4-10}$$

其中，t 是词语，d 是文档。

ⅲ. 计算逆文档频率（inverse document frequency，*IDF*）：对于语料库中的每个词，计算该词在所有文档中的逆文档频率。*IDF* 衡量某个词在整个语料库中的重要性。计算公式如下。

$$IDF(\mathrm{t}) = \log\frac{语料库的文档总数}{包含该词的文档数 + 1} \tag{4-11}$$

加 1 是为了避免分母为零的情况。计算结果越高，说明词在语料库中的稀有程度越高。

ⅳ. 计算 *TF-IDF*：对于每个词，计算其 *TF-IDF*，公式如下。

$$TF\text{-}IDF(\mathrm{t,d}) = TF(\mathrm{t,d}) \times IDF(\mathrm{t}) \tag{4-12}$$

2. *N*–gram　指从文本中提取连续的 *N* 个词语或字符。常用于捕捉局部的词序信息和上下文。提取步骤如下。

（1）选择一个 *N* 值（如 1、2、3 等）。

（2）从文本中提取连续的 *N* 个词或字符。

（3）计算每个 *N*-gram 的出现频率。

3. 命名实体识别（named entity recognition，NER） 识别文本中的命名实体（如人名、地名、机构名等），用于获取特定信息。提取步骤如下。

（1）使用命名实体识别工具处理文本。常见的工具包括：① NLTK（natural language toolkit），提供基本的 NER 功能，适用于简单的任务；② SpaCy，提供更强大和精确的 NER 功能，适用于更复杂的任务；③ Hugging Face Transformers，提供基于深度学习的预训练模型，如 BERT，进行高效的 NER 任务。

（2）识别文本中的命名实体后，需要提取每个实体及其类别，并统计它们的数量。

4. 句子嵌入（sentence embedding） 将整个句子映射到低维向量空间中，捕捉句子的语义信息。常用的预训练模型，如 BERT 和 GPT，可以有效地生成句子嵌入。提取步骤如下。

（1）使用预训练模型（如 BERT、GPT 等）处理文本，生成句子嵌入。

（2）对于每个句子，生成的嵌入是一个固定长度的向量，代表句子的语义信息。

（二）图像数据

中药图像数据的特征提取方法包括多种技术，特征提取可以从图像中提取有用的信息，帮助进行分类、识别或分析。主要方法分为传统方法和基于深度学习的方法。

1. 传统方法 主要是基于图像的基本属性和几何特征。

（1）颜色特征：使用颜色直方图、颜色空间转换［如 RGB（红、绿、蓝）颜色空间到 HSV（色调、饱和度、明度）颜色空间］等来描述图像的颜色分布。

（2）纹理特征：通过计算图像的纹理特征，如灰度共生矩阵（GLCM）、局部二值模式（LBP）等，来描述图像的纹理信息。

（3）形状特征：提取图像的形状特征，如边缘检测（使用 Canny 算法）、轮廓检测和形状描述符（如 Hu 矩）来识别物体的形状。

（4）关键点检测：通过尺度不变特征变换（SIFT）、加速稳健特征（SURF）等方法检测图像中的关键点，并提取特征描述符。

2. 基于深度学习的方法 利用神经网络模型自动从图像中学习特征表示，尤其是卷积神经网络（CNN）在图像特征提取方面表现出色。CNN 通过多层卷积和池化操作，从图像中逐层抽象出多级特征，从低级特征（如边缘和纹理）到高级特征（如形状和模式）。在实践中，为了针对特定的中药图像数据集，通常需要设计并训练专门的自定义 CNN 模型。通过调整网络结构、优化超参数和进行特定领域的数据增强，可以使模型有效捕捉中药图像中的独特特征，从而提高分类、识别和分析的性能。

（三）时间序列数据

时间序列数据特征提取是分析和建模时间序列数据的关键步骤，目的是从原始时间序列中提取有意义的信息，以提高模型的预测和分析能力。以下是时间序列数据可提取的特征。

1. 基本统计特征 包括均值、方差、标准差、最大值、最小值、偏度、峰度等。

2. 时间域特征

（1）自相关：描述时间序列自身的相关性，通常使用自相关函数（ACF）和偏自相关函数（PACF）进行分析。

（2）周期性特征：识别时间序列中的周期性模式（如季节性），可以通过傅里叶变换等方法提取。

（3）趋势：时间序列的长期变化趋势，通过滑动平均或回归分析提取。

（4）波动性：描述时间序列的变化程度，常用滚动标准差来衡量。

3. 频域特征

（1）频谱相位：描述不同频率成分的相位信息，相位信息对数据的时序模式和波形形态有重要影响。

（2）功率谱密度：描述频域中信号的功率分布。

（3）谱图：描述信号随时间变化的频率成分。

4. 时域分解特征

（1）趋势：长期变化的趋势，可以通过滑动平均、移动窗口等方法提取。

（2）季节性：时间序列中的周期性变化，可以使用季节性分解方法（如 STL 分解）进行提取。

（3）残差：去除趋势和季节性后的剩余部分，反映了时间序列中的随机波动。

5. 滞后特征

（1）单步滞后特征：将时间序列中的前一个或前若干时刻的数据值作为当前时刻的特征。

（2）差分特征：计算时间序列值之间的差分，帮助去除趋势和季节性。

6. 基于深度学习的方法

（1）卷积神经网络：通过卷积操作自动提取局部时间序列特征，适用于短期依赖的特征提取。

（2）循环神经网络：包括长短期记忆网络（LSTM）和门控循环单元（GRU），能够捕捉时间序列中的长期依赖。

（3）变换器模型：如自注意力机制，可以捕捉时间序列中的全局依赖关系。

二、特征选择技术

在实际应用机器学习算法的过程中，数据集通常具有超高特征维度，动辄百万、千万的特征，而这些特征之间可能非常相关或者完全不相关，并不是所有的特征都对模型的训练和预测有帮助。有些特征甚至可能会造成干扰，进而导致数据运算时间过长。在特征训练时出现"维度灾难"，模型的复杂度会极速增加，导致泛化能力下降。因此，在进行模型训练之前，对数据集的特征进行筛选降维处理，减少特征的数量，从而缩短分析时间，提高分析精度，简化训练模型，对数据分析人员是较为重要的预处理工作。

特征选择可以通过降低特征维度的方式解决"维度灾难"。特征选择就是指从已有的特征集合中选择最具有代表性或最相关的特征，以提高模型的性能或减少过拟合的过程。特征选择的一般流程如图 4-3 所示。

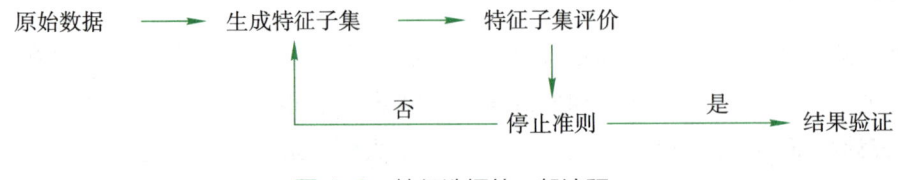

图 4-3　特征选择的一般流程

中药信息学领域常用的特征选择技术主要有以下几种。

1. 过滤（filter）法 是基于某一具体的评价准则来选择特征，其过程独立于具体算法，是一种计算效率较高的方法，更适合于大规模维度空间的特征选择任务。过滤法是一种计算效率较高的方法，它独立于后续的学习算法训练过程，该方法以分析特征子集内部特点来实现特征的过滤。依据评价准则所得值的大小得到特征重要性的排序，通过选取重要性排序中前 m 个特征，能很快地排除大部分非关键的噪声特征，得到特征优化子集，达到有效降低维度空间的效果（流程见图 4-4）。

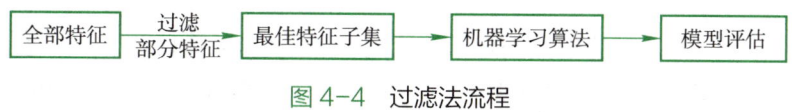

图 4-4 过滤法流程

常用的过滤法有以下 2 种。

（1）方差选择法：通过计算特征的方差来衡量其变化程度，然后筛选掉方差低于阈值的特征。适用于连续型特征，可以剔除对目标变量影响较小的特征。

（2）相关系数法：计算特征与目标变量之间的相关系数，选择与目标变量具有较高相关性的特征。适用于线性相关关系明显的情况。

2. 包装（wrapper）法 是以某个具体归纳学习算法的性能作为其评价和选择特征的标准，在筛选特征的过程中直接用所选特征子集来训练学习算法，根据在学习算法上的性能表现来评价该特征子集的优劣。通过多次迭代，虽然该方法可以选择出质量比较高的特征子集，但计算效率较低（流程见图 4-5）。

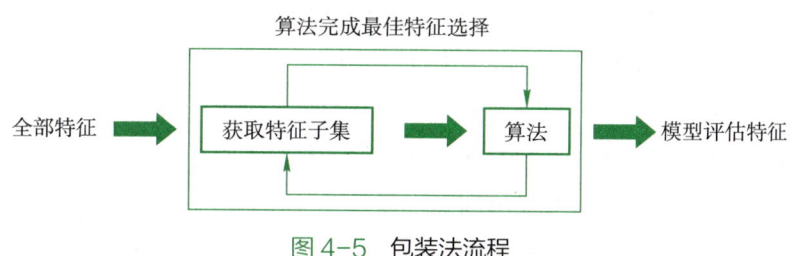

图 4-5 包装法流程

常用的包装法有以下 2 种。

（1）递归特征消除：通过递归地训练模型并根据特征的重要性进行特征排名和消除，直到达到所需的特征数量。这种方法依赖特定的机器学习模型，计算量较大，但通常能够得到较好的特征子集。

（2）基于遗传算法的特征选择：使用遗传算法搜索最优特征子集，以最大化模型性能或特定指标。这种方法能够进行全局搜索，但计算成本较高。

3. 嵌入（embeded）法 将特征选择整合进某个特定的学习算法的训练过程中，特征选择与训练过程同步进行。该方法与特定的学习算法联系紧密，限制了其在其他学习方法上的推广性（流程见图 4-6）。

常用的嵌入法有以下 2 种。

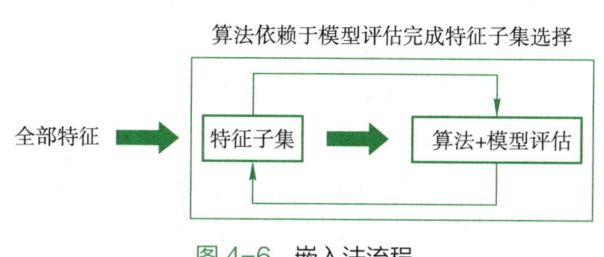

图 4-6 嵌入法流程

（1）L1正则化：在模型训练的过程中，通过对参数引入L1正则化惩罚，促使模型学习到稀疏的特征权重，从而实现特征选择。适用于线性模型，可以实现自动的特征选择和稀疏性。

（2）树模型中的特征重要性：在决策树、随机森林等树模型中，可以根据特征在构建树时的重要性进行特征选择。这种方法不需要显式地进行特征筛选，而是从模型训练过程中自然地得到特征的重要性排名。

4. **多任务学习（multi-task learning，MTL）**　是一种机器学习方法，它在多个相关任务上同时训练模型，旨在通过共享表示提高所有任务的学习效果。在多任务学习中，特征选择可以通过以下方式实现。

（1）共享表示：在MTL框架中，不同任务共享一部分底层特征表示，这部分表示是任务共通的。通过这种方式，模型可以学习到哪些特征是所有任务都认为重要的。共享表示可以减少过拟合，因为模型需要在多个任务上表现良好，而不是只在单个任务上过拟合。

（2）任务特定表示：除了共享表示外，每个任务还可以有自己的特定表示，这部分表示捕捉到的是任务独有的特征。通过比较共享表示和任务特定表示的效果，可以评估哪些特征是普遍重要的，哪些特征是特定于单个任务的。

（3）稀疏正则化：在多任务学习框架中，可以引入稀疏正则化项（如L1正则化）来鼓励模型学习稀疏的特征权重。稀疏正则化使得模型倾向于将不重要的特征的权重推向零，从而实现特征选择。

5. **网络分析方法**　利用图论和网络分析的概念来分析特征之间的关系。在网络分析中，特征被视为节点，特征之间的关系（如相关性或互信息）被视为边。特征选择可以通过以下方式实现。

（1）中心性度量：网络中的中心性度量（如度中心性、介数中心性、接近中心性）可以用来评估特征的重要性。高中心性的特征在网络中扮演关键角色。

（2）社区检测：该算法可以用来发现网络中特征之间紧密相连的集群。在一个社区内，特征可能共同影响任务的输出，因此应该考虑整个社区的特征。

（3）子图挖掘：该算法可以用来找出网络中的重要子结构。这些子结构中的特征可能存在关键特征，因为它们在网络中形成了紧密的连接。

（4）网络剪枝：是一种迭代过程，它逐步移除网络中不重要或冗余的边和节点。通过剪枝，可以精简特征集，只保留那些对网络结构和任务目标至关重要的特征。

6. **遗传算法**　是一种模拟自然选择和遗传机制的搜索启发式算法，通常用于解决优化和搜索问题。在特征选择中，遗传算法可以帮助我们识别出对于模型构建最重要的特征子集，从而提高模型的性能，减少过拟合的风险，并简化模型。遗传算法进行特征选择的基本步骤如下。

（1）初始化：随机生成一组候选特征子集作为初始种群。种群中的每个个体都是特征的组合，通常用二进制字符串表示，其中"1"代表该特征被选中，"0"代表未被选中。

（2）适应度评价：对种群中的每个个体（特征子集）计算适应度。在特征选择的上下文中，适应度通常由一个评估函数给出，该函数可以基于模型的性能（如分类准确率、AUC值等）来衡量特征子集的质量。

（3）选择：根据适应度，选择优良个体进入下一代。这一过程模拟了自然选择中的"适者生存"。常用的选择方法有轮盘赌选择、锦标赛选择等。

（4）交叉（杂交）：将选中的个体进行配对，并在配对的个体间交换部分信息，产生新的个体。交叉操作模拟了生物的繁殖过程，新个体继承了父母的一些特征。

（5）变异：对个体进行随机改变，包括随机翻转二进制位。变异为种群提供了新的遗传多样性，防止算法过早收敛到局部最优解。

（6）终止条件：重复上述过程，直到达到某个终止条件，如达到预定的迭代次数、适应度超过某个阈值或适应度变化不再显著。

（7）解的表现和解释：在遗传算法完成后，通常选择适应度最高的个体作为解，即最优的特征子集。然后，根据这个子集构建模型，并进行进一步的评估和解释。

三、特征变换和特征降维

特征变换和特征降维都是特征工程中的重要技术，主要目的是对原始数据进行处理，以便更好地用于后续的分析和建模。其中，特征变换是指对原始特征进行某种变换或映射，以生成新的特征，变换可以是线性的也可以是非线性的；特征降维则是指减少特征的数量或维度。在高维数据中，往往存在大量的特征，可能导致维度灾难、计算复杂度增加及过拟合等问题。特征降维的目的是找到一种紧凑的表示方式，在保留关键信息的同时减少特征的数量。常见的特征变换和降维方法主要包括以下几种。

（一）特征变换

1. 归一化

（1）Min-max 归一化：通过将特征值减去最小值并除以范围（最大值减最小值）来缩放特征，使其落在 $[0,1]$ 区间内。

$$x' = \frac{x - \min(X)}{\max(X) - \min(X)} \tag{4-13}$$

其中，x 是原始特征值，$\min(X)$ 和 $\max(X)$ 分别是特征 X 的最小值和最大值。

（2）Z-score 标准化：通过减去均值并除以标准差来转换特征，使其具有均值为 0 和标准差为 1 的分布。

$$x' = \frac{x - \mu}{\sigma} \tag{4-14}$$

其中，x 是原始特征值，μ 是特征 X 的均值，σ 是特征 X 的标准差。

2. 对数变换
对特征值应用对数函数，通常使用自然对数 e 或者以 10 为底的对数，可以压缩数据的范围，并且对于某些统计模型来说，可以使得数据更接近正态分布。

$$x' = \log(x) \tag{4-15}$$

其中，x 是原始特征值。

3. 幂变换
例如 Box-Cox 变换，是一种参数化的幂变换方法，可以通过优化一个目标函数来找到最佳的变换参数，以稳定方差并改善数据的正态性。

$$x' = \begin{cases} \dfrac{x^{\lambda} - 1}{\lambda}, & \lambda \neq 0 \\ \log(x), & \lambda = 0 \end{cases} \tag{4-16}$$

其中，λ 是变换的参数，通过优化目标函数选择最佳的 λ 值。

4. 二值化
将数值特征根据某个阈值转换为 0 或 1。例如在处理图像数据时，可以将像素值大于或等于阈值的设置为 1（白色），小于阈值的设置为 0（黑色）。

$$x' = \begin{cases} 1, & \lambda \geq \text{threshold} \\ 0, & \lambda < \text{threshold} \end{cases} \qquad (4\text{--}17)$$

其中，threshold 是设定的阈值。

5. 独热编码　对于分类特征，将每个类别转换为一个二元向量，其中该类别的索引位置为 1，其余位置为 0，可以使得非数值型的分类数据能够被机器学习模型所使用。

$$\text{独热编码}(c_i) = [0, 0, \cdots, 1, \cdots, 0] \qquad (4\text{--}18)$$

其中第 i 个位置为 1，其余位置为 0。

（二）特征降维

1. 主成分分析（PCA）　是一种线性降维技术，通过将数据投影到方差最大的方向来减少特征的数量。PCA 计算数据的协方差矩阵，并求解其特征值和特征向量，选择前几个特征向量作为新的特征空间。通过这种方式，PCA 能够保留数据中最多的变异性，同时降低维度，有效简化数据的复杂性。有关主成分分析方法的详细原理请查阅本教材第三章第二节。

2. 线性判别分析（LDA）　是一种监督降维方法，旨在通过优化数据的类别分离来减少特征维度。LDA 计算类别的均值和协方差矩阵，构造类内散度矩阵和类间散度矩阵，然后通过求解广义特征值问题来寻找最佳投影方向，从而使得投影后的数据在低维空间中类别间距最大、类别内距离最小，有助于提高分类性能。

3. 独立成分分析（ICA）　是一种信号处理技术，旨在将混合信号分解为统计上独立的成分。ICA 首先中心化和白化数据，然后通过最大化数据的非高斯性米提取独立成分。该方法适用于从混合信号中分离出独立源信号，如在盲信号分离问题中应用。

4. 自编码器（auto-encoder）　是一种基于神经网络的降维方法，通过训练网络学习数据的低维表示。自编码器由编码器和解码器组成，其中编码器将高维输入数据映射到低维空间，而解码器则重构数据以尽量还原原始输入。通过最小化重构误差，自编码器能够捕捉数据的非线性结构，并将其映射到更紧凑的表示中。

5. t-分布随机邻域嵌入（t-SNE）　是一种非线性降维技术，特别适用于高维数据的可视化。t-SNE 通过计算高维数据点之间的相似性，并在低维空间中使用 t 分布计算点之间的相似性，然后通过优化算法最小化这两个相似性分布之间的差异，从而将高维数据映射到二维或三维空间，便于可视化和理解数据的结构。

6. 多维尺度分析　用于发现数据中相似性的技术，通过在低维空间中保持数据点之间的距离，适用于可视化数据点之间的相对位置。

7. 统一流形逼近与投影（UMAP）　用于维数约简的方法，特别适用于大型和高维数据集，基于流形学习理论，旨在保持数据集的局部和全局结构。

第四节　常用模型及其用法

在中药信息学领域，机器学习方法可用于分析和处理与中药相关的大量数据。例如，决策树模型可用于中药的分类和预测，根据特征判断中药的属性或功效。支持向量机可以区分不同中药的类别，通常用于中药品质鉴定或药性分类中。随机森林模型可以结合多个决策树，对中药的特征进行综合分析，提高预测的准确性。此外，朴素贝叶斯模型可用于中药文本数据的分类，如中药药方的分析。聚类模型有助于将相似的中药进行分组，发现潜在的关联和模式。主成分分析和因子分析可以降低中药数据的维度，提取关键信息。模型的应用可以帮助研究人员更好地理解和利用中药信息，促进中药领域的发展和创新。以下是一些常见的模型介绍。

一、偏最小二乘回归模型

（一）模型概述

偏最小二乘回归（partial least squares regression，PLSR）一般情况下指研究两组多重相关变量之间的相互依赖关系，并研究用一组变量预测另外一组变量，是一种在多变量统计分析和回归建模中广泛应用的方法，旨在处理高维数据集中的共线性和噪声问题。偏最小二乘回归模型结合了主成分分析和多元线性回归（multivariable linear regression，MLR）的优势，通过同时考虑自变量和因变量之间的关系，有效地降低数据的维度，提高模型的预测性能。在中药学领域如中药成分分析、谱效关系建模、中药质量评价、中药活性成分筛选、中药药效机制探究、中药安全性评估、中药复方研究及中药现代化中均有重要的应用价值。

（二）模型思想

偏最小二乘法在统计学和相关领域中被广泛应用，它是一种多变量数据分析方法，主要用于处理涉及两个相关矩阵 X 和 Y 的数据集，揭示这两个矩阵之间的内在联系。偏最小二乘回归通过构建一组新的变量，称为 PLS 分量，从而捕捉 X 和 Y 矩阵中最重要的方差和协方差信息。具体来说，偏最小二乘回归首先在 X 矩阵中寻找一个方向，该方向与 Y 矩阵的相关性最强，然后在这个方向上对 X 进行投影，得到第一个 PLS 分量。接着，算法迭代地寻找下一个最相关的方向，同时确保新分量与前一个分量正交。这一过程重复进行，直到捕捉到足够的信息或达到预定的分量数量。偏最小二乘回归模型特别适用于 X 矩阵的变量数量大于 Y 矩阵的观测值数量的情况，以及 X 矩阵中存在多重共线性时。通过这种迭代的投影方法，PLSR 能够有效降低数据的维度，同时保持对 Y 矩阵的预测能力。

（三）模型原理及构建

在偏最小二乘回归模型中，自变量和因变量之间的关系通过分解过程来捕捉和解释。首先，PLSR 通过协方差最大化找到自变量和因变量之间的最大协方差方向，创建潜在变量的线性组合，以最大化解释两个变量之间的共变异。然后，重复这一过程，寻找新的潜在变量，使其与之前的潜在变量相互独立，并继续最大化剩余的共变异。这个过程不断迭代，直到达到用户指定的潜在变量数量或数据集的方差被完全解释。在分解完成后，PLSR 使用找到的潜在变量来建立回归模型。模型的目标是最大化解释因变量方向上的方差。这一过程中，需要指定保留的潜在变量的数量，选择合适数量的组件是一个平衡问题，取决于问题的复杂性和数据的性质，因为太多的组件可能导致模型过拟合，而太少的组件容易导致信息损失。

1. **数据准备** 输入数据。

自变量矩阵 X（样本数 × 自变量数）

因变量矩阵 Y（样本数 × 因变量数）

在应用 PLSR 之前，通常对数据进行中心化（减去均值），以消除不同变量尺度的影响。

2. **提取潜在变量** PLSR 通过以下步骤提取潜在变量。

（1）初始权重向量的计算：计算自变量和因变量之间的协方差矩阵，找到权重向量 w，使得投影后的自变量得分向量 t 与因变量得分向量 u 的协方差最大化。

$$w = \mathrm{argmaxCov}(X_w, Y) \tag{4-19}$$

（2）计算得分向量：利用权重向量 w 计算自变量的得分向量。

$$t = Xw \tag{4-20}$$

为了从因变量中提取得分向量，引入因变量的权重向量 c，得到因变量的得分向量 。

$$u = Yc \tag{4-21}$$

（3）计算负载向量：计算自变量的负载向量。

$$p = \frac{X^{\mathrm{T}}t}{t^{\mathrm{T}}t} \tag{4-22}$$

计算因变量的负载向量。

$$q = \frac{Y^{\mathrm{T}}u}{u^{\mathrm{T}}u} \tag{4-23}$$

（4）更新数据：更新自变量和因变量矩阵，去除已经提取的成分。

$$X = X - tp^{\mathrm{T}}$$
$$Y = Y - tq^{\mathrm{T}} \tag{4-24}$$

这个过程重复进行，提取新的潜在变量，直到达到指定的潜在变量数量或数据中的方差被充分解释。

3. **建立回归模型** 利用提取的潜在变量建立回归模型，将自变量的潜在变量与因变量联系起来。

$$Y = TB + F \tag{4-25}$$

其中，T 是所有提取的自变量得分向量（潜在变量）组成的矩阵，B 是回归系数矩阵，F 是残差矩阵。

在 Python 中，PLSR 可以通过 scikit-learn 库中的 PLSRegression 类实现，其提供了丰富的功能和参数选项，用于配置和优化 PLSR 模型。以下是 PLSRegression 类的主要函数及参数的解释。

```
sklearn.cross_decomposition.PLSRegression（n_components=2, scale=True, max_iter=500,
tol=1e-06, copy=True, algorithm='svd'）
```

参数解释如下。

- n_components：int，默认值为 2。指定模型中潜在变量的数量（成分的个数）。选择适当数量的潜在变量可以平衡模型的复杂度和泛化能力。
- scale：bool，默认值为 True。是否对自变量 X 和因变量 Y 进行标准化处理。如果设置为 True，数据会被标准化为均值为 0、方差为 1 的数据。对于 scale=True，数据在计算时会被标准化，但不会影响原始数据。

- max_iter：int，默认值为 500。最大迭代次数。用于控制算法的收敛。当达到最大迭代次数时，如果模型尚未收敛，算法将停止。
- tol：float，默认值为 1e-06。收敛容忍度。当模型的优化目标函数的变化小于此值时，算法将认为模型已经收敛。
- copy：bool，默认值为 True。是否在内部复制数据。如果设置为 True，*X* 和 *Y* 将被复制，以避免修改原始数据。设置为 False 时，数据会在原地修改，这可能会提高效率，但可能会改变原始数据。
- algorithm：{'svd', 'nipals'}，默认值为 'svd'。用于计算 PLS 分量的算法选择。'svd'（奇异值分解）通常是首选，因为它在处理大数据集时较为稳定。'nipals'（非线性迭代偏最小二乘法）是一种迭代算法，适用于较小的数据集或特定的应用场景。

（四）模型应用场景

偏最小二乘回归模型在中药学领域有广泛的应用，特别是在处理多变量数据和变量之间存在共线性的问题时。以下是偏最小二乘回归模型的主要应用场景。

1. 多变量校正与建模　处理复杂数据集，建立输入变量（如光谱数据、化学成分）与输出变量（如药效指标、成分含量）之间的定量关系。

（1）场景一：利用 PLSR 算法建立声信号的分段平均频谱与颗粒的各个质量指标之间的多元校正模型，用于分析颗粒的不同质量特性，如含水量和粒径分布等，从而在制药过程中实现更好的质量控制。

（2）场景二：PLSR 模型被用于建立声发射频谱信号与颗粒物性（如含水量和粒径分布）之间的定量关系，实时监控流化床制粒过程中的状态，从而支持制药过程中质量的一致性和控制。

（3）场景三：采用 PLSR 法研究大黄素、芦荟大黄素、厚朴酚及和厚朴酚等组分在急性胰腺炎大鼠上的治疗效果，揭示多成分配伍与多个疗效指标之间的对应关系。

2. 快速预测与质量控制　快速、无损地预测药物活性成分含量和质量特性，帮助实现药品的质量控制和监控。

（1）场景一：基于近红外（NIR）光谱数据建立地稔水提液中 6 种活性成分含量的偏最小二乘回归模型，无损地检测药物提取物中的关键成分。

（2）场景二：基于偏最小二乘回归算法，对皂角刺中山皂角刺和野皂角刺掺伪样品进行快速判别和掺伪量预测，为建立中药皂角刺的质量评价体系提供基础。

3. 谱效相关分析　在药物开发和成分研究中，PLSR 帮助识别有效成分和活性成分群，为新药开发和配方优化提供支持。

（1）场景一：用于分析中药指纹图谱，帮助识别与药效相关的特征峰，从而揭示中药发挥药效的物质基础。

（2）场景二：在高效液相色谱法（HPLC）中，使用偏最小二乘回归方法分析中药成分，确定抗氧化活性、免疫功能活性等药效相关的色谱峰。

（3）场景三：偏最小二乘回归模型结合其他的一些方法，例如超高压液相色谱－质谱联用技术（UPLC-MS），用于鉴定中药中的化学成分及其与药效的关联性。

以上场景显示了偏最小二乘回归模型在中药信息学领域的广泛应用，在此不再一一列举，有关的应用研究可进一步参考相关文献。

（五）模型的优势和局限性

PLSR 在多变量建模和分析中具有多方面的优势，使其成为处理高维、共线性和小样本数据的强大工具。在分析结果中，除了可提供更为合理的回归模型，其辅助分析技术还可以完成主成分分析和典型相关分析等研究内容，提供更丰富、深入的有价值信息。

1. 优势　模型的主要优势如下。

（1）在样本点个数较变量个数明显过少时，可以进行回归建模。

（2）识别系统信息与噪声。

（3）在自变量存在严重多重共线性时，可以克服自相关进行回归建模。

（4）偏最小二乘回归模型中包含原有的所有自变量信息，每个自变量的回归系数容易解释。

（5）变量投影重要性能反映自变量对因变量的相关性和解释能力。

2. 局限性　模型在中药学领域应用时，依然存在一定的局限性。

（1）中药信息领域的数据往往受到样本量不足和数据质量不高的影响。如果样本量不足或数据存在噪声，模型的预测能力可能会受到影响。

（2）中药本身成分复杂，可能存在许多未知的活性成分或成分间的相互作用，这使得建立准确的预测模型更加困难。

（3）偏最小二乘回归模型通过提取潜在变量来捕捉自变量（如中药成分）和因变量（如药效）的关系，可能难以直接将这些潜在变量与具体的中药成分或药效指标对应起来。

二、贝叶斯模型

（一）模型概述

贝叶斯模型是一种基于贝叶斯定理的概率模型，在统计学、机器学习和数据科学中广泛应用。贝叶斯定理提供了一种在给定相关证据的情况下，计算一个假设的概率的方法。在中药领域，贝叶斯模型应用广泛，主要集中于药效预测、中药配方优化、中药质量控制、临床试验设计及中药个体化治疗等方面。

（二）模型思想

贝叶斯模型是一种统计建模和推理的框架，其基本思想源自贝叶斯定理。贝叶斯模型的核心思想是利用贝叶斯定理来更新和推断概率分布。它通过将先验知识（即事先的假设）与观测数据相结合，来计算后验概率，从而进行预测和推断。与传统的频率统计方法不同，贝叶斯模型认为概率是对一种不确定性的度量，而不仅仅是频率的度量。

贝叶斯模型主要关注以下 2 个方面。

1. 先验概率　表示在没有观察到数据之前对某事件发生的概率的信念，反映了先前的知识或假设。

2. 后验概率　是在观察到数据之后，对事件发生的概率的修正，是先验概率与观测数据的结合。

（三）模型原理及构建

贝叶斯模型的基本原理基于贝叶斯定理，其中涉及先验概率、似然函数和后验概率。具体而言，对于事件 A 和事件 B，贝叶斯定理可以表示如下。

$$P(A|B) = \frac{P(B|A)P(A)}{P(B)} \qquad (4-26)$$

其中，$P(A|B)$ 为在事件 B 发生的条件下事件 A 发生的后验概率，$P(B|A)$ 为在事件 A 发生的条件下事件 B 发生的似然性，$P(A)$ 为事件 A 的先验概率，$P(B)$ 为事件 B 的总概率（通常作为规范化常数）。

贝叶斯模型的建模过程涉及先验概率的设定、似然函数的定义、后验分布的计算、贝叶斯推断和后验概率的分析。

1. 先验概率的设定 在建立贝叶斯模型之前，需要设定模型参数的先验概率分布。该步骤通常基于领域先验知识、过去的实验结果，或者通过选择一些非具体信息的先验分布。先验概率表示在观测到新数据之前对模型参数的信念，它可以是概率分布的形式，例如正态分布、均匀分布等。

2. 似然函数的定义 似然函数描述了在给定模型参数的条件下，观测到数据的可能性。似然函数的形式取决于问题的具体性质。例如，对于回归问题，似然函数可以表示一个正态分布；而对于分类问题，似然函数可以表示一个二项分布。似然函数通常从问题的实际背景中推导而来，是建模中的重要一环。

3. 后验分布的计算 使用贝叶斯定理将先验分布与似然函数结合，得到后验分布。后验分布反映了在观测数据之后对模型参数的更新信念。

$$P(\theta|X) \propto P(X|\theta)P(\theta) \qquad (4-27)$$

其中，θ 为模型参数，X 为观测数据，$P(\theta|X)$ 为后验分布，$P(X|\theta)$ 为似然函数，$P(\theta)$ 为先验分布。

4. 贝叶斯推断 利用贝叶斯定理，结合先验概率和似然函数，根据上述的公式来计算后验概率。后验概率可以被视为对参数的更新估计，考虑了观测数据的信息。

5. 后验概率的分析 获得后验概率后，可以对其进行分析，以获取对模型参数的估计和不确定性的信息。分析大概包括以下几个方面。

（1）参数的点估计：可以通过后验概率分布的期望值、中位数等来获取对参数的点估计。

（2）不确定性的估计：后验概率分布的形状和范围提供了关于参数不确定性的信息，例如置信区间或概率密度函数的宽度。

（3）模型比较：可以比较不同模型的后验概率，选择最符合观测数据的模型。

贝叶斯模型的建模过程是一个循环迭代的过程。获得后验概率后，可以将其作为新的先验概率，加入到下一轮观测数据的建模中，实现模型的不断更新和优化。

（四）模型类型

贝叶斯模型有很多变种，在实际的应用中，通常根据不同的数据类型或不同的任务选择不同的贝叶斯模型，常用的贝叶斯模型主要有以下几类。

1. 高斯贝叶斯模型 又称为正态分布贝叶斯模型。scikit-learn 提供了 GaussianNB 类用于实现高斯贝叶斯模型。以下是 GaussianNB 类的主要函数及参数的解释。

GaussianNB（ *，priors=None，var_smoothing=1e-9 ）

参数解释如下。

- priors：array-like，shape（n_classes，），默认值为 None。先验概率。可以为一个数组，其中每个元素代表每个类别的先验概率。如果为 None，则使用均匀先验概率，即所有类别的先验概率相等。
- var_smoothing：float，默认值为 1e-9。平滑系数，用于防止特征方差为零的情况。它是添加到特征方差中的小值，以提高数值稳定性。如果数据中某些特征的方差非常小，增加该值可以避免计算中的数值问题。

2. 多项式贝叶斯模型 是朴素贝叶斯模型的一种，特别适用于处理特征分布为离散的情况，如文本分类中的词频数据。与高斯贝叶斯模型不同，多项式贝叶斯模型不假设特征是连续的，而是假设它们是离散的计数或频率。

在 scikit-learn 中，多项式贝叶斯分类器通过 MultinomialNB 类实现。以下是 MultinomialNB 类的主要函数及参数的解释。

MultinomialNB（ alpha=0.5，fit_prior=True，class_prior=None ）

参数解释如下。

- alpha：float，默认值为 1.0。平滑参数，防止在特征计数为零时出现问题。值越大，平滑效果越强。
- fit_prior：bool，默认值为 True。是否学习类别的先验概率。如果为 False，使用均匀先验概率。
- class_prior：array-like，shape（n_classes，），默认值为 None。类别的先验概率。如果 fit_prior 为 False，则使用该值。

3. 伯努利 – 贝叶斯模型 是朴素贝叶斯模型的一种变体，特别适用于特征是二元（即 0 和 1）的情况。与多项式贝叶斯模型不同，伯努利 – 贝叶斯模型假设每个特征的出现是独立的，并且特征的取值是二元的（例如，特征是否存在）。

在 scikit-learn 中，伯努利 – 贝叶斯分类器通过 BernoulliNB 类实现。下面是 BernoulliNB 类的主要函数及参数的解释。

BernoulliNB（ alpha=1.0，binarize=0.0，fit_prior=True，class_prior=None ）

参数解释如下。

- alpha：float，默认值为 1.0。平滑参数，用于防止特征的出现概率为零的问题。通过加平滑参数来避免计算中的数值问题。

- binarize：float，默认值为 0.0。这是一个阈值，特征值大于该阈值时被认为是 1，否则为 0。它用于将特征转换为二元特征。如果特征已经是二元的，则可以不设置该参数。
- fit_prior：bool，默认值为 True。是否学习类别的先验概率。如果为 False，则使用均匀先验概率。
- class_prior：array-like，shape（n_classes，），默认值为 None。类别的先验概率。如果 fit_prior 为 False，则使用该值

贝叶斯模型是一个广泛的家族，包含了多种变种，每种变种都适用于不同类型的数据和问题，除了以上介绍的几种贝叶斯模型之外，还有贝叶斯回归模型、贝叶斯网络、贝叶斯时间序列模型等，均有广泛的应用。

（五）模型应用场景

1. 中药药性分析　通过构建多项式贝叶斯模型，将中药的药性作为分类自变量，将治疗效果作为因变量。模型将考虑每种药性对疗效的可能影响，并结合先验知识及实际观察到的数据来更新后验概率。通过该方法评估不同药性中药的疗效，并识别哪些药性更可能与治疗效果相关，从而研究中药的药性（如寒、热、温、凉）与治疗效果之间的关系。

2. 中药方剂优化　是一个复杂的过程，涉及对传统方剂中多种药物组合的效果和相互作用的深入理解。贝叶斯网络能够提供一种直观和系统的方法来分析和理解不同药物成分之间的相互作用及其对疗效的贡献。通过构建贝叶斯网络，可以将各种药物成分视为网络中的节点，而它们之间的相互作用则通过有向边来表示。图形化表示利于揭示药物间的直接关系，同时还能够通过条件概率表来量化这些关系。

3. 中药疗效评估　通过构建贝叶斯线性回归模型，结合先验知识和观察到的数据，来估计疗效与中药药物剂量之间的量化关系。在构建模型过程中，定义疗效的评估指标，如症状改善的评分或生物标志物的水平，将这些指标作为因变量，药物剂量作为自变量，构建线性回归模型。贝叶斯方法允许在模型中加入先验分布，反映对药物剂量－疗效关系的先验信念，并通过数据更新这些信念，得到后验分布。

4. 中药成分分析　目标是研究中药中的活性成分及其对疾病治疗的贡献。例如可构建狄利克雷－多项式贝叶斯模型，处理多成分的分布和丰度分析，帮助识别和量化中药中的不同活性成分，评估它们在治疗效果中的相对重要性。

5. 中药个性化治疗　指根据患者的体质和病情推荐个性化的中药治疗方案。基于贝叶斯网络模型，能够结合患者的个体差异，包括年龄、性别、体质类型等因素，来提供个性化治疗建议。

此外，还有中药文献信息挖掘（构建贝叶斯非参数模型，从大量中医药文献中挖掘药材、疾病、治疗方法之间的关系）、中药作用机制研究（构建贝叶斯时间序列模型，探索中药成分在分子层面的作用机制，分析药物作用随时间的变化）等应用场景。贝叶斯模型在中药学领域的多样性和灵活性，能够适应不同的研究需求和数据类型。

（六）模型的优势和局限性

1. 优势　贝叶斯模型的优点有以下 4 个方面。

（1）灵活性：贝叶斯模型允许在建模过程中逐步更新信念，灵活地处理不断积累的数据。

（2）不确定性处理：贝叶斯模型通过概率分布表达不确定性，提供了对模型结果的更加全面和直观的理解。

（3）小样本情况：在小样本数据集的情况下，贝叶斯方法通常比传统频率统计方法表现更好，因为它能够利用领域知识辅助建模。

（4）参数调整：贝叶斯模型能够有效地进行参数调整，并在观测到新数据时自动更新模型。

2. 局限性　虽然贝叶斯模型在中药学领域的应用广泛，但也存在一些特定的局限性，主要缘于中药学的复杂性和独特性。

（1）复杂的多成分系统：中药通常由多种成分组成，每种成分可能对治疗效果和副作用都有不同的贡献。贝叶斯模型在处理多维度、多成分系统时可能面临复杂性增加的问题，尤其是在需要区分和量化每个成分的作用时。

（2）不确定的成分和剂量：中药的成分和剂量可能因药材来源、加工方法、配伍方式等因素而有所不同。这种不确定性增加了贝叶斯模型构建的难度，因为模型需要处理大量不确定性因素，影响结果的可靠性。

（3）先验信息的缺乏：中药学领域的先验信息可能相对有限，尤其是对于某些较少研究的中药材。先验信息的缺乏可能导致模型对新数据的依赖性增加，而这些新数据可能不充分或不准确。

三、马尔可夫网络模型

（一）模型概述

马尔可夫网络（Markov network）也称为马尔可夫随机场（Markov random field，MRF），是一种用于表示多变量之间联合概率分布的图模型。马尔可夫网络是一组有马尔可夫性质的随机变量的联合概率分布模型，它由一个无向图 $G=(V,E)$ 及定义在 G 上的势函数共同表示和定义。在图 G 中，结点表示随机变量，边表示随机变量之间的依赖关系。马尔可夫网络在机器学习、图像处理、计算生物学、自然语言处理等领域具有广泛的应用。其优势在于它能够方便地表示对称依赖关系，并且在处理循环依赖和高维数据方面表现出色。在中药学领域，马尔可夫网络可用于分析中药成分之间的相互作用、药效机制研究、成分相互作用建模等，具有重要的应用价值。

（二）模型思想

马尔可夫网络作为一种用于表示多变量之间联合概率分布的图模型，通过无向图表示变量之间的条件独立性结构，并通过定义潜在函数来描述局部相互作用。马尔可夫网络在处理复杂依赖关系和高维数据方面具有优势，广泛应用于图像处理、自然语言处理、生物信息学等领域。在马尔可夫网络中每个变量在给定其邻居变量的情况下，与其他变量条件独立，一个变量的状态仅仅取决于与其直接相连的变量，而与其他不相连的变量无关。这一性质确保了模型的局部化，即只需要考虑邻近变量之间的关系，而不必关心全局结构。并且，在马尔可夫网络中变量之间的局部相互作用可以用局部潜在函数来描述。这些局部潜在函数刻画了相邻变量之间的直接关系，通过这些局部关系的组合，可以推导出全局联合概率分布。

（三）模型原理及构建

马尔可夫网络通过构建图结构和潜在函数来捕捉变量之间的关系。具体步骤如下。

1. 图结构构建 根据变量之间的依赖关系构建无向图。节点表示随机变量，边表示变量之间的相互依赖。图结构的构建可以基于领域知识或采用数据驱动的方法。

（1）领域知识：利用已有的研究成果和专家知识，确定变量之间的依赖关系。例如，根据中药成分之间的已知相互作用构建图结构。

（2）数据驱动：通过统计方法和机器学习算法，从数据中自动学习图结构。常用的方法包括条件独立性测试、最大似然估计等。

2. 潜在函数计算 为每条边和节点定义潜在函数，表示变量之间的局部相互作用。潜在函数通常基于经验数据或领域知识进行估计。节点潜在函数：表示单个变量的概率分布，通常通过频率统计或概率密度估计得到。边潜在函数：表示相邻变量之间的联合概率分布，可以通过条件独立性测试、最大似然估计等方法估计。

3. 联合概率分布 通过乘积形式将局部潜在函数组合起来，形成整体的联合概率分布。联合概率分布的表达式如下。

$$P(X) = \frac{1}{Z} \prod_{c \in C} \phi_c(X_c) \tag{4-28}$$

其中，X 是所有随机变量的集合，C 是图中的团集合，ϕ_c 是团 C 的潜在函数，Z 是归一化常数，确保概率分布的总和为 1。潜在函数 $\phi_c(X_c)$ 描述了团 C 内变量 X_c 的联合分布。

4. 推断与学习 通过最大似然估计等方法对模型参数进行估计，并使用推断算法进行概率计算和预测。常用的推断算法包括信念传播（belief propagation）和马尔可夫链蒙特卡洛（Markov chain Monte Carlo，MCMC）方法。

（1）信念传播：一种消息传递算法，通过在图中传递消息，计算每个节点的边缘概率分布。

（2）马尔可夫链蒙特卡洛：一种基于随机抽样的推断方法，通过构建马尔可夫链，生成样本，并利用样本估计概率分布。

在 Python 中，马尔可夫网络模型可以通过 pgmpy 库中的 MarkovNetwork 类来实现。pgmpy 是一个用于概率图模型的库，提供了丰富的功能来构建、推断和学习马尔可夫网络模型。以下是 MarkovNetwork 类的主要函数及参数的解释，展示如何使用 MarkovNetwork 类来构建一个马尔可夫网络模型。

```python
from pgmpy.models import MarkovNetwork
from pgmpy.factors.discrete import DiscreteFactor
# 创建一个马尔可夫网络模型
model = MarkovNetwork ()
# 添加节点
model.add_nodes_from (['A', 'B', 'C'])
# 添加边
model.add_edges_from ([('A', 'B'), ('B', 'C')])
```

```
# 定义势函数
phi_AB = DiscreteFactor（['A', 'B']，cardinality=[2, 2]，values=[30, 5, 1, 10]）
phi_BC = DiscreteFactor（['B', 'C']，cardinality=[2, 2]，values=[100, 1, 1, 100]）
# 添加势函数到模型
model.add_factors（phi_AB, phi_BC）
# 检查模型的一致性
assert model.check_model（）
```

参数解释如下。

- add_nodes_from（nodes）：添加节点到马尔可夫网络中。nodes：一个可迭代对象，包含要添加的节点列表。

- add_edges_from（ebunch）：添加边到马尔可夫网络中。ebunch：一个包含边的列表，每个边由一个节点对组成。

- add_factors（*factors）：添加势函数到马尔可夫网络中。*factors：一个或多个DiscreteFactor对象，定义了模型中的势函数。

- get_factors（node）：获取与节点相关的势函数。node：一个节点，获取与该节点相关的势函数。

- check_model（）：检查模型的有效性和一致性。如果模型有效，返回True，否则引发异常。

- moralize（）：将有向图转为无向图，适用于有向图模型（如贝叶斯网络）。一个马尔可夫网络对象。

- get_cardinality（）：获取模型中所有变量的基数（取值个数）。一个字典，包含每个变量及其对应的基数。

- get_partition_function（）：计算模型的分区函数，用于概率归一化。分区函数的值。

- reduce（variables_values）：通过给定的变量及其取值约简势函数。variables_values：一个字典，包含变量及其取值。

- copy（）：创建模型的一个深拷贝。一个新的MarkovNetwork对象。

（四）模型应用场景

在中药学领域，马尔可夫网络模型被广泛应用于多变量数据分析、药效机制研究、成分相互作用建模等方面。以下是马尔可夫网络模型在中药学领域的主要应用场景。

1. 中药配方关键成分与协同作用分析　马尔可夫网络通过高效的启发式算法，能够准确估计中药配方中的隐藏状态和模型参数，可用于揭示中药配方中的关键成分及其协同作用，为中药研究提供数据支持。

2. 中药质量监控与动态成分分析　中药质量监控中也可应用马尔可夫网络模型，通过分析不同批次和来源的中药材，评估其质量的一致性和稳定性，可以有效捕捉中药材成分的动态变化，帮助实现中药质量的实时监控和评价。

（五）模型的优势和局限性

1. 优势

（1）处理复杂依赖关系：马尔可夫网络能够有效地表示和处理多变量之间的复杂依赖关系，适用于高维数据建模。在中药学领域，马尔可夫网络能够捕捉中药成分之间的复杂相互作用，为药效机制研究提供重要工具。

（2）适应对称依赖：无向图模型能够自然地表示变量之间的对称依赖关系，适用于多变量数据分析。因此，马尔可夫网络在分析中药成分相互作用、药效关联等方面具有优势。

（3）灵活性：马尔可夫网络的灵活性使其能够适应不同的数据结构和领域需求。通过调整图结构和潜在函数，可以捕捉不同的依赖关系，满足中药学等领域的多样化需求。

2. 局限性 马尔可夫网络的推断和学习过程计算复杂度较高，尤其在处理大规模数据时，可能面临计算资源和时间的挑战。这一问题在中药学领域，特别是涉及大量成分和复杂依赖关系的研究中尤为突出。

四、LASSO 回归模型

（一）模型概述

最小绝对收缩和选择算子（least absolute shrinkage and selection operator，LASSO）回归是一种用于统计和机器学习中的线性回归方法。它通过引入 L1 正则化项，对回归系数进行约束，实现变量选择和模型简化。LASSO 回归模型不仅能够处理多重共线性问题，还能自动筛选出重要的变量，使模型更具解释性和泛化能力。在中药学领域，LASSO 回归可用于分析中药成分对药效的贡献、筛选出关键成分，以及建立成分与药效指标之间的关系模型。

（二）模型思想

LASSO 回归的核心思想是通过在目标函数中加入 L1 正则化项，使得一些回归系数被压缩到零，从而实现变量选择和模型简化。具体来说，LASSO 回归在最小化残差平方和的基础上，加上一个与回归系数绝对值之和成比例的惩罚项。通过调整惩罚项的权重，可以控制模型的复杂度，平衡拟合优度和模型简洁性。在 LASSO 回归模型中，L1 正则化项通过惩罚回归系数的绝对值，使得一些系数被压缩到零，从而实现变量选择和稀疏表示。这一特性使得 LASSO 回归在处理高维数据时特别有优势，能够有效应对变量数量多于样本数量的情况。此外，LASSO 回归还能解决多重共线性问题，因为它通过选择一部分重要变量，减小了共线性对模型稳定性的影响。

（三）模型原理及构建

在 LASSO 回归模型中，回归系数的估计通过在目标函数中引入 L1 正则化项来实现，正则化项的作用是压缩回归系数，甚至将一些系数压缩到零，从而实现变量选择和模型简化。具体来说，LASSO 回归通过最小化残差平方和与回归系数绝对值之和的加权和来优化模型。以下是 LASSO 回归模型构建和实现的步骤。

1. 模型构建　LASSO 回归模型通过以下目标函数进行构建。

$$\min \sum_{i=1}^{n} \left(y_i - \sum_{j=1}^{p} \beta_j x_{ij} \right)^2 + \lambda \sum_{j=1}^{p} |\beta_j| \tag{4-29}$$

其中，y_i 为响应变量，x_{ij} 为预测变量，β_j 为回归系数，λ 为正则化参数。通过最小化残差平方和与回归系数绝对值之和的加权和，可以同时实现对模型的拟合和变量选择。

2. 参数估计　LASSO 回归通过优化上述目标函数，估计回归系数。常用的优化算法包括坐标下降法、次梯度法等。

（1）坐标下降法：逐步优化每一个回归系数 β_j，在每一步中固定其他系数不变，仅对一个系数进行优化，直到所有系数的变化趋于稳定。

（2）次梯度法：基于梯度下降的变种，用于处理目标函数的非光滑部分，通过引入次梯度来迭代优化目标函数。此方法适用于 LASSO 回归的 L1 正则化项所引入的非光滑性质。

3. 模型评估与选择　通过交叉验证等方法，评估不同 λ 值下的模型性能，选择最优的 λ 值，实现模型的最佳拟合。

（1）K 折交叉验证：将数据集分成 K 个子集，依次用 $K-1$ 个子集训练模型，用剩下的一个子集验证模型，重复 K 次，最终取平均值作为模型的性能指标。

（2）留一交叉验证：每次用一个样本作为验证集，其余样本作为训练集，重复 n 次（n 为样本数），取平均值作为模型的性能指标。 这些方法有助于防止模型过拟合，确保模型在未知数据上的良好表现。

4. 模型解释　对于 LASSO 回归模型，非零的回归系数对应的重要变量即为筛选出的关键变量，便于解释和应用。这些非零系数的变量是对响应变量 y 具有显著影响的预测变量。通过 LASSO 回归模型，可以实现以下几个方面的应用。

（1）变量选择：通过 LASSO 回归，可以自动选择对模型有显著影响的变量，去除不重要的变量，简化模型结构，提升模型的可解释性。

（2）模型简化：LASSO 回归通过 L1 正则化实现了稀疏化效果，使得模型更加简洁，避免了传统回归模型中过多变量导致的复杂性。

（3）高维数据处理：在处理中药学领域的高维数据时，LASSO 回归模型能够有效筛选出对药效有显著影响的中药成分，指导中药配伍和新药研发，提高研究效率和准确性。

在 Python 中，LASSO 回归模型可以通过 scikit-learn 库中的 Lasso 类实现。这个类位于 sklearn.linear_model 模块中。下面是 Lasso 类的主要函数及其参数的解释。

```
model = Lasso（alpha=1.0, fit_intercept=True, max_iter=1 000， tol=0.000 1）
```

参数解释如下。

- alpha（默认值：1.0）：LASSO 回归的正则化强度。较大的值会增加正则化效果，从而减少模型复杂度。较小的值会减小正则化效果，使得模型更加拟合训练数据。
- fit_intercept（默认值：True）：是否计算截距。若为 True，则计算截距；若为 False，则不计算截距，模型假设数据已经中心化。
- normalize（默认值：False）：是否在回归之前对特征进行标准化。如果为 True，则将特征标准化为均值为 0、方差为 1 的分布。

- max_iter（默认值：1 000）：最大迭代次数。用于算法的收敛过程。
- tol（默认值：0.000 1）：精度容忍度，算法的收敛标准。

（四）模型应用场景

LASSO 回归模型在中药学领域的主要应用场景如下。

1. 临床数据分析　可以对中医药临床数据进行分析，从中找出关键因素，从而指导临床实践。它能通过处理高维数据，从大量变量中选择最具预测力的变量，从而构建出高效的预测模型。

2. 中药活性成分分析　在研究中药活性成分时，通过 LASSO 回归模型可以筛选出最具活性的成分，为新药开发提供依据，能够为药物筛选提供科学依据，帮助研究人员更快地找到有效的药物成分，提升研发效率。

3. 中药质量评价　通过建立成分含量与质量指标之间的关系模型，LASSO 回归可以分析不同产地和加工方法对中药质量的影响。这种方法不仅能实现中药质量的实时监控，还能确保药物的一致性和有效性，提升产品质量。

以上应用场景展示了 LASSO 回归模型在中药学领域的广泛应用，尤其是在中药成分筛选、质量控制方面的潜力。

（五）模型的优势和局限性

1. 优势

（1）LASSO 回归能够自动筛选出重要的变量，通过对无关或冗余变量的稀疏化处理，简化模型结构，提高模型的解释性和可理解性。尤其是在中药复方研究中，LASSO 回归可以帮助识别对特定药效有显著贡献的成分，从而优化复方配伍，提升药物疗效。

（2）LASSO 回归通过引入 L1 正则化，有效减少共线性对回归模型的影响，使得模型更加稳定和可靠。在中药成分分析中，LASSO 回归可以克服化学成分之间的多重共线性，构建更准确的预测模型。

（3）通过引入正则化项，LASSO 回归能够有效防止过拟合，提高模型的泛化能力。这意味着模型在处理新数据时能够保持较高的预测性能。在中药质量控制中，LASSO 回归可以构建对新批次中药材质量具有良好预测能力的模型，从而保证产品的一致性和稳定性。

2. 局限性

（1）LASSO 回归的效果对正则化参数的选择高度敏感。需要通过交叉验证等方法优化参数，以找到最佳的正则化强度，从而在模型复杂度和预测性能之间取得平衡。

（2）当变量之间存在高度相关性时，LASSO 回归可能会随机选择其中一个变量，这可能导致模型解释性的下降。因为不同的高相关性变量可能有相似的解释力，模型的选择具有随机性。在分析中药复方时，如果多个成分对药效有类似贡献，LASSO 回归可能只选择其中一个，导致模型对实际药效机制的解释不全面。

（3）LASSO 回归主要适用于线性关系，对于非线性关系的处理能力有限。如果数据中存在显著的非线性关系，可能需要结合其他非线性模型或方法进行处理。在中药药效研究中，如果药效与成分之间存在复杂的非线性关系，单独使用 LASSO 回归可能无法准确建模，需要结合核方法或其他非线性回归技术。

五、随机森林模型

（一）模型概述

随机森林（random forest）是一种集成学习算法，通过结合多个决策树模型来提高预测性能。每个决策树在训练时都使用数据的随机子集，并在节点分裂时使用特征的随机子集。随机森林通过集成多个决策树的预测结果，从而提高了模型的准确性和稳定性。随机森林广泛应用于分类和回归任务，并在许多领域表现出色，包括图像识别、金融预测、医疗诊断等。在中药学领域，随机森林可以用于药效预测、成分筛选、药物相互作用分析等，具有重要的应用价值。

（二）模型思想

随机森林的核心思想是通过集成多个决策树模型来减少单个模型的过拟合问题。每棵树的训练数据是通过有放回抽样从原始数据集中生成的随机子集，称为自助法（bootstrap）。同时，在每个节点进行分裂时，随机选择特征子集以寻找最佳分裂点，这增加了模型的多样性。最终，随机森林通过多数投票（分类）或平均值（回归）来综合各个树的预测结果。

（三）模型原理及构建

随机森林通过集成多个决策树模型来减少单个模型的过拟合问题，从而提高整体模型的泛化能力和预测准确性。具体来说，随机森林通过以下几个步骤实现这一目标。

1. 构建随机森林

（1）生成多个训练数据子集：随机森林通过有放回抽样从原始数据集中生成多个训练数据子集。每个子集是从原始数据集中随机选择的，允许重复抽样。这种方法保证了每棵决策树的训练数据具有一定的独立性，增加了模型的多样性。

（2）构建决策树：在每个训练数据子集上，构建一棵决策树。决策树的构建过程中，每个节点的分裂不是基于所有特征，而是基于从特征中随机选择的一个子集。这种随机选择特征的方式，增加了模型的多样性，使得每棵决策树能够学习到数据中的不同模式。

（3）集成模型：随机森林通过集成所有决策树的预测结果来形成最终模型。对于分类任务，采用多数投票法，即每棵决策树的预测结果进行投票，最终选择投票最多的类别作为预测结果。对于回归任务，采用平均值法，即对所有决策树的预测结果进行平均，得到最终的预测值。集成方法有效地减少了单棵决策树的预测偏差，提高了模型的准确性和稳定性。

2. 模型训练与预测

（1）模型训练：在训练阶段，每棵决策树都在一个随机选择的训练数据子集上进行训练。通过迭代地构建决策树和选择特征子集，最终形成一个包含多个决策树的随机森林。训练过程中，每棵树通过自助法和特征随机选择不断优化自身的预测能力。

（2）模型预测：对于新数据的预测，随机森林将数据输入到所有决策树中，收集每棵决策树的预测结果。对于分类任务，通过多数投票得出最终类别；对于回归任务，通过平均所有决策树的预测值得出最终预测结果。这种综合预测方法能够有效地整合各个决策树的优势，提供更加准确的预测结果。

通过这些步骤，随机森林模型能够在各种任务中提供强大的预测能力和鲁棒性，特别是在处理高维和复杂数据时表现优异。

在 Python 中，随机森林模型可以通过 scikit-learn 库中的 RandomForestClassifier 类（用于分类任务）和 RandomForestRegressor 类（用于回归任务）来实现。这两个类分别用于处理分类和回归问题，并且具有类似的接口和参数。以下是这两个类的主要函数及其参数的解释。

1）RandomForestClassifier（分类任务）

> __init__（self, n_estimators=100, criterion='gini', max_depth=None, min_samples_split=2, min_samples_leaf=1, min_weight_fraction_leaf=0.0, max_features='auto', max_leaf_nodes=None, min_impurity_decrease=0.0, bootstrap=True, oob_score=False, n_jobs=None, random_state=None, verbose=0, warm_start=False, class_weight=None）
>
> - n_estimators：指定森林中树的数量。默认为 100。
> - criterion：衡量分裂质量的指标。可以是 'gini'（Gini 不纯度）或 'entropy'（信息增益）。默认值是 'gini'。
> - max_depth：树的最大深度。默认为 None，即树会一直生长直到所有叶子节点纯净或包含少于 min_samples_split 的样本。
> - min_samples_split：一个内部节点再划分所需的最小样本数。默认为 2。
> - min_samples_leaf：叶子节点上需要的最小样本数。默认为 1。
> - min_weight_fraction_leaf：叶子节点上需要的最小样本权重的总和。默认为 0.0。
> - max_features：寻找最佳分裂时考虑的特征数量。可以是整数、浮点数、'auto'［默认为 'auto'，即 sqrt（n_features）］、'sqrt' 或 'log2'。
> - max_leaf_nodes：叶子节点的最大数量。默认为 None。
> - min_impurity_decrease：节点分裂所需的最小信息增益。默认为 0.0。
> - bootstrap：是否使用自助法来生成训练数据的子集。默认为 True。
> - oob_score：是否使用袋外样本来估计模型的泛化精度。默认为 False。
> - n_jobs：用于并行计算的作业数量。默认为 None，即使用 1 个作业。设置为 –1 表示使用所有可用的作业。
> - random_state：随机数生成器的种子。默认为 None。
> - verbose：控制冗长的输出。默认为 0。
> - warm_start：是否重用上次调用的解决方案来训练更多的树。默认为 False。
> - class_weight：类别权重，用于不平衡的分类问题。默认为 None，表示所有类别具有相同的权重。

2）RandomForestRegressor（回归任务）

> __init__（self, n_estimators=100, criterion='mse', max_depth=None, min_samples_split=2, min_samples_leaf=1, min_weight_fraction_leaf=0.0, max_features='auto', max_leaf_nodes=None, min_impurity_decrease=0.0, bootstrap=True, oob_score=False, n_jobs=None, random_state=None, verbose=0, warm_start=False, ccp_alpha=0.0）

- n_estimators：指定森林中树的数量。默认为 100。
- criterion：衡量分裂质量的指标。对于回归任务，默认为 'mse'（均方误差），也可以选择 'absolute_error'（绝对误差）。
- max_depth：树的最大深度。默认为 None。
- min_samples_split：一个内部节点再划分所需的最小样本数。默认为 2。
- min_samples_leaf：叶子节点上需要的最小样本数。默认为 1。
- min_weight_fraction_leaf：叶子节点上需要的最小样本权重的总和。默认为 0.0。
- max_features：寻找最佳分裂时考虑的特征数量。可以是整数、浮点数、'auto'〔默认为 'auto'，即 sqrt（n_features）〕、'sqrt' 或 'log2'。
- max_leaf_nodes：叶子节点的最大数量。默认为 None。
- min_impurity_decrease：节点分裂所需的最小信息增益。默认为 0.0。
- bootstrap：是否使用自助法来生成训练数据的子集。默认为 True。
- oob_score：是否使用袋外样本来估计模型的泛化精度。默认为 False。
- n_jobs：用于并行计算的作业数量。默认为 None，即使用 1 个作业。设置为 −1 表示使用所有可用的作业。
- random_state：随机数生成器的种子。默认为 None。
- verbose：控制冗长的输出。默认为 0。
- warm_start：是否重用上次调用的解决方案来训练更多的树。默认为 False。
- ccp_alpha：剪枝的复杂度参数。默认为 0.0。

这两个类提供了强大的功能来处理分类和回归问题，并能够有效地处理高维数据和复杂数据结构。

（四）模型应用场景

随机森林模型在中医药领域的应用广泛且多样，以下是详细的应用场景。

1. **中药候选物筛选**　随机森林算法被用于从世界最大的中药数据库中筛选出能够与多个靶点良好结合的中药候选物，它基于预测模型计算中药分子的生物活性值，通过排名获得最优中药候选物，并通过分子动力学模拟评估蛋白质复合物的稳定性，从而确认候选物的有效性。

2. **风险预测模型构建**　利用随机森林算法构建早发冠状动脉疾病的风险预测模型，并确定高尿酸血症、慢性肾病、颈动脉粥样硬化等重要预测因子。与其他模型相比，随机森林模型在预测性能上表现更佳。

3. **癌症治疗生物标志物识别**　随机森林模型还被用于识别中医药在癌症治疗中的有效生物标志物。通过分析临床试验和患者数据，模型可以筛选出与治疗效果相关的关键生物标志物。这为中医药在精准医疗中的应用提供了强有力的支持，提升了治疗的个性化和有效性。

随机森林算法不仅能够从庞大的数据库中筛选出有效的中药候选物，还能在临床疾病预测中表现出色。通过有效的变量选择和稳定性验证，随机森林模型为中医药研究和临床实践提供了强有力的工具，助力于药物开发、疾病预测和个性化治疗方案的制定。

（五）模型的优势和局限性

1. 优势

（1）抗过拟合能力强：随机森林通过集成多个决策树模型，有效地降低了单个决策树可能产生的过拟合风险。每棵树都基于不同的随机子集和特征子集进行训练，因此，即使单棵决策树过拟合，整个森林的综合结果通常仍能保持较好的泛化能力。这种集成方法使得随机森林能够在处理复杂数据时保持稳定和准确的性能。

（2）高准确性：随机森林通过对多个决策树的结果进行投票（分类问题）或平均（回归问题），通常能够提供比单棵决策树更高的预测准确性。由于集成了多棵树的预测结果，这种方法能够有效地减少模型误差，提高整体的预测性能。

（3）处理高维数据：随机森林在构建每棵决策树时，会随机选择特征子集。这种特性使得它能够有效地处理高维数据，避免了特征冗余和相关性问题，从而能够在高维数据集上表现出色。

（4）对缺失值不敏感：随机森林能够处理数据集中的缺失值和噪声。由于每棵树都是基于不同的子集进行训练，缺失值和噪声对整个森林的影响相对较小，从而增强了模型的鲁棒性。

2. 局限性
在处理具有高相关性的特征时，随机森林可能会偏向某些特征，影响模型的公平性。虽然随机选择特征子集在一定程度上减轻了相关性问题，但如果特征之间的相关性过高，仍可能导致模型对某些特征的过度依赖，从而影响模型的稳定性和性能。

六、支持向量机模型

（一）模型概述

支持向量机（support vector machine，SVM）是一种监督学习模型，主要用于分类和回归分析，是通过构造一个超平面来将不同类别的数据分开。SVM 于 20 世纪 90 年代由 Vladimir Vapnik 等人提出，随着时间的推移，已经发展成为机器学习领域中非常重要的算法之一。SVM 的目标是找到一个最优超平面，使得该超平面能够最大化分类间隔，从而提高模型的泛化能力和分类准确性。它的分类过程主要包括线性 SVM 和非线性 SVM 两种情况，线性 SVM 适用于线性可分的数据集，而非线性 SVM 通过引入核函数（kernel function），将数据映射到高维空间，使得在高维空间中实现线性可分。常见的核函数包括线性核、径向基核（RBF 核）、多项式核和 Sigmoid 核等。在中药学领域，SVM 模型被广泛应用于中药鉴别、中药成分预测、中药复方研究与优化、中药毒性预测、中药安全性评估、中药药效机制探究等方面。

（二）模型思想

SVM 的基本思想是将低维空间中的数据映射到高维空间，在高维空间中寻找一个能够分离不同类别的最优超平面。这个最优超平面不仅能够分离训练数据，还能在面对未知数据时表现出良好的分类能力。SVM 通过最大化类间间隔（margin），在高维空间中寻找最优分离超平面，从而提高分类的准确性和泛化能力。

在 SVM 中，一个超平面可以表示为

$$w \cdot x + b = 0 \tag{4-30}$$

其中，w 是法向量，决定了超平面的方向；b 是偏置，决定了超平面的距离。为了找到最优超平面，SVM 需要解决一个约束优化问题，通过最大化间隔来确定最优 w 和 b。

对于非线性可分的数据，SVM 引入了核函数，通过核函数将数据映射到高维空间。在高维空间中，数据变得线性可分，从而找到一个线性超平面来实现分类。核函数的选择对 SVM 的性能影响较大，不同的核函数适用于不同的数据分布。

（三）模型原理及构建

在 SVM 模型中，自变量和因变量之间的关系通过构建一个能够最大化类间间隔的最优超平面来捕捉和解释。首先，SVM 对输入数据进行预处理，通过核函数将数据映射到高维空间，使得在高维空间中实现线性可分。然后，SVM 通过求解约束优化问题来寻找最优超平面。优化目标是找到能够最大化类间间隔的超平面。该超平面将数据集分为两个类别，且最大化分类间隔，即保证所有数据点到超平面的最小距离最大。

1. 构造超平面　在高维空间中，通过求解优化问题找到一个使得两类数据间隔最大的超平面。该超平面可以用一个向量 w 和一个偏置 b 来表示。对于每一个样本点 x_i，其分类结果由以下决策函数决定。

$$f(\boldsymbol{x}) = \mathrm{sign}(\boldsymbol{w} \cdot \boldsymbol{x} + b) \tag{4-31}$$

2. 求解优化问题　通过求解以下优化问题，找到使间隔最大的 w 和 b。

$$\min_{\boldsymbol{w},b} \frac{1}{2} \| \boldsymbol{w} \|^2 \quad \text{s.t.} \quad y_i(\boldsymbol{w} \cdot \boldsymbol{x}_i + b) \geqslant 1, \ i = 1, 2, \cdots, n \tag{4-32}$$

其中，y_i 是样本 x_i 的标签，取值为 +1 或 -1。该优化问题的目标是最大化分类间隔，同时确保所有样本点被正确分类。

3. 使用核函数　对于非线性数据，通过核函数将数据映射到高维空间，从而找到线性可分的超平面。常用的核函数有线性核、多项式核、径向基函数（RBF）等。核函数的选择对 SVM 的性能有很大影响，具体形式如下。

$$K(x_i, x_j) = \phi(x_i) \cdot \phi(x_j) \tag{4-33}$$

其中，ϕ 是映射函数，将原始数据映射到高维空间。

4. 拉格朗日乘子法　引入拉格朗日乘子，将约束优化问题转化为对偶问题，从而简化求解过程。拉格朗日乘子法的基本思想是将约束条件加入到目标函数中，通过求解拉格朗日对偶问题来找到最优解。拉格朗日函数的形式如下。

$$L(\boldsymbol{w}, b, \boldsymbol{a}) = \frac{1}{2} \| \boldsymbol{w} \|^2 - \sum_{i=1}^{n} \alpha_i [y_i(\boldsymbol{w} \cdot \boldsymbol{x}_i + b) - 1] \tag{4-34}$$

其中，α_i 是拉格朗日乘子。

5. 决策函数　通过以下决策函数对新数据点进行分类。

$$f(\boldsymbol{x}) = \mathrm{sign}(\boldsymbol{w} \cdot \boldsymbol{x}_i + b) \tag{4-35}$$

在实际应用中，SVM 的决策函数可以表示为

$$f(\boldsymbol{x}) = \mathrm{sign}\left(\sum_{i=1}^{n} \alpha_i y_i K(x_i, \boldsymbol{x}) + b \right) \tag{4-36}$$

其中，α_i 和 b 是通过训练过程确定的参数，$K(x_i, \boldsymbol{x})$ 是核函数。

在 Python 中，SVM 模型可以通过 scikit-learn 库中的 SVC（支持向量分类）和 SVR（支

持向量回归）类来实现。scikit-learn 库提供了丰富的功能和参数选项，用于配置和优化 SVM 模型。

（1）SVC 类的主要函数及参数的解释

svc_model = SVC（C=1.0, kernel='rbf', degree=3，gamma='scale', coef0=0.0, shrinking=True, probability=False, tol=1e–3, cache_size=200, class_weight=None, verbose=False, max_iter=–1, decision_function_shape='ovr', break_ties=False, random_state=None）

参数解释如下。

- C：float，默认值为 1.0。正则化参数。它的值越大，对误分类的惩罚越大。较大的 C 值会导致模型更少的误分类但更复杂，可能会导致过拟合。
- kernel：str，默认值为 'rbf'。核函数类型。常见的核函数包括 'linear'（线性核），'poly'（多项式核），'rbf'（径向基函数核），'sigmoid'（Sigmoid 核）。自定义核也可以通过函数来定义。
- degree：int，默认值为 3。多项式核函数（'poly'）的阶数。仅在核函数为 'poly' 时有用。
- gamma：{'scale', 'auto'} or float，默认值为 'scale'。核系数。对于 'rbf' 'poly' 和 'sigmoid' 核函数。'scale'（1 /（n_features * X.var（）））或 'auto'（1 / n_features）。
- coef0：float，默认值为 0.0。核函数中的独立项。它只在 'poly' 和 'sigmoid' 核中有用。
- shrinking：bool，默认值为 True。是否使用收缩启发式（shrinking heuristic）。
- probability：bool，默认值为 False。是否启用概率估计。如果启用，需要额外计算开销。
- tol：float，默认值为 1e–3。停止准则中的容差。
- cache_size：float，默认值为 200。指定内核缓存的大小（以 MB 为单位）。
- class_weight：dict 或 'balanced'，默认值为 None。给每个类分配权重。可用的选项包括 {class_label：weight} 和 'balanced'，在使用 'balanced' 时，会根据类频率自动调整权重。
- verbose：bool，默认值为 False。启用详细输出（用于调试）。
- max_iter：int，默认值为 –1。最大迭代次数。如果为 –1，则没有限制。
- decision_function_shape：{'ovo', 'ovr'}，默认值为 'ovr'。决策函数的形状。'ovo' 表示一对一（one-vs-one），'ovr' 表示一对多（one-vs-rest）。break_ties：bool，默认值为 False。如果为 True，在一对多（ovr）决策中，打破平局。
- break_ties：SVC 类新增的一个相对不太常用但有特定作用的参数，默认值为 False。
- random_state：int，RandomState 实例或 None，默认值为 None。控制伪随机数生成。仅在 probability 为 True 时有用。

（2）SVR 类的主要函数及参数的解释

svr_model = SVR（kernel='rbf', degree=3, gamma='scale', coef0=0.0，tol=1e–3, C=1.0, epsilon=0.1, shrinking=True, cache_size=200, verbose=False, max_iter=–1）

参数解释如下。

- kernel：str，默认值为 'rbf'。核函数类型。常见的核函数包括 'linear'（线性核），'poly'（多项式核），'rbf'（径向基函数核），'sigmoid'（Sigmoid 核）。自定义核也可以通过函数来定义。
- degree：int，默认值为 3。多项式核函数（'poly'）的阶数。仅在核函数为 'poly' 时有用。
- gamma：{'scale', 'auto'} or float，默认值为 'scale'。核系数。对于 'rbf' 'poly' 和 'sigmoid' 核函数。'scale'（$1/(\text{n\_features} * X.var())$）或 'auto'（$1/\text{n\_features}$）。
- coef0：float，默认值为 0.0。核函数中的独立项。它只在 'poly' 和 'sigmoid' 核中有用。
- tol：float，默认值为 1e-3。停止准则中的容差。
- C：float，默认值为 1.0。正则化参数。它的值越大，对误分类的惩罚越大。较大的 C 值会导致模型更少的误分类但更复杂，可能会导致过拟合。
- epsilon：float，默认值为 0.1。在训练过程中没有罚分的 epsilon 范围。该参数定义了 epsilon-insensitive 损失函数。
- shrinking：bool，默认值为 True。是否使用收缩启发式（shrinking heuristic）。
- cache_size：float，默认值为 200。指定内核缓存的大小（以 MB 为单位）。
- verbose：bool，默认值为 False。启用详细输出（用于调试）。
- max_iter：int，默认值为 –1。最大迭代次数。如果为 –1，则没有限制。

（四）模型应用场景

SVM 在中药学领域具有许多实际应用，特别是在处理复杂数据集和进行分类任务时。以下是 SVM 模型的主要应用场景。

1. 多变量分类与预测 处理复杂数据集，建立输入变量（如中药成分、化学指纹图谱）与输出变量（如药效指标、成分含量）之间的定量关系。

（1）利用 SVM 算法建立中药成分的化学指纹图谱与药效指标之间的分类模型，用于中药的质量控制和鉴定。例如，通过分析不同批次中药的化学指纹图谱，建立其与药效指标之间的关系，从而识别优质和劣质产品。

（2）SVM 模型被用于建立中药复方中不同成分与其药理作用之间的分类关系，以预测和解释中药复方的协同作用机制。例如，通过分析复方中不同成分的含量，预测其对特定疾病的治疗效果。

（3）采用 SVM 方法研究中药成分在不同条件下的稳定性和活性变化，例如在不同储存条件下中药成分的降解和代谢，帮助制定合理的储存和使用方案。

2. 中药毒性和安全性评价 SVM 模型在中药毒性和安全性评价中也有重要应用，通过分析中药成分和毒性数据，建立分类模型，用于预测中药的潜在毒性和安全性。

（1）利用 SVM 算法建立中药成分的毒性预测模型，通过分析化学结构和生物活性数据，预测新中药成分的潜在毒性，指导中药成分的筛选和安全性评价。

（2）SVM 模型被用于中药复方的安全性评价，分析复方中各成分的相互作用和潜在毒性，通过分类模型预测复方的安全性，指导中药复方的合理配伍。

3. 中药活性成分筛选 SVM 模型可以用于中药活性成分的筛选，通过分析中药成分与生物活性数据，建立分类模型，筛选出具有高活性的中药成分。

（1）利用 SVM 算法建立中药成分的活性预测模型，通过分析中药成分的化学结构和生物活性数据，筛选出具有潜在药用价值的中药成分。

（2）SVM 模型被用于中药复方中活性成分的筛选，通过分析复方中不同成分的相对含量和生物活性，预测复方的主要活性成分，指导中药复方的优化和改良。

（五）模型的优势和局限性

SVM 模型在多变量建模和分析中具有多方面的优势，使其成为处理高维、非线性和小样本数据的强大工具。在分析结果中，除了提供准确的分类和回归模型，SVM 还可以通过选择合适的核函数处理复杂的数据分布，提供丰富、深入的有价值信息。

1. 优势

（1）在处理高维数据时表现出色，能够有效应对复杂的非线性关系。

（2）通过构建最优超平面，实现高效分类和回归，特别是在小样本数据情况下表现优异。

（3）引入松弛变量，允许部分数据点违反间隔条件，提高模型的鲁棒性，能够处理噪声和异常值。

（4）选择不同的核函数，如线性核、径向基函数（RBF）、多项式核等，能够处理各种复杂的数据分布，提高分类和回归性能。

（5）通过最大化分类间隔，提高模型的泛化能力，减少过拟合的风险。

2. 局限性

（1）不同的参数选择会对模型性能产生显著影响，参数调整过程可能较为复杂，需要进行大量的实验和验证。

（2）在处理大规模数据集时计算复杂度较高，可能导致训练时间较长。对于非常大的数据集，SVM 的训练过程可能变得非常缓慢，需要使用优化算法或并行计算来提高效率。

（3）对缺失数据较为敏感，缺失数据可能影响模型的性能和稳定性。需要进行适当的数据预处理，以保证数据的完整性和一致性。

（4）由于核函数的复杂性和高维映射的特性，解释模型的决策过程和结果可能较为困难。对于中药成分和药效的研究，可能需要进一步分析和解释模型的输出。

（5）中药学领域的数据往往受到样本量不足和数据质量不高的影响。如果样本量不足或数据存在噪声，SVM 模型的预测能力可能会受到影响，需要高质量的数据支持。

七、LightGBM 模型

（一）模型概述

LightGBM（light gradient boosting machine）是由微软公司开发的一种高效的梯度提升决策树（GBDT）算法。它在处理大规模数据集和高维特征时表现出色，具有高效、快速和准确的优点。LightGBM 通过优化数据存储和计算方式，提高了训练速度，并降低了内存占用。该算法在诸多机器学习竞赛中表现优异，被广泛应用于分类、回归和排序等任务。LightGBM 模型的核心优势在于其高效的梯度提升算法和并行处理能力，能够快速处理大规模数据集和高维特征。在中药学领域，LightGBM 模型被应用于中药成分分析、药效预测、药物发现和中药质量评价等方面，帮助研究人员和行业从业者进行精准分析和决策。

（二）模型思想

在 LightGBM 模型中，输入特征和目标变量之间的关系通过决策树的方式来捕捉和解释。首先，LightGBM 通过直方图算法对特征进行离散化处理，将连续特征转换为直方图，减少了特征分裂时的计算量，从而提高了训练速度。然后，LightGBM 采用基于叶子的树生长策略，逐步构建决策树。每次树的生长都选择最优的叶节点进行分裂，这样能够在相同的树深度下，构建出具有更强表达能力的模型。LightGBM 通过梯度提升算法进行优化，即每棵树的构建都是通过拟合前一棵树的残差来减少误差，即 LightGBM 模型会计算每个样本的梯度，并根据梯度信息调整模型参数，使每棵树都能够进一步减少整体误差。在这个过程中，LightGBM 还引入了单边梯度采样（GOSS）和互斥特征捆绑（EFB）等技术。GOSS 通过优先选择梯度较大的样本进行计算，忽略梯度较小的样本，从而减少计算量，提高训练效率。EFB 则通过将互斥的特征捆绑在一起，减少特征数量和内存消耗，提高模型的训练和预测效率。整个过程不断迭代，直到模型达到预定的决策树数量或误差满足要求。在最终的模型中，LightGBM 通过集成所有弱学习器（决策树）的预测结果，形成一个强大的预测模型。这一过程中，需要对模型参数进行调优，以确保最佳的预测效果。

（三）模型原理及构建

在 LightGBM 模型中，输入特征和目标变量之间的关系通过构建多个弱学习器（通常是决策树）来捕捉和解释。LightGBM 的核心思想是通过梯度提升算法（gradient boosting）来逐步减小模型的预测误差，以下是详细的模型原理说明。

1. 直方图算法 LightGBM 首先对连续特征进行离散化处理。具体而言，LightGBM 将连续特征的取值范围分为多个等间隔的区间（称为"桶"），然后将每个特征值映射到相应的桶中，从而形成直方图。这种方式可以显著减少分裂点的选择次数，降低计算复杂度。

2. 基于叶子的树生长策略 与传统 GBDT 采用基于层的树生长策略不同，LightGBM 采用的是基于叶子的树生长策略。每次选择增益最大的叶节点进行分裂，这使得 LightGBM 在相同的树深度下能够构建出更具表达能力的模型。模型的增益通过以下公式来衡量。

$$Gain = \frac{1}{2}\left(\frac{G_{\mathrm{L}}^2}{H_{\mathrm{L}}+\lambda} + \frac{G_{\mathrm{R}}^2}{H_{\mathrm{R}}+\lambda} - \frac{G_{\mathrm{L}}+G_{\mathrm{R}}}{H_{\mathrm{L}}+H_{\mathrm{R}}+\lambda}\right) - \gamma \tag{4-37}$$

其中，G_{L} 和 G_{R} 分别是左、右节点的梯度之和；H_{L} 和 H_{R} 分别是左、右节点的二阶导数之和；λ 是正则化项，用于控制模型复杂度；γ 是分裂节点的复杂度惩罚项。

3. 梯度提升 在每棵决策树的构建过程中，LightGBM 采用梯度提升算法来优化模型。假设损失函数为 $L(y, \hat{y})$，第 m 棵树的目标是最小化前一棵树的残差。即对于每个样本 i，计算负梯度如下。

$$g_i = \left[\frac{\partial L(y_i, \hat{y}_i)}{\partial \hat{y}_i}\right]_{\hat{y}_i = F_{m-1}(x_i)} \tag{4-38}$$

其中，g_i 是第 i 个样本的梯度，$F_{m-1}(x_i)$ 是第 $m-1$ 棵树的预测值。

然后，LightGBM 根据这些梯度来拟合新的决策树，更新模型的预测值。

$$F_m(x) = F_{m-1}(x) + \eta T_m(x) \tag{4-39}$$

其中，η 是学习率，$T_m(x)$ 是第 m 棵树的预测结果。

4. 单边梯度采样（GOSS）　为了提高训练效率，LightGBM 引入了单边梯度采样技术。在每次迭代中，LightGBM 优先选择梯度较大的样本进行计算，而忽略梯度较小的样本。这样可以减少计算量，同时保持模型的预测准确性。

5. 互斥特征捆绑（EFB）　在处理高维稀疏特征时，LightGBM 通过互斥特征捆绑技术，将互斥的特征捆绑在一起作为一个单独的特征进行处理。这种方法减少了特征数量，降低了模型的内存消耗，提高了训练和预测的效率。

6. 模型集成　LightGBM 最终通过集成所有弱学习器的预测结果，形成一个强大的预测模型。具体来说，模型的最终预测结果是各棵树的加权和。

$$\hat{y} = \sum_{m=1}^{M} \eta T_m(x) \tag{4-40}$$

其中，M 是决策树的总数，η 是学习率，$T_m(x)$ 是第 m 棵树的预测结果。

在 Python 中，LightGBM 可以通过 lightgbm 库实现，该库提供了丰富的功能和参数选项，用于配置和优化 LightGBM 模型。以下是 LightGBM 模型的主要函数及参数的解释。

```
lgb_model = lgb.LGBMRegressor（boosting_type='gbdt', num_leaves=31, max_depth=-1, learning_rate=0.1, n_estimators=100, subsample_for_bin=200 000, objective=None, class_weight=None, min_split_gain=0.0, min_child_weight=1e-3, min_child_samples=20, subsample=1.0, subsample_freq=0, colsample_bytree=1.0, reg_alpha=0.0, reg_lambda=0.0, random_state=None, n_jobs=-1, silent=True）
```

参数解释如下。

- boosting_type：str，默认值为 'gbdt'。提升类型。常见的类型有 'gbdt'（梯度提升决策树），'rf'（随机森林），'dart'（Dropouts meet Multiple Additive Regression Trees），'goss'（Gradient-based One-Side Sampling）。
- num_leaves：int，默认值为 31。叶子节点数。这个参数决定了树模型的复杂度。
- max_depth：int，默认值为 -1。最大树深。如果设置为 -1，则表示树的深度没有限制。
- learning_rate：float，默认值为 0.1。学习率。降低每一步的权重，以防止过拟合。
- n_estimators：int，默认值为 100。提升迭代次数。即要构建的弱学习器的数量。
- subsample_for_bin：int，默认值为 200 000。每个叶子最少的样本数，用于构建直方图。
- objective：str or None，默认值为 None。目标函数。如果为 None，则需要根据任务类型（回归、分类等）进行设定。
- class_weight：dict, 'balanced' or None，默认值为 None 类别权重。用于处理类别不平衡问题。
- min_split_gain：float，默认值为 0.0。执行切分的最小增益。
- min_child_weight：float，默认值为 1e-3。子叶子节点最小权重，用于防止过拟合。
- min_child_samples：int，默认值为 20。子叶子节点最小样本数。
- subsample：float，默认值为 1.0。子样本比例，用于防止过拟合。
- subsample_freq：int，默认值为 0。子样本频率。表示执行子样本的频率。
- colsample_bytree：float，默认值为 1.0。每棵树的列采样比例。
- reg_alpha：float，默认值为 0.0。L1 正则化参数。

- reg_lambda：float，默认值为 0.0。L2 正则化参数。
- random_state：int or None，默认值为 None。随机种子。
- n_jobs：int，默认值为 -1。并行线程数。设置为 -1 表示使用所有可用线程。
- silent：bool，默认值为 True。静默模式。设置为 True 以避免输出日志信息。

（四）模型应用场景

LightGBM 模型在多个领域中表现出色，特别是在处理大规模数据和高维特征时，以下是 LightGBM 模型的主要应用场景。

1. 中药成分与药效关系的建模　通过分析中药成分与其药效之间的关系，可以更好地理解中药的作用机制，指导中药的开发与应用。

（1）利用 LightGBM 模型建立中药成分与药效的关系模型。通过分析中药成分的数据（如含量、种类等），以及药效数据（如抗炎、抗菌效果等），预测不同中药成分对药效的影响，为中药配方的优化提供科学依据。

（2）在中药复方研究中，使用 LightGBM 模型分析复方中各成分的相互作用及其对药效的综合影响，指导复方的配伍与调整，提升药效并减少副作用。

（3）在中药提取物研究中，利用 LightGBM 模型分析不同提取工艺对中药成分及其药效的影响，优化提取工艺，提高提取物的质量和疗效。

2. 中药质量控制　中药的质量控制对于保证中药的安全性和疗效至关重要。LightGBM 模型可以通过对中药质量数据的分析，建立质量控制模型。

（1）利用 LightGBM 模型进行中药材的质量鉴定。通过分析中药材的化学成分、产地、储存条件等特征，建立质量鉴定模型，帮助鉴别中药材的真伪和质量等级。

（2）在中药饮片生产过程中，使用 LightGBM 模型分析原料、加工工艺、成品质量等数据，预测饮片的质量，优化生产工艺，确保饮片质量稳定。

（3）利用 LightGBM 模型对中药制剂的质量进行预测和控制。通过分析制剂配方、生产工艺、成品质量等特征数据，建立质量控制模型，提高制剂的生产一致性和质量稳定性。

3. 中药新药研发　LightGBM 模型在中药新药研发中的应用，可以加速新药的发现和开发，提升新药研发的效率和成功率。

（1）利用 LightGBM 模型进行中药活性成分筛选。通过分析中药成分的数据及其生物活性，筛选出潜在的活性成分，为新药开发提供候选化合物。

（2）在中药新药的药效评价中，使用 LightGBM 模型分析药效实验数据，预测新药的治疗效果，优化新药的配方和剂量。

（3）利用 LightGBM 模型对中药新药的毒理学数据进行分析和预测，识别潜在的毒性成分，降低新药研发的风险。

（五）模型的优势和局限性

LightGBM 在多变量建模和分析中具有多方面的优势，使其成为处理大规模、高维和稀疏数据的强大工具。通过高效的算法设计和优化策略，LightGBM 提供了快速训练和高预测性能的模型。

1. 优势

（1）通过基于直方图的分裂算法和特征并行化策略，大幅度提升了模型的训练速度和内存使用效率，适用于大规模数据集的处理。

（2）能够处理百万级别的样本和特征，适用于大规模数据和高维特征的场景，如文本分类和图像处理。

（3）通过重采样和调节权重等方法，LightGBM 在处理类别不平衡问题上表现优异，提升模型的泛化能力。

（4）基于梯度提升的模型结构使 LightGBM 在精度和鲁棒性上表现优越，模型能够有效地降低偏差和方差，提高预测准确性。

（5）支持多种损失函数和评估指标，可以根据具体任务需求进行调整。同时，模型的特征重要性和分裂点信息可以提供良好的可解释性。

2. 局限性

（1）高度依赖超参数的选择，需要进行精细的调优来达到最佳效果，对于不熟悉模型的用户，调优过程可能较为复杂。

（2）在处理包含大量噪声的数据时，模型可能会过拟合，需要进行噪声处理和数据清洗。

（3）相比于简单的线性模型，LightGBM 的结构和算法较为复杂，解释模型结果时需要一定的专业知识。

（4）对于极其稀疏的特征（如文本数据），仍需进行特征工程和预处理，以提升模型性能。

第五节　发 展 趋 势

一、机器学习的技术发展趋势

1. 基础模型　是人工智能领域的一项重要创新，近年来引起了广泛关注，并预计将在未来继续成为研究焦点。基础模型通过对大量数据的训练，能够在多种任务上表现出色，甚至超过传统神经网络的性能。基础模型的设计目标是提升机器对世界的理解水平，它们不仅能识别和学习数据中的模式，还能积累知识。这些模型在内容生成、信息汇总、编码、翻译及客户支持等应用场景中展现出了显著的优势。著名的基础模型如 GPT-3 和 MidJourney 就是此类模型的典型代表。基础模型的一个显著特点是其快速扩展能力，以及对未见数据的处理能力，这赋予了它们卓越的生成能力。

2. 多模态机器学习　在计算机视觉或自然语言处理等涉及模型与现实世界交互的任务中，传统模型通常仅依赖单一类型的数据，如图像或文本。然而，在现实生活中，人类可以通过多种感官（如嗅觉、听觉、触觉和味觉）来感知世界。多模态机器学习旨在通过多种感官（称为模式）整合信息，构建更为全面和准确的模型。这种方法能够使人工智能系统像人类一样，通过多种模式感知和理解事件。多模态机器学习的核心理念在于融合不同类型的信息源，并利用这些信息来训练模型。例如，将图像和音频数据与相应的文本标签相结合，可以增强模型的识别能力。尽管多模态机器学习是一个相对年轻的研究领域，但它被认为是实现通用人工智能（artificial general intelligence，AGI）的关键方向之一。

3. 嵌入式机器学习（embedded machine learning）　是机器学习的一个分支，其目标是使机器学习模型能够在各种设备上高效运行。此项技术广泛应用于家用电器、智能手机、笔记本电脑、智能家居系统等领域。目前，人工智能的迅速发展和普及促进了物联网（internet of things，IoT）分析的进步。通过从物联网设备中收集数据并利用这些数据训练机器学习模型，可以为整个物联网生态系统提供有价值的洞见。这些应用程序通常依赖复杂的芯片组，因此它们是功能强大但成本较高的解决方案。嵌入式机器学习系统的普及是芯片组制造业的主要推动力之一。过去十年间，根据摩尔定律，芯片组上的晶体管数量大约每两年翻一番，预示着计算能力的增长。然而，近几年来，计算能力的提升速度达到了每年40%~60%的增长率，并且这一趋势预计将在未来持续。

4. 自动化机器学习（automated machine learning，AutoML）　旨在简化机器学习模型的开发过程，通过自动化模型选择、超参数调优、特征工程等步骤，使得机器学习变得更加高效和易于实施。AutoML工具能够自动选择最适合的模型架构，并优化超参数，以提高模型性能。它还自动进行特征选择和生成，处理数据预处理任务，如数据清洗和归一化，从而提升数据质量和一致性。此外，AutoML系统可以自动进行模型评估、验证和部署，确保模型在生产环境中的有效性和稳定性。AutoML的应用领域广泛，包括商业智能、医疗保健和金融服务等。它降低了机器学习的技术门槛，使非专家用户能够快速构建和部署模型。

二、机器学习在中药学领域的应用发展趋势

随着技术的不断进步，中药信息学与机器学习的融合将日益紧密。未来更精确的药物筛选和预测模型、个体化的中药治疗方案及智能化的中药制剂研发等将逐步涌现。机器学习技术的不断进步将为中药研究带来更高的效率和更准确的结果。例如，更精确的药物筛选和预测模型将有助于加速新药的研发进程。通过利用机器学习算法对大量的中药数据进行分析，研究人员可以更好地发现药物与疾病之间的关联，从而筛选出更有潜力的中药候选药物。同时，预测模型可以帮助预测药物的疗效和安全性，为临床试验提供重要的参考。个体化的中药治疗方案将成为未来医疗的重要趋势。基于患者的基因型、生活方式和疾病特征等个体差异，机器学习可以构建个性化的治疗模型，为患者提供量身定制的中药方剂。个体化的治疗方案能够提高治疗效果，减少药物不良反应的发生。智能化的中药制剂研发将进一步提升中药的质量和稳定性。利用机器学习技术，研发人员可以优化中药制剂的配方和工艺，提高制剂的溶解性、吸收率和生物利用度。并且，智能化的生产过程控制可以确保中药制剂的质量一致性，提高生产效率。

此外，大数据分析、人工智能和区块链等新兴技术的出现，将为中药信息学研究带来深远影响。大数据分析使得处理和分析庞大的中药数据成为可能。通过对大量的中药文献、临床试验数据和药物基因组学等数据的挖掘和分析，研究人员能够发现隐藏在数据中的模式和关联，为中药的研发、临床应用和质量控制提供有价值的信息。人工智能技术，如机器学习和深度学习，可以用于药物预测、药物发现、个性化医疗等方面。例如，利用人工智能可以预测中药的药性、药效和药物相互作用，为中药的合理使用提供指导。区块链技术则为中药信息学研究带来了数据安全性和可信度的提升。区块链的分布式账本技术可以确保中药数据的不可篡改和可追溯性，增强数据的真实性和可靠性，对于保障中药的质量、防止假药流通及促进供应链的透明性具有重要意义。

然而，中药信息学的发展也面临一些挑战，如数据质量和标准化问题、算法的可解释性，以

及技术应用的法规限制等。为了解决这些问题，需要加强数据管理和质量控制，开展算法研究以提高可解释性，并与相关法规部门合作，以促进中药信息学的健康发展。

　　总之，机器学习技术在中药信息学中的应用前景广阔，将为中药的现代化研究和发展带来新的机遇。然而，要实现这些发展方向，还需要解决数据质量、算法可解释性、法规政策等方面的挑战。只有通过持续的技术创新和跨学科的合作，才能推动中药信息学与机器学习的深度融合，为中药行业的发展注入新的活力。

（周作建　宋懿花）

📡 **数字资源详见　新形态教材网**

🏹编者导学　　👥拓展阅读　　💻教学课件　　✂思考题

第五章

深度学习方法

编者导学

思维导图

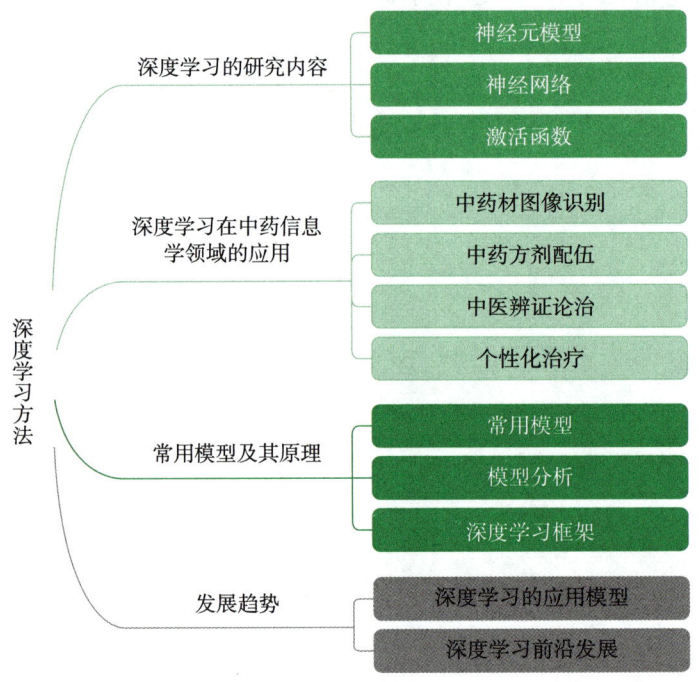

在人工智能的演进历程中，可以划分两个关键的阶段。一个是传统机器学习阶段，另一个是深度学习阶段。这一发展轨迹体现了从以逻辑推理为核心的人工智能，到以知识表示和处理为重点的机器学习，最终转向以自主学习能力为关键的深度学习。在前一章中，我们探讨了机器学习的基础理论及其应用，在本章，我们将深入探讨深度学习技术。深度学习本质是一种特征学习方法，不同于依靠人工的特征工程，深度学习通过多层非线性网络结构自动提取高层次特征信息，通过足够多的转换组合发现数据的分布式特征表示和学习复杂的映射关系。随着现代技术的突飞猛进和医疗健康大数据的迅速发展，深度学习技术在中医药领域取得了显著的进展。本章将深入介绍深度学习的基础知识，探讨常用的神经网络模型（如卷积神经网络、循环神经网络等）的原理及其在中医药领域的应用趋势，介绍深度学习的最新研究动态和未来发展方向，旨在为学生提供一个全面而深入的视角。

第一节 深度学习基础

深度学习实际上是一种实现机器学习的技术，是机器学习的重要分支，因而很多传统机器学习中的概念、基础知识等同样也适用于深度学习。深度学习的特点在于，其模型结构一般是含有多个隐藏层的多层神经网络，通过组合低层特征来形成更加抽象的高级特征，进而用于分类或回归等任务。

一、概述

（一）起源与发展历程

人类作为地球上已知智慧水平最高的生物，其智能主要源于大脑的复杂功能。大脑的构造和功能激发了科学家们探索模拟人类智能的可能性。大脑由数以亿计的神经细胞，即神经元构成，生物神经元模型如图 5-1 所示，这些神经元通过突触相互连接，形成复杂的生物神经网络。神经元的兴奋或抑制状态是由接收到的多种激励信号的整合作用所决定的。受人脑神经元网络工作机制的启发，科学家们开始探索构建能够模拟这种生物过程的计算模型，即人工神经网络。这些网络通过模仿生物神经元的连接和信息处理方式，试图实现类似人类的认知功能。

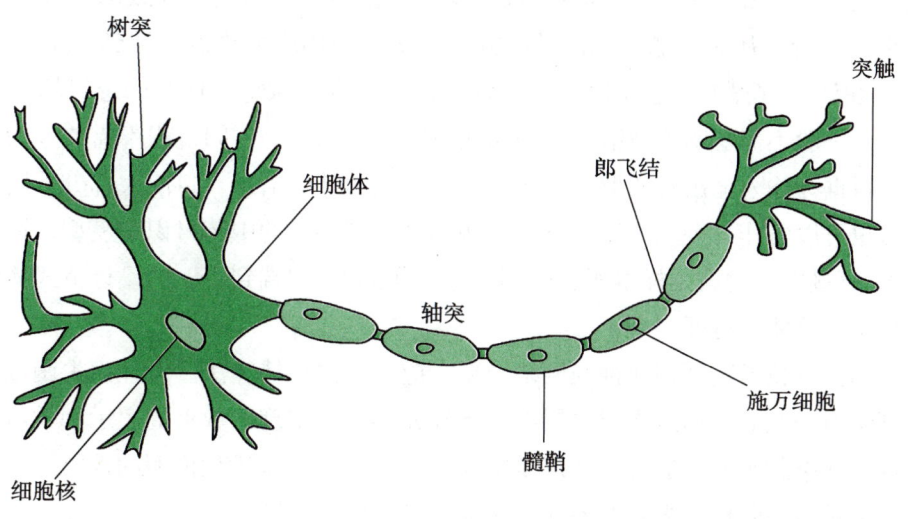

图 5-1 生物神经元模型

深度学习之所以兴起，主要基于以下 3 个原因。

1. 数据量的增大 由于深度学习的网络结构可以非常复杂，所以其输入数据量越大，深度学习模型效果越好。

2. 模型规模的提升 由于更快的 CPU、通用 GPU、更快的网络连接和更好的分布式计算的软件基础设施的出现，模型规模随着时间的推移也不断增大，神经网络算法本身也不断演进。

3. 复杂的任务需求 在深度网络的规模和精度有所提高的同时，需要它们解决的任务也日益复杂。

（二）基本概念

为了学习一种好的表示，需要构建具有一定"深度"的模型，并通过学习算法来让模型自动学习出好的特征表示，从而最终提升预测模型的准确率。深度学习的核心目标是自动从数据中提取有效特征，图 5-2 给出了深度学习的数据处理流程。通过多层的特征转换，把原始数据变成更高层次、更抽象的表示，这些学习到的表示可以代替人工设计的特征，从而避免"特征工程"。

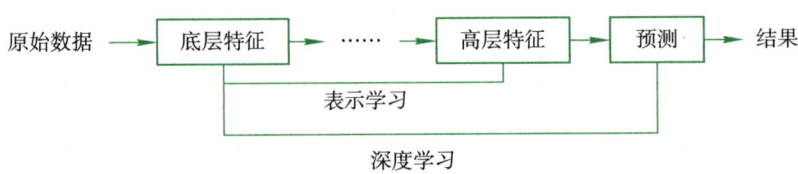

图 5-2 深度学习的数据处理流程

深度学习是将原始的数据特征通过多步的特征转换得到一种特征表示，并进一步输入到预测函数得到最终结果。深度学习采用的模型主要是神经网络模型，其"深度"是指神经网络的层数很多，区别于传统的浅层学习，深度学习需要解决的关键问题是贡献度匹配问题，明确突出了特征学习的重要性，即一个系统中不同的组件或其参数对最终系统输出结果的贡献或影响，通过逐层特征变换，将样本在原空间的特征表示变换到一个新特征空间，利用大数据来学习特征，能够更丰富地刻画数据的内在信息，从而使分类或预测更加容易。

在一些复杂任务中，传统机器学习方法需要将一个任务的输入和输出人为地切割成很多子模块。每个子模块分开学习。这种学习方式有两个问题：首先，每个子模块需要单独优化，这可能导致其优化目标与整体任务目标不一致；其次，错误传播问题会导致前一步的错误对后续的模型造成很大影响，从而增加了机器学习方法在实际应用中的难度。端到端学习（end-to-end learning）是指在训练过程中跳过模块化或阶段性训练，直接对整个任务的总目标进行优化。在端到端学习中，一般不需要明确地给出不同模块或阶段的功能，中间过程不需要人为干预。端对端学习的训练数据为输入输出对的形式，无须提供其他额外的信息。目前大部分采用神经网络模型的深度学习也可以看作一种端对端的学习，例如"端到端"的中药材识别模型，输入的是样本图片（像素），直接输出的就是样本所属类别名称。实际上，"端到端"的设计范式体现了深度学习作为复杂系统的整体性特征。

深度学习的关键技术包括构建神经网络模型、应用反向传播算法、设计损失函数等。神经网络模型是深度学习的核心，通过构建多层次的神经元连接来实现对数据的表示和学习。反向传播算法是训练神经网络的关键，通过不断调整神经元的连接权重来优化模型的性能。损失函数用于衡量模型输出结果与实际标签之间的差异，为训练过程提供指导。

二、深度学习的研究内容

（一）神经元模型

人工神经元作为神经网络中最基本的元素，以生物神经元的结构为基础，根据功能将人工神经元划分为 3 部分，即加权输入、组合处理和转移输出。其模型结构如图 5-3 所示。其中，x_1，$x_2,\cdots,x_n$ 是神经元模型的输入，表示来自其他 n 个神经元传递过来的输入信号；$w_1,w_2,\cdots,w_n$ 是输入相对应的权值，表示每个输入信号的重要程度；b 表示偏置；$\sum$ 是对输入数据进行权值相乘再求和处理；f 表示激活函数，其作用是在神经网络特征提取的过程中执行非线性映射，来提高神经网络拟合复杂函数的能力；经过激活函数处理后，y 表示该神经元的输出。

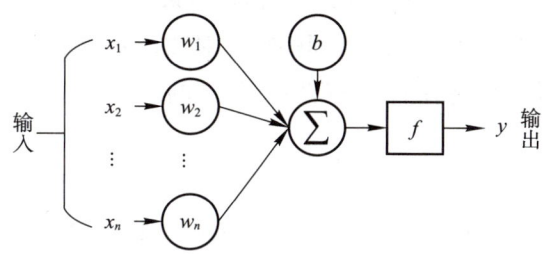

图 5-3 人工神经元模型结构

神经元模型的非线性特性让神经网络能够很好地适用于现实世界中的多种应用场景，尤其是在那些输入和输出之间存在复杂非线性关联的系统中。这种特性使得神经网络能够模拟和处理自然界中普遍存在的非线性现象。神经网络由多个神经元模型根据某种组合策略组成，一个神经网络的特性及其功能主要取决于网络的拓扑结构及学习训练方法，通过不同的组合策略组合不同的结构可以解决不同的实际问题。

（二）神经网络

神经网络按照拓扑结构进行分类时，大致可以分为前馈网络和反馈网络。前馈网络是实际应用中最常见的神经网络类型。前馈网络中的神经元分层排列，数据由输入层到输出层进行单向传播。网络的第 0 层是输入层，最后一层是输出层，中间为隐藏层。该网络运行时没有任何反馈，可以用一个有向无环图表示。这种神经网络实现了数据从输入空间到输出空间的变换，信息处理能力源于简单非线性函数的多次复合。前馈网络包括自适应线性神经网络、单层感知机、多层感知机、反向传播（back propagation，BP）网络等。

拓 展 阅 读 5-1：*神经网络发展历程*

前馈网络的前向传播算法的伪代码描述如下。

输入：总层数 M，输入向量 x，各层的权重矩阵 W（m）和偏置向量 b（m）

输出：输出层输出 y（M）

i. 初始化 y(0)=x

ii. for m=0,1,$\cdots$,M−1 do

iii. y(m+1)=f(m+1)(W(m+1)y(m)+b(m+1))

iv. end for

反馈网络的输出不仅与当前输入和网络权值有关，还和网络之前的输入有关。其目的是设计一个可以存储平衡点的网络，使得给出网络初始值时，网络可以通过自运行最终收敛到这个设计的平衡点上。

神经网络是模仿生物神经系统结构和功能建立的数学模型，整个网络由多层神经元连接而成，具有拟合输入输出间非线性映射关系的能力。其主要特点如下。

1. 并行分布式处理　神经网络具有高度的并行结构和并行实现能力，能够高速寻找优化解，从而发挥计算机的高速运算能力。

2. 非线性处理　非线性关系是自然界中普遍存在的一种关系特性，人工神经元的计算过程用数学模型进行抽象，可明确地表现出输入与输出之间的非线性关系，这一特性有助于处理非线性问题。

3. 具有自学习功能　通过对过去的历史数据的学习，神经网络可以从大数据中自动学习样本特征，由于该过程无须人为干预，因此得到的特征对数据有更本质的刻画，从而有利于更好地完成分类或回归任务。自学习功能对于预测有特别重要的意义。

（三）激活函数

在前馈神经网络中，若不使用激活函数或仅采用线性激活函数，将导致网络的每层输出仅是前层输入的线性变换结果，即便网络的深度增加，其表达能力的提升也仅限于线性维度，这无法满足大多数实际应用中对模型复杂度与表达能力的需求。引入非线性的激活函数是实现网络深度学习的关键，它使得网络能够逼近任意函数，从而处理更多复杂的问题。

神经网络的激活函数出现在除输入层外的每一层的最后，在层中的每个神经元接受上层数据做完线性变换后，加上激活函数对线性变换的结果进行转换，并将转换的结果作为下层神经元的输入数据，以此来表示输入输出之间非线性的复杂的任意函数映射。

1. 激活函数的性质　激活函数应满足如下性质。

（1）非线性：利用非线性函数来逼近任意复杂函数。

（2）可微分性：当采用基于梯度下降的优化方法时，需要计算代价函数对权重的偏导数，因此激活函数需要具有可微分性。

（3）单调性：激活函数的单调性可以保证单层网络是凸函数，局部最小值即为全局最小值，网络更易优化；同时，单调性保证了激活函数的导数在参数范围内保持一致的符号，有助于梯度下降算法在优化过程中的稳定性。

（4）恒等映射：当激活函数近似为输入的恒等映射时，若神经网络的参数以较小的随机值初始化，网络训练将会很高效；反之，则需更细致地调整参数的初始值以确保训练的稳定性和效率。

（5）输出值的范围：当激活函数的输出值被限定在一定范围内时，特征的表达更依赖有限权值的影响，有助于梯度平稳下降，使得优化过程更可控；当输出范围为无限时，网络会更快地学习复杂的模式，提高模型训练效率，但需选择较小的学习率来确保训练的稳定性。

2. 常见激活函数　不同的激活函数具备不同的处理效果。下面介绍几种比较有代表性的激活函数。

（1）Sigmoid 激活函数：将特征映射至（0，1）范围内，数学表达式如下。

$$f(x) = \frac{1}{1 + e^{-x}} \tag{5-1}$$

对应梯度为

$$\frac{\mathrm{d}f(x)}{\mathrm{d}(x)} = \frac{1}{1 + e^{-x}} \left(1 - \frac{1}{1 + e^{-x}}\right) = f(x)\left[1 - f(x)\right] \tag{5-2}$$

Sigmoid 激活函数及其导函数如图 5-4 所示。

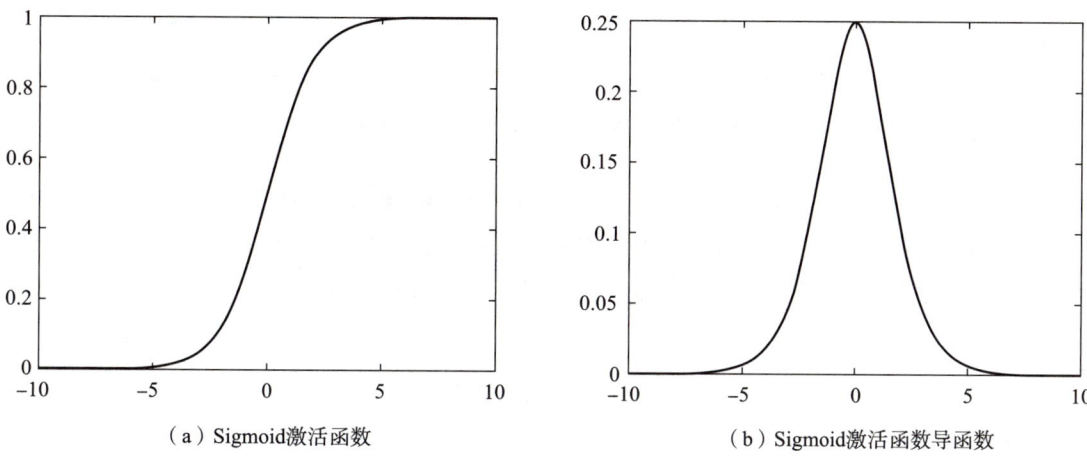

（a）Sigmoid激活函数　　　　　　　　（b）Sigmoid激活函数导函数

图 5-4　Sigmoid 激活函数及其导函数

从几何图像中可以观察出，当输入的 x 值过大时，$f(x)$ 的值接近 1；当 x 值过小时，$f(x)$ 的值接近 0。这两种情况下导函数的值也趋近为 0，使得神经元传播时梯度更新得十分缓慢，甚至会造成梯度消失的现象。同时，Sigmoid 激活函数的输出为非 0 均值信号，后续梯度的计算会受到一定影响。

Sigmoid 激活函数将输出映射在 0 ~ 1 范围内，在面对特征差距过大或过小的二分类任务时效果较好；此外，若是模型的输出为预测的概率时，也通常在最后一层使用 Sigmoid 激活函数来将概率映射至（0,1）区间。

（2）Tanh 激活函数：与 Sigmoid 激活函数类似，其不同点在于，Tanh 激活函数将特征映射在（-1,1）范围处，且输出为 0 均值。数学表达式如下。

$$f(x) = \frac{e^x - e^{-x}}{e^x + e^{-x}} = \frac{2}{1 + e^{-2x}} - 1 \tag{5-3}$$

对应梯度为

$$\frac{\mathrm{d}f(x)}{\mathrm{d}(x)} = \frac{4}{(e^x + e^{-x})^2} = 1 - f(x)^2 \tag{5-4}$$

Tanh 激活函数及其导函数如图 5-5 所示。

Tanh 激活函数解决了 Sigmoid 激活函数中非 0 均值输出的问题，有利于网络训练效率的提升。但由函数与导数图像分析可知，当输入的 x 值过大或过小时，导函数的图像分布同样接近于 0，梯度消失的问题依然存在。

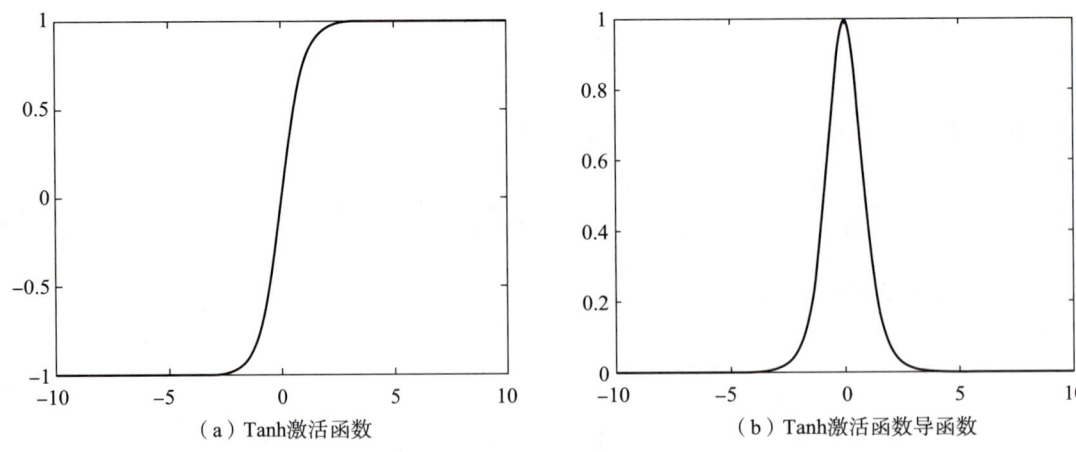

图 5-5　Tanh 激活函数及其导函数

（3）ReLU 激活函数：即修正线性单元（rectified linear unit）函数，又称整流线性单元函数或线性整流函数。ReLU 激活函数是神经网络中应用范围最广的激活函数，它解决了 Sigmoid 与 Tanh 激活函数梯度消失的问题，且不需要指数运算，运算速度较快。ReLU 定义为一个分段函数，数学表达式如下。

$$f(x) = \max(0, x) \tag{5-5}$$

对应梯度为

$$f'(x) = \begin{cases} 0, x < 0 \\ 1, x \geq 0 \end{cases} \tag{5-6}$$

ReLU 激活函数及其导函数如图 5-6 所示。

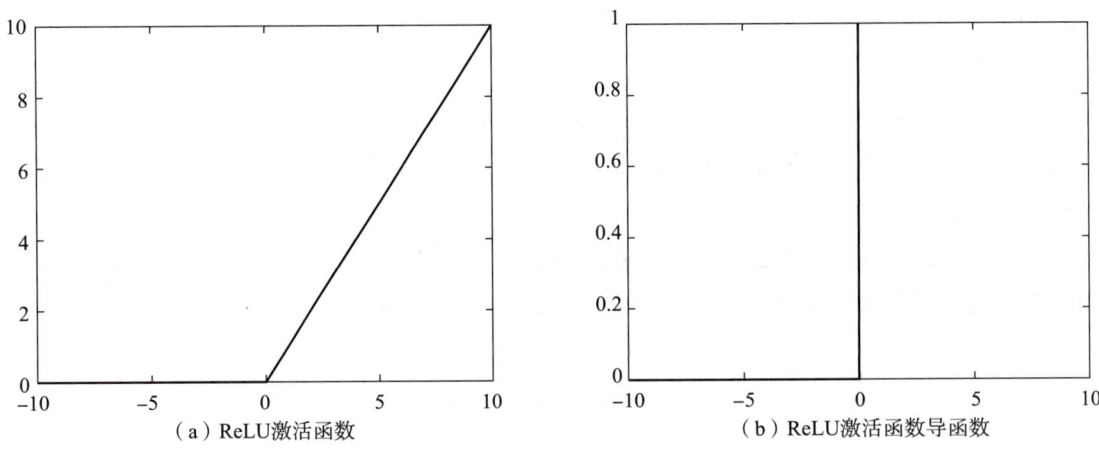

图 5-6　ReLU 激活函数及其导函数

可以看出，ReLU 激活函数具有单侧饱和性：当输入的 x 值小于 0 时，其输出的值与导函数均为 0，减少了特征矩阵中非 0 元素的个数，可以有效地缓解梯度消失的问题。

在实际应用中，使用 ReLU 激活函数得到梯度下降的收敛速度要比使用 Sigmoid 或 Tanh 激活函数时快得多，这主要是因为 ReLU 激活函数的导数在 $x > 0$ 时均为 1，且不会发生饱和；此外，ReLU 激活函数仅需要简单的阈值计算，计算速度快的同时开销较小。

但 ReLU 激活函数的缺点也很明显，由图 5-6 可以看出，ReLU 激活函数也是非 0 中心化的，在网络传递过程中会引入偏置项，影响梯度下降的效率；同时，由于 ReLU 激活函数的稀疏激活性，当一个神经元的输出为负数时，经过 ReLU 激活函数的处理会使得这个神经元的梯度一直为 0，可能会影响参数的优化精度。针对其相关缺点，研究者们在此基础上进行改进，提出了若干 ReLU 激活函数的变种，如带泄露的修正线性单元（leaky rectified linear unit，LReLU）、参数化修正线性单元（parametric rectified linear unit，PReLU）、指数线性单元（exponential linear unit，ELU）等。

三、深度学习在中药信息学领域的应用

深度学习之"深度"，是相对支持向量机、逻辑回归、提升方法等"浅层学习"的传统机器学习方法而言。深度学习与之相比具有明显的优势，一是能够处理的数据规模上限更高。在数据规模较小时，例如病案数量或是患者图片仅有几百或几千例时，两者效果差距不大。但当数据量增大到上万甚至百万千万时，传统机器学习便显得效果不佳。在临床过程中产生的与健康医疗相关的数据往往规模巨大，应用数据规模上限更高的深度学习算法更为合适。二是减少了人为干预和人工成本。在机器学习模型中，数据特征决定了模型上限，数据的特征提取是最核心的步骤。传统机器学习工作的有效性较为依赖人工，数据特征大多是有经验的专家来提取的。而深度学习方法中的特征提取可以通过人工神经网络自动完成，神经网络本身有很强的表达各种复杂特征的能力，可以在没有额外人工干预的情况下学习这些特征，提高运算效率。三是能够解决更为复杂的问题。深度学习具有多层非线性映射的深层结构，理论上可以映射到任意函数，能够解决很复杂的问题，应用范围较广。

1. **中药材图像识别** 中药材的形态多样性和复杂性给其鉴定和研究带来了显著的挑战，由于许多中药材在外观上具有相似性，传统的依靠人工经验和直观判断的方法不仅效率低下，而且容易受到主观判断的影响，这限制了中药材鉴定的准确性和一致性。随着现代技术的发展，深度学习在中药材辨识方面发挥了重要作用，深度学习技术可以通过大量的标注中药材图像进行训练，深度学习模型能够学习到药材的特征表示，从而实现对中药材种类的自动分类和真伪鉴别。此外，深度学习技术还可以辅助中药材的质量控制和供应链管理，通过精准识别确保药材的真实性和一致性。

2. **中药方剂配伍** 是中医药学的重要组成部分，讲究药物之间的相互作用和整体效果。深度学习技术可以通对历史方剂数据进行大规模分析，使用卷积神经网络或循环神经网络等模型来识别药物组合的模式和趋势。这些模型能够揭示药物之间的潜在相互作用，包括增效、减毒或相互制约的效应，为方剂的创新设计和优化提供数据驱动的科学依据。此外，深度学习还在中药药效预测和安全性评估方面发挥了重要作用，深度学习模型通过学习中药成分的化学结构和生物活性数据，能够预测特定方剂的药效特性。利用机器学习中的监督学习技术，模型可以从已知的药效数据中学习，进而对未知方剂的药效进行预测，通过对中药成分和药理作用进行深入分析，深度学习模型可以预测中药的潜在副作用及安全风险，为中药的临床应用和药物开发提供重要参考。

3. **中医辨证论治** 辨证论治是中医理论的精髓，辨证论治的各个环节，包括症状、证型、方剂、药物等要素之间存在着复杂、多元的联系，传统的机器学习方法无法对这些关系进行全面、有效的阐释，而深度学习技术已成为研究辨证论治相关问题的有效手段和方法。其一，在中医望诊方面，望诊中的舌象、面象和手象可反映人体的健康状况，传统中医望诊是否有效受医师自身诊断水平、环境因素干扰等多方面的影响，通过深度学习方法对图像进行特征识别，有利于

推动诊断的标准化与客观化，降低诊疗错误的发生率；其二，在医案辨证方面，医案文本通常表现出语义多义性、非结构化特性、高度的信息集成性及较弱的序列信息，利用基于深度学习的模型，可以将这些医案文本转化为多维向量的形式进行特征提取，此种方法能够有效捕捉医案内部的全局特征，从而为医案证型提供准确的分类预测。

4. 个性化治疗　深度学习技术能够通过分析患者的遗传信息、生活习惯和疾病状态，结合中药方剂的数据，对收集的数据进行预处理和特征提取，识别出影响治疗效果的关键因素，这可能包括患者的特定生物标志物、中药成分的活性成分、方剂的配伍特性等，并基于提取的特征，构建深度学习模型；使用已知的治疗效果数据对模型进行训练和验证；最终利用训练好的模型，根据患者的具体情况，预测不同方剂的治疗效果，并推荐最适合患者的个性化方剂。

拓展阅读 5-2："中医药＋AI"现实案例

第二节　常用模型及其原理

一、常用模型

（一）深度神经网络

1. 基础架构　为了增强模型的表达能力，在神经网络中加入隐藏层，图 5-7 为一个有两层隐藏层的网络，增加隐藏层会导致模型的复杂度增加。

深度神经网络（deep neural network，DNN）可以理解为有很多隐藏层的神经网络，内部可分为输入层、隐藏层与输出层，网络结

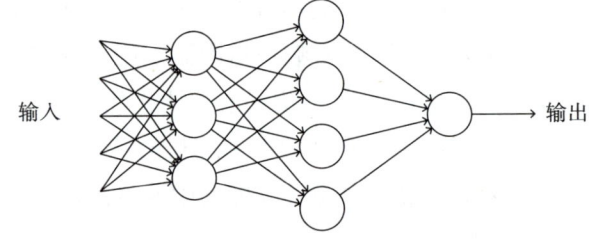

图 5-7　两层隐藏层结构

构如图 5-8 所示。一般来说，网络的第一层为输入层，最后一层为输出层，中间层数均为隐藏层。层与层之间是全连接的，即第 i 层的任意一个神经元一定与第 $i+1$ 层的任意一个神经元相连。

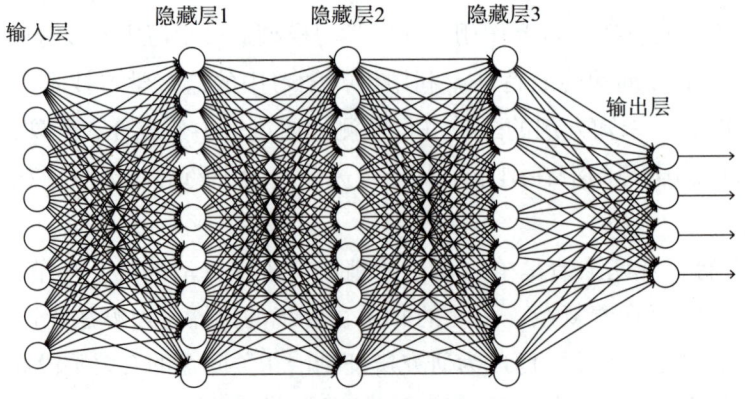

图 5-8　深度神经网络模型结构

2. **参数学习**　在深度神经网络中，参数为权重系数及偏置。卷积神经网络的传播算法由前向传播与反向传播组成，假设选择 Sigmoid 激活函数，对于前向传播过程，若 $l-1$ 层共有 m 个神经元，则对于第 l 层的第 j 个神经元的输出，可以计算出

$$a_j^l = \sigma\left(\sum_{k=1}^{m} w_{jk}^l a_k^{l-1} + b_j^l \right) \tag{5-7}$$

用向量形式表示每一层的输出为

$$\boldsymbol{a}^l = \sigma\left(\boldsymbol{W}^l \boldsymbol{a}^{l-1} + \boldsymbol{b}^l \right) \tag{5-8}$$

从输入层开始，依次计算下一层的输出，直到最后一层即可得到模型的输出结果。

神经网络正向传播到输出层得到结果 $\boldsymbol{a}^l$，然后需要度量网络的输出值与真实值标签之间的拟合程度，实现这一目的的函数被称为损失函数。以均方差误差损失为例，设真实值为 $\boldsymbol{y}$，损失函数表达形式为

$$J(\boldsymbol{W}, \boldsymbol{b}, \boldsymbol{x}, \boldsymbol{y}) = \frac{1}{2} \| \boldsymbol{a}^l - \boldsymbol{y} \|_2^2 \tag{5-9}$$

其中，$\| \cdot \|_2^2$ 代表 L_2 范数，之后用梯度下降法迭代求解每一层的参数，得到第 l 层的参数的梯度为

$$\frac{\partial J(\boldsymbol{W},b,x,y)}{\partial \boldsymbol{W}^l} = \frac{\partial J(\boldsymbol{W},b,x,y)}{\partial z^l} \cdot \frac{\partial z^l}{\partial \boldsymbol{W}^l} = \frac{\partial J(\boldsymbol{W},b,x,y)}{\partial z^l} \cdot (\boldsymbol{a}^{l-1})^{\mathrm{T}} \tag{5-10}$$

$$\frac{\partial J(\boldsymbol{W},b,x,y)}{\partial \boldsymbol{b}^l} = \frac{\partial J(\boldsymbol{W},b,x,y)}{\partial z^l} \cdot \frac{\partial z^l}{\partial \boldsymbol{b}^l} = \frac{\partial J(\boldsymbol{W},b,x,y)}{\partial z^l} \tag{5-11}$$

其中，z^l 是第 l 层的输出，第 l 层的梯度计算公式为

$$\frac{\partial J(\boldsymbol{W},b,x,y)}{\partial z^l} = \frac{\partial J(\boldsymbol{W},b,x,y)}{\partial z^l} \cdot \left(\frac{\partial z^l}{\partial z^{l-1}} \cdot \frac{\partial z^{l-1}}{\partial z^{l-2}} \cdot \cdots \cdot \frac{\partial z^{l+1}}{\partial z^l} \right) \tag{5-12}$$

根据梯度值完成神经网络的反向传播过程。

（二）卷积神经网络

1. **基础架构**　卷积神经网络（convolutional neural network，CNN）是一种深度学习模型或类似于人工神经网络的多层感知器，常用来分析视觉图像。卷积神经网络的基本结构包括输入层、隐藏层与输出层，其中隐藏层又包含卷积层、池化层与全连接层这 3 类常见的神经单元层，如图 5-9 所示。

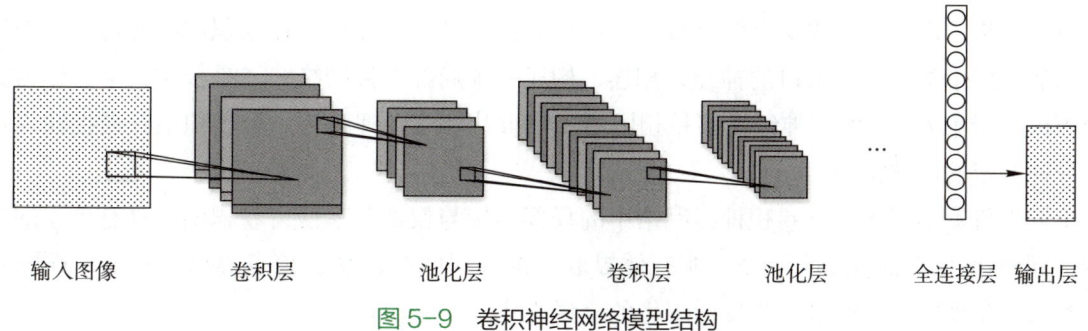

图 5-9　卷积神经网络模型结构

（1）卷积层（convolutional layer）：由若干个卷积核组成，是卷积神经网络中的核心组成部分，用来进行特征的提取。在深度卷积神经网络中，较浅层次的卷积核提取到的为边缘线条等低级特征，高层的卷积核提取到的特征也更为复杂，如深层的语义信息特征等。对于输入数据，卷积运算以一定长度的滑动窗口进行运算处理，卷积操作如图 5-10 所示，以 3×3 的卷积层输入大小为例，将 9 个位置上的卷积权重分别与输入数据中对应位置元素进行乘积累加运算，再将所求元素的值保存至相应位置，即可得到卷积运算的输出。由图可以看出，每进行一次卷积操作后，特征图都会变小，若是不对其做任何处理，在经过若干次卷积操作处理后，所得到的特征图就会越来越小，丢失掉重要信息，因此通常会进行补零操作来保证特征图的大小。卷积操作后特征图的尺寸计算公式如公式 5-13 所示。

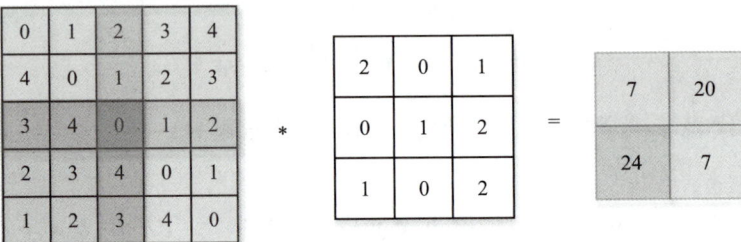

图 5-10　卷积操作示意图

$$\begin{cases} Size_H = \dfrac{H + 2p - h}{s} + 1 \\ Size_H = \dfrac{W + 2p - w}{s} + 1 \end{cases} \tag{5-13}$$

式中，(H, W) 为输入数据的大小，卷积核的大小为 (h, w)，在卷积神经网络中通常选用的卷积核大小 $h = w$，$(Size_H, Size_w)$ 为卷积操作后所输出特征图的大小，p 为填充，s 为步幅的大小。当任务中的输入与输出数据大小需保持一致时，可以通过此公式计算出各参数应选择的大小。

卷积计算的输出值通常需要通过激活函数来实现非线性变换，激活函数的选择需要依据实际任务来具体确定。在卷积层中每个特征点与输入图上的对应区域称为感受野（receptive field，RF），对于 $h \times h$ 大小的卷积核，感受野的计算公式为

$$RF_i = (RF_{i+1} - 1) \cdot s_i + h \tag{5-14}$$

计算第 i 层卷积感受野的大小时，从下往上逐层迭代，所得的 RF_i 的值即为当前层数所对应的感受野的大小，随着网络深度的增加，所对应的感受野也越大，包含了原始输入中的更多信息。

根据卷积的定义，卷积层有两个很重要的性质：一是局部连接，在卷积层中的每一个神经元都只和前一层中某个局部窗口的神经元相连，构成一个局部连接网络；二是权重共享，作为参数的卷积核对于第 l 层的所有神经元都是相同的，权重共享可以理解为一个卷积核只捕捉输入数据中的一种特定的局部特征。

相较于机器学习而言，卷积神经网络中的局部连接与权重共享使得卷积网络具有更少的参数数量，同时因为局部连接性，CNN 能有效提取图像数据中的边缘、角点等局部特征，而随着层级的深入，学到的特征则进一步反应图像的全局模式。

（2）池化层（pooling layer）：通常放在卷积层与激活函数的后面，池化层的输入数据为卷积层的输出信息。池化层的作用是对当前特征进行特征选择与信息过滤，该层不再产生新的训练参数，通过对前一层网络抽取得到的特征进行下采样的方式降低网络中特征图维度的大小，进行特征压缩来完成对主要特征的提取。池化操作主要包括最大池化与平均池化，与卷积操作原理类似，应用特定长度的滑动窗口对

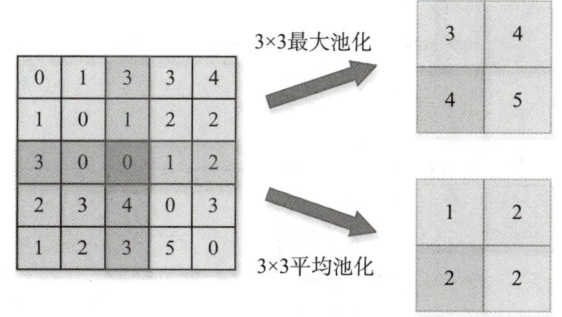

图 5-11 池化操作示意图

输入数据进行运算处理。其中，最大池化是在窗口内选取输入数据中元素的最大值为输出，平均池化则是计算当前窗口内元素的平均值作为相应位置的元素输出。两种池化方法的示意图如图5-11 所示。

可以看出，最大池化方法过滤掉了权值较小的元素信息，适用于对图像纹理特征、边缘轮廓的特征提取；而平均池化方法在输出时保留了数据的整体特征，能突出背景的信息。

（3）全连接层：是 CNN 最后的部分，经过多层的卷积和池化层，输入数据（图像）被处理为特征图（feature map），特征图需要被展开（flatten）为一维向量，以输入给全连接层完成接下来的具体任务（如分类）。全连接结构可充分挖掘网络最后提取的特征与类别标签之间的关系，在复杂应用中，输出层可设计为多层全连接结构。

以上就是卷积神经网络的基本结构和工作流程。简单说，它的基本思想是使用卷积操作处理局部数据，这使得它在处理具有空间结构（如图像）的数据时具有很大的优势，能从数据中有效地学习复杂的模式，具有很好的表征能力，在医学图像分割、超声图像去噪及影像特征分类识别等任务上表现很好。

2. 参数学习 在卷积网络中，参数为卷积核中权重及偏置。输入数据经过卷积层、池化层、激活函数和全连接层后得到目标值，这就是卷积神经网络的前向传播过程。卷积神经网络中每一层的输入均为上一层的输出，原始数据传入输入层，计算后传入隐藏层，最后一个隐藏层的输出传入到输出层得到最后的结果，该结果与训练数据中标签相对应，正向传播算法原理公式可归纳为

$$y = f\left(\sum_{i=1}^{n} \boldsymbol{w}_i\boldsymbol{x}_i + \boldsymbol{b}\right) \tag{5-15}$$

由于卷积神经网络是通过学习数据特征来实现参数更新的，实现参数自动更新则依赖反向传播。反向传播是利用损失函数对各个神经元的偏导数逐层对网络的权重参数进行修正更新，利用链式求导法逐层计算偏导数。

3. 两种典型的卷积神经网络 卷积神经网络在医学信号分析、医学图像处理等具有十分重要的作用。本部分介绍医学领域，尤其是中医药信息领域常用的卷积神经网络模型结构。

（1）U-Net：是德国弗莱堡大学计算机科学系为生物医学图像分割而开发的。该网络包含一个获取输入数据特征的编码结构，以及一个恢复空间维度与细节的解码结构，网络结构示意图如图 5-12 所示。在编码器中，特征图的维度逐层降低、特征的通道数增加；解码器中的操作与编码器中相反，特征图尺寸增加的同时特征通道数减半，重复这一过程直到特征图恢复到原始输入大小。在编码器与解码器之间，通过跳跃相接的方式将特征图进行拼接，使上采样的特征图中包含更多的语义信息。

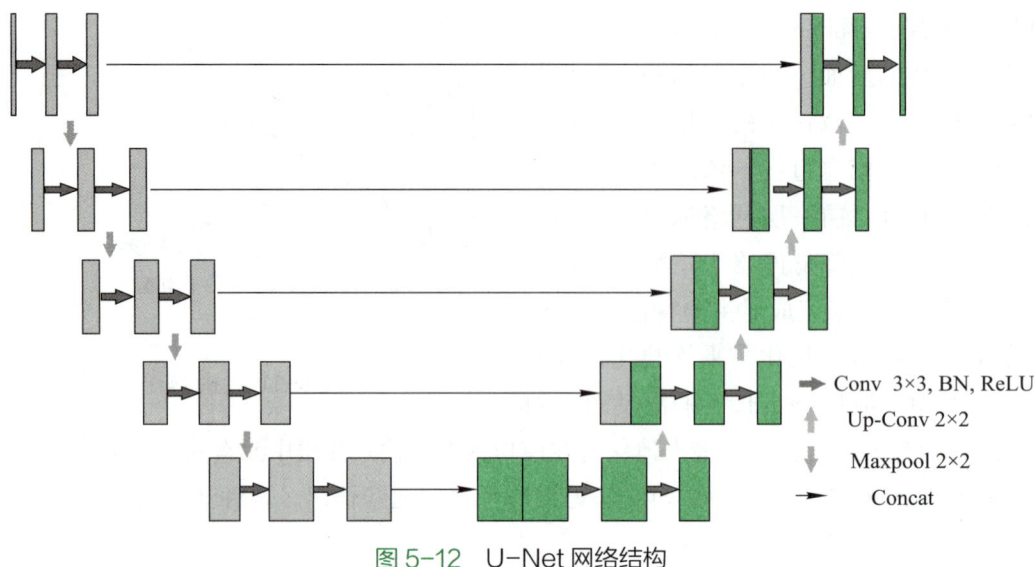

图 5-12　U-Net 网络结构

该模型的主要特征如下。

1）编码与解码网络呈对称结构。在编码器中不断降低特征图的分辨率，获取输入图像的轮廓等低层信息及更抽象的高级语义信息，实现多尺度的信息提取，多层次的池化操作使网络对输入信息的扰动不敏感，降低噪声的影响；而解码器则逐渐恢复空间尺寸以精确定位每个像素的类别。

2）使用跳跃连接的方式进行特征拼接，将编码器的特征图直接传递给解码器，在上采样的过程中引入数据的空间信息，有助于提高定位准确性，保留更多的维度与位置信息。

3）模型结构简单，使用较小的数据集即可得到较好性能的网络模型。

U-Net 模型以其处理小型、标注不足的训练数据集的能力而闻名，使其成为医学图像分割的有用工具。针对医学图像分割任务，U-Net 模型通过下采样路径捕获上下文信息，上采样路径恢复空间细节，并通过跳跃连接技术，将编码器中的低层特征（包含更多的空间信息）和解码器中的高层特征（包含更多的语义信息）进行融合，在解码器的最后一层，通过卷积操作将特征图映射到类别标签，最终生成一个与原始图像大小一致的分割结果图，以此实现像素级的分割。在中医药信息学领域，U-Net 网络及其变体模型已广泛应用于中医舌象图像分割和中医面象图像分割的任务中，有效地实现了对中医诊断中关键视觉特征的精确提取和分析。

（2）残差网络（residual network，ResNet）：在深度学习领域，普遍认为网络的深度与其学习能力成正比，即更深的网络理论上具备更强的复杂函数映射能力。然而实际应用中发现，网络性能并非随着层数的增加而持续提高，在达到某一临界深度后，网络的性能会趋于饱和，甚至可能出现下降趋势，这一现象被称为网络退化现象。

残差网络是何凯明等人提出的一种基于深度残差块的网络架构，通过叠加的方式将输出信息叠加到主干路径上的输入中，通过给非线性的卷积层增加残差连接（residual connection）的方式来提高信息传播效率。ResNet 的架构包含了 16 层、34 层、50 层、101 层等深度的神经网络结构，旨在解决网络退化问题。ResNet 的设计思想对于深度学习的发展起到了重要的作用，并成为解决深层网络训练难题的重要方法之一。

ResNet 的核心思想在于引导网络学习输入与输出之间的残差映射，而非直接学习底层的映射函数。这种策略的转变使得网络可以更加专注于学习输入数据与输出数据之间的差异，而不是从头开始学习整个映射过程。假设在一个残差网络中，输入数据为 x，目标函数为 $h(x)$，网络

学习的内容为 $f(x)$，每层的目标即为学习残差 $f(x)=h(x)-x$，这种设计使得网络在训练过程中更容易学到恒等映射。根据通用近似定理，一个由神经网络构成的非线性单元有足够的能力来近似逼近原始目标函数或残差函数，但实际中后者更容易学习。

图 5-13 给出了一个典型的残差单元示例。残差单元由多个级联的卷积层和一个跨层的直连边组成，再经过 ReLU 激活函数激活后得到输出。图 5-14 为 34 层残差神经网络结构。

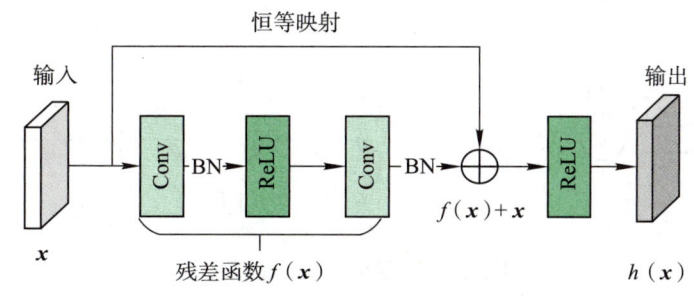

图 5-13　典型的残差单元结构

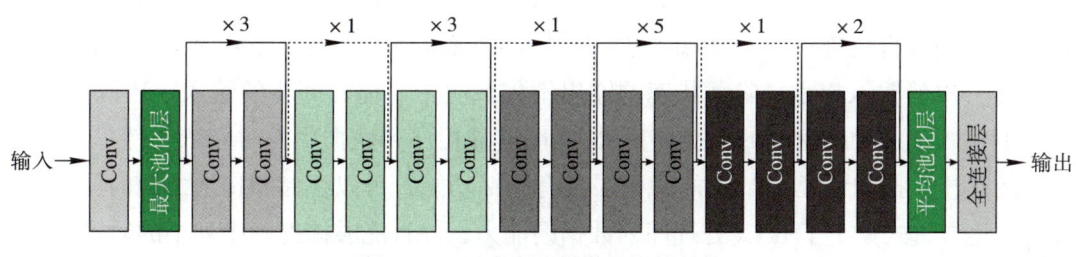

图 5-14　34 层残差神经网络结构

由于残差神经网络的优良特性，其在图像领域获得了广泛的关注。目前残差神经网络在医学图像处理领域已经取得了突破性的进展，在肺部肿瘤、乳腺癌、皮肤疾病和心脑血管疾病等重大疾病的临床辅助诊断中取得了良好效果。此外，残差神经网络和其他网络模型的结合也广泛用于医学图像分割、分类、融合、重建、合成、超分辨率等医学图像分析任务中，可以帮助临床医生对患者的治疗做出整体规划，大大提高诊断正确率与效率，为患者争取宝贵的治疗时机，同时帮助医生评估患者的预后。

在中医药研究中，结合使用残差网络（ResNet）和深度神经网络（DNN）已成为一种趋势。该组合模型首先通过 ResNet 对中药的视觉或化学结构数据进行特征提取，随后将提取的特征传递给 DNN 进行进一步的分析和学习。这种深度学习模型的融合，使得研究者能够更准确地预测中药的药效、药性及可能的副作用。例如，在药物发现过程中，ResNet-DNN 模型能够分析中药成分的化学结构，识别出具有治疗潜力的活性成分。在临床应用中，该模型有助于个性化治疗方案的制定，通过分析患者的生理数据和中药成分的特征，为患者推荐最合适的治疗方案。同时，ResNet-DNN 模型在中药质量控制方面也显示出巨大潜力。通过对药材图像的分析，模型能够识别药材的真伪和等级，确保药材的质量和一致性。在中药的安全性评估中，该模型能够预测中药成分可能引起的不良反应，为临床合理用药提供科学依据。

（三）循环神经网络

1. 基础架构　循环神经网络（recurrent neural network，RNN）是一种使用循环连接处理顺序数据的神经网络，通过使用带自反馈的神经元，能够处理任意长度的时序数据。在循环神经网络中神经元不但可以接受其他神经元的信息，也可以接受自身的信息，形成具有环路的网络结构。图 5-15 为一个简单的循环神经网络结构示意图，它由输入层、一个隐藏层与一个输出层组成，RNN 的独特之处在于其隐藏层的连接方式，这是 RNN 的核心特征。将该循环神经网络按照时间序列展开形式来表示，可以直观地揭示前一时间步的隐藏状态是如何对当前时间步的隐藏状态产生影响的。

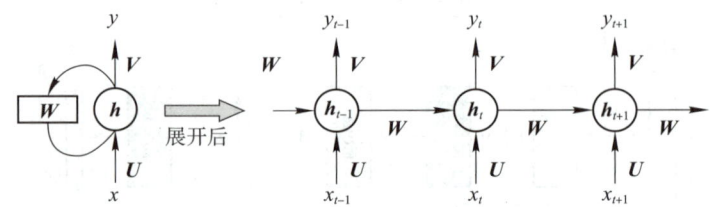

图 5-15　循环神经网络结构

其中，x 代表输入层的值，y 表示输出层的值；在 RNN 中，每个时间步都有一个隐藏状态（hidden state）h，它可以接收当前时间步的输入和上一个时间步的隐藏状态作为输入；U 表示输入层到隐藏层的权重矩阵；V 表示隐藏层到输出层的权重矩阵；权重矩阵 W 就是隐藏层上一次的值作为这一次的输入权重。隐藏状态的输出不仅取决于当前时间步的输入，还取决于之前所有时间步的输入。这种跨时间的连接使得 RNN 能够捕捉序列数据中的时间依赖性，从而实现对动态过程的建模。换句话说，RNN 的隐藏层具有记忆功能，可以存储和传递之前时间步的信息。这种独特的连接方式赋予了 RNN 处理序列数据的能力，并且能够捕捉到序列中的时序信息。

和前馈神经网络相比，循环神经网络更加符合生物神经网络的结构。循环神经网络的参数可以通过时间反向传播算法来学习。时间反向传播算法（back-propagation through time，BPTT）即按照时间的逆序将错误信息一步步地往前传递，当输入序列比较长时，会存在梯度爆炸和消失问题，也称为长程依赖问题。

2. 长程依赖问题　具体是指当前系统的状态，可能受很长时间之前系统状态的影响，即难以有效处理长距离的时间依赖性。当序列很长时，RNN 难以捕捉序列中时间距离较远的元素之间的依赖关系。这一难题主要归咎于梯度消失或梯度爆炸的现象。

梯度消失现象发生在反向传播过程中，随着时间步数的增长，误差梯度逐渐减小，最终可能接近于零，这导致网络难以捕捉并学习序列中的长期依赖特征。相反，梯度爆炸现象描述的是梯度在反向传播过程中随着时间步数的增加而不断增长，最终可能导致数值计算上的不稳定性，这会干扰模型的正常训练过程。

图 5-16 是一个没有输入 x 且激活函数是线性函数的循环神经网络，可以用下式表示。

$$h_t = W^{\mathrm{T}} h_{t-1} \tag{5-16}$$

图 5-16　RNN 部分结构

假设 W 可以进行特征分解，令

$$W = Q\Lambda Q^{\mathrm{T}} \tag{5-17}$$

其中，Q 为标准正交矩阵，Λ 为对角矩阵，其对角线元素就是权重矩阵 W 的特征值，将公式 5-16 展开并化简后，可得

$$h_t = Q^{\mathrm{T}} \Lambda_t Q h_0 \qquad (5\text{-}18)$$

其中，Λ_t 相当于特征值的 t 次方。若 RNN 很长，则 t 的值很大，若某个特征值处于区间 $(-1,1)$，那么此时该特征值将衰减到接近 0；而当特征值大于 1 或小于 -1，那么此时特征值将会激增。这就是梯度消失和爆炸的原因。

为了解决这个问题，人们对循环神经网络进行了很多改进，其中最有效的改进方式为引入门控机制。

3. 参数学习　用公式来描述隐藏层的计算过程，假设在时刻 t，网络输入为 x_t，隐藏状态（隐藏层神经元活性值）h_t 不仅和当前时刻的输入 x_t 有关，还和保存的上一时刻的隐藏状态 h_{t-1} 相关，具体公式为

$$h_t = f(Uh_{t-1} + Wx_t + b) \qquad (5\text{-}19)$$

$$y_t = G(Vh_t) \qquad (5\text{-}20)$$

RNN 网络除了其循环结构外，还具有参数共享的特性。不同于 CNN 网络空间参数的共享，RNN 网络在不同计算步骤之间共享参数，即每一个时间步的每一层参数 U、V、W 是参数共享的，这表明 RNN 的每一步都在做同样的事情只不过输入和隐藏状态不同，这种参数共享降低了 RNN 网络中需要学习的参数数量和网络复杂度，提高了网络对不同长度序列的适用性。

时间反向传播算法是训练 RNN 的常用方法，该算法沿着需要优化的参数的负梯度方向不断寻找最优的点，直至收敛。需要寻优的参数有 3 个，分别是 U、V 与 W。其导数分别为

$$\frac{\partial L^{(t)}}{\partial U} = \sum_{k=1}^{t} \frac{\partial L^{(t)}}{\partial o^{(t)}} \cdot \frac{\partial o^{(t)}}{\partial h^{(t)}} \left(\prod_{j=k+1}^{t} \frac{\partial h^{(j)}}{\partial h^{(j-1)}} \right) \frac{\partial h^{(k)}}{\partial U} \qquad (5\text{-}21)$$

$$\frac{\partial L}{\partial V} = \sum_{t=1}^{n} \frac{\partial L^{(t)}}{\partial o^{(t)}} \cdot \frac{\partial o^{(t)}}{\partial V^{(t)}} \qquad (5\text{-}22)$$

$$\frac{\partial L^{(t)}}{\partial W} = \sum_{k=1}^{t} \frac{\partial L^{(t)}}{\partial o^{(t)}} \cdot \frac{\partial o^{(t)}}{\partial h^{(t)}} \left(\prod_{j=k+1}^{t} \frac{\partial h^{(j)}}{\partial h^{(j-1)}} \right) \frac{\partial h^{(k)}}{\partial W} \qquad (5\text{-}23)$$

4. 两种典型的循环神经网络

（1）长短期记忆网络（long short-term memory network，LSTM）：是循环神经网络的一个变体，可以有效地解决循环神经网络的梯度爆炸或消失问题。LSTM 引入了一个记忆单元，该单元可以存储和访问信息，并通过门控机制来控制信息的流动。LSTM 的关键部分包括遗忘门（forget gate）、输入门（input gate）、输出门（output gate）。

1）遗忘门：LSTM 的第一步是决定我们需要从单元状态（cell state）中扔掉什么样的信息。这个决策由一个称为"遗忘门"的 Sigmoid 层决定。遗忘门会读取上一个输出 h_{t-1} 和当前输入 x_t，然后输出一个向量 f_t，该向量的每一个维度的值均为 0 到 1 之间，1 代表"完全保留这个值"，0 代表"完全扔掉这个值"。

遗忘门的计算方法为

$$f_t = \sigma(W_f \cdot [h_{t-1}, \ x_t] + b_f) \qquad (5\text{-}24)$$

2）输入门：是确定我们需要在细胞状态中存储什么样的信息。首先，Sigmoid 层调用输入门决定哪些数据需要被更新；之后，一个 Tanh 层创建一个向量加入到状态中；下一步，将这两个

部分合并来产生对状态的更新，方法为

$$i_t = \sigma\left(W_i \cdot \left[h_{t-1},\ x_t\right] + b_i\right) \tag{5-25}$$

$$\tilde{C}_t = \tanh\left(W_C \cdot \left[h_{t-1},\ x_t\right] + b_c\right) \tag{5-26}$$

之后对细胞状态进行更新，将旧状态 C_{t-1} 更新为新状态。在这一步，将 f_t 与 C_{t-1} 相乘，丢弃掉确定需要丢弃的信息，接着加上 $i_t \tilde{C}_t$，其中可以将 i_t 当成一个权重，新的记忆信息决定每个状态的程度变化，表达式为

$$C_t = f_t C_{t-1} + i_t \tilde{C}_t \tag{5-27}$$

3）输出门：用来确定输出的值。Sigmoid 层用来确定单元状态的哪个部分将输出出去。把单元状态通过 Tanh 激活函数进行处理（得到一个在 –1 到 1 之间的值），并将它和 Sigmoid 层的输出相乘，最终来输出我们确定输出的那部分。

输出门的计算方法为

$$O_t = \sigma\left(W_O \cdot \left[h_{t-1},\ x_t\right] + b_O\right) \tag{5-28}$$

$$h_t = O_t \tanh(C_t) \tag{5-29}$$

LSTM 的结构设计使得其适用于处理各种序列数据的复杂特性，它不仅在自然语言处理、语音识别、时间预测序列等领域中表现出色，而且在医疗健康领域，特别是早期疾病判断和预警方面，提供了新的视角和方法。此外，LSTM 模型在中医药信息处理领域也展现出巨大潜力，通过与其他深度学习技术相结合，如结合注意力机制与 BERT 语言表征模型，它能够深入挖掘和理解病历文本，实现中医病历文本信息抽取与自动分类。

（2）门控循环单元网络（gated recurrent unit，GRU）：引入门控机制来控制信息更新的方式。GRU 与 LSTM 相比，主要的区别在于门控机制的设计，图 5-17 给出了 GRU 网络的循环单元结构，相比于 LSTM，GRU 模型更加简洁，更容易训练。

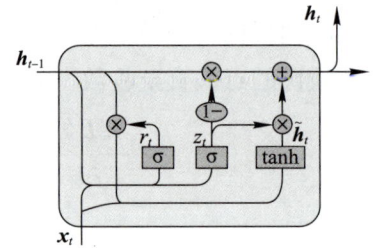

图 5-17　GRU 网络的循环单元结构

GRU 只使用了一个更新门控制信息的流动和状态的更新，即

$$z_t = \sigma\left(W_z \cdot \left[h_{t-1},\ x_t\right]\right) \tag{5-30}$$

其中，z_t 表示更新门，当 $z_t = 0$ 时，当前状态 h_t 与前一时刻的状态 h_{t-1} 之间为非线性函数关系；当 $z_t = 1$ 时，h_t 与 h_{t-1} 之间为线性函数关系。

在 GRU 网络中，用 $\tilde{h}_t$ 表示当前时刻的候选状态，则其计算方式为

$$\tilde{h}_t = \tanh\left(W \cdot \left[r_t\, h_{t-1,}\ x_t\right]\right) \tag{5-31}$$

$$r_t = \sigma\left(W_r \cdot \left[h_{t-1},\ x_t\right]\right) \tag{5-32}$$

r_t 为重置门，用来控制候选状态 $\tilde{h}_t$ 的计算是否依赖上一时刻的状态 h_{t-1}。当 $r_t = 0$ 时，候选状态 $\tilde{h}_t$ 只和当前输入 x_t 有关，和历史状态 h_{t-1} 无关；当 $r_t = 1$ 时，候选状态 $\tilde{h}_t$ 和当前输入 x_t 及历史状态 h_{t-1} 相关。

综上，GRU 网络的状态更新方式为

$$h_t = \left(1 - z_t\right) h_{t-1} + z_t \tilde{h}_t \tag{5-33}$$

GRU 输入输出结构近似于传统的 RNN，而其内部思想又借鉴了 LSTM，这成为了 GRU 的一个重要优势，同时 GRU 使用了同一个门控单元——更新门 z_t，同时对信息状态进行遗忘与选择极易，拥有了与 LSTM 相同的"长短期记忆"功能，与 LSTM 相比，GRU 内部少了一个门控单

元，进而参数比 LSTM 少，但他的功能却相当，甚至在某些确定任务下超过 LSTM。若考虑硬件的计算能力与时间成本，在实际的应用系统中可能更多应用 GRU。

GRU 已被广泛应用于多个领域，包括语音识别、人类基因组研究等。在中医临床诊断中，医生需要不断回顾并分析已经获得的问诊信息，以形成对病例的初步判断。这是一个动态分析的过程，因此，在构建中医临床辅助诊断的数据模型时，需考虑模型对问诊病例这种序列文本数据的处理能力，这意味着模型需能够有效地进行以下操作：①长期记忆保持，模型应能够持续存储关键信息；②信息连贯性，模型需要在分析过程中保持信息传递的一致性；③动态更新，能够根据新信息对先前结论进行动态修正，以反映最新的诊断理解。

鉴于这些要求，GRU 因其在处理序列数据方面的优势，成为构建此类模型的理想选择。GRU 的设计允许它捕捉时间序列中的长期依赖关系，并且能够根据新的输入动态调整之前的预测，这与中医临床诊断中对症状序列分析的需求高度契合，医生根据新的信息不断调整和完善证候描述，直至得出最终的诊断结论。

（四）转换器模型

1. 基础架构　转换器（transformer）模型是一种基于自注意力机制的神经网络架构，主要用于自然语言处理任务中序列数据的处理，其核心优势在于能够高效处理长程依赖问题，相较于传统的循环神经网络在训练速度上有显著提升，其网络模型为编 – 解码结构。

（1）编码器：由 L 个相同层堆叠而成，每层包含 2 个子层，第一个子层为多头自注意力机制，包含并行计算的多个自注意力头，用于捕捉不同子空间的语义关系；第二个子层为前馈神经网络（feed-forward network），其全连接层进行非线性变换，为模型提供更多的学习能力。每个子层后进行残差连接和层归一化处理，缓解梯度消失问题。

（2）解码器：同样由 L 个相同层堆叠而成，每层包含 3 个子层，第一个子层是掩蔽多头自注意力层，用于防止位置信息泄露，确保解码时只能看到之前的位置信息；第二个子层是解码器 – 编码器自注意力层，该层对掩蔽多头自注意力层的输出进行线性投影，从而融合上下文信息；第三个子层是前馈神经网络层，该层与编码器中的前馈神经网络相似，采用同一个多层前馈神经网络对生成的每个位置的表示向量进行线性变换。每个子层后也进行残差连接与层归一化处理。

（3）多头自注意力机制：自注意力机制是指模拟人类注意力的机制，目标是从众多信息中选择对当前任务目标更关键的信息，聚焦于输入序列中最重要的部分。多头自注意力机制是转换器模型的核心，也是自注意力机制的一种扩展，它通过将输入数据分成多个"头"（head），分别计算注意力，之后将结果拼接，从而捕捉不同子空间中的信息。这种方法可以显著提高模型的表达能力和灵活性。

（4）位置编码：转换器模型在编 – 解码过程中的自注意力机制会忽略序列中各个元素的位置信息，为解决这一时序感知问题，转换器模型采用在输入表示中添加位置编码（positional encoding）的方式注入位置信息。位置编码通过正弦和余弦函数生成。

$$p_{i,2j}=\sin\left(\frac{i}{10000^{\frac{2j}{d}}}\right) \tag{5-34}$$

$$p_{i,2j+1}=\cos\left(\frac{i}{10000^{\frac{2j}{d}}}\right) \tag{5-35}$$

其中，$p_{i,2j}$ 为输入序列中第 i 个位置上元素的嵌入向量 e 的第 $2j$ 个分量，d 为嵌入向量 e 的维度。

2. **参数学习**　用公式来描述参数学习的过程。现有输入序列 $X=[x_1, x_2, \cdots, x_n]$，对于输入序列中的每个元素 x_i，将输入拆分为 h 个自注意力头，并将其线性映射到 3 个不同的空间，分别得到查询矩阵 Q、键矩阵 K 和值矩阵 V。

$$Q=W_q X \tag{5-36}$$

$$K=W_k X \tag{5-37}$$

$$V=W_v X \tag{5-38}$$

其中，W_q、W_k 和 W_v 分别为可学习的线性映射的参数矩阵。

对于每个编码器层 l，根据下式计算多头自注意力。

$$H^{(l)} =\mathrm{Attention}^{(l)}(Q^{(l)}, K^{(l)}, V^{(l)}) =\mathrm{softmax}\left(\frac{Q^{(l)}K^{(l)\mathrm{T}}}{\sqrt{d_k}}\right) V^{(l)} \tag{5-39}$$

$$\mathrm{MultiHead}(Q, K, V) =\mathrm{W}_{()} \mathrm{Concat}(H^1, \cdots, H^h) \tag{5-40}$$

其中，$Q^{(l)}$、$K^{(l)}$、$V^{(l)}$ 分别是第 l 层的查询、键和值矩阵，d_k 为键向量的维度；Concat（）为拼接操作，将所有头的结果拼接起来，并通过一个线性变换 $\mathrm{W}_{()}$ 得到最终的输出。参数的更新符合梯度计算链式法则。

转换器模型由于具备全局建模能力，通过自注意力机制模拟中医辨证施治的全局关联思维，在古籍知识挖掘、智能诊疗和方剂优化等方面展现出独特价值。例如，转换器模型可进行中医药文本挖掘，通过对中医药古籍文献的预训练，构建出能够理解中医药术语和概念的语言模型，从而为专业人士提供准确、全面的知识支持；此外，转换器模型还被用于中医诊断生成，通过结合知识图谱和预训练模型，进一步提升模型的语义理解和诊断生成能力。

（五）图神经网络

1. **基础架构**　要了解图神经网络的架构与原理，首先要了解图数据。图数据是由节点（node）和边（edge）组成的数据，其结构可用邻接矩阵来表示，这种表示方式能够捕捉节点间的相互关系：假设图中节点数为 n，邻接矩阵的大小则为 $n \times n$，若节点之间有关联则对应位置表示为 1，无关联则为 0。其信息包含 3 个层面，分别是节点信息（V）、边信息（E）和图整体信息（U），这些属性通常用向量形式来表达。

图 5-18（a）为将图片转化为图形式。其中，每个像素均表示为图中的一个顶点；若两个像素点在图像中彼此相邻，则在相应的图结构中通过一条边相连来表示它们的空间邻近性。在示例图像中，被方框标记的像素点均与 2-2 相邻，在图的表示中通过边连接从而构成一个邻接图，以一种结构化的方式来理解图像内容。

图 5-18（b）为文本转化为图的形式。假设文本内容为 "Graphs are all around us"，其中，每个单词均表示一个顶点，相邻的两个结构之间用边相连，通过有向边来表示这些单词的连接关系。

图 5-18（c）为分子结构表示成图的形式。其中，每个原子表示成一个节点，原子间的连接键表示成一个边。

图神经网络（graph neural network，GNN）是一种深度学习模型，专门用于处理图结构数据。GNN 通过学习图数据的内在结构和属性信息，旨在为上述 3 个层面的属性向量提供最优的表征。网络输入为一个图，图中包括 4 个部分：顶点的特征矩阵、边的特征矩阵、邻接情况的特征矩阵，以及全局信息。网络多维度提取特征后，仍以图的结构进行输出，其中图的拓扑结构保持不变，即节点间的连接关系在 GNN 的处理过程中不受改变。其工作流程如图 5-19 所示。

2. 参数学习　对于一个任意的图结构 $G(V,E)$，其中 V 表示节点集合，E 表示边集合。每个节点 v 都用一组神经元来表示其状态 $\boldsymbol{h}^v$，初始状态为节点 v 的输入特征 $\boldsymbol{x}^v$，每个节点都可以收到来自相邻节点的消息，并更新自己的状态，更新步骤为

$$\boldsymbol{m}_t^v = \sum_{u \in N(v)}^n f(\boldsymbol{h}_{t-1}^v, \ \boldsymbol{h}_{t-1}^u, \ \boldsymbol{e}^{(u,v)}) \tag{5-41}$$

$$\boldsymbol{h}_t^v = g(\boldsymbol{h}_{t-1}^v, \ \boldsymbol{m}_t^v) \tag{5-42}$$

其中，$N(v)$ 表示节点 v 的邻居，$\boldsymbol{m}_t^v$ 表示在第 t 时刻节点 v 收到的信息，$\boldsymbol{e}^{(u,v)}$ 为边 $e^{(u,v)}$ 上的特征。该更新方式属于同步更新，所有的结构同时接收信息并更新自己的状态。

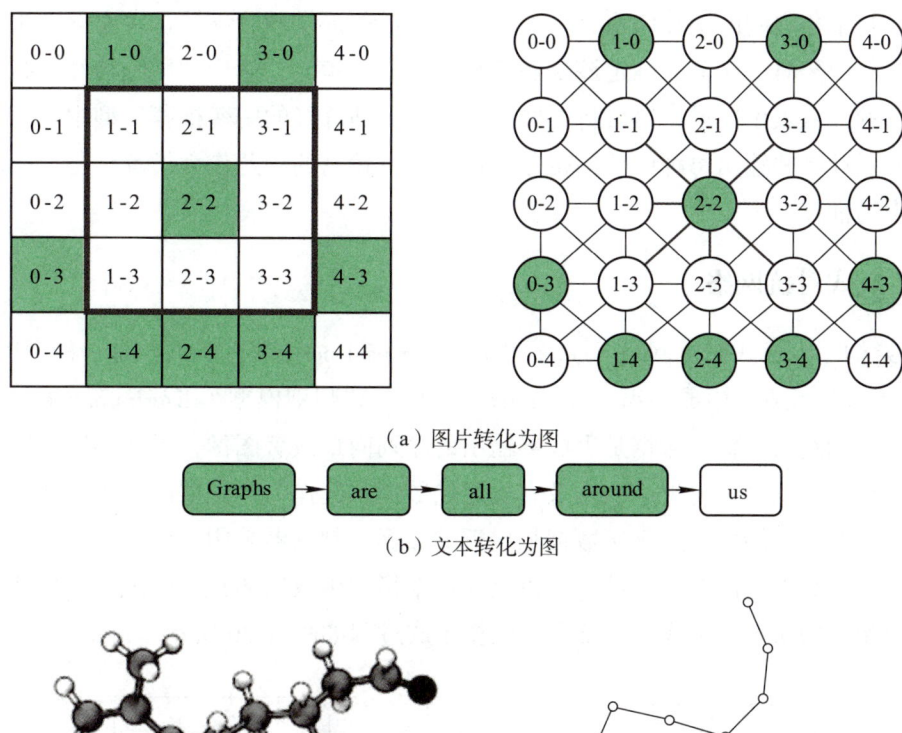

（a）图片转化为图

（b）文本转化为图

（c）分子结构转化为图

图 5-18　将内容表示为图的形式

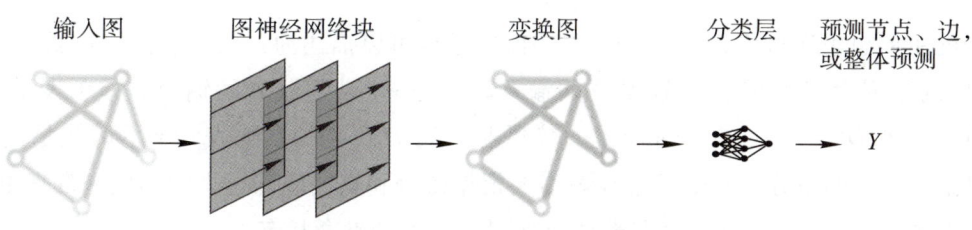

图 5-19　GNN 工作流程图

对于有向图来说，使用异步的更新方式会更有效率。在整个图更新 T 次后，可以通过一个读出函数 $g(\cdot)$ 来得到整个网络的表示。

$$o_t = g\left(\{\boldsymbol{h}_T^v | v \in V\}\right) \tag{5-43}$$

GNN 能够有效地捕捉和学习数据中的隐式和显式关联结构，在自然语言处理、文本分类及药物分子结构分析等多个领域中发挥着重要作用，尤其在生物医学领域，GNN 在药物分子设计、疾病分类、疾病预测及医学图像处理等任务中都具有显著的应用潜力。在中医药领域，GNN 能够将结构化知识整合进深度学习框架，从而揭示中医疾病诊断过程中的内在规律性，同时还可拟合中医"辨证论治"及"整体观"的思维模式，为实现中医诊断的客观化与精准化提供了新的技术手段。例如，在基于证候信息的图神经网络中药推荐方法研究中，研究者首先构建针对不同病症与中药的数据集，在此基础上进一步得到病症－中药矩阵，该矩阵详细记录了病症与中药之间的相关性；随后构建包含所有病症和中药的图神经网络模型，通过该模型的信息传播机制，得以生成病症和中药的嵌入表示向量；最终基于生成的向量来构建并训练得到中药推荐模型，该模型能够学习病症与中药之间的潜在联系，并为中药推荐任务提供预测支持。在实际应用中，当需要为特定疾病推荐中药时，应首先确定该疾病所涉及的病症集合，然后利用图神经网络获取病症集合中各个病症的嵌入表示向量，最后将这些向量输入到训练好的中药推荐模型中，模型根据病症的嵌入表示向量计算并输出每种中药的得分，选取得分较高的中药作为推荐中药，从而为临床提供个性化的中药推荐。

（六）生成式对抗网络

1. 基础架构　生成式对抗网络（generative adversarial network，GAN）是一种深度学习模型。GAN 主要由两部分组成：生成模型（generative model）和判别模型（discriminative model）。在生成对抗网络中，判别器的输入数据是生成器输出的序列向量或者图像，旨在训练过程中，生成与真实数据相接近的数据，并将生成数据及真实原始数据一起作为判别器的输入，使得判别器达到不能准确分辨的程度。为生成与真实数据相接近的数据，判别器采用二值分类器，来更准确地区分真实数据与生成数据之间的差异性，并以反馈值来指导生成器的数据生成，即促使生成器与判别器达到平衡稳定的状态。生成式对抗网络数据生成过程如图 5-20 所示。

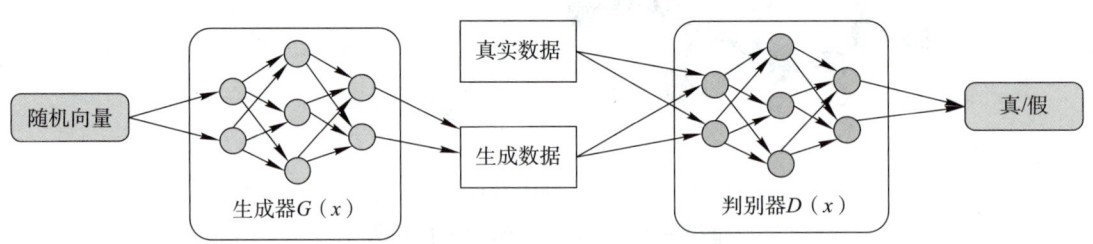

图 5-20　生成式对抗网络框架结构

GAN 的主要思想来自零和博弈。GAN 的博弈过程可以描述为：设生成器 G 的输入为随机噪声 z，输出的数据为 $G(z)$；设判别器 D 的输入数据是 x，判别器 D 的输出 $D(x)$ 表示 x 为真实数据的概率，若 $D(x)=1$，就表示 x 是真实数据，若 $D(x)=0$，则表示 x 不可能是真实数据。如果判别器 D 给出的得分低，生成器 G 就需要根据得分和真实数据获得的损失函数来更新权重，重新生成数据，以此循环，直到生成器 G 与判别器 D 达到平衡状态。

2. 参数学习　设输入到生成器 G 的随机噪声 z 服从 $p_z(z)$ 分布，生成器 G 的输出数据为

$G(z)=x'$，输入到判别器 D 的数据可能是生成数据 $G(z)$，也可能是服从 $p_{data}(x)$ 分布的真实数据 x，判别器 D 的输出 $D(x)$ 表示 x 为真实数据的概率。在生成式对抗网络中，我们要计算的均衡点就是希望找到一个对于生成器来说最小而对判别器来说最大的代价函数 $V(D,G)$，我们可以把它定义成一个寻找极大极小值的问题，则 GAN 模型的损失函数为

$$\min_G\max_D V(D,G)=\min_G\max_D\{E_{x\sim p_{data}(x)}[\log D(x)]+E_{z\sim p_z(z)}[\log(1-D(G(z)))]\} \quad (5-44)$$

式中，p_{data} 表示初始给定的数据分布，p_z 表示随机初始化噪声分布，$D(G(z))$ 表示判别器 D 判断生成器 G 生成的数据为真实数据的概率，$E_{x\sim p_{data}(x)}[\cdot]$ 表示 x 服从真实数据分布取样的数学期望，$E_{z\sim p_z(z)}[\cdot]$ 表示 z 服从随机噪声分布取样的数学期望。

使用随机梯度下降法更新参数，参数更新方式如下。

Input：p_{data}，p_z

Output：学习到的 G，D

for number of training iterations do

  for k steps do

    从 p_z 中取 m 个样本

    从 p_{data} 中取 m 个样本

    通过梯度下降法更新 G 中参数

$$\nabla_{\theta d}\frac{1}{m}\sum_{i=1}^{m}\left[\log D(x^{(i)})+\log(1-D(G(z^{(i)})))\right]$$

  end for

从 p_z 中取 m 个样本

通过梯度下降法更新 D 中参数

$$\nabla_{\theta g}\frac{1}{m}\sum_{i=1}^{m}\left[\log(1-D(G(z^{(i)})))\right]$$

end for

在中医药领域中，生成式对抗网络主要应用于宏基因组研究中。例如，在宏基因组研究中，往往需要大规模的微生物组成和功能数据，使用 GAN 网络能够生成具有高度逼真性的宏基因组数据样本，包括微生物的相对封堵、基因功能注释等关键信息，从而在扩展现有数据集规模的同时增加数据的多样性。此外，合成数据的引入有助于提高模型的泛化能力，降低其对特定环境或样本偏差的依赖，从而在宏基因组学研究中发挥中药作用。

拓 展 阅 读 5-3：深度学习及其应用课程介绍

二、模型分析

（一）性能分析

1. 过拟合（over-fitting）与欠拟合（under-fitting） 经验误差是学习器在训练集上的误差，泛化误差是学习器在新样本上的误差，泛化能力强的模型才是好模型。

欠拟合和过拟合是导致模型泛化能力不强的两种常见原因，都是模型学习能力与数据复杂度之间失配的结果。欠拟合是指模型过于简单，描述能力太弱，以至于不能很好地学习数据中的规律，具体表现就是模型在训练集和测试集上的误差都较大，具有较大的经验误差与泛化误差。

过拟合是指学习时选择的模型所包含的参数过多，学习能力过于强大，以至于在训练集上表现好，但在测试集上表现较差的情况。当模型过于关注训练集中的噪声或个别样本时，就容易导致模型出现过拟合的问题，这时模型的泛化能力就会受到影响，泛化误差就会变大。以判断人参为例，图 5-21 给出了关于欠拟合与过拟合的一个便于理解的直观对比。

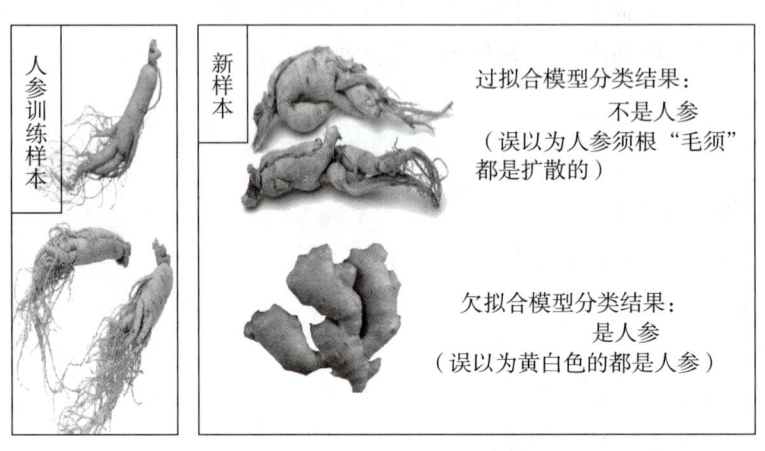

图 5-21 过拟合、欠拟合的直观对比

2. 解决方法

（1）欠拟合解决方法：造成欠拟合的主要原因在于模型过于简单，常见的解决方法是增加更多的特征，提高模型的表达能力。例如，在线性模型中添加二次项或三次项，使用复杂模型。

（2）过拟合解决方法：造成过拟合的主要原因在于训练样本量较少而样本的特征数量过多，模型参数太多导致复杂度过高。解决过拟合的常用方法如下。

1）增加训练样本量：常用的方式是对已有的图像进行随机平移、旋转、缩放等方式进行数据扩充。

2）正则化：在模型代价函数后添加正则化约束能够降低模型复杂度，常用的正则化方法包括加上 L_1 范数或 L_2 范数。

3）丢弃法（dropout）：该方法通过修改神经网络中隐藏层的神经元个数来防止过拟合现象。在训练开始时，按一定的比例随机地删除一些隐藏层神经元，使网络模型结构简单化。

4）提前停止训练：该方法是一种迭代次数截断方法，在模型训练过程中，可通过观察验证集上的预测性能来决定何时停止对参数的优化，从而可以在产生过拟合现象之前停止训练。

（二）测试集的划分方式

深度学习的主要任务是高效地利用数据来构建性能优异的模型，数据集需要分为两部分：一部分用于模型的学习与训练，称为训练集；另一部分用于评估模型的最终效果，称为测试集。为了保证训练过程中的有效性，训练集与测试集还应满足独立同分布假设。在模型训练的过程中，超参数（如学习率、正则化系数等）的设置对模型性能有显著影响，依赖训练集进行模型选择或参数调优可能会造成偏差，而测试集是在模型与参数确定后仅使用一次，因而，通常我们从整体数据中再进一步划分出一部分作为验证集，用于模型选择与参数调优，以不影响最终的模型评估。综上，在深度学习实验中，数据集通常被分为三个部分：训练集用于模型学习，验证集用于模型选择与参数调优，测试集用于最终的性能评估，这种划分策略有助于更准确地评估模型的泛化能力。

在实际应用中，我们需要使用"测试集"来测试模型对新样本的判断能力，之后以测试集上的测试误差作为泛化误差的近似。在大多数情况下，我们只有训练集数据 D。在实际应用中，需要对原始数据集 D 进行适当处理，从中划分出训练集 S 与测试集 T。下面介绍 3 种获取测试集的方法。

1. 留出法（hold-out） 是评估模型性能的常用方法之一。对于一个整理好的数据集，这种方法直接将数据集划分为两个互斥的集合，其中一个集合作为训练集，用于训练模型；另一个集合作为测试集，用于测试模型。

在划分训练集和测试集时，需要保持两个子集中的数据分布相同，即训练集和测试集中各类样本的比例应尽可能保持一致。这样，在测评模型时，可以避免因数据分布不同而产生的偏差。为了实现数据同分布，可以采用分层随机采样，对每个类别分别采样划分子集。同时，测试集应该与训练集尽可能互斥，即测试样本尽量未在训练过程中使用。在分层采样的过程中，不同划分方式所得到的不同的训练集与测试集，其对模型评估的结果也可能不同。因此需要进行对测试误差进行平均处理。留出法的具体操作如图 5-22 所示。

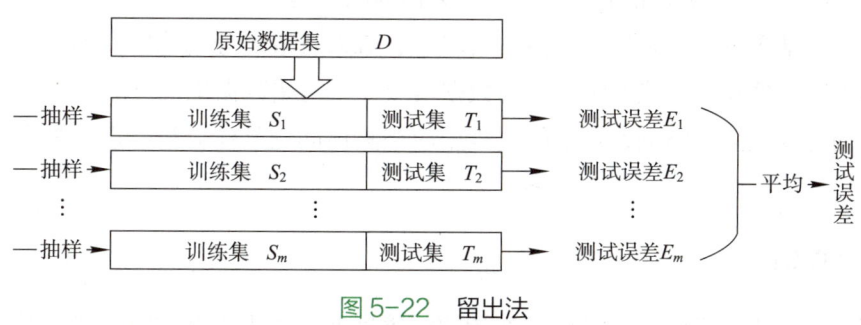

图 5-22 留出法

2. K- 折交叉验证法（K-fold cross-validation） 是一种用于评估机器学习模型性能的技术，它通过将数据集分成 K 个折（或称为"块"或"子集"）来进行 K 次模型训练和验证。在每次迭代中，使用其中一个折作为验证集，其余的 $K-1$ 个折作为训练集。这种过程有助于更全面地评估模型的性能，特别是在数据集较小的情况下。

K 的取值通常为 5 或者 10，其中 10 最为常见。实际操作中，首先将样本全集采用分层抽样的方式随机划分为大致相等的 K 个子集，每个子集包含约 $1/K$ 的样本。然后，每次都把 $K-1$ 个子集的并集，也就是约 $(K-1)/K$ 的样本作为训练集，把剩下的 $1/K$ 的样本作为测试集。基于训练集训练获得模型，基于测试集进行评价，计算测试集的均方误差。最后，将 K 次获得的 K 个验证集的均方误差进行平均，即为对测试误差的估计结果。以 10 折交叉验证法为例，其具体操作如图 5-23 所示。

K- 折交叉验证法的优势如下：一是通过对 K 个不同分组训练的结果进行平均，减少了评估结果的方差，每组数据均作为测试数据出现，提高了数据的利用率；二是使用多个不同的子集作为验证集，可以更全面地评估模型的性能。然而，K- 折交叉验证法也有其局限性。当原始数据集较小时，不同的划分方式可能会导致数据分布的差异，从而影响评估结果的稳定性，若是数据集中的类别分布不平均，$K-$ 折交叉验证可能导致每次划分后子集类别数量不一致。此外，$K-$ 折交叉验证需要进行多次训练和验证，计算成本相对较高。

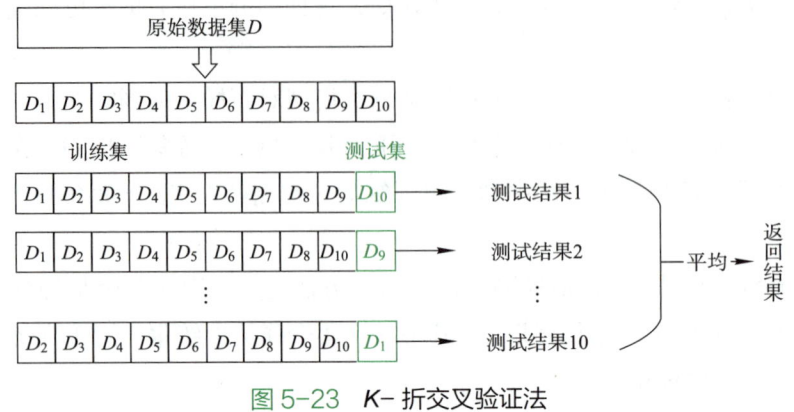

图 5-23　$K-$ 折交叉验证法

3. **自助法（bootstrap）**　是一种从给定训练集中有放回的均匀抽样方法，用于估计一个统计模型的不确定性。自助法的基本步骤是：给定一个包含 m 个样本的数据集 D，对它进行采样产生新的数据集 D'（每次从 D 中随机挑选一个样本，将其拷贝放入 D'，然后再将该样本放回初始数据集 D 中，使得该样本在下次采样时仍有可能被采到。这个过程重复执行 m 次后，就得到了新的数据集 D'）。通过自助采样，初始数据集 D 中约有 36.8% 的样本数据不会出现在新数据集 D' 中，最后，我们将 D' 作为训练集 S，未抽到的样本集合 $D-D'$ 作为测试集 T。

自助法由于其基于可重复采样，当数据集较小、难以有效划分训练集和测试集时，自助法的效果显著；其不足之处在于，该方法产生的数据集改变了初始数据集的分布，会引入估计误差。

每种方式均有其优势与弊端，在实战过程中应当具体问题具体分析，选出最合适的测试集产生的方法。

（三）模型评估

在实际应用中，我们需要有衡量模型性能的评价标准。由于深度学习是机器学习进一步发展所得，因此机器学习的评估指标在深度学习中同样适用（详见第四章第一节），此处不再赘述。

三、常用的深度学习框架

深度学习框架是用于设计、训练和测试深度学习模型的软件库，利用框架可以快速实现深度学习模型的构建与实验。下面主要介绍当前深度学习领域影响力比较大的 5 个框架。

1. **Caffe**　全称是 convolutional architecture for fast feature embedding，由加州大学伯克利分校开发的针对卷积神经网络的计算框架，主要用于计算机视觉。它是一个清晰、高效的深度学习框架，核心语言是 C++，它支持命令行、Python 和 MATLAB 接口，既可以在 CPU 上运行，也可以在 GPU 上运行。

Caffe 凭借其易用性、简洁明了的源码、出众的性能和快速的原型设计获得了众多用户的青睐，曾经占据深度学习领域的半壁江山。但在 Caffe 中每实现一个新的层，都需要使用 C++ 实现其前向传播和反向传播的代码，如果想要新层运行在 GPU 上，还需要同时利用 CUDA 实现这一层的前向传播和反向传播，这就使得应用起来缺失灵活性，拓展难、应用具有局限。

2. TensorFlow 由 Google 公司开发的深度学习框架，可以在任意具备 CPU 或者 GPU 的设备上运行。TensorFlow 的计算过程使用数据流图来表示，名字来源于其计算过程中的操作对象为多维数组，即张量（tensor）。

TensorFlow 编程接口支持 Python 和 C++。它通过计算图抽象化复杂的数学运算，支持跨平台运行，并能够高效地进行分布式运算。由于 TensorFlow 使用 C++ Eigen 库，所以库可在 ARM 架构上编译和优化。这也就意味着用户可以在各种服务器和移动设备上部署自己的训练模型，无须执行单独的模型解码器或者加载 Python 解释器。

TensorFlow 的优势在于其丰富的 API 库、动态计算图的能力，以及可被任一基于梯度的学习算法借鉴，加上其庞大的开发者社区和 Google 的持续支持，TensorFlow 不断更新优化，成为深度学习的首选工具之一。

3. PyTorch 由 Facebook、NVIDIA、Twitter 等公司开发维护的深度学习框架。PyTorch 在需要动态改变神经网络结构的任务中有着明显的优势。PyTorch 的设计简洁，更少的抽象、更直观的设计使得 PyTorch 的源码十分易于阅读。

PyTorch 提供了大量的预训练模型和工具包，强调动态计算图的构建，可以更灵活地进行模型调整和调试，使得模型构建和调试更加直观，特别适合研究和原型开发；并且易于在 GPU 上加速训练，具有出色的 GPU 加速性能。

PyTorch 的 API 设计简洁直观，易于上手，尤其适合初学者和研究人员快速实验与原型开发；其动态计算图提供了高度的灵活性，允许用户在训练过程中对网络结构动态修改，为计算机视觉、自然语言处理等任务提供了便利。

4. MXNet 是一个深度学习库，支持 C++、Python、R、Scala、Julia、MATLAB 及 JavaScript 等语言，支持命令和符号编程，可以运行在 CPU、GPU、集群、服务器、台式机或者移动设备上，是由亚马逊、华盛顿大学和卡内基·梅隆大学等开发维护的深度学习框架。MXNet 支持混合使用符号和命令式编程来最大化效率和生产率，并可以有效地扩展到多个 GPU 和多台机器。

MXNet 的优点是具有超强的分布式支持，明显的内存、显存优化。同样的模型，MXNet 往往占用更小的内存和显存，并且在分布式环境下，MXNet 展现出了明显优于其他框架的扩展性能。缺点为 MXNet 长期处于快速迭代的过程，其文档却长时间未更新，导致用户难以上手。

5. Keras 是一个易用且功能强大的，用 Python 编写的高级神经网络 API。Keras 提供了易于使用的模型构建模块化设计和强大的拓展性，允许用户轻松添加新的功能和模块；同时 Keras 支持多个后端引擎，可以在 Tensorflow、Theano、CNTK 等框架上运行，旨在降低使用难度，简化用户的认知负担。

Keras 允许简单而快速的原型设计，但由于过度封装，会导致用户在新增操作或是获取底层的数据信息时过于困难，并且运行缓慢。

需要注意的是，这些框架各有优缺点，在不同的应用场景下可能有不同的最佳选择。因此，在选择框架时，建议根据项目需求和研究方向、编程技能和个人喜好进行评估和比较，最后选择具体的框架。

拓 展 阅 读 5-4：十大主流深度学习框架

第三节　发 展 趋 势

一、深度学习的应用模型

随着计算机技术的进步和数据量的激增，基于人工神经网络的深度学习已成为人工智能的关键技术。利用深层神经网络架构和大规模数据训练，深度学习能够进行复杂的特征提取和模式识别，取得了一系列显著的成就。其中，大模型是深度学习领域中的一种重要技术，它指的是由数百万，甚至数十亿个参数组成的神经网络模型。这些模型能够处理大规模的数据集，并展现出强大的学习能力和泛化能力。大模型通常具有海量的参数和复杂的架构，有效集成了自然语言处理等多个人工智能核心研究领域的关键技术，实现了技术的融合创新。它们能够在海量通用数据上进行预训练，从而具备多种基础能力，摆脱传统人工智能能力碎片化、作坊式开发的局限。

与传统的深度学习技术相比，大模型通常在规模庞大的数据集上进行训练，这些数据集可能包含数百万到数十亿个样本，无论这些样本是否经过标记。得益于其强大的泛化能力，在深度学习领域，模型性能随着模型大小、数据集规模和训练计算量呈现幂律关系，大模型能够适应并有效处理在训练过程中未遇到的新情况。此外，大模型在执行多项任务时往往能够展现出卓越的性能，其表现往往接近或超越传统深度学习中的最佳算法。大模型的发展是当前人工智能时代科技进步的必然趋势。近年来，大模型在法律、医疗等众多领域中实现了快速的垂直应用，并显示出了巨大的应用潜力与经济价值。下面介绍几种经典的大模型。

1. ChatGPT　是由 OpenAI 开发的一款人工智能聊天机器人程序，它基于人工智能技术，尤其是自然语言处理（NLP）和深度学习技术，能够与用户进行交互式的对话。ChatGPT 在训练过程中学习了大量的文本数据，从而具备了理解和生成自然语言的能力。

ChatGPT 的核心优势在于其强大的语言理解能力和生成能力。它能够理解用户输入的文本信息，并基于这些信息生成相应的回复。ChatGPT 还能够根据上下文信息，进行连续的对话，使得用户感觉像是在与一个真实的人进行交流。

此外，ChatGPT 还具备很高的灵活性和适应性。它可以根据不同的应用场景和需求，进行定制和优化，以满足用户的特定需求。例如，在教育领域，ChatGPT 可以作为智能辅导工具，帮助学生解答问题；在客服领域，ChatGPT 可以作为智能客服机器人，提供 24 h 不间断的服务。

ChatGPT 的应用前景十分广阔。随着人工智能技术的不断发展，ChatGPT 将会在更多领域发挥重要作用，为人们提供更加便捷、高效的服务。同时，ChatGPT 也将推动人工智能技术的进一步发展和普及，为人类社会带来更多的创新和进步。

总之，ChatGPT 是一款强大的人工智能聊天机器人程序，它具备强大的语言理解和生成能力，能够为用户提供高质量的交互式对话体验。在未来，ChatGPT 有望在更多领域发挥重要作用，成为人工智能技术发展的重要推动力量。

2. AlphaFold　是由 DeepMind 开发的一款基于深度学习的蛋白质结构预测工具。它利用人工智能算法，特别是深度学习技术，来预测蛋白质的三维结构，从而为生物学和医学领域的研究提供了革命性的方法。

AlphaFold 的核心优势在于其出色的预测准确性和效率。它通过学习大量的蛋白质序列和结构数据，建立了强大的预测模型。该模型能够捕捉蛋白质序列中的复杂模式，并预测出相应的三维结构。AlphaFold 的预测结果不仅准确度高，而且速度快，使得大规模蛋白质结构预测成为可能。

AlphaFold 的应用场景非常广泛。在生物学研究中，蛋白质的结构与其功能密切相关。通过 AlphaFold 预测蛋白质结构，研究人员可以更好地理解蛋白质的作用机制，从而揭示生命活动的奥秘。在药学领域，AlphaFold 可以帮助科学家预测疾病相关蛋白质的结构，为药物设计和疾病治疗提供重要线索。此外，AlphaFold 还可以应用于生物工程领域，指导蛋白质设计和改造，为生物材料的开发和应用提供有力支持。

AlphaFold 的成功离不开深度学习技术的发展。深度学习使得 AlphaFold 能够从海量的数据中提取出有用的信息，并建立起复杂的预测模型。同时，随着计算能力的提升和算法的优化，AlphaFold 的性能也在不断提升，为蛋白质结构预测领域带来了更多可能性。

总之，AlphaFold 是一款基于深度学习的蛋白质结构预测工具，其出色的预测准确性和效率为生物学和医学领域的研究提供了强有力的支持。随着技术的不断进步和应用场景的拓展，AlphaFold 有望在更多领域发挥重要作用，推动科学研究的深入发展。

拓展阅读5-5：2024 年诺贝尔化学奖授予 AlphaFold

3. Uni-Mol 是由深势科技于 2022 年 5 月发布的一款基于分子三维结构的通用大模型。这款模型直接将分子三维结构作为模型输入，而非采用一维序列或二维图结构，使得它在几乎所有与药物分子和蛋白口袋相关的下游任务上都超越了现有技术的水平。Uni-Mol 框架由两个模型组成：一个是由 2.09 亿分子三维构象训练的分子预训练模型，另一个是由 3 百万候选蛋白口袋数据训练的口袋预训练模型。

Uni-Mol 的性能优越，模型泛化能力强，具有广泛的应用前景。它可以用于分子生成、性质预测等业界关注的多种通用能力，覆盖众多行业。Uni-Mol 的核心功能包括分子坐标的旋转平移不变性、原子对表征通信及 se（3）等变的坐标更新机制。Uni-Mol 在多个实际场景中得到了应用，如蛋白质 - 药物构象生成、单步逆合成设计、药物毒理性预测、碳捕捉材料性质预测及 OLED 发光性质预测等。这些应用都展示了 Uni-Mol 作为基座大模型的强大通用性。

总的来说，Uni-Mol 是一个功能强大、性能优越的深度学习模型，为分子世界的探索提供了有力的工具，有望为千行百业带来新质生产力。

4. T5（text-to-text transfer transformer） 是由 Google 的 Raffel 等人于 2019 年提出的深度学习模型，是一个基于 Transformer 的 NLP 模型，它将所有任务统一视为一个输入文本并输出到文本（text-to-text）中，即通过将任务嵌入在输入文本中，用文本的方式解决各种 NLP 的任务。

T5 的参数量高达 110 亿，超过了 BERT Large 模型，且在多项 NLP 任务中达到了 SOTA 性能。它采用了更广泛的输入输出形式，使得模型具有很强的任务适应性，可以通过微调来完成多种不同的 NLP 任务，如问答、文本摘要、机器翻译等。

二、深度学习前沿发展

1. 强化学习（reinforcement learning，RL） 是一种在交互中进行学习的算法。其核心在于智能体（agent）通过与环境的交互，学习从环境状态到动作的映射，以最大化从环境中获得的累积奖赏值。

图 5-24 给出了强化学习机制的一个简单图示。智能体是可以感知环境的状态（state），并根据反馈的奖励（reward）学习选择一个合适的动作（action），来最大化长期总收益。对于推荐系统，智能体为推荐系统本身，它包括基于深度学习的推荐模型、探索（explore）策略，以及相关的数据存储（memory）。

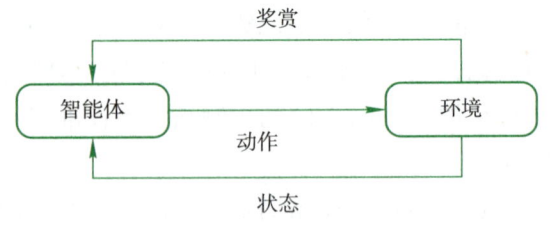

图 5-24 强化学习机制

环境会接收智能体执行的一系列动作，对这一系列动作进行评价并转换为一种可量化的信号反馈给智能体。强化学习的目标是让智能体学习到一个好的策略，使总体期望奖励最大。

强化学习任务通常用马尔可夫决策过程（Markov decision process，MDP）：机器处于环境 E 中，状态空间为 X，其中每个状态 X 是机器感知到环境的描述。

强化学习的智能体的主要构成包括以下几个部分。

（1）策略：智能体的行为函数，是从状态到动作的映射。

（2）价值函数：对未来奖赏的预测，用来评估当前状态的好坏。因此，在每次动作之间来选择。

$$v_\pi(s) = E_\pi(R_{t+1} + \gamma R_{t+2} + \gamma^2 R_{t+3} + \cdots \mid S_t = s) \tag{5-45}$$

（3）模型：智能体对于缓解的表达方式，用来预测下一步做什么。P 用来预测下一个状态，R 用来预测下一次奖赏。

强化学习的基本原理是：如果 agent 的某个行为策略导致环境给予正的奖赏（强化信号），那么 agent 以后产生这个行为策略的趋势便会加强。agent 的目标是在每个离散状态发现最优策略，以使期望的折扣奖赏和最大。在此过程中，选择的动作不仅影响立即强化值，而且影响环境下一时刻的状态及最终的强化值。

2. 深度强化学习（deep reinforcement learning，DRL） 是人工智能领域的一项新兴研究趋势，融合了深度学习在感知能力方面的优势与强化学习在决策制定上的能力，其融合机制如图 5-25 所示。这种学习范式通过深度学习算法从环境中提取目标相关数据，并通过端到端的学习方式实现从原始输入到输出的直接控制。相比传统深度模型的优势就在于强化学习模型能够进行"在线学习"，即模型能够不断利用新获取的知识进行自我更新，及时调整策略，并对环境变化做出快速反馈。

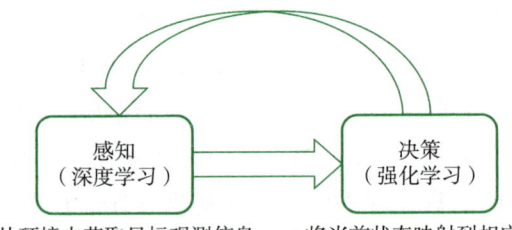

● 从环境中获取目标观测信息   ● 将当前状态映射到相应动作
● 提供当前环境下的状态信息   ● 基于预期回报评判动作价值

图 5-25 深度学习与强化学习的有机结合

其学习过程可以描述如下。

（1）在每一时刻，智能体与环境进行交互，接收到一个高维观察数据，随后利用深度学习技术对高维数据进行感知观察，从而提取出具体的状态特征表示。

（2）基于预期回报来评估不同动作的价值，并构建价值函数，随后通过某种策略将当前状态映射为相应动作。

（3）环境对此动作做出反应，并提供下一时刻的观察数据。

通过不断循环以上过程，最终可以得到实现目标的最优策略。其原理框架图如图 5-26 所示。

深度强化学习在中医药领域的应用是一个新兴有前景的研究方向。例如，在基于深度强化学习的中药制药过程自主优化决策方法的研究中，该方法以中药真空带式干燥工艺为研究对象，构建了基于深度强化学习算法的工艺自主决策模型，实现了工艺参数的自主优化策略及最优过程控制路径的规划，为中药制药过程的智能化与自动化提供了一种有效的解决方案。

3. 迁移学习 在基于监督学习的深度学习模型中，网络基于有标签的训练数据集进行特征学习，使用训练好的模型对无标签的测试数据集进行预测。

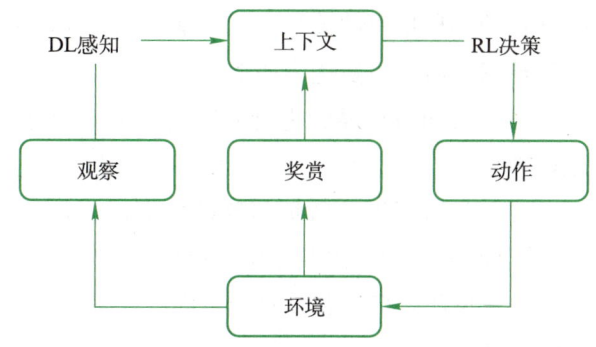

图 5-26 深度强化学习原理框架图

若是在测试数据集上想取得较好效果，则需满足以下三点：一是训练数据集量足够，使网络能够充分提取数据的特征；二是网络模型需具备较好的泛化性能，对于新的输入数据能够进行合理输出；三是测试数据与训练数据服从独立同分布假设，将从训练数据中学习到的映射应用至同分布的测试数据中。但在实际应用中往往难以满足上述条件，迁移学习是一种在训练样本量有限的情况下，避免网络过拟合现象发生的一种策略。

迁移学习是机器学习中的一种重要方法，它指的是利用已经训练好的模型，在新的任务上进行微调，从而加速新任务的学习过程并改善学习性能。其核心在于找到已有知识和新知识之间的相似性，利用这个桥梁来帮助学习新知识。

在迁移学习中，我们已有的知识被称为源域（source domain），而要学习的新知识则被称为目标域（target domain）。如图 5-27 所示，其中，域 D 为网络学习的主体，包括源域（D_S）与目标域（D_T）；任务 T 为网络学习的目标，使网络完成某一具体的分类或是回归任务，与域 D 相对应，任务 T 同样分为源任务（T_S）与目标任务（T_T）。迁移学习的原理是将源领域上学习到的知识、模型、特征、参数等，迁移到一个或多个目标领域上。这种方法可以有效地减少对新任务标注数据的需求，从而解决监督学习中标注数据不足的问题。

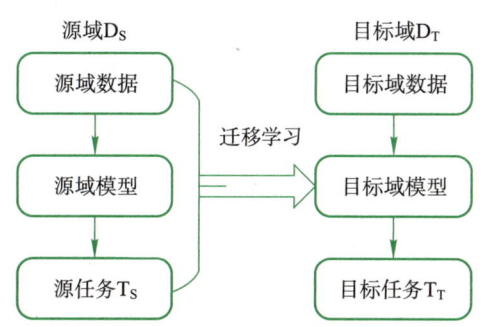

图 5-27 迁移学习的任务表示

将迁移学习按照学习方法分类，又可分为基于样本、基于特征、基于参数与基于关系的迁移学习方法四大类，当面对不同情况时，需考虑不同的迁移方式。当源域与目标域中的特征相似度较高时，可选取基于样本的迁移方法，该方法的本质思想是对源域中的样本进行权重均衡，在源域中，提高与目标域相似样本的权重并降低不相干的样本权重，以此来减少源与目标域的差异；针对源域与目标域之间也相似度较低的情况，可选取基于特征的迁移学习方法，通过特征变换使源域与目标域在特征空间内具有相似性，并在此基础上通过训练学习不断减小源域与目标域之间的误差，达到迁移学习的目的。

在神经网络中应用范围最广泛的迁移学习方法为基于参数的迁移学习，该方法通过共享源域与目标域之间的某些参数或是先验分布来实现迁移学习。其中，微调（fine-tuning）为基于参数方法中的典型应用，它通过对源域中已经训练好的模型中部分结构与参数进行再利用，从而将有利于目标域特征提取的信息进行迁移。

基于关系的迁移学习利用源域与目标域之间的相关性知识进行映射，其关键是找到两个域之间存在的某种相似性关系，在此基础上建立映射，达到迁移学习的目的。

迁移学习的主要优势如下。

（1）对知识与经验进行复用，不必对问题重新建模，在目标域 D_T 仅需少量的数据即可取得较好效果。

（2）放宽了训练数据与测试数据需服从独立同分布的条件，迁移学习的核心思想是找到 D_S 与 D_T 之间的共性知识并应用于目标任务 T_T 中。

（3）网络普适性强，针对不同的任务 T 可灵活对迁移部分进行调整，从而提升网络性能。

（闫朝升 李 丹）

🌐 **数字资源详见 新形态教材网**

⬆ 编者导学　🖥 拓展阅读　💻 教学课件　✖ 思考题

编者导学

第六章

中药信息技术前沿

思维导图

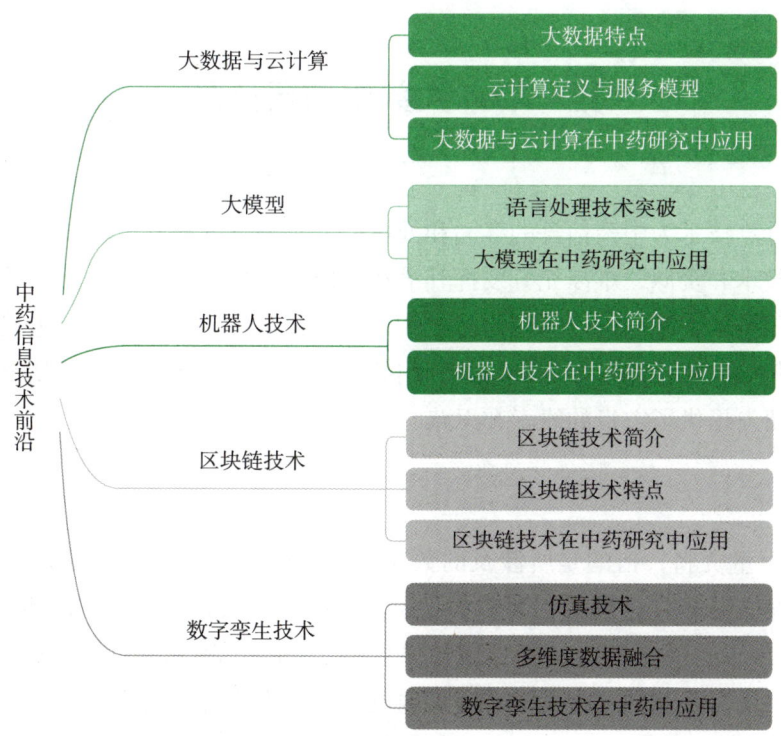

中药信息学作为一门交叉学科，在中药学基础上，整合了计算机科学、信息学、物理学和管理学的理论与技术，从信息表征、传播和利用的角度，推动了中药学的整体性、时代适应性和理论包容性的提升。它不仅为中医药的传承和发展提供了新的机遇，也促进了中医药现代化，改善了中医药的传播、使用和管理方式，对提升中医药服务质量和科技进步具有重要作用。随着科技的进步，中药信息学将在未来发挥更关键的作用，为中医药事业注入新的活力。

在信息化、数字化的大潮中，中药信息学犹如一艘扬帆起航的巨轮，正迎接着前所未有的发展机遇。随着大数据与云计算、自然语言大模型、机器人技术、区块链技术及数字孪生技术等新兴数字技术的蓬勃发展，中药信息学的研究与实践领域得到了前所未有的拓展与深化。这些技术的崛起，为中药信息学提供了强大的工具和资源，不仅彻底改变了中药信息的存储、处理和分析方式，更为中药研发、生产、流通等各个环节带来了创新与升级的新契机。本章将围绕这些数字技术在中药信息学中的应用与发展展开探讨，以期学生能对其有一个全面、深入的了解。

第一节　大数据与云计算

大数据与云计算技术为中药信息的存储和处理插上了腾飞的翅膀。以往，中药信息的存储和处理方式受限于技术和资源，难以充分发挥其潜在价值。而现在，借助云计算的弹性伸缩能力和大数据的深入挖掘技术，我们可以轻松构建庞大的中药数据库，并实现对海量数据的快速处理和高效分析。这不仅极大地提升了中药信息的利用效率，更为我们揭示了中药复杂成分和药效机制的奥秘，为新药研发提供了宝贵的线索和思路。

一、简介

大数据或称巨量资料，指的是所涉及的数据量规模巨大到无法用主流软件工具在合理时间内进行撷取、管理、处理并整理成有助于企业经营决策的资讯。它的特点包括大量性（volume）、高速性（velocity）、多样性（variety）、低价值密度性（value）和真实性（veracity）。大数据的价值在于发掘数据中的有效信息，帮助学者和其他机构做出更明智的决策。

云计算则是分布式计算的一种，通过网络"云"将巨大的数据计算处理程序分解成无数个小程序，然后通过多部服务器组成的系统进行处理和分析，得到结果并反馈给用户。云计算提供了强大的计算和存储能力，可以按需配置资源，向用户提供个性化服务。云计算的出现源于用户服务需求的增长和企业处理业务能力的提高。大数据和云计算之间的关系非常紧密，它们相互依赖，共同发展。第一，云计算为大数据提供了平台：云计算的弹性和可扩展性使得它成为处理和分析大数据的理想环境。云服务可以快速扩展资源以应对数据量的增长和复杂的数据处理任务。第二，大数据推动了云计算的发展：随着对大数据需求的增加，云服务提供商不断优化和扩展他们的服务，以更好地支持大数据应用。第三，共同支持人工智能和机器学习：大数据提供了训练人工智能模型所需的大量数据，而云计算提供了必要的计算资源和算法库，使得人工智能和机器学习应用得以快速发展。

二、大数据与云计算在中药安全与质量控制方面的应用

随着信息技术的飞速发展，大数据和云计算已经成为各行各业不可或缺的重要工具。在中药

信息学领域，特别是在中药安全与质量控制方面，大数据和云计算的应用正在逐步深入，为中药行业的可持续发展提供了强大的技术支持。

首先，大数据技术在中药安全与质量控制中的应用主要体现在数据的收集、处理和分析上。通过收集中药生产、流通、使用等各个环节的数据，包括药材的种植、采摘、加工、储存等信息，以及中药制剂的生产工艺、质量控制参数等数据，大数据技术可以对这些数据进行深入挖掘和分析。例如，通过分析药材的生长环境、采摘时间等因素对药材质量的影响，可以为优化药材种植和采摘工艺提供依据；通过对中药制剂的生产过程进行监控和数据分析，可以及时发现潜在的生产问题，提高产品质量。

云计算技术则为大数据的处理和分析提供了强大的计算能力和存储资源。通过云计算平台，可以构建高效的数据处理和分析系统，实现对大规模数据的快速处理和分析。同时，云计算还可以提供灵活的资源共享和协作机制，使得不同部门、不同机构之间可以共享数据和分析结果，加强合作与沟通，共同提升中药安全与质量控制水平。

具体来说，大数据和云计算在中药安全与质量控制中的应用包括以下几个方面。

1. **实时监测与预警** 借助物联网设备和传感器技术，可以实时收集中药生产、储存、流通等环节的数据。这些数据通过云计算平台进行实时处理和分析，能够及时发现潜在的质量问题和安全风险，从而实现对中药质量安全的实时监测和预警。预警系统能够及时响应异常情况，防止质量问题扩大化，确保中药产品的安全性。

2. **质量控制与优化** 通过对中药生产过程中的数据进行深度分析，可以找出影响产品质量的关键因素和潜在问题。基于这些分析结果，可以优化生产工艺和质量控制方法，提高中药产品的稳定性和一致性。同时，利用大数据技术还可以对中药产品进行批次质量分析，确保每批产品都符合质量标准，为消费者提供安全、有效的中药产品。

3. **安全风险评估与管理** 借助大数据技术对中药的安全风险进行评估和预测，可以及时发现潜在的安全隐患，为风险防控提供科学依据。通过对历史数据的分析和挖掘，可以了解中药在不同使用场景下的安全性表现，为临床用药提供决策支持。同时，还可以建立中药安全事件的应急预案和响应机制，确保在发生安全事件时能够迅速、有效地应对。

4. **追溯体系建设** 基于大数据和云计算技术，可以构建完善的中药产品追溯体系。通过对中药材从种植、采收、加工、炮制到流通、使用等全过程的数据进行记录和管理，可以实现对中药产品的全程追溯。这不仅有助于保障消费者的知情权，增强公众对中药质量安全的信心，还可以为政府监管部门提供有力的监管手段，确保中药市场的规范化和有序化。

总之，大数据和云计算在中药安全与质量控制方面的应用具有广阔的前景和巨大的潜力。随着技术的不断进步和应用场景的不断拓展，它们将为中药行业的质量管理和安全监管提供更加全面、高效、精准的支持。

第二节 大 模 型

大模型的应用为中药信息的检索和整理带来了革命性的变化。过去，中药信息的检索和整理需要耗费大量的人力和时间，效率低下且容易出错。而现在，借助大模型的强大能力，可以实现对中药古籍、文献、专利等大量文本的自动化处理和分析。这不仅提高了研究效率，更为我们提供了更加全面、深入的中药知识，为中药的传承和发展注入了新的活力。

一、简介

1. 基本概念　大模型是指基于深度学习技术构建的巨型神经网络模型，具有数十亿至数万亿参数的规模。这些模型能够通过大规模的训练数据学习到语言、图像、音频等领域的复杂模式和规律，从而在自然语言处理、计算机视觉、语音识别等任务中取得令人瞩目的成绩。

2. 背景、发展和应用　随着计算能力的提升、数据量的增加，以及算法的改进，大模型逐渐成为深度学习领域的研究热点。自从 2018 年 BERT（bidirectional encoder representations from transformers）模型问世以来，一系列基于转换器（transformer）架构的大型预训练模型如 GPT（generative pre-trained transformer）、T5（text-to-text transfer transformer）、文心一言、通义千问等相继涌现，特别是国产开源大模型 DeepSeek，凭借其低成本、高性能的特点，引起了广泛关注。

大模型在各领域的应用范围广泛，不仅在学术界备受关注，也在工业界得到了广泛应用。在自然语言处理领域，大模型已经成为各种文本生成、情感分析、语义理解等任务的主流方法之一。例如，GPT 系列模型被广泛应用于文本生成、对话系统等领域，BERT 模型在问答系统、语义理解等任务中取得了显著的成绩。同时，大模型的出现也推动了计算机科学、语言学等多个学科的交叉融合，为人工智能的发展开辟了新的道路。

3. 未来趋势　大模型已经广泛应用于自然语言处理、图像识别、语音识别、推荐系统等领域。它能够帮助人们更好地理解和处理海量信息，提高工作效率和决策质量。同时，大模型也为科学研究和技术创新提供了有力支持。

大模型的发展推动了人工智能技术的普及和应用，为经济社会发展注入了新的动力。它不仅能够提高生产效率和服务质量，还能够创造新的就业机会和产业链。同时，大模型也带来了一些挑战和问题，如数据隐私和安全问题、算法公平性和可解释性等，需要引起我们的关注和思考。

未来，大模型将继续在深度学习领域发挥重要作用。一方面，随着计算能力的不断提升和算法的不断优化，大模型的规模和性能有望进一步提升，能够更好地处理更复杂、更精细的任务。另一方面，随着多模态、跨领域等技术的发展，大模型有望实现更广泛的应用，如跨语言理解、跨模态生成等。

拓 展 阅 读 6-1：中医药大模型汇总

二、大模型在中药信息学中的作用

大模型在中药信息学中发挥着重要的作用。具体来说，大模型的应用主要体现在以下几个方面。

首先，大模型具有强大的学习能力和泛化能力，可以从中药相关的数据中提取出有价值的信息和知识，并应用到不同的场景和领域。这使得大模型在中药信息学中能够深入解析中药作用机制，揭示中药的有效成分、作用靶点、信号通路等重要信息，为中药的创新和开发提供科学依据。

其次，大模型在中药加工制造工艺流程的管理中也发挥着重要作用。通过实时收集并上传中药加工制造过程中产生的各种数据，大模型能够进行数据采集与整合，并通过对这些数据的分析和处理，优化生产流程，提高中药加工制造的效率、质量和安全。此外，大模型还能够提炼和传承中药加工制造的知识，形成一套完善的中药加工制造知识体系，并通过云平台等方式进行共享和传承，从而保持中药的特色和优势，促进中药的创新和发展。

此外，大模型还可以与高通量检测技术和化学传感器等技术相结合，用于中药成分分析和中药安全评价。通过利用这些技术，大模型能够全面、精确、快速地分析中药的化学成分、含量和活性等信息，评价中药的安全性和风险，为中药的质量控制、标准化和合理使用提供重要依据。

总的来说，大模型在中药信息学中的应用广泛且深入，不仅有助于推动中药的现代化和标准化进程，还能够为中药的创新和发展提供强大的技术支持。

三、大模型在中药研究中的应用案例

随着大数据和人工智能技术的迅速发展，大模型在中药研究中的应用逐渐展现出其独特的价值和潜力。下面详细介绍大模型在中药文本挖掘与分析、中药配方研究及中药药效预测等方面的应用案例。

1. 中药文本挖掘与分析 是中药信息学的重要组成部分，大模型在这方面的应用日益凸显。通过对海量的中药文献进行深度学习和分析，大模型能够自动提取出有价值的信息和知识。

例如，在中药文献的自动摘要方面，大模型可以通过对文献内容的深度理解和分析，自动提取出关键信息，并生成简洁明了的摘要，帮助研究人员快速了解文献的主要内容。这不仅可以节省大量的人工阅读时间，还能提高信息获取的准确性和效率。

此外，大模型还可以用于中药文献的关键词提取。通过对文献内容的深度分析和挖掘，大模型能够自动提取出与中药研究相关的关键词，为研究人员提供有针对性的研究方向和思路。这有助于研究人员更好地把握中药研究的热点和趋势，推动中药研究的深入发展。

2. 中药配方研究 是中药研究的核心内容之一，大模型在中药配方研究中的应用也取得了显著的成果。通过对大量的中药配方数据进行深度学习和分析，大模型能够发现中药配方之间的关联和规律，为配方优化和相互作用分析提供有力的支持。

在配方优化方面，大模型可以根据病症、体质、剂型等因素，对中药配方进行智能优化。通过对不同中药成分之间的相互作用和药效机制进行深入分析，大模型可以预测出最佳的配方组合和比例，从而提高中药的疗效和适应性。

在相互作用分析方面，大模型可以分析中药成分之间的相互作用关系，预测可能产生的药效增强或减弱效果。这有助于研究人员更好地理解中药配方的药效机制，为中药的创新和开发提供科学依据。

3. 中药药效预测 是中药研究的重要目标之一，大模型在这方面也展现出了巨大的潜力。通过对已有的中药药效数据进行深度学习和分析，大模型可以建立起药效预测模型，对新的中药成分或配方进行药效预测。

这种药效预测模型可以基于中药成分的结构、功能及其与其他成分的相互作用关系等信息进行构建。通过输入新的中药成分或配方的相关信息，大模型可以预测出其可能具有的药效和作用机制。这有助于研究人员在药物研发早期阶段就对其药效进行初步评估，降低研发成本和风险。

4. 其他领域的运用

（1）疾病预测与早期诊断：有学者利用大数据和人工智能技术，开发了一个名为 UNIQ 的系统。这个系统基于生物分子网络，结合了中医的整体观和现代医学的生命科学原理。通过这个系

统，能够预测疾病机制和药物作用的关联，实现中西医表型、生物分子网络、中西药物的"关系推断"算法。特别是在胃癌的早期诊断方面，UNIQ 系统能够在胃癌极早期阶段进行预警，从而为实现胃癌的"治未病"提供了可能。

（2）智能生产和质量控制：中药工业大数据的关键技术包括数据采集、存储、处理和分析，这些技术在中药生产中起着至关重要的作用。通过大数据分析，研究人员能够更深入地理解中药成分的作用机制，从而优化生产工艺和提升产品质量。此外，大数据技术还为中药的智能生产和产品设计提供了支持，使得中药产品更加符合现代医疗需求，提高其市场竞争力。

（3）中医药知识图谱的构建与挖掘："海河·岐伯"大模型是中医药学与大语言模型融合的重要里程碑。该模型通过整合中医典籍、医家类资料及权威资源，建立了完整的中医药知识图谱。这一图谱不仅涵盖了中医药的基本概念、理论和疾病，还包括药物、方剂等信息。大模型通过分析这些文本素材，实现了对中医药知识的深度挖掘和智能化应用。

（4）医患答诊场景的还原与模拟：大模型在中医药领域的应用还可以通过模拟医患答诊等典型问诊场景，为现代中医学提供新一代的人工智能辅助工具。这种模拟不仅有助于医学教育与培训，还可以为临床实践提供指导与支持。

四、大模型在中药领域应用的问题与挑战

目前在中药领域，大模型的应用面临着独特的挑战。主要问题包括数据的稀缺性、模型的可解释性及跨学科合作的需求。

1. 数据稀缺性　该问题源于中药本身的复杂性和多样性。例如，在治疗血虚引起的月经不调、痛经等妇科疾病的四物汤中，当归作为"君药"，主导补血养血的作用；而在用于治疗跌打损伤、瘀血阻滞的复元活血汤中，当归则作为"臣药"，辅助桃仁等主药活血化瘀，同时也具有补益之效。尽管数据库信息是有限的，但同一种药材在不同的药方中可以扮演不同的角色，因此将会导致数据库的复杂程度大大增加。

此外，中药的研究往往涉及多个方面，如药材的来源、炮制方法、药效成分等，收集和整理大量的中药数据变得非常困难。这使得数据的获取和处理变得更加复杂。

我们在应对数据稀缺性的挑战时，可以采取以下措施。

（1）建立更多的开源中药数据库，广泛收录更多种类的中药信息，包括药材来源、炮制方法、药效成分等。

（2）加强国际合作，共享中药研究数据，提高数据利用率。

（3）利用现代技术手段，如人工智能、大数据等，对现有数据进行深入挖掘，提高数据价值。

2. 模型可解释性　在可解释性方面，由于中药的复杂性，大模型可能产生难以解释的结果，我们无法直观地判断其结果是否是正确的，是否具有充实的科学依据。由于大模型通常具有复杂的网络结构和参数，其决策过程和结果往往难以被人类理解。在中药领域，这可能导致使用者对模型预测结果的信任度降低，从而影响其在实际应用中的推广和使用。

某研究团队在研究中药药效预测时，发现基于深度学习的大模型在预测某些中药药效时，生成的大量建模数据中，有少部分的数据和临床试验会出现较大的偏差，产生难以解释的结果。他们引入了可解释性强的特征选择方法尝试解决这个问题，虽然降低了出现较大偏差的概率，但依旧会出现产生较大偏差的情况。

应对模型可解释性问题的方法如下。

（1）引入可解释性强的特征选择方法，提高模型的可解释性。

（2）结合领域专家的知识和经验，对模型结果进行解释和验证。

（3）开展模型可解释性方面的研究，探索新的模型和方法，提高模型的可解释性。

3. 跨学科合作　中药研究涉及医药学、计算机科学等多个学科，需要各学科之间的紧密合作。跨学科合作对于整合医药学和计算机科学等不同领域的知识和资源至关重要，通过结合医药学、计算机科学等多个学科的知识和技术，可以更有效地推动中药领域的研究和发展。

跨学科合作的重要性表现在以下方面。

（1）各学科之间的互补性，可以为中药研究提供更全面、深入的视角。

（2）各学科之间的协同创新，可以推动中药研究领域的发展和进步。

（3）各学科之间的资源共享，可以提高中药研究的效率和质量。

第三节　机器人技术

机器人技术在中药研发和生产中的应用也取得了显著的成果。机器人不仅可以完成中药材的采摘、炮制等繁琐工作，还可以进行精确的中药成分分析和药效评估。它们的高效、准确和稳定性为中药的研发和生产提供了有力的支持，使得中药的创新发展更加迅速和高效。

一、基本概念与特点

机器人（robot）是一种能够半自主或全自主工作的智能机器，能够通过编程和自动控制来执行设定任务。机器人具有感知、决策、执行等基本特征，可以辅助甚至替代人类完成危险、繁重、复杂的工作，提高工作效率与质量，服务人类生活，扩大或延伸人的活动及能力范围。

机器人学综合了力学、机械学、电子学、生物学、控制论、计算机、人工智能、系统工程等多种学科领域的知识。随着人工智能、感知技术和机械工程的发展，越来越多的智能机器人被开发出来，并且逐渐具备自主决策、自主学习和与人类进行自然交互等特点。机器人技术的应用领域广泛，包括工业生产、医疗护理、农业、物流和运输、危险环境探测等，能够极大地推动科技进步和社会发展。

拓 展 阅 读 6-2：机器人技术发展历程

机器人技术的特点主要体现在以下几个方面。

1. 高度的自动化和智能化　随着计算机技术和人工智能的不断发展，机器人已经能够实现越来越多的自主决策和自主操作。它们可以通过学习算法来不断优化自身的性能，以适应不同的工作环境和任务需求。这种自动化和智能化的特点使得机器人能够在各种领域中发挥重要作用，如工业生产、医疗服务、军事应用等。

2. 高度的灵活性和可定制性　不同领域的机器人需求各不相同，因此机器人技术需要具备强大的可定制性，以满足各种特定的应用需求。通过改变机器人的硬件和软件配置，可以轻松地实现机器人的功能调整和优化。这种灵活性使得机器人能够适应不同的工作环境和任务需求，从而发挥出最大的效能。

3. 高效性和精准性　机器人能够连续不断地进行工作，不受疲劳和情绪的影响，因此它们在执行重复性和高精度任务时具有显著的优势。例如，在医疗领域，机器人可以精确地执行手术操作，减少人为因素带来的误差，提高手术的成功率。

然而，机器人技术也面临着一些挑战和限制。首先，机器人的制造成本相对较高，导致其难以在某些领域广泛应用。尽管随着技术的不断进步，机器人的制造成本正在逐渐降低，但仍然需要进一步的努力来降低成本，使其更加普及。其次，机器人的智能化程度还有待提高。虽然现有的机器人已经具备一定的自主决策和自主操作能力，但在处理复杂环境和未知情况时仍显不足。未来需要进一步加强人工智能和机器学习技术的研究，以提高机器人的智能化水平，使其能够更好地适应各种复杂环境。此外，机器人技术的发展还需要关注伦理和法律问题。随着机器人越来越深入地融入人们的生活和工作，如何确保机器人的使用符合伦理和法律规范成为了一个亟待解决的问题。我们需要制定相关的法律法规和政策，以规范机器人的研发、生产和应用，确保其不会对人类社会造成负面影响。

二、机器人系统的基本组成

机器人系统主要由机械、控制、传感3大部分组成，这3大部分包括机械结构系统、感受系统、驱动系统、控制系统、人机交互系统、机器人–环境交互系统6个子系统，它们之间的关系如图6-1所示。如果用人来比喻机器人的组成，那么控制系统相当于人的"大脑"，感受系统相当于人的"视觉与感觉器官"，驱动系统相当于人的"肌肉"，机械结构系统相当于人的"身躯和四肢"。整个机器人运动功能是通过人机交互实现的。

1. 机械结构系统　机器人的机械结构系统由传动部件和机械构件组成。机械构件由机身、手臂、末端操作器3大件组成。每一大件都有若干自由度，构成一个多自由度的机械系统。若基座具备移动机构，则构成移动机器人；若基座不具备移动及腰转机构，则成单臂机器人。

2. 驱动系统　是向机械结构系统提供动力的装置。其主要驱动方式有电气驱动、液压驱动、气压驱动及新型驱动。电气驱动是目前使用最多的一种驱动方式，其特点是无环境污染，运动精度高，电源取用方便，响应快，驱动力大，信号检测、传递、处理方便，并可以采用多种灵活的控制方式。驱动电机一般采用步进电机、直流伺服电机、交流伺服电机，也可采用直接驱动电机。液压驱动可以获得很大的抓取能力，抓取力可高达上千牛，传动平稳，结构紧凑，防爆性好，动作也较灵敏，但对密封性要求高，不宜在高、低温现场工作，需配备一套液压系统，成本较高。气压驱动的机器人结构简单，动作迅速，空气来源方便，价格低，但由于空气可压缩而使工作速度稳定性差，抓取力小，一般只有几十牛至数百牛。随着应用材料科学的发展，一些新型材料开始应用于机器人的驱动，如形状记忆合金驱动、压电效应驱动、人体肌肉及光驱动等。

3. 感受系统　主要由内部和外部传感器模块组成，用以获取内部和外部环境中有用的信息。其中内部传感器用来检测机器人的自身状态，如关节的运动状态等。外部传感器用来

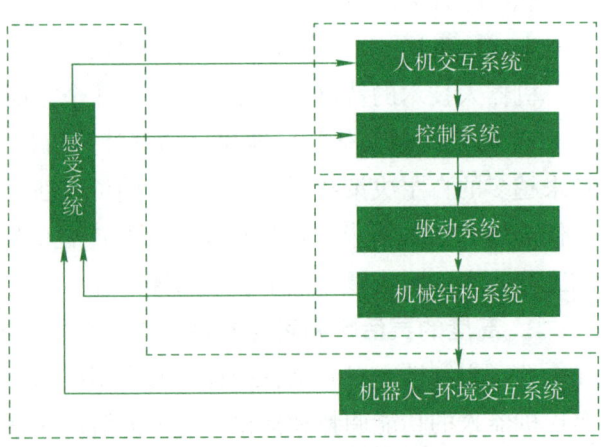

图 6-1　机器人系统组成

感知外部世界，检测作业对象与作业环境的状态，如视觉、听觉、触觉等。智能传感器的使用提高了机器人的机动性、适应性和智能化水平。

4. 控制系统　功能是根据机器人的作业指令及从传感器反馈回来的信号，支配机器人的执行机构去完成规定的运动和功能。如果机器人不具备信息反馈特征，则为开环控制系统；具备信息反馈特征，则为闭环控制系统。控制系统根据控制原理，可分为程序控制系统、适应性控制系统和人工智能控制系统；根据控制运动的形式，可分为点位控制和连续轨迹控制。对于一个具有高度智能的机器人，它的控制系统实际上包含"任务规划""动作规划""轨迹规划"和基于模型的"伺服控制"等多个层次。

5. 人机交互系统　是人与机器人进行联系和参与机器人控制的装置，如计算机的标准终端、指令控制台、信息显示板、危险信号报警器等。该系统可以分为两大类：指令给定装置和信息显示装置。

6. 机器人 – 环境交互系统　是实现机器人与外部环境中的设备相互联系和协调的系统。机器人与外部设备集成为一个功能单元，如加工制造单元、焊接单元、装配单元等。当然也可以是多台机器人集成为一个执行复杂任务的功能单元。

三、机器人关键技术

机器人学是专门研究机器人工程的学科，其最基础的研究内容是机器人的路径规划控制与人机交互。人工智能是研究、开发用于模拟、延伸和扩展人的智能的理论、方法、技术及应用系统的一门系统科学。机器人的研究推动了许多人工智能思想的发展，在人工智能构建世界状态的模型和描述世界状态变化的过程中起到了至关重要的作用。

1. 感知与学习　感知是机器人与人、机器人与环境及机器人之间进行交互的基础。机器人的感知通常需要借助各种传感器的帮助来代替人类的感觉，如视觉、触觉、听觉及动感等。感知技术作为不可或缺的一部分，与智能机器人的地图构建、运动等功能实现都息息相关。机器人的学习将允许机器人通过学习算法获取新技能或适应其环境的技术。通过学习，机器人可能展示的技能包括运动技能、交互技能及语言技能等，而这种学习既可以通过自主自我探索实现，又可以通过人类的指导来实现。

智能机器人感知与学习技术是目前机器人领域研究的热点，旨在充分利用人工智能现有的成果，把人工智能的现有成果和机器人有机地结合，从环境感知、知识获取与推理、自主认知和学习等角度开展机器人智能发育的研究，使机器人通过不断地学习和自身积累，能够自我提升。

2. 规划与决策　该技术对于机器人系统中自主性的实现至关重要，是决定机器人在无人操控的状态下通过算法得出满足特定约束条件的最优决策能否成功的关键。应用在人形机器人、移动操作平台甚至多机器人系统等，在数字动画角色模拟、人工智能电子游戏、建筑设计、机器人手术及生物分子研究中都能够发挥作用。

3. 动力学与控制　机器人动力学是对机器人结构的力和运动之间关系与平衡进行研究的学科，主要通过分析机器人的动力学特性来建造模型、研究算法以决定机器人对物体的动态响应方式。而机器人控制技术，指的是为使机器人完成各种任务和动作所执行的各种控制手段，既包括各种硬件系统，又包括各种软件系统。目前机器人控制技术的发展越来越智能化，离线编程、任务级语言、多传感器信息融合、智能行为控制等新技术都可以应用到机器人控制中来。作为影响机器人性能的关键部分，机器人控制系统在一定程度上制约着机器人技术的发展。

4. 人机交互　即人与机器人相互作用的研究，其研究目的是开发合适的算法并指导机器人设计，以使人与机器人之间更自然、高效地共处。随着高速处理芯片、多媒体技术及互联网的飞速发展与普及，人机交互向着智能化的方向发展，这一技术关注的重点也由计算机的反馈转向以人为中心。人机交互技术大致可以分为 4 个阶段：基本交互、图形交互、语音交互和感应交互（体感交互）。

拓 展 阅 读 6-3：*机器人系统的设计方法*

四、机器人技术在中药研究中的应用

随着现代科技的迅猛发展，传统中药的生产、加工、质量控制等方面面临着前所未有的挑战。在这一背景下，中药机器人应运而生，为传统中药注入了新的活力，推动了中药现代化的发展。

首先，中药机器人在中药材种植与采收方面发挥着重要作用。中药材的种植与采收是中药产业链的基础环节，其质量和产量直接关系到中药产品的品质和效果。传统的人工种植与采收方式存在效率低下、质量不稳定等问题。而中药机器人通过应用先进的传感器、图像识别等技术，可以实现对中药材生长环境的精准监测和调控，提高中药材的种植效率和产量。同时，机器人还可以通过自动化采收装置，实现对中药材的精准采摘，减少人为因素对中药材质量的影响。

其次，中药机器人在中药材加工与炮制方面展现出独特的优势。中药材的加工与炮制是中药制作过程中的关键环节，其质量和工艺对中药产品的药效和安全性至关重要。传统的加工与炮制方式往往依赖工匠的经验和技艺，难以保证产品质量的一致性和稳定性。而中药机器人通过精确的控制系统和智能化算法，可以实现对中药材的精准切割、研磨、混合等操作，提高加工精度和效率。同时，机器人还可以通过数据分析和反馈，不断优化炮制工艺，提高中药产品的质量和疗效。

此外，中药机器人在中药制剂生产中也发挥着不可或缺的作用。中药制剂是将中药材加工成具有特定疗效的药物形式，其生产过程的自动化和智能化水平直接影响到产品的质量和生产效率。中药机器人通过自动化配料、搅拌、灌装和包装等装置，实现了中药制剂生产的自动化和智能化。这不仅可以提高生产效率，降低人力成本，还可以减少人为因素带来的误差和污染，确保中药制剂的质量和安全性。

除了在生产环节的应用，中药机器人还在中药质量控制与检测方面发挥着重要作用。传统的中药质量控制与检测方式往往依赖人工感官和经验判断，存在着主观性和误差较大的问题。而中药机器人通过应用先进的检测仪器和算法，可以实现对中药成分、含量、活性等指标的快速、准确检测。这不仅可以提高中药质量控制的精度和效率，还可以为中药产品的研发和改进提供有力的数据支持。

随着人工智能技术的不断发展，中药机器人还开始应用于中医诊疗领域。例如，通过结合中医理论和人工智能技术，中药机器人可以实现对患者体质和病情的精准判断，并根据个体差异推荐个性化的中药治疗方案。这不仅可以提高中药治疗的针对性和有效性，还可以为患者提供更加便捷、舒适的诊疗体验。

综上所述，通过在生产、质量控制、诊疗等多个环节的应用，中药机器人提高了中药产业的效率和质量，促进了中药产品的创新和发展。未来随着技术的不断进步和创新，中药机器人的应用领域将更加广泛，也将为传统中药的传承和发展贡献更多力量。

第四节 区块链技术

区块链技术为中药信息的真实性和可信度提供了坚实的保障。通过构建中药信息的区块链网络，可以确保每一份中药数据的来源和流向都清晰可查，有效防止数据的篡改和伪造。这不仅增强了中药行业的公信力，也为中药的国际贸易提供了更加可靠的数据支持。

一、基本概念

大数据逐渐成为国家基础性资源，在现阶段，大数据发展也面临一些挑战。一是数据开放共享流通难，数据拥有者推进数据共享开放的动力不足，数据孤岛、数据垄断现象十分严重。二是数据安全与隐私保护难，各个领域数据安全保障体系仍不健全，医疗卫生数据隐私保护也面临巨大挑战。

拓展阅读 6-4：区块链技术的发展历程

从狭义上来讲，区块链就是一串使用密码学方法相关联产生的不可篡改和不可伪造的分布式账本，它是将数据区块以时间顺序相连的方式组合成的一种链式数据结构。广义的区块链技术是指一种构建在点对点网络上的，利用链式数据结构来验证与存储数据，利用分布式节点共识算法来生成和更新数据，利用密码学方式保证数据传输和访问安全，利用由自动化脚本代码组成的智能合约来编程和操作数据的一种全新的分布式基础架构与计算范式。区块链是构建未来网络空间的关键核心技术，在不久的将来将在网络经济、共享经济中发挥重要作用，未来智能设备、金融、版权、教学和医疗等多个领域都将依赖区块链技术的发展。

区块链技术发展很快，也越来越多地被全社会接受。总体来说，区块链技术演变出了 3 种发展形势和阶段：区块链 1.0，以比特币等数字货币为代表，强调去中心化的数字货币；区块链2.0，以智能合约的应用为代表，强调通过智能合约实现金融应用；区块链 3.0，以基于区块链技术的各行业应用为代表，强调构建分布式信任环境，最终赋能各行业。同时，前两代都是在公开、非准入的环境中运行的，所有人都可以无门槛地访问网络；到了第三代，更多以授权准入方式出现，单一联盟链内只有有限机构才能成为其中的治理和记账节点，参与者拥有不同的权限。

二、主要特征

1. **去中心化** 区块链交易数据的广播、验证、记账、存储过程是在分布式系统中完成的，在无中心化节点干预下采用密码学技术和计算机算法进行。这一过程体现了区块链的去中心化特性。去中心并不是无中心，只是没有固定的、永久的、可预测的、不可或缺的中心。仅仅靠算法协调各个节点的运算，实现点对点交易。具有去中心化特点的区块链无疑有着与中心化结构不同的安全性和稳定性。

2. **公开透明** 区块链数据以交易为单位进行广播和打包，最终交易数据一定是经过共识、验证后上链存储的，在这个过程中，每一个节点都将获得完整的账本数据副本。区块链系统的交易数据一般采取公开读取的方式向所有人提供，因此账本也被称为公共账本，这些都体现了区块链公开透明的特点。上文提到了可能存在的有限区块链网络，这个网络并不允许陌生节点或用户参与，此处的公开透明特性只在有限的范围内显示作用，也可以说公开透明是有条件的。密码学技术是区块链的核心技术之一，有时公开出现的数据是以加密方式存在的。

3. **匿名性**　区块链上以钱包地址作为账户标识，钱包地址是由公钥经过哈希计算得出来的，是一串字符数字，并不表明用户现实中的身份，有一定的匿名性。匿名性需要通过加密手段保证。更进一步，匿名性其实可以分为两个方面：第一是身份的匿名性，第二是数据的匿名性。

4. **不可篡改**　区块链通常被认为具有不可篡改的特点，这是指区块链中的交易一旦上链，就不能被修改。区块链的块链式数据结构如果修改了其中某一个区块的内容，就必须同时修改后续所有区块，否则修改行为非常容易被察觉。所以从单节点或单账本的角度看，块链式结构已不容易被修改。再退一步，即使攻击了某一个节点或者节点本身具有作恶动机，都远不足以影响整个网络中其他节点的账本完整性。

5. **可追溯性**　区块链账本数据由一个个交易构成，每一个交易发生时都包含着时间戳字段，从宏观上看，账本是一个按时间先后形成的序列。区块链数据库中记录了所有的交易信息，不断地形成交易的历史，因此自然而然支持对过去某一时间段内的相关交易或一连串行为的溯源工作。

三、路径与主流架构

区块链架构可以通过分层方式进行概括，分层设计是一种良好的软件工程设计方法，易于理解，上一层单向依赖下一层，也使得整个系统耦合减少，容易扩展。

区块链技术发展迅速，从最早的比特币平台到目前主流的联盟链平台，其在功能模块、网络安全、可扩展性、隐私保护、准入控制方面的内涵越来越丰富。区块链的架构如何分层，并没有统一的标准和完全一致的看法。一般来说，区块链系统总体架构包括密码学、分布式账本、P2P网络、共识算法、激励机制、智能合约、分布式应用等内容模块。自下而上看，最底层是基础层，包括数据结构、密码学、隐私保护技术和算法库；第二层是核心层，主要是网络、存储、共识和激励；第三层是管理层，主要是分布式组织、身份认证和权限管理；第四层是应用层，针对具体应用场景，使用脚本或智能合约开发实现，并对外开放接口；第五层是用户接入层，方便用户使用区块链应用或产品，同时管理身份、账户信息。区块链总体架构如图6-2所示。

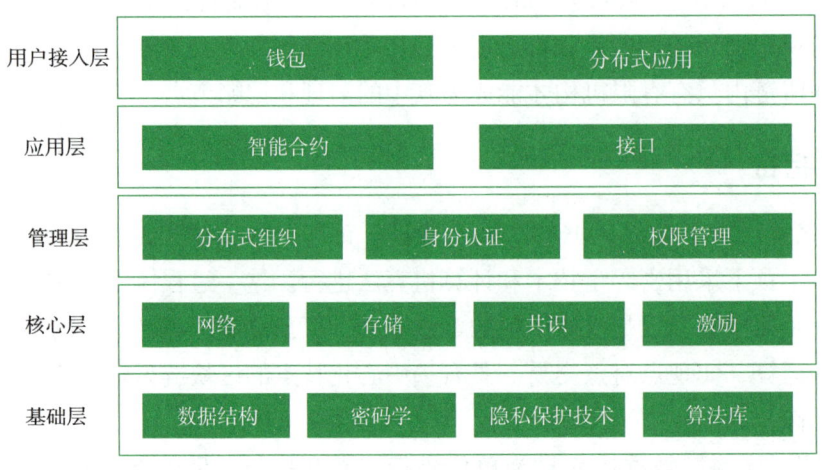

图6-2　区块链总体架构

拓展阅读 6-5：区块链主流架构介绍

四、区块链技术在中药领域的应用

区块链技术在去中心化的平台上运行，存在无第三方、有透明度、低成本、加密安全度和不变性等诸多优点，同时兼有安全性、稳定性及可靠性等特点，医疗、保险、网络、教学、物流、汽车等多个领域正不断关注和应用区块链。

以区块链技术为代表的新一代数字信息技术也开始在中药领域开展应用尝试，主要应用是推动数据共享和提供可回溯的路径。

1. 以区块链技术助力中药材高质量发展 当前中药材流通领域存在难以溯源，中药材产业种植信息不透明，很多药材不符合标准，缺乏准入标准及严格监管，中药材的来源、晾晒、包装、存储、运输等均没有相应的规范等问题。中药追溯面临诸多困难，主要表现为：①品种繁多、情况复杂，中药追溯融合了鲜活产品、农产品和食品行业等多个领域的质量追溯特征，增加了系统构建的复杂性；②过程冗长、环节繁多，覆盖药材种植养殖、采收、产地初加工、饮片生产、中成药生产、物流及市场销售等多个环节，链条较长且责任主体难以明确；③平台推广阻力大，虽然技术上能够实现追溯平台的搭建，但高昂的成本和额外的工作负担使企业难以广泛接受；④溯源链条长、执行难度大，追溯体系需从种植源头贯穿整个产业链，受限于经营者参与度不足、推广成效有限和执行力薄弱，难以在实际中有效落实。

利用区块链技术构建中药材生产流通闭环追溯体系，实现从物流基地到产地初加工厂、道地产地，再到农业合作社和种植大户的全链条订单管理上链。通过统一规范、统一流程、统一加工工艺与统一流通标准，建立覆盖药材生产与流通全过程的区块链体系，确保药材质量"可管、可控、优质优价"，真正实现药材与饮片的来源可追溯、去向可查证、责任可追究、全程可管控。根据商务部《中药材流通追溯体系建设规范》要求，制定统一的区块链溯源标准，明确分工合作，构建链接完整的追溯网络，并借助区块链技术从源头抓起，对生产、采收、加工、仓储及物流全过程进行数据登录、监管与追溯。

2. 基于区块链技术的中药代煎追溯 中药代煎是近年来兴起的一种中医药服务新模式。由于场地、人员配置等因素限制，医疗机构将中药煎煮业务委托给第三方煎药中心，借助其集约化、规模化、生产自动化等优势，为大众提供高效便捷的中药代煎配送服务。

但是，一方面第三方煎药中心的主体大多为从事饮片生产与销售的中药企业，相较于传统代煎的医疗机构明显缺乏公信力；另一方面，中药代煎流程的质量信息全部存储于企业的内部系统，存在被伪造和篡改的可能性，使得中药汤剂的质量问题难以溯源信息，监管部门难以落实监管责任，可能会影响整个中药代煎行业的可持续性发展。

区块链技术具有去中心化、追踪溯源、不可篡改、可编程和集体维护等特性。基于区块链技术的中药代煎追溯，可以保证代煎过程监管信息和监管文件的公开透明和不可篡改，确保医疗机构和患者能够查询到真实有效的代煎追溯数据。

代煎过程管理系统用于采集处方代煎过程中各流程节点的监管信息及监管文件并上传；区块链后台系统用于将代煎过程管理系统上传的信息同步存储到区块链节点中，完成数据入链，并将区块链中查找到的相关信息发送给代煎追溯查询系统；代煎追溯查询系统可以根据处方信息向区块链后台系统发送查询请求，从区块链后台系统中获得相应的监管信息和监管文件。代煎服务的一切行为实时有记录，一切行为真实可追溯，能够加快中药代煎服务业的转型升级。

五、区块链技术发展的挑战与机遇

区块链技术在医药领域的应用可能对目前的医疗卫生行业产生巨大的影响。但众所周知的是，医药领域比其他领域更加复杂和高风险。区块链技术在医药领域中的应用可能存在如下的问题。

1. 缺乏区块链技术相关政策与应用标准　目前为止，区块链技术在医药领域的应用尚处于初步的理论验证或尝试阶段，缺乏方向性指导的相关政策与应用标准。首先，区块链技术的推广应用不仅受能否解决医药领域的实际问题的影响，宏观方面还需要制定国家相关法律政策，发挥统筹作用，在政策方面加强区块链技术在医药领域的监管作用。其次，为促进医药领域区块链技术的落地，应积极构建区块链技术应用标准体系，尽可能解决行业中数据安全隐患等痛点问题，积累实践经验，让更多的专家学者从相关政策与应用标准角度规范了解并推广区块链技术在医药领域的应用。

2. 数据存储空间及处理大量数据的问题　区块链数据库记录了从创世块（creation block）开始至今的所有数据信息，而每个参与区块链的节点必须下载存储并实时更新一份这样的数据包。医药行业不仅涉及医院、患者、保险公司、药企、科研机构等方面，而且可能涉及每位患者的化验单、病理结果、磁共振成像、医嘱、处方、病程记录等众多数据，随着患者去医院就诊次数的增加，再加上我国庞大的人口基数背景，相应数据量的井喷式增长对区块链数据库的存储空间构成了巨大的挑战。此外，数据量越来越大，要实现大规模的数据交流，如何保证数据的传播效率并满足医师、患者获取数据的及时性显得尤为重要。

3. 数据隐私和安全问题　目前，区块链技术在数据隐私和安全方面还存在一些比较严重的问题。在数据隐私方面，区块链技术使用地址进行匿名交易，但交易的每一个地址却是完全公开的，通过地址可联系到用户的真实身份，这将严峻考验社会伦理。在数据安全方面，区块链技术利用非对称密钥机制保证了数据的安全性和有效性，但是个人掌握的私钥存在丢失或被盗的安全风险；而且随着科学技术的进步，密码技术对数据的保护能力越来越脆弱。此外，当区块链中恶意节点超过51%时，理论上就可以修改、篡改或伪造区块链上的历史数据，这也是可能威胁生命安全的技术漏洞。

4. 缺乏医药领域区块链技术人才　为了加快区块链技术在医药领域的落地及推广应用，培养具有医药背景的区块链技术人才是目前的重要措施。通过"产－学－研"结合的方式，培养既具有区块链思维能力，又拥有医药行业分析应用能力的人才，时刻关注国内外医药行业区块链技术的更新，积极参与"区块链＋医疗"的学术探讨并与高端人才交流，不仅可为加快区块链技术在医药领域的落地提供技术支持和指导意见，还可积极鼓励技术人才创新，挖掘区块链技术在医药行业更广阔的应用前景并推广。

从实践进展来看，目前国内区块链技术在医药领域的应用及推广可能存在一些问题，并面临获得监管部门认可的挑战。结合当前我国医药实际需求及医药行业的痛点问题，区块链技术在医药领域的应用应当整合医药行业和区块链技术的专家等各方资源，深化各医疗机构的合作，稳步推进区块链技术在医药领域的落地应用及发展，提高当前我国的医疗水平。

第五节　数字孪生技术

数字孪生技术为中药生产过程带来了全新的视角和解决方案。通过构建中药生产的数字孪生模型，我们可以对生产过程进行实时监控和模拟，发现潜在的问题并进行优化。这不仅可以提高生产效率，还可以确保中药产品的质量和安全性，为中药行业的可持续发展奠定坚实的基础。

一、简介

在中药信息学的海洋中，数字孪生技术的兴起无疑为这片广阔领域注入了新的活力。数字孪生作为一种先进的仿真技术，通过融合物理模型、传感器更新及运行历史等多维度数据，在虚拟空间中构建出与实体装备相对应的完整生命周期映射。这种映射不仅高度还原了实体装备的各种特性，更为我们提供了一个全新的视角来审视和理解中药信息学。

在中药信息学的实践中，数字孪生技术的核心建模技术发挥了举足轻重的作用。传感器网络技术就像一双敏锐的眼睛，时刻捕捉着现实世界中的每一个细微变化。这些传感器可以分布在中药材的种植基地、加工厂、销售网点等各个环节，实时收集关于中药材生长环境、加工流程、销售数据等信息。通过对这些数据的收集和分析，可以更深入地了解中药材的生长规律、品质特性及市场动态。

三维建模技术则将收集到的数据转化为立体的、可视化的数字模型。这些模型不仅能够精确地呈现出中药材的形态、结构、纹理等特征，还能够模拟出中药材在不同环境条件下的生长状态、加工过程及药效发挥情况。通过三维建模技术，可以更加直观地了解中药材的性能和特性，为后续的研究和应用提供有力的支持。

物理仿真技术则是数字孪生技术的又一大利器。它能够在虚拟空间中模拟出中药材在各种环境条件下的行为变化，如生长速度、药效成分的变化等。通过物理仿真技术，可以预测中药材在不同条件下的性能表现，为中药材的种植、加工、储存等提供科学的指导。

数据处理技术则是数字孪生技术的坚强后盾。由于中药材涉及的数据种类繁多、数量庞大，因此需要高效的数据处理和存储技术来支撑数字孪生技术的应用。通过数据处理技术，可以对中药材的各种数据进行清洗、整合、分析等操作，提取出有价值的信息，为中药信息学的研究和应用提供有力的数据支持。

二、数字孪生技术在个性化诊疗中的应用

在中医领域，数字孪生技术的应用为个性化诊疗带来了革命性的变革。通过构建全面反映患者健康状况的数字模型，医生能够更深入地了解患者的病情，为患者制定个性化的诊疗方案，实现精准医疗的目标。

1. 个性化数字模型：精准诊疗的新起点 数字孪生技术能够根据患者的病历数据、生理特征、基因信息及生活习惯等多维度信息，构建出高度个性化的数字模型。这个模型不仅包含患者的生理结构和功能信息，还能够模拟出疾病的发展过程和变化趋势。医生可以通过分析这个模型，深入了解患者的病理机制、病情演变及个体差异，为制定个性化的诊疗方案提供科学依据。

例如，在中药配伍方面，数字孪生技术可以根据患者的体质特征和疾病状况，模拟出不同中药配伍在患者体内的代谢过程和药效发挥情况。医生可以通过比较不同配伍方案的效果，选择出最适合患者的中药组合和剂量，提高中药治疗的针对性和有效性。

2. 虚拟手术模拟：提升手术安全性和成功率 在中医领域，虽然手术不是主要的治疗方式，但在某些情况下，如针灸、拔罐等操作仍需要一定的技巧和经验。数字孪生技术可以通过构建虚

拟手术环境，模拟出手术过程和可能出现的风险，为医生提供一个无风险的手术预演平台。医生可以在虚拟环境中反复练习手术技巧，熟悉手术步骤和注意事项，提高手术的安全性和成功率。

此外，虚拟手术模拟还可以用于教学和培训。医学生和实习生可以在虚拟环境中学习手术操作技巧和规范，增强临床应对能力。通过数字孪生技术的应用，中医领域的手术操作将变得更加精准、安全和高效。

3. 治疗效果预测：优化治疗方案的选择　数字孪生技术可以通过模拟不同治疗方案在患者体内的作用过程和效果，预测治疗效果，为医生提供决策支持。医生可以根据预测结果，比较不同治疗方案的优势和劣势，选择出最适合患者的治疗方案。这种以患者为中心的治疗决策过程，能够减少不必要的治疗风险，提高治疗效果，改善患者的生活质量。

例如，在中药治疗方面，数字孪生技术可以模拟中药在患者体内的代谢过程和药效发挥情况，预测中药的治疗效果和可能出现的不良反应。医生可以根据预测结果调整中药的配伍和剂量，确保中药治疗的安全性和有效性。

4. 中药诊疗的革新：药效预测与个性化配伍　中药作为中医诊疗的重要手段之一，其疗效和安全性一直备受关注。数字孪生技术的应用为中药诊疗的革新提供了可能。通过模拟中药在患者体内的代谢过程和药效发挥情况，医生可以预测中药的药效和可能的不良反应，为中药的个性化治疗提供科学依据。

此外，数字孪生技术还可以辅助医生在复杂的中药配伍中找到最佳的组合和剂量。通过模拟不同配伍方案在患者体内的代谢过程和药效发挥情况，医生可以比较不同配伍方案的效果，选择出最适合患者的中药组合和剂量。这种个性化的配伍方法能够提高中药治疗的针对性和有效性，减少不必要的药物浪费和副作用。

尽管数字孪生技术在中医诊疗中的应用前景广阔，但仍面临一些挑战。数据的准确性和完整性是构建可靠数字模型的基础，而这需要高质量的医疗数据收集和处理。同时，模型的复杂性和计算资源的需求也是技术发展中需要克服的难题。未来的研究需要在这些方面进行深入探索，以实现数字孪生技术在中医领域的广泛应用和持续发展。

三、数字孪生技术在中药生产中的应用

数字孪生技术的科技赋能有效促进了中药产业各个流程的数智化转型。

1. 中药制药工艺优化　数字孪生技术可通过建立制药设备的虚拟模型，结合实时数据反馈，动态调整工艺参数，提高生产效率和产品质量。在炮制工艺优化过程中，数字孪生平台可模拟不同参数对药效成分的影响，如在大黄炮制过程中，模型能够预测可最大化保留蒽醌类活性物质的炒制温度和时长。同时，借助数字孪生技术，可以对中药生产车间的设备选型和布局进行虚拟仿真，根据生产规模和工艺要求，模拟不同设备组合和布局方案下的物流、人流和信息流，优化车间布局，提高生产效率和空间利用率。

2. 中药质量控制　数字孪生技术可以实时采集中药生产设备、物料、环境等多维度数据，并与虚拟模型进行对比分析。例如，在中药口服液的生产中，通过在线监测药液的浓度、pH 等关键质量参数，数字孪生模型可进行实时分析，及时发现质量偏差并进行调整，确保产品质量的稳定性。同时，数字孪生模型还可以对生产设备的运行状态进行实时监测和故障诊断，提前预测设备可能出现的故障，及时安排维护保养，减少设备停机时间，提高生产的连续性。

3. 中药生产供应链管理　数字孪生技术可以整合供应链数据，构建从中药种植到成品的全

生命周期质量追溯系统。例如，基于区块链和数字孪生技术的中药溯源平台可确保中药的真实性和安全性。同时，通过数字孪生模型可以实现对中药生产企业库存的实时监控和管理，从而优化库存结构，减少库存积压，提高企业的资金周转率和运营效率。

4.**中药生产虚拟培训**　利用数字孪生技术创建虚拟的中药生产车间和设备模型，能够有效帮助操作人员熟悉生产流程和操作规范，提高培训效果。

（李　潜　张　冬　王　苹　贾勇哲　高振元　尹　刚　闫文鑫）

🌐 **数字资源详见　新形态教材网**

🎓编者导学　📊拓展阅读　💻教学课件　✂思考题

## 第七章

中药信息学在基础研究中的应用

📊 思维导图

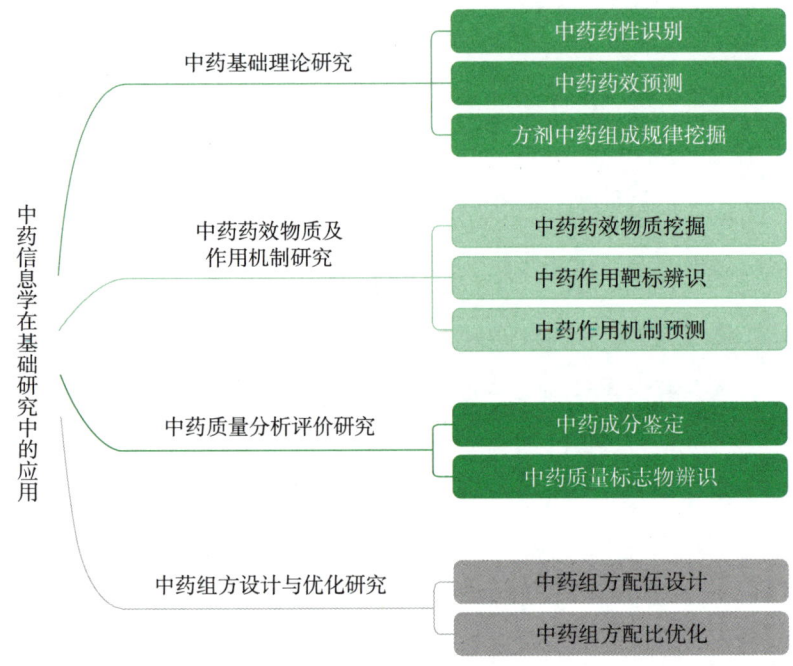

中药信息学在基础研究中的应用

- 中药基础理论研究
  - 中药药性识别
  - 中药药效预测
  - 方剂中药组成规律挖掘
- 中药药效物质及作用机制研究
  - 中药药效物质挖掘
  - 中药作用靶标辨识
  - 中药作用机制预测
- 中药质量分析评价研究
  - 中药成分鉴定
  - 中药质量标志物辨识
- 中药组方设计与优化研究
  - 中药组方配伍设计
  - 中药组方配比优化

中药基础理论研究是中药学科发展的基础，体现了中药学的深厚底蕴与核心精神，是科技创新的源泉，也是引领科技发展的核心动力。随着信息学技术的不断发展，多种算法为中医药传统理论研究注入了新的活力，通过更大的数据集和在更高的维度上探索数据间关系，不仅可以揭示中药基础理论的科学内涵，也为探索中药与人体复杂系统之间的作用提供了新的思路。本章将从中药基础理论、中药药效物质及作用机制、中药质量分析评价、中药组方设计与优化 4 个方面进行介绍。

第一节　中药基础理论研究

　　中药基础理论是中医药的特色理论，主要包括中药药性、功效、配伍等理论。揭示中药基础理论的科学内涵，明确药性、功效、配伍等理论的内在生物学机制，有助于将中药基础理论与中药现代研究成果融合，共同指导中药及其组分、成分的新药研发和临床应用。随着中药基础理论研究的不断深入，积累了大量药性、功效、配伍数据及成分、靶点、通路等数据，对数据进行系统性分析并揭示其潜在规律已成为当前的重要研究方向。中药信息学注重全局数据的整体效应，具有高效的数据处理与学习能力，在中药基础理论研究中具有独特的优势，为揭示中药基础理论的科学内涵提供了新的视角。本节分别从中药药性科学内涵研究、中药功效科学内涵研究、中药配伍研究 3 个方面介绍中药基础理论研究现状，并通过相关案例分析展示常用信息技术在中药基础理论研究中的应用思路。

一、中药药性科学内涵研究

　　中药药性是对中药作用特性与规律的高度概括，其基本内容涵盖四气、五味、归经、有毒无毒、升降浮沉等方面。诠释中药药性理论的现代科学内涵，是推动中医药从传统走向现代的必经之路，有助于为中药、组分及成分在临床应用中的科学依据提供支持。功效作为中药的另一核心理论，体现了中药作用的基本特征。探讨具有相同药性的中药在功效上是否具备一致性，研究药性与功效之间的关联性，对阐明中药的基本理论，指导中药临床等具有重要意义。

　　在中药信息学研究中，特征工程不仅是数据处理的基础环节，也是影响研究结果优劣的决定性因素。该过程主要涉及数据特征的提取与优化，以增强模型的计算效率和解释力。面对中药与人体相互作用的复杂体系，特征工程通过筛除低质量和干扰性因素，精准识别与药性研究紧密相关的变量，从而提升研究的准确性和实用性。本案例以基于特征工程技术探讨辛味药性与中药功效之间关系研究为例，展示其在中药药性科学内涵研究中的应用。

　　辛味药作为中药五味之一，能够产生多种功效，在中医药理论中占据重要地位。例如《黄帝内经》记载辛味药"能散"，这提示辛味药与某些功效之间可能存在特定关联。那么，辛味药究竟与哪些功效关系最为密切，其关联程度如何？利用信息学技术和方法，可以有效识别并量化这种关联。

　　这一问题本质上属于特征筛选问题，旨在从目标变量（辛味药）的相关特征（功效）中筛选主要特征并评估其重要性。在前文已介绍的多种特征工程方法基础上，本案例选择特征工程中常用的包装法，采用支持向量机－递归特征消除（SVM-RFE）算法进行特征筛选。该方法通过递归移除对模型影响最小的特征，逐步优化特征集，最终识别出对模型预测效果具有主要贡献的特征子集，从而量化辛味药与特定功效之间的关联程度。

1. 数据获取及预处理　从 2020 年版《中华人民共和国药典》一部收集中药的功效及五味信息。由于不同中药的描述术语不同，难以作为数字化特征进行训练和建模，因此本案例基于中药学常见功效，将其划分为 18 个功效类别，并对全部中药功效按照动宾结构进行拆分，经过辨识，将不同功效描述规范对应到 18 个功效类别，如将"活血""祛瘀""化瘀""散瘀""破瘀""破血""逐瘀"等统一规范为"活血化瘀"功效。对所有功效及辛味信息进行二值化表示，如果一种中药具有某个功效或者为辛味药则标记为 1，否则为 0。筛选后，609 种中药被作为基准数据集用于后续研究。

2. 数据建模　使用 Python 中的 pandas 库读取原始数据，使用支持向量机（SVM）进行特征选择。具体地，采用线性核的 SVM 分类器，并结合递归特征消除（RFE）交叉验证来筛选最有贡献的特征。

RFE 通过 5 折交叉验证进行性能评估，选取在交叉验证中表现最优特征子集，最终确定重要特征。特征重要性通过 SVM 模型的系数进行评估，并以条形图可视化（图 7-1）。通过分析 SVM 系数中各特征权重的大小，可以识别出对模型影响最显著的特征。通常，权重的绝对值较大的特征被视为更重要，因为它们在决定数据点的分类上发挥更关键作用。

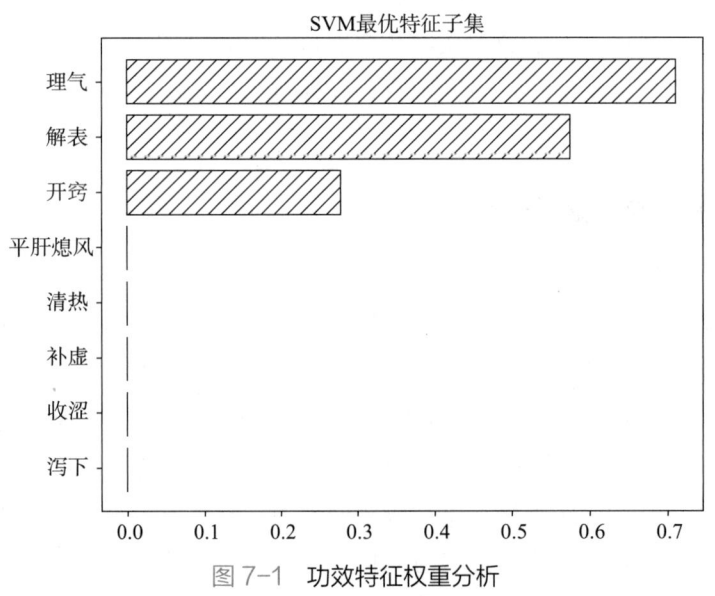

图 7-1　功效特征权重分析

SVM-RFE 特征筛选结果显示，模型在以上 8 个功效特征组合下取得了最高准确率，辛味主要与理气（0.710）、解表（0.573）、开窍（0.278）功效最相关，其余功效的权重值较低，可能仅作为辅助预测。这与文献及临床应用相符。如辛味能行气，即具有疏通气滞之功效，能调达气机升降和调整脏腑功能，枳实、陈皮、乌药等可疏通气机，消除气滞；辛味药具有发散风寒或风热的作用，是治疗外感表证的常用药物，桂枝、紫苏叶等可发散风寒，薄荷、菊花等可发散风热；辛散走窜、芳香辟秽，能入心开窍、辟邪启闭，麝香、苏合香、安息香、石菖蒲等具有开窍醒神的功效。

3. 特征性能评估　为了评估模型的表现，5 折交叉验证在特征选择后再次被使用。在交叉验证过程中，利用支持向量机算法对选择后的特征进行预测，并计算模型的 ROC 曲线及 AUC 值（图 7-2），以衡量分类器的整体性能。

利用上述得到的特征建立预测模型并进行 5 折交叉验证，*AUC* 值达到 0.7 表明该模型具有良好的辨识性能，仅采用以上几个功效特征便可准确预测大部分中药是否具有辛味，进一步表明辛味与以上功效存在密切联系。

基于该实例，通过建立多个药性特征筛选模型，能够得到每个药性密切相关的功效，从而建立较为完善的功效与药性关联关系。更进一步地，通过探究不同药性的组合效应，如具有寒性、苦味，归大肠经的中药与哪种或几种功效密切相关，从而可以探究多个药性变量之间相互作用的效果。此外，在实际研究中，除了 SVM-RFE 算法，还可以尝试多种算法并进行参数调优，从而最大限度提升模型性能。

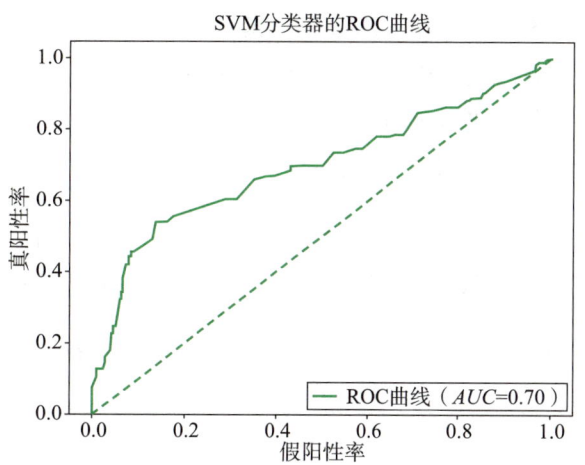

图 7-2　支持向量机算法模型性能评估

二、中药功效科学内涵研究

中药功效是中医药经典理论指导下对中药临床治疗作用的高度概括。解析中药功效的科学内涵，对于指导中药新药开发及临床应用具有重要意义。传统研究方法，如临床经验总结、化学成分分析和药理作用研究，已经为中药药效研究奠定了基础。例如，化学成分分析方法帮助解析并确定了中药的主要成分，药理研究方法揭示了大量中药及其组分的生物活性和作用机制，为解析中药功效的物质基础和生物学机制提供了关键数据。开展中药功效与药效相结合的研究，有助于说清楚、讲明白中药药效成分及作用机制。

分类算法是信息学的一项重要技术方法，在中医药研究中得到了广泛应用。例如，在药材道地性鉴别、中医体质分型及药效功效预测等领域，均可采用分类算法。在具备部分高质量数据后，分类算法能够通过学习深层次的关联模式，对未知数据进行类别标签预测。本案例以随机森林算法为例，探讨中药药效与功效之间的关系研究，展示分类预测在中药功效研究中的应用。

活血化瘀是中药的一项重要功效，在治疗跌打损伤、气血不调等多种疾病中具有显著作用。中药功效是中药多维药理作用的高度概括，系统解析中药功效与药理作用的内在关联对揭示中药的作用机制具有重要意义。那么，是否可以利用中药信息学方法阐明中药功效与现代药理作用之间的关联？

机器学习是解决此问题的重要技术方法，通过机器学习分类算法和可解释性算法可得到中药功效与药效的关联关系。随机森林模型是常用的用于解决分类问题的集成模型，通过构建多个决策树模型，以投票形式决定预测结果，该方法能提高分类模型的预测准确性。

1. 数据集收集和预处理　从 2020 年版《中华人民共和国药典》一部收集中药的功效信息，并按照表 7-1 来判定中药是否具有活血化瘀的功效，此处，采用 561 种中药作为基准数据集进行后续研究，包括活血化瘀药 155 种，非活血化瘀药 406 种，对其进行二值化表示，如果一种中药具有活血化瘀的功效则标记为 1，否则为 0。

药理学中根据药效对药物进行了分类，因此可以采取药理学的分类方法将药效初步分为 57 个。为探讨中药功效与药效的关联关系，在数据清洗阶段，研究药效的纳入标准需同时满足中药覆盖面广且相关药效研究具有文献支撑的双重筛选条件。在此基础上，需要对纳入研究的药效进行规范化，以便后续的建模和分析。将治疗靶标相似、症状相似和表述相近的药效术语进行合并和药效名称的规范化，删去相关治疗药物或者活性化合物数量太少的药效（少于 50 个药效化合物），最终获得 40 个药效。

表 7-1　中药功效描述

功效分类	功效描述
活血化瘀	活血，祛瘀，化瘀，散瘀，破瘀，破血，逐瘀，通利血脉，行血脉，通血脉，利血脉，和血，调经，通经，化癥，散结，疗伤

采用文献检索的方式获取中药药效数据，在中国知网数据库对 561 种中药与 40 个药效进行组合检索，获得其相关药效文献，分析整理构建中药药效数据集。

2. **数据建模**　以 561 种中药的 40 个药效数据作为特征，以活血化瘀功效作为标签（1 为是，0 为否），建立分类预测模型。已构建的数据集中具有活血化瘀和不具有活血化瘀功效的中药样本比例不平衡，这会影响所构建的分类模型的预测性能，因此首先采用 ClusterCentroids 方法对样本进行平衡处理。ClusterCentroids 是一种不平衡数据集的欠采样方法，通过平衡数据集中的类别分布来改善机器学习模型的性能。其基本原理是使用 k-means 聚类对多数类样本进行欠采样，它能够保留多数类的主要特征信息，同时减少样本量，从而使数据集更平衡。相比于随机欠采样方法，它通过质心表示数据分布，减少了信息丢失的风险。

将平衡后的数据集按照 7∶1.5∶1.5 划分为训练集、验证集和测试集，并采用随机森林建立分类预测模型。随机森林通过集成多个决策树，在构建每棵树时选择最重要的特征，从而减少噪声的干扰，提高模型的泛化能力。

3. **性能评估**　采用 ROC 曲线，以精确率、召回率、准确率、F_1 值、曲线下面积对模型性能进行评估，评估结果见图 7-3、图 7-4。

从性能评估结果可以看出，测试集的 AUC 值低于验证集，由于模型在训练集上进行训练，验证集用于调整参数，因此在验证集上的结果优于测试集是可以理解，测试集的结果更能反映模型的真实预测性能，但总体来看，模型在验证集和测试集上均取得了良好的预测性能。

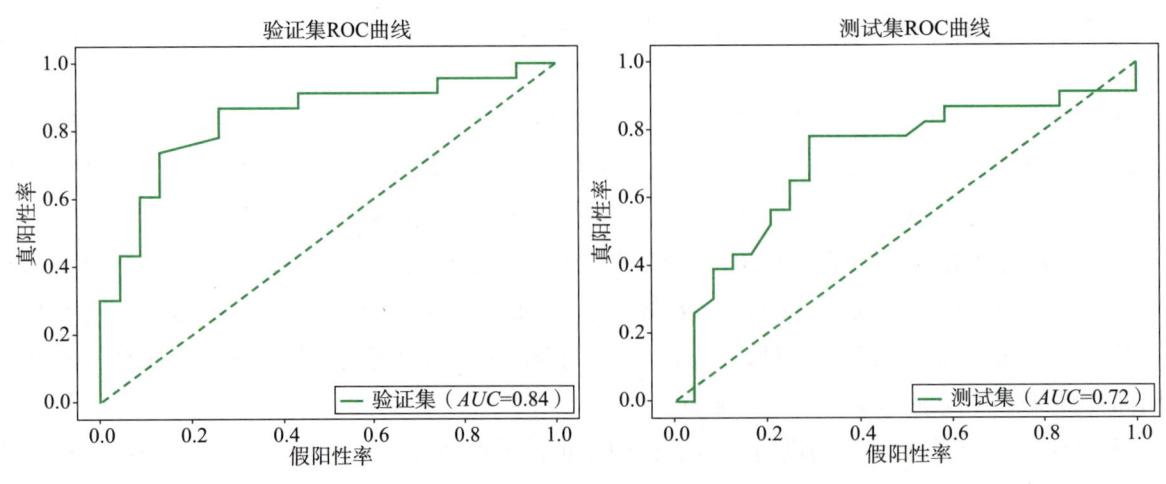

图 7-3　模型在验证集和测试集上的 ROC 曲线

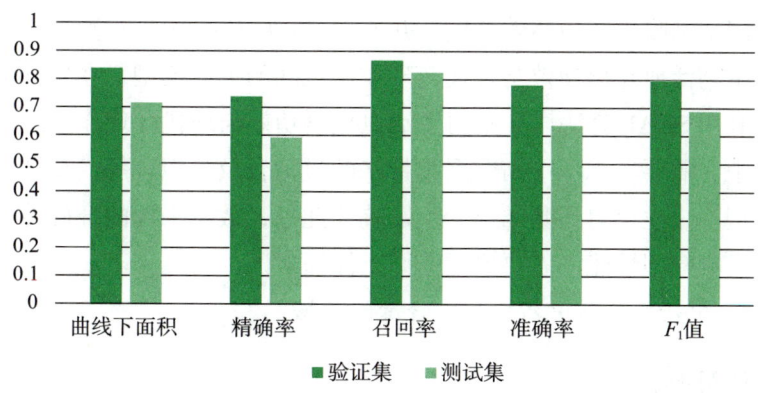

图 7-4 模型性能评估

4. SHAP 模型解释 在建立中药功效与现代药理作用的关联模型之后，采用 SHAP 算法解释模型内部的决策机制。SHAP 算法是一种基于博弈论的模型可解释性方法，它通过计算每个特征对预测结果的贡献，来解释机器学习模型的输出。以平衡后的全部数据作为模型解释的样本，将模型和样本输入到 SHAP 算法，从而获得每个样本的活血化瘀功效与现代药理作用之间的决策影响力。在图 7-5 中，每个点代表一个样本，每一行代表一个药理作用，颜色越深表示该药理作用越强，横坐标右侧代表活血化瘀功效，左侧代表非活血化瘀功效。以抗贫血为例，横坐标右侧的样本点大多数为深色，表明抗贫血的药理作用越强，与活血化瘀的相关性越强，这与中药功效的描述一致，多数具有活血化瘀功效的中药兼具补气养血药理作用。

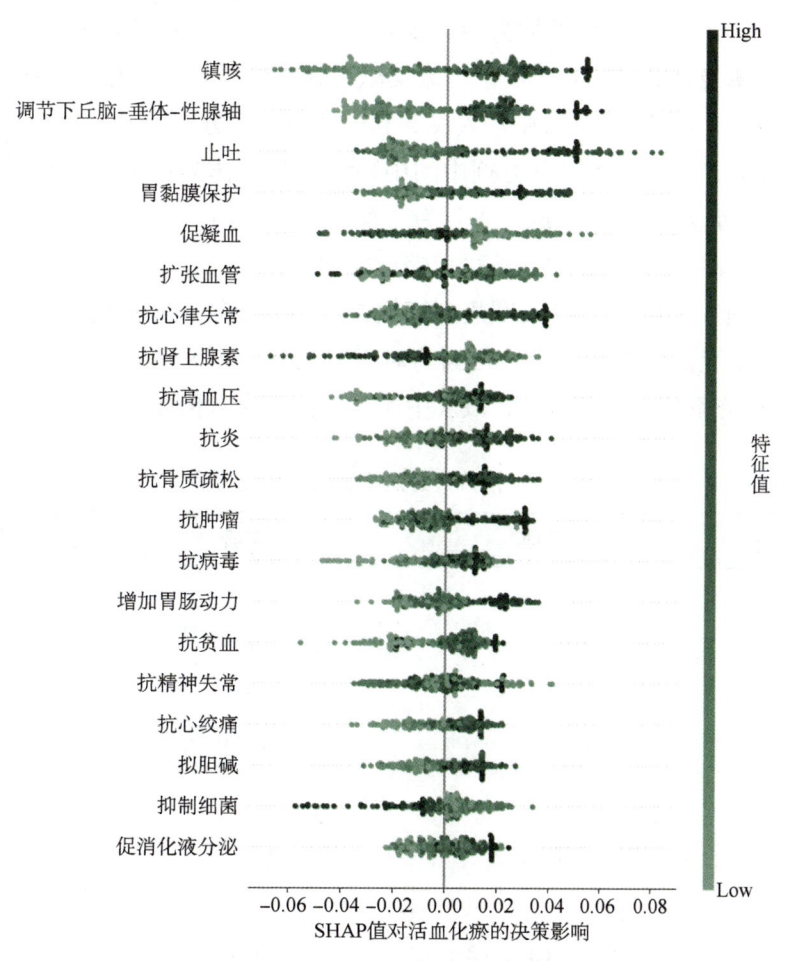

图 7-5 SHAP 可解释性蜂群图

本实例通过中国知网收集中药药效数据，并通过 ClusterCentroids 对数据集进行平衡，采用随机森林算法建立了中药活血化瘀功效与现代药理作用之间的关联模型，在外部测试集中取得了较为成功的预测，并利用 SHAP 算法详细阐明了活血化瘀功效与现代药理作用之间的决策依据。同样地，在实际研究中，需要考虑不平衡数据集带来的过拟合及欠拟合等模型性能下降的问题，不同重采样算法及模型算法也会对预测结果产生影响，此外，数据来源的准确性、样本比例、算法和参数选择等也会影响模型性能，需要慎重选择，仔细求证。

　　拓 展 阅 读 7-1：中药药性与中药功效实验示例数据

三、中药配伍研究

　　中药方剂作为临床治病的主要形式，在长久经验总结中发展出了七情和合、君臣佐使及十八反、十九畏等中药配伍理论。中药配伍理论是指按照特定的原则和方法，将两种或两种以上的中药饮片配伍组合使用，以达到增效、减毒、调和药性等目的。中药配伍研究不仅有助于揭示中药组方用药规律，而且对中医药理论指导的中药设计具有参考作用，是中药现代化的关键科学问题之一。通过数据挖掘技术分析方剂配伍规律，可以发现一类方剂中的药物组合模式，为创新组方研究提供指导。

　　冠状动脉粥样硬化性心脏病（简称冠心病）是一种常见的缺血性心脏病，患者常伴随胸部不适、压迫感等症状，严重影响其生活质量和心理健康。中药治疗冠心病具有独特优势，临床上广泛应用多种中药复方防治冠心病。关联规则是一种从数据集中挖掘隐藏关联关系的技术，广泛应用于购物篮分析和推荐系统，其核心原理是基于频繁项集的挖掘，发现数据项之间的强关联关系。本案例以治疗冠心病方剂关联规则挖掘为例，展示基于关联规则的中药组方基本思路和流程。

　　1. 中医方剂收集及预处理　收集中医古籍文献中含丹参并具有治疗冠心病作用的中药方剂，记录方剂名称和中药的组成，依据《中华人民共和国药典》对方剂中药名称进行统一，形成数据库。对数据库进行格式转换，将所有方剂中的中药名称整合作为指标，方剂名称作为组别，以"Y"和"N"分别表示方剂中药组成，"Y"为"含有"某中药，"N"为"不含"某中药，建立包含 146 个方剂、53 种中药的治疗冠心病的方剂数据库。

　　2. 关联规则分析　采用 Apriori 关联规则算法进行高频药物关联规则运算。参数设置为最小支持度为 10%，最小置信度为 60%。共得到药对组合关联规则 8 条，根据支持度大小将其进行排序，见表 7-2。因方剂中均含有丹参，故表中所示中药组合置信度均为 100%。

表 7-2　治疗冠心病中药关联规则分析

序号	后项	前项	支持度（%）
1	丹参	红花	30.14
2	丹参	黄芪	22.60
3	丹参	冰片	21.23
4	丹参	血竭	14.38
5	丹参	人参	13.01
6	丹参	苏合香	12.33
7	丹参	当归	11.64
8	丹参	党参	10.27

基于关联规则分析可以挖掘丹参治疗冠心病的配伍规律，从表中可见主要包含活血化瘀药、补虚药和开窍药 3 类中药与丹参配伍组合。黄芪、党参、人参属于补气药，与丹参联合体现了"益气活血"治疗冠心病的经典配伍思路；当归、红花、血竭等活血化瘀药物与丹参共用，强化了活血祛瘀通脉作用；冰片与苏合香则具开窍通络之效，与丹参配伍用于改善冠心病的气滞血瘀证候。

本案例通过收集治疗冠心病的中药方剂，并基于关联规则方法探究治疗冠心病方剂的配伍用药规律，为中药配伍研究提供了思路。通过关联规则等数据挖掘技术的应用，可以系统分析中药之间的配伍关系，发现其组方规律，加深对中药配伍机制的理解，进一步完善中医药理论。

 ## 第二节 中药药效物质及作用机制研究

深入研究中药药效物质及其作用机制，是保障中药新药高效研发、产品质量稳定可控、临床安全有效的重要前提。为了克服中药药效成分和作用机制复杂、中药临床功效评价不完善等问题，充分利用大数据和人工智能等技术的强大分析和处理能力，是中药药效物质及作用机制研究的突破点。本节将从中药药效物质发现、成分作用靶标预测及作用机制研究 3 个方面介绍信息学技术在探索中药药效物质和作用机制中的基本思路和方法，为中药现代化应用提供参考。

一、中药药效物质发现研究

"中药药效物质"的概念于 1997 年正式提出，是指中药中含有的能够表达药物临床疗效的化学成分总称。阐明中药药效物质是质量标准建立、中药创新药物研制等工作的重要基石，也是中医药现代化不可避免的科学问题。

随着中药活性成分分析技术和方法的迅速发展，中药药效物质的研究思路与方法呈多元化趋势，除天然药物化学方法为基础外，还出现计算机辅助药物设计（CADD）和人工智能辅助药物设计（AIDD）等多种新兴技术。天然药物化学方法通过利用提取、分离、纯化等技术获取中药单体化合物，经活性测试后确定其有效成分，具体方法主要包括系统分离筛选法、活性追踪法、随机筛选法等。然而，这种确定中药药效物质的传统方法存在步骤繁琐、研究周期长、活性成分易损失等问题，难以满足高效筛选活性结构的需求。

CADD 是对传统策略的有益补充，能够从众多候选中药成分中快速识别与药物靶标特异性结合的活性成分，缩小人工方法筛选活性配体的研究范围，具有高效、便捷等优点，其主要包括分子对接、药效团、定量构效关系等方法。此外，AIDD 可基于深度学习和机器学习等人工智能算法构建和训练精确的计算模型，有效预测新的药物靶点、疾病相关基因、药物效果及潜在的药物副作用。

本案例以基于分子对接技术探讨配体分子（甘草成分）与受体蛋白（肿瘤疾病相关靶点）之间的相互作用模式研究为例，展示 AutoDock 分子对接技术在中药药效物质发现研究中的应用。

甘草具有抗肿瘤、抗抑郁、抗炎、抗心律失常、保肝、抗氧化及免疫调节等作用，药理研究发现，甘草中含有大量的黄酮类化合物，可通过抑制肿瘤细胞增殖和促进机体自噬等方式发挥抗肿瘤作用。那么如何虚拟筛选甘草中具有治疗肿瘤药效的生物活性成分呢？利用分子对接技术，可以预测筛选具有潜在治疗作用的生物活性成分。

这一问题本质上是快速、准确地识别出对特定生物过程具有积极影响的化合物，旨在计算筛选具有生物活性的成分。本案例以 AutoDock 分子对接技术为例，介绍该方法实现的主要流程，具体包括配体分子和受体分子的准备、参数设置与运行、结果分析 3 个环节。

1. 配体分子和受体分子的准备　利用 PDB 数据库下载 AKT1 蛋白结构，删除原配体，再使用 AutoDockTools（ADT）处理受体分子，删除受体中所有的水分子，添加极性氢原子，计算 Gasteiger 电荷，并定义刚性结构；利用 PubChem、ChemDraw 或其他分子编辑软件获取光甘草定和原配体（GSK690693，AKT 抑制剂）结构，使用 ADT 处理配体分子，添加氢原子，定义旋转键。

2. 参数设置与运行　在 ADT 中分别加载受体分子和配体分子，定义网格的中心和大小，选择对接区域，并保存为网格参数文件；在 Set Docking Parameters 项下设置对接模式、对接算法、能量计算等对接参数，并保存对接参数文件。

使用命令"autogrid4 –p receptor.gpf –l receptor.glg；autodock4 –p ligand.dpf –l ligand.dlg"在终端中运行 AutoDock。这里 autogrid4 用于生成网格文件，autodock4 用于执行对接。

3. 结果分析　在 ADT 中加载 .dlg 输出文件，查看不同对接构象的结合能（结合能为负值），选择能量最低的构象，保存对接复合物并将其可视化，展示当前构象与残基的相互作用。此次光甘草定与 AKT1 蛋白对接的最低结合能为"–6.11 kJ/mol"，原配体与 AKT1 蛋白对接的最低结合能为"–4.86 kJ/mol"，通过对比二者的结合能，光甘草定的结合能低于原配体结合能，故光甘草定为潜在的抗肿瘤活性成分（图 7-6）。

本案例只与 AKT1 蛋白进行对接，而在实际问题中，需要对接多个成分和蛋白质，比较不同受体 – 配体的结合能，筛选出结合能低于原配体的成分，则该成分可能是生物活性成分。此外，该实例中仅利用了 Autodock 软件中的遗传算法及其默认参数，在实际问题中可以尝试不同软件、不同算法或者优化参数等操作，高效快速地发现潜在中药药效物质。

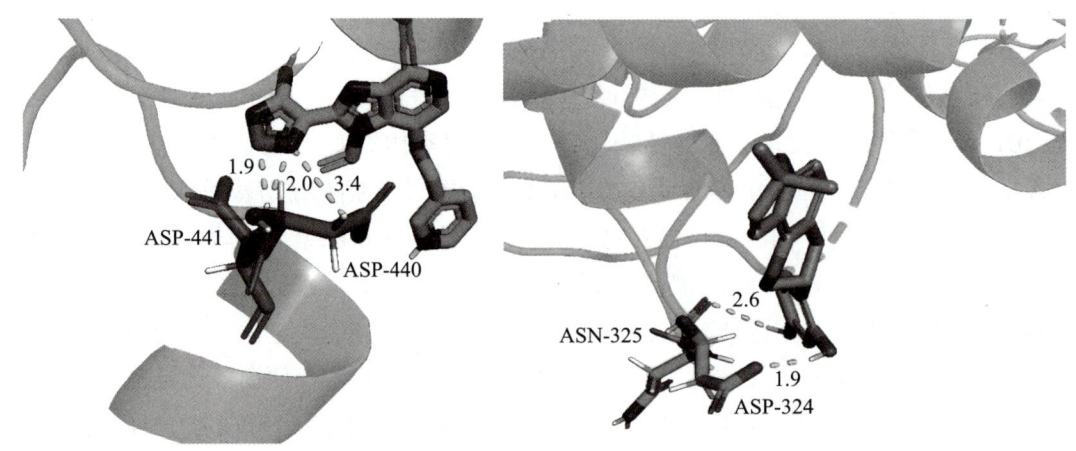

图 7-6　配体与 AKT1 蛋白相互作用的三维结构
（左：GSK690693；右：光甘草定）

二、中药成分作用靶标预测

药物靶标是指体内具有药效功能并能被药物作用的生物大分子，即药物发挥疗效的靶点，如某些蛋白质和核酸等生物大分子。通过对中药成分作用进行靶标预测，可以将中药成分进行系统的分类和评价，筛选出具有潜在治疗效果的关键活性成分，为新药开发和疾病治疗提供新的思路和方法。中药成分靶标预测是中药信息学中药物作用机制解析的关键环节。通过确定中药成分与生物分子的相互作用，为研究中药药效物质及作用原理、优化配方和新药开发提供科学理论依据。目前，中药信息学中已有较多成熟的靶点预测方法，包括计算机辅助药物设计、多组学技术和机器学习等，可以高效地预测中药成分的潜在靶标，系统地揭示中药多成分、多靶标的作用机制，为中药作用机制解析和新药研发提供坚实的科学基础。

本案例以计算机辅助药物设计中最常用的基于药效团的反向找靶技术为例，展示中药成分的作用靶标预测。基于药效团的反向找靶技术包括药效团模型的构建和中药成分的筛选，其中，药效团模型的构建又包括 4 个步骤：训练集和测试集的构建、活性化合物的药效特征识别、药效团模型的构建、药效团模型的评价；中药成分的筛选包括中药活性成分三维结构模拟、中药成分与药效团的匹配计算。其中，训练集和测试集的构建是保证药效团模型性能良好的关键，因此，本案例重点介绍药效团模型的训练集和测试集的构建方法。

用于建立药效团的训练集和测试集，只有当训练集和测试集化合物的化学空间保持一致时，才能用于构建可靠的药效团模型，因此，检测和分析训练集和测试集化合物的化学空间分布是否一致，是构建药效团模型的首要问题。

该问题的关键是运用合适的方法对训练集和测试集的化学空间一致性进行有效的评估。t-SNE（t-distributed stochastic neighbor embedding）是一种适用于高维数据的降维和可视化技术，它的核心目标是在保持数据点间相对距离的前提下，将高维数据有效地映射到低维（通常是二维或三维）空间中。t-SNE 包括 3 个步骤：化合物分子描述符计算，降维计算，结果可视化。

1. 化合物分子描述符计算　首先构建药效团模型的训练集和测试集。从 Binding database 数据库收集构建药效团模型的训练集，包含 25 个活性化合物。随后从 Binding database 数据库中随机挑选 100 个活性化合物及 300 个非活性化合物组成测试集。将所有分子结构输入分子模拟软件，计算分子描述符。

2. 降维计算及结果可视化　在 R 语言中使用 Rtsne 包对分子描述符数据进行 t-SNE 降维，将降维后的数据映射到化学空间中，进一步分析其化学空间性质，具体步骤如下。

首先，从训练集和测试集的 CSV 文件中读取数据，删除含有缺失值的列，同时确保两个数据集有相同的变量。然后，使用 t-SNE 算法进行降维，将降维后的结果保存并绘制成散点图，展示训练集和测试集在二维空间中的分布（图 7-7）。

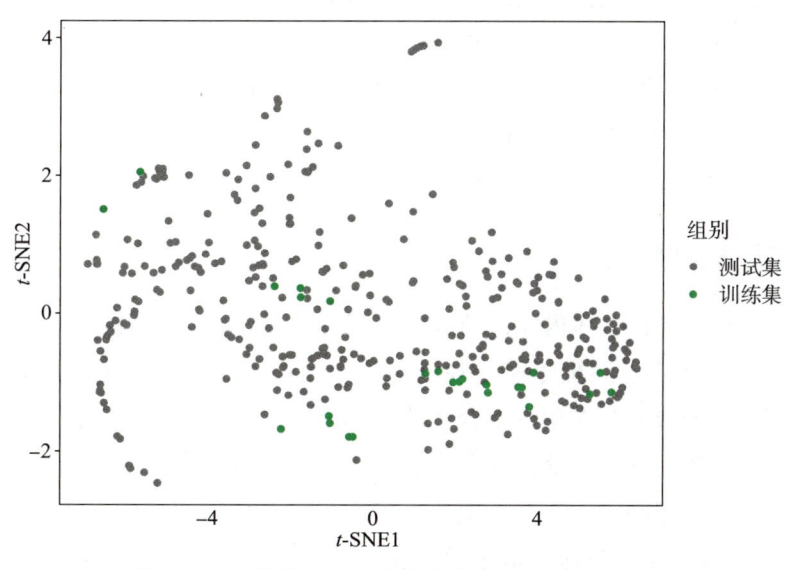

图 7-7　训练集和测试集中化合物的化学空间分布

结果显示通过 t-SNE 分析，训练集化合物的化学空间能很好地被测试集化合物覆盖，表明训练集和测试集化合物在基本的结构性质上具有相似性，可以用来进行下一步的药效团建模。

3. 药效团模型评价 利用建立好的训练集和测试集构建药效团模型，用公式 7–1 至 7–3 评价药效团的模型性能。其中 TD 代表测试集中化合物总数，TA 代表测试集中活性化合物数目，Ha 代表命中的活性化合物数目，Ht 代表命中化合物总数；HRA 是有效命中率，表示药效团从测试集中辨识活性化合物的能力；IEI 是辨识有效性指数，表示药效团从非活性化合物中辨识活性化合物的能力；CAI 是综合评价指数，表示药效团的综合筛选效率。

$$HRA = \frac{Ha}{TA} \times 100\% \tag{7-1}$$

$$IEI = \frac{Ha/Ht}{TA/TD} \tag{7-2}$$

$$CAI = IEI \times HRA \tag{7-3}$$

按以上步骤，采用相同的方法针对药物靶标，分别建立药效团模型，形成包含数百甚至上千个药效团模型的数据库待用。

4. 反向找靶 已知丹参中含有的酚酸类成分具有降脂作用，将丹参中的酚酸类化合物进行能量最小化预处理。然后用上文构建的药效团模型数据库进行反向找靶，筛选药效团数据库，结果显示，丹参中的酚酸类化合物与 PPARα 激动剂药效团具有良好的匹配（图 7–8），说明酚酸类化合物作为丹参的主要成分，可能激动 PPARα 发挥降脂药效。

基于该实例，通过利用 t-SNE 法对训练集和测试集化合物进行降维处理，提高了训练集化合物与测试集化合物的化学空间一致性，构建了完善的药效团模型数据库。将中药丹参的酚酸类化合物与数据库中的药效团进行匹配筛选，得到了与酚酸类化合物匹配良好的 PPARα

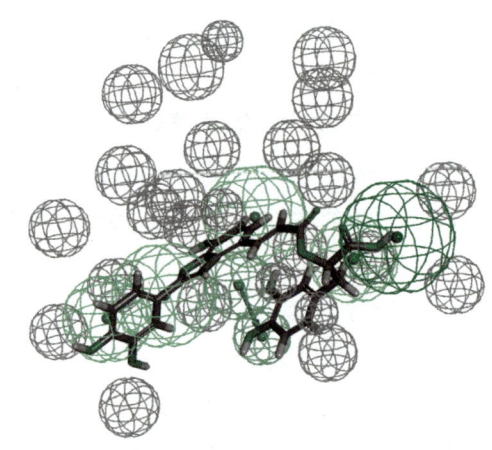

图 7–8 酚酸类化合物与 PPARα 激动剂药效团模型匹配图

激动剂药效团模型，从而探究了中药成分与靶标之间的作用关系。此外，在该实例中仅采用 t-SNE 法评价训练集和测试集中化合物的相似性和差异性，在实际研究中可以结合多种算法，提高药效团的代表性，从而更准确、高效地筛选中药活性成分。

拓 展 阅 读 7-2： 中药成分作用靶标预测实验示例数据

三、中药作用机制研究

中药作用机制是指中药在人体内发挥药效的过程和机制，具有作用靶标、作用途径多样的特点。已有研究将计算机仿真、系统建模与验证等技术运用于中药作用机制研究，从"关系 – 网络 – 功能"角度探讨中药或方剂多靶点整合调节的作用模式，为揭示中药整体作用特性提供了研究思路。常用的方法包括网络药理学、整合药理学及计算机辅助药物设计等。

网络药理学是一门运用网络方法分析中药、疾病和靶点之间"成分、靶点、途径"协同作用关系的药理学分支学科。网络药理学基于"疾病 – 基因 – 靶点 – 中药"相互作用网络，系统综合地观察中药对疾病网络的干预与影响，从而揭示中药或方剂协同作用机制。

本案例以基于网络药理学探讨苦杏仁治疗哮喘疾病作用机制研究为例，展示网络药理学在中药作用机制研究中的应用。

苦杏仁具有降气止咳平喘的功效，现代药理学研究表明，苦杏仁能减轻慢性气道炎症，降低气道高反应性，并能抑制气道重构。那么苦杏仁主要通过哪些成分、靶点和通路治疗哮喘？利用信息学技术和方法，可以分析中药与疾病之间的相互作用关系。

这一问题的本质在于从多靶点与复杂疾病关系角度出发，构建"成分－靶点－疾病"的分子网络，在分子层面探讨药物与疾病之间的作用关系。在前文已介绍的中药作用机制研究方法基础上，本案例选择网络药理学的研究方法，该方法主要包括收集药物靶点数据、确定疾病相关靶点、构建"成分－靶点－疾病"网络、网络分析 4 个步骤。

1. **收集药物靶点数据**　通过查阅文献，获取苦杏仁成分及其成分的已知靶点或者利用 TCMSP、PubChem、ChEMBL 等中药化学成分数据库，获取其潜在靶点信息，并采用 UniProt 数据库将靶点名称转化为基因名。

2. **确定疾病相关靶点**　通过疾病－基因数据库（如 GeneCards、OMIM、DisGeNET 等）查找与哮喘相关的基因或蛋白质靶点，合并不同数据库获得的疾病靶点并剔除重复项目，筛选大于打分均值的疾病靶点，最终获得哮喘疾病靶点。

3. **构建"成分－靶点－疾病"网络**　对苦杏仁靶点与哮喘相关靶点取交集，绘制交集靶点韦恩图（图 7-9），以识别苦杏仁治疗哮喘的潜在靶点；利用 Cytoscape 3.10.0 软件将苦杏仁有效成分及靶点导入，构建"成分－靶点－疾病"的网络图（图 7-10）。

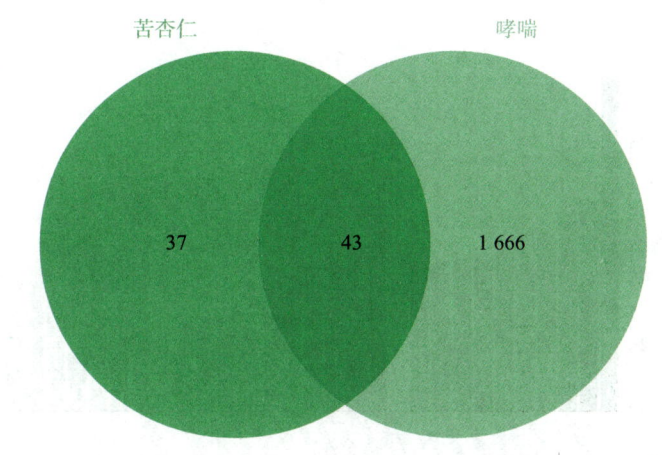

图 7-9　交集靶点韦恩图

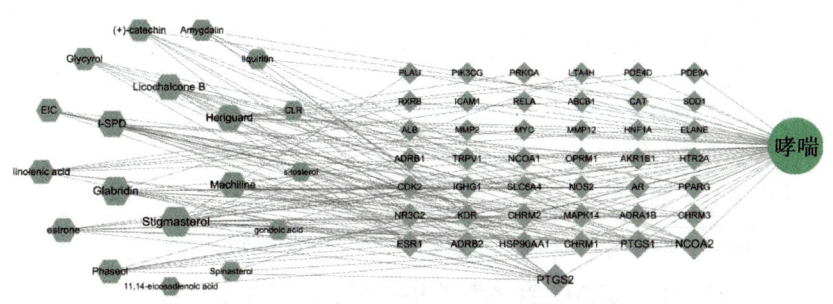

图 7-10　苦杏仁"成分－靶点－哮喘"网络图

4. 网络分析 将交集靶点导入 STRING 数据库。在分析设定中，以"homo sapiens"为对象，以"multiple proteins"为分析模式，将置信度设定为 ≥ 0.40，其他参数均为默认值，进行靶点蛋白互作网络（PPI）分析。在网络中，清除独立靶点，文件以 tsv 格式下载后导入 Cytoscape 3.10.0 软件中，进行网络分析，并根据节点度值（degree）、介数中心性（betweeness centrality）、紧密中心性（closeness centrality）筛选出核心靶点，得出苦杏仁治疗哮喘的关键靶点，并绘制靶点 PPI 网络图（图 7-11）。

在 DAVID 在线分析网站对药物与疾病交集靶点进行基因本体（gene ontology，GO）功能分析、京都基因与基因组百科全书（Kyoto encyclopedia

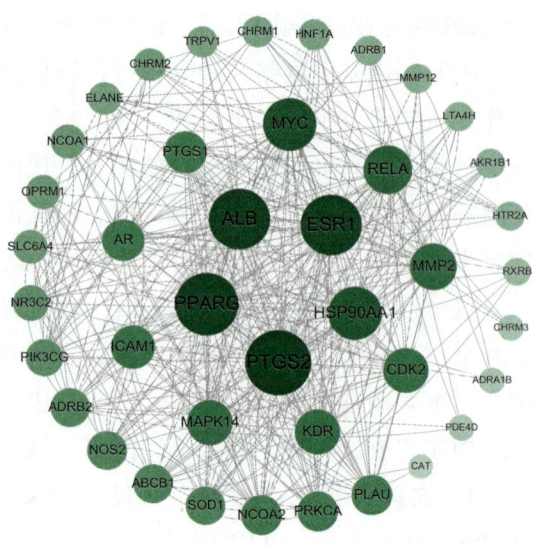

图 7-11　苦杏仁治疗哮喘潜在靶点 PPI 网络图

of genes and genomes，KEGG）通路富集分析。GO 功能分析包括生物过程（biological process，BP）、分子功能（molecular function，MF）和细胞组分（cellular component，CC）。GO 功能分析结果的柱状图见图 7-12，KEGG 通路富集分析的气泡图见图 7-13。根据结果发现，苦杏仁治疗哮喘在 GO 功能分析中，主要涉及对外源刺激的反应、G 蛋白偶联受体信号通路等生物功能；在 KEGG 通路富集分析中，主要涉及化学致癌受体激活、小细胞肺癌、PI3K-Akt 等信号通路。

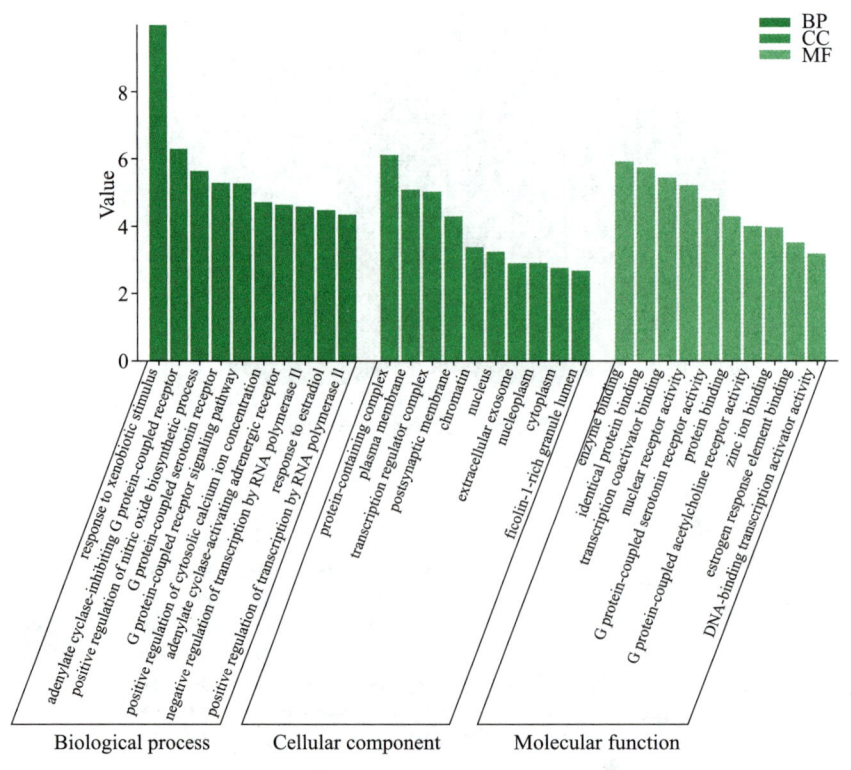

图 7-12　苦杏仁治疗哮喘交集靶点的 GO 功能分析柱状图

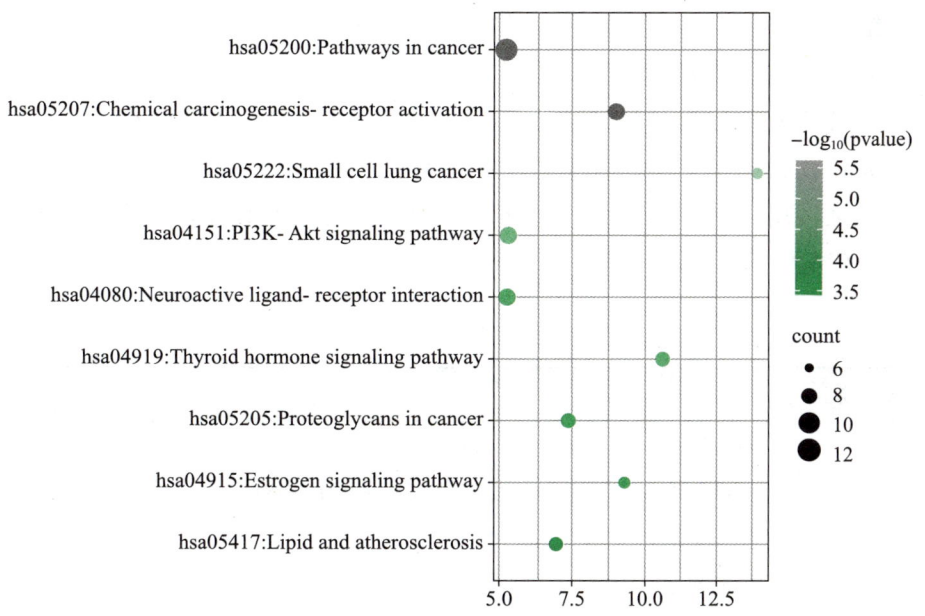

图 7-13　苦杏仁治疗哮喘交集靶点的 KEGG 通路富集分析气泡图

基于该实例，还可以研究多味中药治疗疾病的作用机制，即研究中药复方治疗疾病的作用机制。此外，网络药理学还能与分子对接、组学研究等实验相结合，进一步阐释中药成分的复杂性和多样性，赋予其在疾病治疗中多靶点调节的独特优势，这将有助于全面改善病症，提升治疗效果。

拓 展 阅 读 7-3：中药药效物质发现研究和中药作用机制研究实验示例数据

第三节　中药质量分析评价研究

中药质量控制是保证其安全、有效、均一、可控的前提，也是中药产业高质量发展的基础。但是由于中药成分复杂、功效成分不清晰等问题，导致中药质量标准难以表征其整体质量。为了克服传统研究方法的局限性，中药信息学技术的融合对中药的质量控制研究至关重要，如机器学习和深度学习等算法正逐步应用于中药成分的鉴定中，通过分子模拟技术和机器学习算法等方法开展质量标志物研究，利用信息学方法建立中药生产过程多元质量控制模型等。本节从中药成分鉴定研究、中药质量标志物研究和中药生产过程多元质量控制 3 个方面入手，系统介绍中药信息技术在中药质量控制领域的研究进展，这些技术的引入为质量关联药效的质控研究提供了新思路，成为中药质量控制的重要突破点。

一、中药成分鉴定研究

中药成分鉴定研究是一项重要任务，它聚焦于中药中各种成分的结构、含量及它们之间的相互作用。为了全面准确地揭示这些成分的特性，研究者们常常需要融合多种先进的分析技术，如液相色谱 – 串联质谱、气相色谱 – 串联质谱、核磁共振技术、红外光谱技术、紫外 – 可见光谱技术等。上述技术各具特色和优势，共同为中药成分鉴定提供了全面而准确的手段，获得了大量的中药成分多维信息。信息学方法具有强大的数据处理功能，当前已有大量的数据后处理技术融入中药成分研究中，常用的数据后处理方法包括质量缺陷过滤、背景扣除、同位素过滤、诊断离子过滤、中性丢失过滤、质谱树相似性过滤、分子网络、统计分析和数据库匹配等。这些数据后处理方法各有特色（表7-3），其综合应用在中药质量控制领域发挥着重要作用。为使数据后处理方法更加灵活地运用于中药/中药复方中成分的鉴定，本案例以柴胡挥发油中成分鉴定为例，介绍数据后处理技术与气相色谱－串联质谱联用实现成分的快速识别。

表 7-3　数据后处理方法及其特点

数据后处理方法	特点
质量缺陷过滤	排除质量低劣的数据点，提高数据可靠性
背景扣除	有助于消除质谱信号中的背景噪声，提高分析结果的准确性
同位素过滤	用于鉴别同位素峰，减少干扰
诊断离子过滤	辅助鉴定化合物
中性丢失过滤	有助于减少中性物质对质谱数据的影响
质谱树相似性过滤	通过比对质谱树结构，实现样品的相似性分析
分子网络	可用于构建分子间的关联网络，揭示中药复杂组分之间的关系
统计分析	能够对大量冗杂数据进行全面的统计学处理
数据库匹配	将实验数据与已知数据库进行匹配

　　柴胡，伞形科植物柴胡或狭叶柴胡的干燥根，性味苦、微寒，归肝、胆经。药理研究证明其可用于缓解支气管痉挛，扩张气道，有效促进呼吸道炎症的消退，显著减轻哮喘患者的症状。鉴于中药成分的繁复多样性，深入剖析柴胡内所含的黄酮类、挥发油及皂苷等一系列活性物质，不仅有助于揭示柴胡发挥药效的成分及具体机制，还能为现代药物研发提供宝贵的天然资源，推动其在呼吸系统健康领域的创新应用。结合当前分析方法与强大的数据后处理技术能够实现成分的快速准确识别。首先对中药样本进行制备，利用色谱－质谱联用技术鉴定中药成分，通过色谱技术将中药复杂混合物中的各成分有效分离，随后质谱技术对各分离出的成分进行精准鉴定，包括分子量测定和结构解析，从而全面揭示中药的化学成分及其特性。数据后处理方法能够对产生的大量数据进行预处理、筛选、分析及匹配，从而完成中药成分的鉴定。

　　1. 中药样本制备及上机分析　采用超临界流体萃取技术制备柴胡挥发油，并采用气相色谱－串联质谱进行分析。色谱仪对分离成分的保留时间进行记录，质谱仪对每个分离出的成分进行电离，形成离子碎片，并测量这些离子碎片的质量和相对强度，生成质谱图。分析所得总离子流图见图7-14。

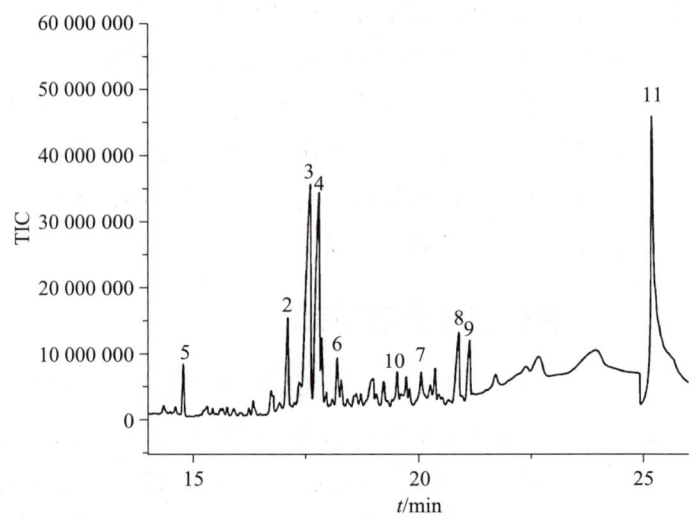

图 7-14　柴胡挥发油经气相色谱－串联质谱分析的总离子流图

2. 数据过滤与分析　柴胡挥发油经气相色谱-串联质谱分析，会有大量数据产生。首先，数据预处理阶段通过质量缺陷过滤及背景扣除技术，筛选质谱峰的强度、信噪比（S/N）等关键指标，有效剔除因仪器故障、信号噪声或样品污染导致的低质量数据干扰。

除此之外，不同成分通常具备不同特征，为进一步缩小目标化合物的搜索范围，同位素过滤、诊断离子过滤及中性丢失过滤被用于简化质谱数据。通过同位素过滤机制识别并合并因同位素效应而在质谱图中出现的多个相邻峰，简化图谱；诊断离子过滤筛选出在质谱分析中代表特定化合物的特征性离子碎片，实现对目标化合物的快速定位；中性丢失过滤基于母离子在碎裂过程中特定中性分子的丢失现象，为成分组成的推测提供有力依据，进一步细化分析过程。

3. 数据匹配　将预处理和过滤后的质谱数据与 NIST 等标准质谱库或自建数据库进行匹配，以识别出已知化合物，这是中药成分鉴定中最常用的方法之一。本例将系统导出的预处理及筛选后数据与 NIST14 中的标准质谱图进行比对，通过计算相似度（或匹配度）来找出最可能的匹配项。检索完成后，根据 NIST 检索程序列出的匹配度最高的几个候选化合物及其相关信息（如化合物名称、CAS 号、分子式、分子量等），结合文献对比，获得柴胡挥发油中的成分信息，共归属 11 个成分（表 7-4）。

表 7-4　柴胡挥发油成分鉴定

序号	成分名称	保留时间（min）	匹配度（%）	分子式	CAS
1	1,2,4-Trimethyleyclopentane	3.826	94.53	C_8H_{16}	2815-58-9
2	Cedrol	17.025	97.32	$C_{15}H_{26}O$	77-53-2
3	Guaiol	17.256	93.91	$C_{15}H_{26}O$	489-86-1
4	Agarospirol	17.434	94.39	$C_{15}H_{26}O$	1460-73-7
5	β-Eudesmol	14.605	97.99	$C_{15}H_{26}O$	473-15-4
6	α-Asarone	17.843	91.71	$C_{12}H_{16}O_3$	2883-98-9
7	Falcarinol	20.796	80.51	$C_{17}H_{24}O$	21852-80-2
8	n-hexadecanoic acid	21.027	95.41	$C_{16}H_{32}O_2$	57-10-3
9	Oleic Acid	21.887	88.08	$C_{18}H_{34}O_2$	112-80-1
10	3-Deoxy-17beta-estradiol	19.515	85.97	$C_{18}H_{24}O$	2529-64-8
11	Linoleic Acid	25.181	94.36	$C_{18}H_{326}O$	60-33-3

该例以柴胡挥发油中的成分识别为例，简要介绍数据后处理技术与传统分析技术结合实现中药成分快速鉴定的流程。数据后处理的加入不仅能够提高数据分析的效率，通过过滤及扣除等方法，也为成分鉴定的准确性提供了极大的保障。

拓 展 阅 读 7-4：中药成分鉴定研究实验示例数据

二、中药质量标志物研究

中药质量标志物是中药中的特定成分，能够反映中药的有效性和安全性。通过质量标志物的监控，可以保证中药制剂在不同批次之间的质量一致性，从而确保中药的临床有效性和安全性。中药的成分复杂，质量控制困难。确定中药的质量标志物，有助于中药的标准化生产和质量控制，进而推动中药产业的规范化发展；可以利用现代科学技术对中药进行深入研究和分析，从而揭示中药的作用机制和物质基础，这对于中药的现代化和国际化推广具有积极作用；可以指导中药生产工艺的优化，使生产过程中的关键控制点更加明确，从而提高中药制剂的质量。在新药研发过程中，质量标志物可以作为新药研发的科学依据，通过质量标志物的分析，可以更好地进行中药配方的筛选和优化，加快新药的研发进程。

特征图谱是一种利用现代分析技术获得的中药整体化学成分的指纹图谱或谱图，它在质量标志物鉴定中的应用包括整体性评价、定性和定量分析、质量一致性控制和多成分协同分析。中药信息学和特征图谱相结合，为中药质量标志物的鉴定提供了强大的工具和技术支持。中药信息学通过数据整合、网络分析和虚拟筛选等方法，为质量标志物的筛选提供了理论依据；特征图谱通过整体性评价和定量分析，为质量标志物的确定和质量控制提供了实用的技术手段。这两者的结合可以提高中药质量标志物鉴定的准确性和效率，提高中药质量控制的科学性和可靠性，加速中药现代化进程。

大柴胡汤始载于医圣张仲景所著《伤寒论》，由柴胡、黄芩、芍药、半夏（洗）、枳实（炙）、大黄、大枣、生姜组成，具有和解少阳、内泻热结之功，常用于治疗胆囊炎、胰腺炎等消化系统疾病，疗效明确。然而，现有研究多集中于临床及药理探究，质量研究相对薄弱。为提升大柴胡汤质量标准，合理的评价指标亟待明确。

特征图谱具有整体性与动态性的特点，能够客观反映汤剂所含成分，揭示成分的特征性、溯源性及可测性。网络药理学可从"成分－靶点－疾病"全方位解析方剂成分－药效的关联，从而体现成分的有效性及配伍的合理性。基于此，以特征图谱结合网络药理学模式确定大柴胡汤的质量标志物，为其质量控制及临床应用提供科学依据。

1. 潜在关键药效成分获取 本案例利用中药系统药理学数据库 TCMSP 结合文献检索大柴胡汤各中药成分及相关靶点，截至 2024 年 5 月，获得大柴胡汤各中药成分共 117 个。为使后续大柴胡汤成分指认更具针对性，以大柴胡汤所含成分作用的关键靶点数量为依据对成分进行筛选，取排名前 35 的成分作为大柴胡汤潜在关键药效成分。

2. 特征图谱建立及质量标志物初筛 基于前期获得的潜在关键药效成分，对大柴胡汤特征图谱（图 7-15）进行指认，以期获得易检测的、特有的、稳定的活性成分。精密度考察结果显示，各共

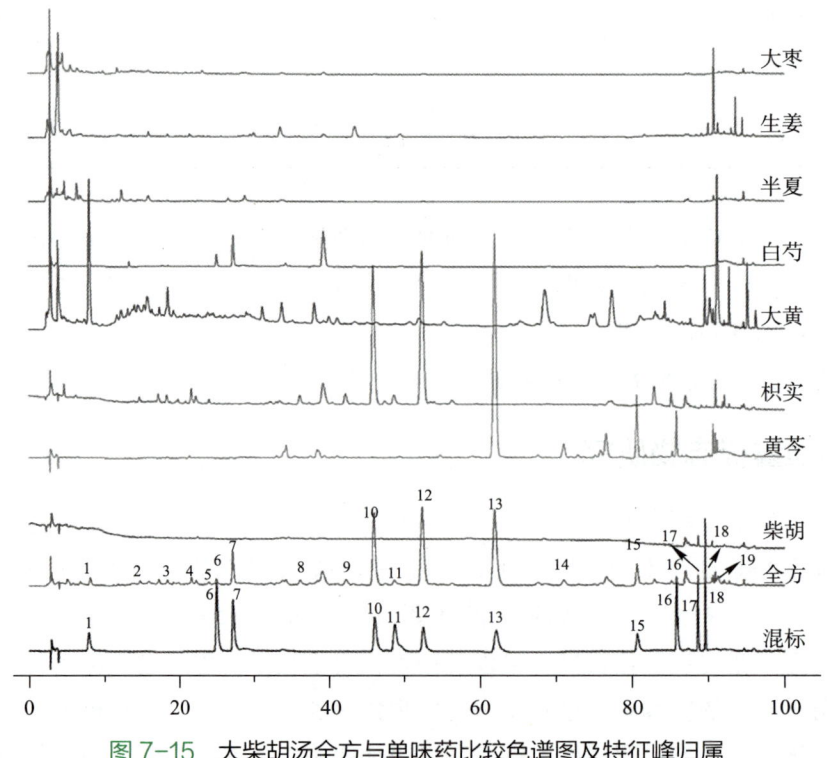

图 7-15 大柴胡汤全方与单味药比较色谱图及特征峰归属

有峰相对保留时间、相对峰面积 RSD 值均依次小于 0.13%、3.7%，表明该仪器精密度良好。重复性考察结果显示，各共有峰相对保留时间、相对峰面积 RSD 值均依次小于 0.16%、4.7%，表明该方法重复性良好。稳定性考察结果显示，各共有峰相对保留时间、相对峰面积 RSD 值均依次小于 0.17%、3.6%，表明该样品稳定性良好。共标定 19 个共有峰，按照保留时间依次编号为 1 ~ 19。通过比较单饮片煎液、缺阴性煎液，将共有峰进行归属。峰 2、峰 3、峰 4、峰 5、峰 8、峰 9、峰 10（柚皮苷）、峰 11（橙皮苷）、峰 12（新橙皮苷）属于炒枳实，峰 6（芍药内酯苷）、峰 7（芍药苷）属于白芍，峰 13（黄芩苷）、峰 14、峰 15（汉黄芩苷）、峰 16 属于黄芩，峰 17（柴胡皂苷 b2）、峰 18（柴胡皂苷 b1）属于北柴胡，峰 19 属于大黄。峰 1（没食子酸）存在于白芍及大黄中，属于两药共有峰。

依据质量标志物"五原则"的可测性、特有性、溯源性，分析大柴胡汤特征图谱。对特征峰进行归属，没食子酸存在于白芍、大黄中，并不具有特征性，不纳入标准。芍药内酯苷、芍药苷来源于白芍，柚皮苷、橙皮苷、新橙皮苷来源于炒枳实，黄芩苷、汉黄芩苷来源于黄芩，柴胡皂苷 b2、柴胡皂苷 b1 来源于北柴胡，这些成分在单饮片及全方煎液中均可被检测到，体现了质量的传递与溯源。基于此，将以上成分暂定为大柴胡汤潜在质量标志物。

3. 网络药理学分析 基于 OMIM、Mala Cards、Gene Cards 数据库收集疾病靶点，截至 2024 年 5 月，收集并去重后共获得 705 个胆囊炎疾病靶点。基于反向找靶得到大柴胡汤潜在质量标志物靶点 412 个，获得大柴胡汤成分与胆囊炎疾病的交集靶点共 66 个。将成分与疾病交集靶点上传至 STRING11.0 数据库，置信度阈值设定为 0.4，构建大柴胡汤成分 – 胆囊炎疾病靶点蛋白互作网络（PPI）。为明确潜在质量标志物作用于胆囊炎参与的生物过程及信号通路，将交集靶点导入 DAVID 数据库，以 $P < 0.05$ 作为筛选条件，获得大柴胡汤成分参与的生物过程及信号通路（图 7–16）。

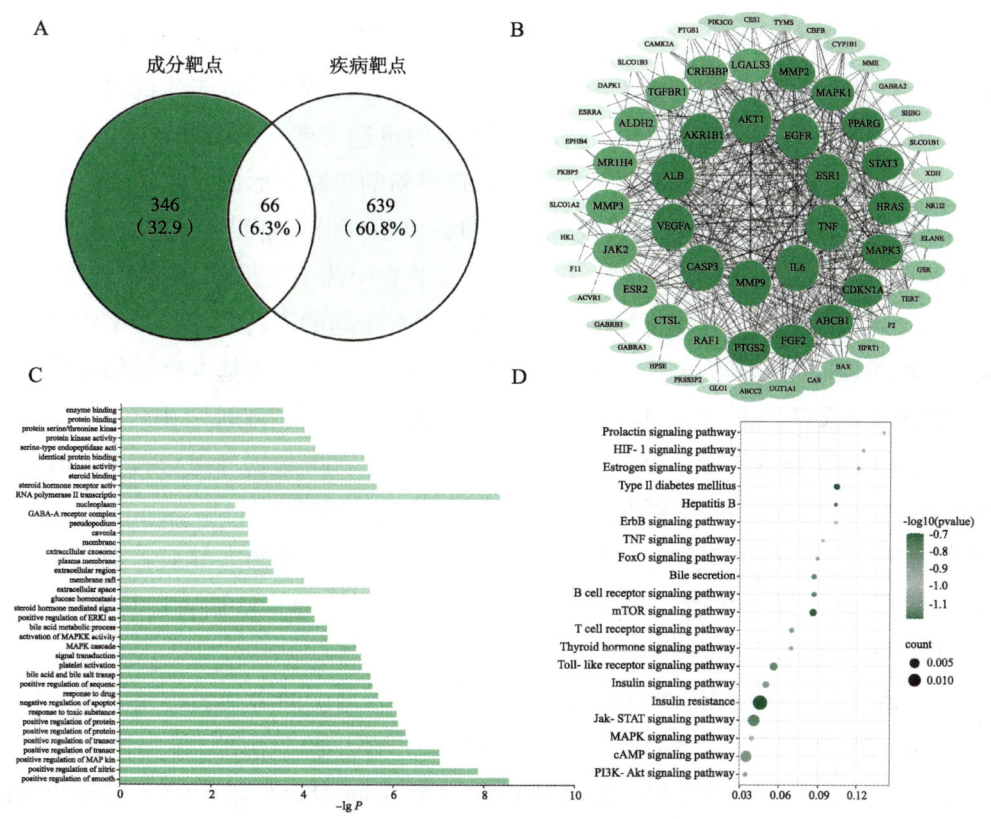

图 7-16 大柴胡汤成分与胆囊炎疾病交集靶点分析

（A. 韦恩图；B. PPI 网络图；C. GO 功能分析；D.KEGG 通路富集分析）

该例结合网络药理学和中药信息学的方法在大柴胡汤质量标志物的研究中展现出巨大的价值。这种方法不仅提高了药效成分的筛选效率，确保了质量标志物的可靠性和稳定性，还通过深入的网络分析明确了质量标志物的作用机制和生物学意义，为中药的现代化研究提供了关键技术方法支撑。

拓展阅读 7-5：中药质量标志物研究实验示例数据

第四节　中药组方设计与优化研究

中药新药研发长期以来面临高投入、高风险及低研发效率的挑战。国家药品监督管理局发布的药品评审报告显示，2015年至2020年间，中药新药的申报与获批数量持续低迷，甚至出现连续零批准的现象，凸显了中药新药研发的困境。然而，随着信息学技术的迅猛发展，这些困扰中药研发的难题正逐步找到新的解决途径。信息学技术不仅在提升中药研发效率和疗效方面展现出显著优势，还能有效降低研发成本，提高资源利用效率，为中药现代化和全球化进程提供坚实的科技支撑。

本节将探讨在中药组方配伍设计与配比优化过程中，如何利用信息学方法和技术生成创新组方，并实现最优药效配比，从而为中药新药研发提供新的思路与策略，助力其向更高效、更安全、更经济的方向迈进。

一、中药组方配伍设计研究

中药组方是中医药学的核心概念，源于古代中医的"制方"思想，是中医药治病救人和创新发展的重要基础。传统的中药组方基于中医药理论，疗效往往依赖经验丰富的名老中医，因此具有较强的个体化特征，难以系统推广。随着信息技术的迅速发展，借助统计学与数据挖掘手段，对大量经典方剂进行总结和分析，有望为中药组方提供新的思路，形成疗效确切的创新配方。

芳香中药味辛能行，芳香走窜，故能调畅气机，以治疗肝气郁结等气机不通所致的多种疾患，在治疗抑郁症处方中占有重要地位。但目前尚无芳香中药治疗抑郁症用药规律特点的研究。通过数据挖掘，可以从大量治疗抑郁症的方剂中找出芳香中药的用药规律。本案例以芳香中药抗抑郁相关方剂的关联规则挖掘为例，展示基于关联规则的中药组方的基本思路和流程。

1. **方剂数据获取及预处理**　以"抑郁症""郁证"分别与"复方""方剂""中药""汤""饮""方"或"中医"等检索词组合在中国知网、万方数据知识服务平台等数据库进行检索，收集芳香中药治疗抑郁症的临床研究文献，并根据设置的方剂纳入标准和排除标准对收集到的处方进行预处理。

2. **数据规范**　依据《中药学》《中华人民共和国药典》及《中药大辞典》规范化处理并录入中药，如"抚芎"统一为"川芎"，"广郁金"统一为"郁金"等；依据《香药本草》《芳香中药学》对芳香中药进行筛选。

3. **关联规则分析**　对数据库进行格式转换，将所有方剂中的中药名称整合作为指标，方剂名称作为组别，以"Y"和"N"表示方剂中药组成，"Y"为"含有"芳香中药，"N"为"不含"。共涉及152种中药，85个方剂。使用IBM SPSS Modeler 18.0软件中的Apriori板块进行高频药物关联规则运算，参数设置为最小支持度为20%，最小置信度为60%，最大前项数为2。

通过关联规则分析共得到70条关联规则，其中芳香中药组合有31条，30条提升度均＞1，提示为有效关联。将芳香中药组合根据支持度大小进行排列，前 12 名见表 7–5。

表 7-5　芳香中药关联规则分析

序号	后项	前项	支持度 （%）	置信度 （%）	提升度
1	柴胡	白芍	47.06	82.50	1.23
2	柴胡	郁金	42.35	77.78	1.16
3	柴胡	石菖蒲	34.12	79.31	1.18
4	郁金	远志	32.94	60.71	1.43
5	柴胡	远志	32.94	75.00	1.12
6	白芍	当归	30.59	65.38	1.39
7	柴胡	当归	30.59	80.77	1.20
8	白芍	白术	29.41	68.00	1.45
9	柴胡	白术	29.41	64.00	0.95
10	郁金	香附	27.06	60.87	1.44
11	白芍	香附	27.06	60.87	1.29
12	柴胡	香附	27.06	91.30	1.36

4. 芳香中药核心药性及功效分析　对收集的芳香中药进行性味归经统计分析，绘制相关雷达图（图 7–17）。

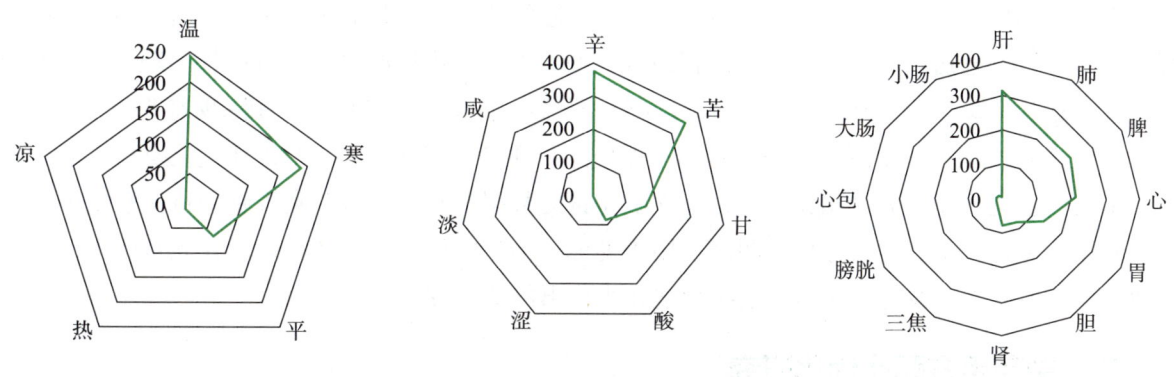

图 7-17　芳香中药性味归经雷达图

由于药材质地不同，花、叶、皮、枝等量轻质松及作用较强的药物用量一般宜小，矿物、介壳等质重沉坠及作用温和的药物用量一般宜大，因此对中药进行加权。通过 2020 年版《中华人民共和国药典》收集各中药的常规使用量区间范围，取常规使用量区间范围的中间值作为该中药的常规使用量。方剂中药物的实际克数与常规使用量的比值为该药物在方剂中的权重。

基于各方剂中每味中药的权重，对每味中药的功效进行权重赋值，即将每味中药的权重平移至其每个功效，由于相同功效可能来自不同的中药，将来自不同中药的相同功效的权重值进行加和，由此可以得到各方剂中每个功效的总权重值。

依照 ABC 分类法原理，将权重占比前 60% 的功效归为临床改善抑郁症的核心功效。结果显示，解郁、安神、疏肝、清热、理气、健脾、化痰功效累积权重达到 49.09%，与总权重相比，其累积占比达到总权重的 58%，因此，本案例将解郁、安神、疏肝、清热、理气、健脾、化痰归为改善抑郁症的核心功效。

5. 基于核心功效与用药规律进行芳香中药筛选　以芳香中药用药规律与核心功效为依据，芳香中药纳入原则：①药物功效包含本案例获得的核心功效，且四气为温或寒，五味以辛或苦为主，归经主归肝、肺、脾、心经；②通过频数及关联规则获得的核心药物，其功效需包含本案例获得的核心功效。满足上述任意一条，即被纳入，从而获得 21 个核心药物，部分结果见表 7-6。

表 7-6　部分核心药物的药性及功效

芳香中药	五味归属	四气归属	归经	核心功效
郁金	辛、苦	寒	肝、心、肺	行气、解郁
木香	辛、苦	温	肺、肝、脾	行气、健脾
玫瑰花	甘、微苦	温	肝、脾	行气、解郁
陈皮	苦、辛	温	肺、脾	理气、健脾、化痰
豆蔻	辛	温	肺、脾、胃	行气
莪术	辛、苦	温	肝、脾	行气
连翘	苦	微寒	肺、心、小肠	清热

6. 基于药效实验的中药组方　构建皮质酮诱导 PC12 细胞损伤模型来模拟抑郁症高糖皮质激素引起的神经元损伤表型，以给药后逆转神经细胞损伤、细胞凋亡及逆转神经递质 5- 羟色胺（5-HT）基因与蛋白质表达作为检测指标，最终获得了 11 种具有潜在改善抑郁症活性的芳香药物挥发油。

以《抑郁症中西医结合诊疗专家共识》对抑郁症的证型分类及治则治法为依据，将具有疏肝解郁、理气、健脾功效的药物挥发油进行组合，使每个组合中同时具有疏肝解郁、理气、健脾的功效，同时在国家知识产权局"中国专利公布公告"数据库进行专利检索，删除现有专利与本案例药物重复的组合，获得以柴胡为君药的 4 个药物组合，便于后续进一步进行配比优化及药效考察。

本案例首先收集了大量相关方剂，建立了完备的数据基础。通过关联规则分析提取出核心药物，并结合方剂权重和功效分析，明确了用于抑郁症治疗的核心药性及功效。在此基础上，结合药效实验、专家经验及专利检索，最终筛选并优化出创新组方。

二、中药组方配比优化研究

中药组方汇聚多种成分，其间不仅存在协同增效的积极作用，还可能存在相互拮抗的复杂关系。多层次的复杂相互作用及组方配比是中药复方能够产生独特疗效的核心所在，也是导致其机制不清晰的重要原因。因此，如何科学、合理地优化中药复方的配比，成为中医药领域亟须解决的问题。

实验设计和数据科学方法相辅相成，为中药组方配比优化提供了技术支撑。这些技术具有高效性、系统性、灵活性和预测性的特点，能够全面考虑各种因素及其交互作用对中药组方配比的影响。通过系统地设计试验方案，能够更加准确地了解不同因素之间的相互作用关系，从而根据实际需求对中药组方配比进行调整和优化。此外，这些技术还能够通过对实验数据的深入分析，预测中药组方配比的最佳方案，为中药的研发和生产提供科学依据。本案例以探索治疗抑郁症中药组合的最优配比为例，展示中药信息学技术在中药组方配比优化研究中的应用。

芳香药物挥发油对于改善抑郁症具有一定疗效，在临床应用广泛，但目前缺乏对芳香药物挥发油组合的应用研究，如何对芳香药物挥发油进行合理的组合从而得到具有改善抑郁症活性的芳香药物挥发油组方是目前亟待解决的问题。该问题的关键是对改善抑郁症的挥发油进行组方设计，探究最优药物挥发油组合比例。本案例选择响应面设计法，通过拟合因素和效应值之间的函数关系，并借助回归方程分析来寻求最优值。这种方法具有筛选高效、预测准确等优势，适用于组分中药组方的筛选与优化配比。

1. 挥发油组合筛选 前期通过数据挖掘技术，获得了中药治疗抑郁症的核心功效与用药规律。以此为依据，对筛选的具有改善抑郁症活性的芳香药物挥发油进行组合，进一步通过专利检索，筛选确定药物组合包含中药 A1、中药 A6 和中药 A7。

2. 响应面模型构建及评价 采用 Design Expert 11 设计实验方案。选择 A1（X_1）、A6（X_2）、A7（X_3）为考察因素，各因素取值范围 X_1（50～200 μg/mL）、X_2（30～50 μg/mL）、X_3（40～50 μg/mL），响应值为细胞增殖率（Y）。在固定 A1 挥发油浓度的情况下，对 A6 挥发油与 A7 挥发油交互作用的等高线图与三维曲面图分析发现，随着 A6 挥发油浓度的增加，细胞增殖率逐渐增加；随着 A7 挥发油浓度的增加，细胞增殖率逐渐下降。在固定 A6 挥发油浓度的情况下，对 A1 挥发油与 A7 挥发油交互作用的等高线图与三维曲面图分析发现，随着 A1 挥发油浓度的增加，细胞增殖率逐渐增加；随着 A7 挥发油浓度的增加，细胞增殖率也逐渐增加。在固定 A7 挥发油浓度的情况下，对 A1 挥发油与 A6 挥发油交互作用的等高线图与三维曲面图分析发现，随着 A1 挥发油浓度的增加，细胞增殖率逐渐增加；随着 A6 挥发油浓度的增加，细胞增殖率也逐渐增加（图 7–18）。将各个效应面较优的区域进行重叠，最终获得挥发油组合最佳剂量：A1 挥发油浓度为 168.301 μg/mL，A6 挥发油浓度为 34.226 μg/mL，A7 挥发油浓度为 42.113 μg/mL，预测此组合的细胞增殖率为 47.322%。之后进行二次多项式拟合，依据回归方程绘制等高线图及三维曲面图。为了获得最佳响应面模型下的最优芳香药物挥发油组合，本案例以模型检验 P–Value 值及失拟检验 P–Value 值作为评价指标，获得最佳响应面模型。

结果如表 7–7 所示，芳香药物挥发油组合拟合的二项式方程的相关系数为 0.905 1，模型（model）检验的 P–Value 为 0.000 5，小于 0.05，表示该模型具有统计学意义，可信度高。失拟检验（lack of fit）的 P–Value 为 0.750 7，大于 0.05，说明该模型预测值与真实值差异较小，预测结果可信度高，可用于后续芳香药物挥发油组合的预测。

表 7–7 挥发油组合细胞增殖率与各因素拟合的二项式方程

二项式方程	相关系数	Model（P–Value）	Lack of Fit（P–Value）
$Y = 32.9 + 7.52X_1 + 4.18X_2 + 0.68X_3 - 6.57X_1X_2 - 4.31X_1X_3 + 2.70X_2X_3 - 2.77X_1^2 + 2.02X_2^2 - 1.05X_3^2$	0.905 1	0.000 5	0.750 7

根据二项式拟合方程所绘制的各个因素对总指标（细胞增殖率）影响趋势的三维效应面图及二维等高线图，分析挥发油组合中单个因素对细胞增殖率的影响。

在本案例，基于前期获得的具有改善抑郁症活性的芳香药物挥发油组合，通过响应面法得到挥发油组合的最佳配比，后续可通过实验验证表明组方合理有效。通过该技术方法在中药组方配比优化中的应用，可提高中药组方配比的科学性和合理性，为中药的研发和生产提供科学依据，缩短新药开发周期，为中药组方的研发提供技术支撑。

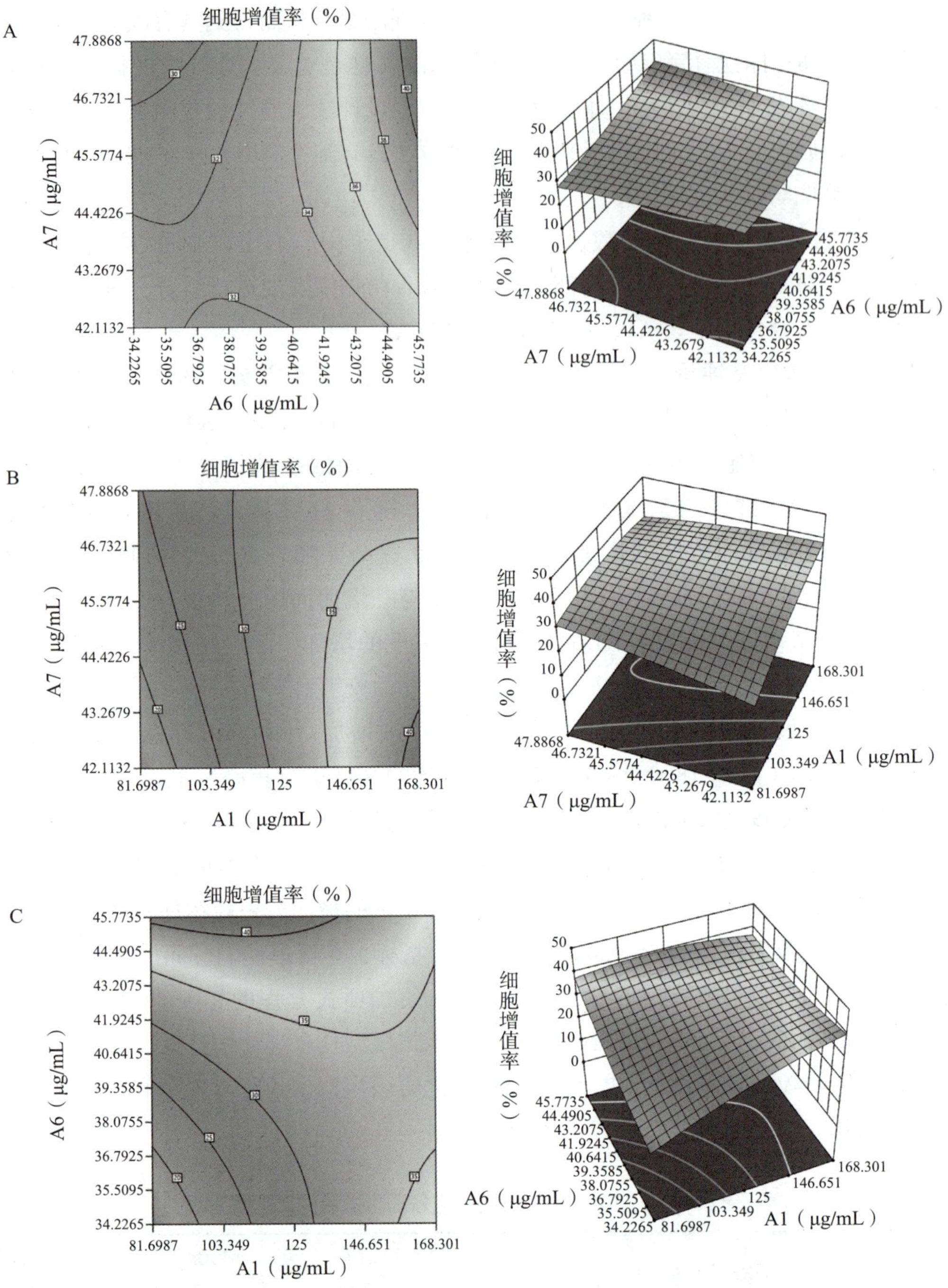

图 7-18 挥发油组合不同比例等高线图及三维曲面图
（A. A6-A7 交互作用；B. A1-A7 交互作用；C. A1-A6 交互作用）

拓展阅读 7-6：中药组方配伍设计研究和中药组方配比优化研究实验示例数据

（张燕玲 王石峰）

数字资源详见 新形态教材网

编者导学 拓展阅读 教学课件 思考题

中药信息学在生产中的应用

📊 思维导图

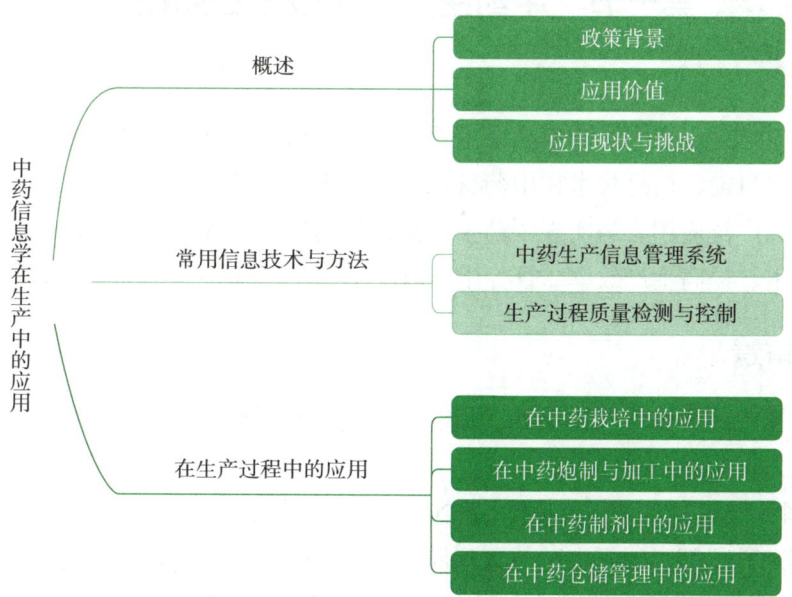

中药产业是我国医药健康产业的重要组成部分，也是我国拥有自主知识产权与自主创新潜力的战略性产业之一。中药产业包括第一产业——中药材种养殖生产与产地加工，第二产业——中药饮片炮制加工、中成药生产、中药大健康产品生产，第三产业——中药商品流通、居民健康、保险和文旅等。信息技术贯穿中药全产业链，是发展中药产业新质生产力的关键要素之一。中药产业的信息化转型，有利于实现生产效率提升、资源配置优化、产品质量提高，推动中药生产过程的规范性和连续性、全生命周期记录的完整性和可追溯性等。信息化转型既是新形势下的客观要求，也是中药产业发展的迫切需求。随着互联网、物联网、大数据、5G、人工智能等新一代信息技术的迅速发展，中药产业加快了"智改数转"步伐，迎来了重大发展机遇。

第一节　中药生产信息技术应用概述

中药产业信息化是促进中药产业高质量发展的重要措施，是中药制造业数字化、智能化转型升级的必然要求。目前，信息技术在中药材种植与采集、中药材炮制与加工、中药制剂生产及中药仓储管理等方面广泛应用，为实现中药生产流程的精细化、数字化和智能化管理，提高药品质量、降低生产成本、提高生产效率、管控生产风险奠定了基础。

一、政策背景

国家高度重视中药产业信息化发展，相继出台了一系列政策文件，指导中药产业整体竞争力和可持续发展能力提升。

2015年，国务院正式印发《中国制造2025》，总体部署推动制造业升级发展。2015—2019年，国家工信部、科技部、国家中医药管理局等部委，陆续发布《智能制造综合标准化与新模式应用项目》《国家中药标准化项目》《中药先进制药与信息化技术融合示范研究》《国家重点研发计划"中医药现代化"》等专项，推动先进信息技术、自动化技术和智能制造技术与中药制药技术融合研究，提高制药设备的集成化、连续化、自动化、信息化、智能化水平。

2019年，中共中央、国务院发布《关于促进中医药传承创新发展的意见》，明确提出"大力推动中药质量提升和产业高质量发展""加快推进中医药科研和创新""促进现代信息技术在中药生产中的应用，提高智能制造水平"。

2022年，国家中医药管理局印发《"十四五"中医药信息化发展规划》，提出加快中药制造业数字化、网络化、智能化建设，加强技术集成和工艺创新，提升中药装备制造水平。

2023年，国务院印发《中医药振兴发展重大工程实施方案》，明确指出"开展中药品质智能辨识与控制工程化技术装备研究"，强调研发和推广一系列关键技术装备，包括中药材生产与品质保障、中药饮片智能炮制控制与调剂工程化、中成药制造核心工艺数字化与智能控制等。

拓展阅读 8-1：《中医药振兴发展重大工程实施方案》介绍

国家、行业相关政策的制定发布，对于促进中药工业高质量发展，服务"健康中国"战略具有重要意义，也是增强企业核心竞争力的重要途径。

二、应用价值

当前，我国中药制造业总体处于机械化、自动化向数字化、智能化转型升级阶段，部分头部企业开展了智能化改造和数字化转型，在提高药品质量、降低生产成本、提高生产效率、管控生产风险、减小环境影响等方面取得了显著效果，具有推广应用价值。

中药产业信息化是优化资源配置、提高生产效率的重要途径。例如，在第一产业中，通过建立中药信息化平台，引入自动化、智能化手段，可实现对中药资源的数字化管理，准确掌握中药资源的分布、品质、产量等信息，有效应对市场需求波动、优化库存结构，实现资源的高效利用。在第二产业中，将新一代信息通信技术与先进制造技术深度融合，贯穿于设计、生产、管理、服务等制造活动的各个环节，实现自感知、自学习、自决策、自执行、自适应等功能，形成智能制造新型生产方式，将显著优化生产流程，提高生产效率，降低生产成本，减少人力投入。

中药产业信息化是提高中药质量的有效方式。中药是复杂物质体系，来源多样，质量变异大，加之生产链条长，工艺复杂，如何提升中药产品质量的均一性与批间一致性，是亟待解决的关键技术瓶颈。应用现代信息技术，建立工艺控制策略，形成产品工艺质量数字化知识库，实现原料识别、含量快速测定、工艺控制点在线分析、中间体实时检测放行，快速精确获取与产品质量保证、管理决策相关的信息，确保产品全生命周期质量，保证质量与临床疗效一致性，达到高质、高效生产目的。

中药产业信息化是管控、降低生产风险的重要手段。中药源于天然、辅料繁多、工艺复杂、剂型多样，各种内源性污染物、外源性污染物是生产风险管控的重要任务之一。例如，针对部分中药材可能存在的重金属、真菌毒素等外源性污染物超标，已开发出多种快速检测方法，可实现药材—饮片—中成药全链条的检测追踪。针对中药注射剂生产过程可能引入的可见异物、不溶性微粒等，可通过在线检测技术实现自动剔除废品与质量风险管控。针对中药口服液灌装灭菌后可能存在的澄明度问题，已经开发了融合 AI 智能检测技术的自动化灯检设备，实现澄明度的自动检测与放行。

三、应用现状与挑战

（一）应用现状

中药生产信息管理系统和生产过程质量检测与控制技术等，在中药材种植与采集、中药材炮制与加工、中药制剂生产及中药仓储管理等方面有广泛应用。

在中药材种植与采集方面，运用地理信息系统、无人机、遥感技术等信息技术，对中药材资源分布、生长状况、资源蕴藏量的实时监测和调查分析，为中药材的资源调查与合理种植提供先进技术支撑。运用先进的物联网技术，对中药材的种植环境进行实时监控，实现精准农业，提高种植效率和药材质量。例如，一些企业通过建立中药材产业服务数字化云平台，实现了从育种育苗到大宗药材交易的全链条数字化管理。

在中药材炮制与加工方面，通过引入工业视觉等传感器、机械臂等自动化技术，利用大数据、人工智能等，结合火力自动控制与反馈调节等技术，可实现中药炮制自动化、智能化生产，以及中药饮片质量的在线检测与控制。

在中药制剂生产方面，通过引入自动化、智能化技术和装备，实现对生产过程的智能化监测与控制。例如，利用传感器和自动化设备对制药设备进行精确调控，确保制药过程中的温度、湿度、压力等参数符合工艺要求；利用近红外、高光谱等技术，对部分活性成分含量、水分等进行在线检测，确保中成药产品的安全性、有效性与质量稳定性。

在中药仓储管理方面，通过引入条形码、二维码、射频识别、仓储管理系统、物联网等技术，建立仓储数据管理与信息化追溯体系，实现仓库环境数据实时监测，提高中药材及中药制剂仓储效率，保障中药材来源可查、去向可追、责任可究。

（二）挑战与未来发展

作为一个新兴学科，中药信息学整合了多学科技术特点，为中药生产及创新发展带来了新的活力，但在现实应用方面，仍面临着诸多挑战。一是数据安全和隐私保护，在信息化生产过程中，由于中药生产可能涉及独特的配方与生产工艺，其中的数据具有较高的保密性和商业敏感性。如何确保中药生产过程中产生数据的安全和隐私保护，是需要重点关注的问题。二是技术标准和互操作性，中药生产涉及多种工艺和生产环节，不同工艺和设备之间存在多样性和复杂性，因此需要统一的技术标准以确保各个环节的协同和一致性。同时，不同的信息系统往往由不同的厂商开发或由不同的部门负责，它们之间的互操作性需要统一的技术标准和规范，以实现信息的无缝对接与共享。三是人才培养和技术应用，中药信息学需要具备信息技术和中药学背景的交叉创新人才，但目前相关人才储备严重缺失，阻碍了信息技术在中药生产中的推广应用。

面向未来，中药产业信息化还需要在理论体系、技术框架、产业应用服务等方面进行深入研究和创新。并通过加强组织领导、人才队伍建设等措施，推动中药产业信息化的可持续发展。同时，中药产业也应积极拥抱大数据、人工智能等新技术，为中医药的传承创新提供坚实的技术支撑。

第二节　中药生产常用信息技术与方法

信息学技术在中药生产中的应用，关键是生产过程中大量数据的采集、分析、管理、应用。在软件方面，需要建立一整套信息管理系统，包括数据采集与监视控制系统、生产制造执行系统、实验室信息管理系统、仓储管理系统、分布式控制系统等；在硬件方面，除了集成各种常规传感器外，应着力破解中药"测什么、怎么测、如何控"的技术难题，实现中药内外质量表征。近红外光谱、拉曼光谱、高光谱、机器视觉、气味仿生评价等新技术、新方法不断涌现，部分技术与方法已开始在生产中实践应用。

一、中药生产信息管理系统

随着现代科技的快速发展，数据的管理和处理已经不再是单纯的人工填写、计算和报表编制，数据的海量性、复杂性和多样性，使得传统的管理模式已经无法满足企业管理需求。信息管理系统的不断完善与更新，解决了企业数据采集与监视控制难题，形成了贯穿采购、生产、质检、仓储、运输、财务业务全过程的管理体系，提高了企业运行效率，减少了管理成本，提高了决策的准确性与时效性。

（一）数据采集与监视控制系统

数据采集与监视控制（supervisory control and data acquisition，SCADA）系统是以计算机为基础的生产过程控制与调度自动化系统。它可以对现场的运行设备进行监视和控制，包括工厂级监控、车间级监控、设备级监控，以实现数据采集、设备控制、测量、参数调节及各类信号报警等各项功能。

1. 过程监控 SCADA 系统可实时监控生产过程中的各个环节，如原料准备、提取、浓缩、干燥等。通过传感器和数据采集设备，SCADA 系统能够实时获取温度、压力、流量、浓度等关键参数，确保生产过程在设定范围内进行。

2. 数据采集与分析 SCADA 系统能够采集生产过程中的大量数据，并通过数据分析功能生成各种报表和图表。这些数据可用于工艺优化、质量控制和生产效率提升，并通过对历史数据的分析发现潜在问题。

3. 报警与故障诊断 在加工过程中，SCADA 系统可以设定阈值，当监测参数超出正常范围时，系统会自动发出报警信号，有助于及时发现设备故障或工艺问题，并进行故障诊断和处理，避免生产中断或质量问题。

4. 自动化控制 SCADA 系统不仅能进行数据监控，还可以实现对设备的自动化控制。例如，根据设定的工艺参数自动调节温度、压力和流量等，确保加工过程的稳定性和一致性。

5. 记录与追溯 SCADA 系统能够记录加工过程中的所有数据和操作记录，这些记录对于产品质量追溯和监管非常重要。在发生质量问题或出现投诉时，可以通过系统记录追溯生产过程，帮助确定问题根源。

6. 设备维护与管理 通过 SCADA 系统，可以监控设备的运行状态和性能，及时发现设备磨损或故障，从而进行预防性维护，有助于延长设备使用寿命，提高生产效率。

7. 生产调度与优化 SCADA 系统可以与生产调度系统集成，帮助优化生产计划和资源配置，确保生产过程的高效性和灵活性，还可以根据实时数据和生产需求调整生产顺序和设备使用情况。

SCADA 系统具有信息完整、提高效率、加快决策、帮助快速诊断出系统故障状态等优势，广泛应用于电力、石油、化工、医药制造等领域的数据采集与监视控制。部分 SCADA 系统的功能模块见图 8-1。

图 8-1 部分 SCADA 系统功能模块

（二）生产制造执行系统

生产制造执行系统（manufacturing execution system，MES）是 20 世纪 90 年代提出的一种面向制造企业车间执行层的生产信息管理系统。MES 能通过信息传递对从订单下达开始到产品完成的整个产品生产过程进行优化管理，对工厂发生的实时事件及时做出相应的反应和报告，并用当前准确的数据对它们进行相应指导和处理。

制造业常用三层模型表示信息化，分别为计划层（业务计划系统，enterprise resource planning，ERP）、执行层（生产制造执行系统，MES）、控制层（控制系统，process control system，PCS）（图 8-2）。

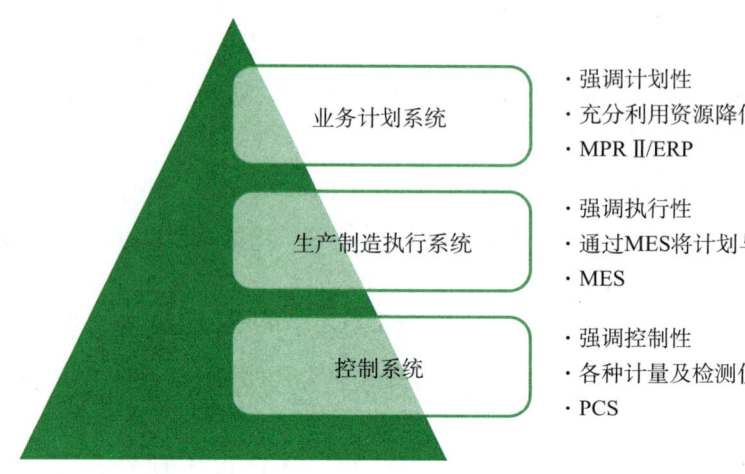

图 8-2　MES 层次

MES 处于企业业务计划系统（ERP）/ 供应链管理（supply chain management，SCM）和分布式控制系统（DCS）/ 可编程逻辑控制器（programmable logic controller，PLC）的中间位置，其作为生产执行系统，与上层 ERP 等业务系统和底层 DCS 等生产设备控制系统一起构成企业的神经系统，一方面把业务计划指令传达到生产现场，另一方面将生产现场信息及时收集、上传和处理。MES 不单是面向生产现场的系统，而是作为上、下两个层次之间双方信息的传递系统，是连结现场层和经营层，改善生产经营效益的前沿系统。将 MES 与中药制造业本身的产业特点相结合，建立以物料追溯、工艺、质量、设备管理、电子批记录为核心的信息管理平台，是实现中药生产信息化管理的重要途径之一。

（三）实验室信息管理系统

实验室信息管理系统（laboratory information management system，LIMS）是一种信息化的管理工具，将以数据库为中心的信息技术和实验室管理要求有机地融合在一起。LIMS 与网络技术相结合，对实验室的业务流程和一切资源及行政管理等进行科学管理。LIMS 是实验室管理科学与现代信息技术结合的产物，是利用计算机网络技术、数据存储技术、快速数据处理技术等，对实验室进行全方位管理的计算机软件和硬件系统。

1. **优点**　通过不断地运营与应用，LIMS 在功能和操作性等方面不断提升，主要有以下几个优点。

（1）有利于管理保存：LIMS 能对各种资料实现系统管理，资料的输入、存储、管理与分配完全在统一的数据库中完成，防止信息流失和使用过程的多次重复。信息集中也为快速检索与生成报表提供了一种快捷简便的方法，同时利用相应的统计分析方法和趋势图来提高质量控制，具有传统纸张保存方法无可比拟的优点。

（2）能有效提升传输速率：LIMS 能够接入数据分析仪表（如液相色谱仪、气相色谱仪、天平等），实现数据信息的自动采集，降低手工记录的延误，节省数据分析所需用时间，提升传输速率。

（3）拥有超强的报表能力：LIMS 报告类型可以是常规的检测报表、研究报告，也可以是质量报表、管理报表等。该报表不但可简单地反映系统信息，还能对信息进行加工处理。

（4）能保证信息真实并完整存储：LIMS 的安全控制包括管理和用户控制。通过向用户授权可以监视并操纵某些特定信息。在 LIMS 中，任何一个使用者都必须能设定使用授权，如不能给予使用者某些授权，相关工作便不能进行。

2. 应用　LIMS 在企业研发和质量控制方面占有重要地位。通过 LIMS，实验室可以实现样品登记、任务分配、数据审核等流程的自动化，提高工作效率，减少人为错误，确保数据的准确性和可靠性。

（1）样品管理和追踪：LIMS 提供了一个集中的数据库来记录所有样品的详细信息，如来源、用途、成分和批次等，并能够对样品从接收、处理到测试和储存的全过程进行追踪，有助于样品在整个生产和检测过程中的状态得到保证，防止样品丢失或混淆。

（2）自动化数据采集与处理：LIMS 能够与各种分析仪器无缝对接，自动采集数据并生成标准化的报告。这不仅减少了人工操作误差，还提高了数据的准确性和可追溯性。系统还能对数据进行自动化处理与分析，为实验人员提供直观、易懂的结果。

（3）强化质量控制：通过设置质量控制标准，LIMS 对每个样品进行严格的质量把关。发现异常时，系统能自动发出警报，提醒实验人员采取相应措施，确保产品符合质量要求。

（4）自动化与效率提升：LIMS 提供了一个共享平台，让实验室的各个部门、成员之间进行实时沟通与协作。LIMS 可以与其他系统（如 SCADA 系统、ERP 等）集成，实现数据的自动流转和同步，减少手动输入和数据录入的工作量，大大提高了团队的协作效率，促进了信息的及时共享和问题的快速解决。

（5）合规与认证：LIMS 可以轻松实现实验室数据的电子化存储和检索，方便企业在需要时提供相关证明和文件。此外，系统还能帮助企业实现数据的可追溯性，满足各种法规要求。

LIMS 是"生产 + 检测"型企业的强大助手，能够帮助企业提高实验室效率、降低成本、提高数据质量并满足法规要求。在选择和实施 LIMS 时，企业应结合自身需求，关注系统的功能性、稳定性、易用性及供应商的服务能力。

（四）仓储管理系统

仓储管理系统（warehouse management system，WMS）是一个集自动化仓库、管理、控制技术于一体的系统，是用来管理仓库内部人员、库存、工作时间、订单和设备的软件实施工具。

WMS 按照常规和用户自行确定的优先原则，来优化仓库的空间利用和全部仓储作业。对上，它通过电子数据交换（EDI）等电子媒介，与企业的计算机主机联网，由主机下达收货和订单的原始数据；对下，它通过无线网络、手提终端、条码系统和射频数据信息（RFDC）等信息技术与仓库的员工联系。上下相互作用，传达指令，反馈信息，更新数据库，并生成所需的条码标签和单据文件。

1. 功能　WMS 的基本软件包支持仓储作业中的全部功能，从进货站台直到发货站台。

（1）收货：货到站台，收货员将到货数据由射频终端（RF）传到 WMS，随即生成相应的条码标签，粘贴（或喷印）在收货托盘（或货箱）。经扫描确认收货后，WMS 指挥进库储存。

（2）储存：WMS按最佳储存方式，选择空货位，通过叉车上的射频终端，通知叉车司机，并指引最佳途径，抵达空货位，扫描货位条码，以核实正确无误。货物就位后，再扫描货物条码，WMS即确认货物已储存在此货位，可供以后订单发货。

（3）订单处理：订单到达仓库，WMS按预定规则分组，区分先后，合理安排。

（4）拣选：WMS确定最佳的拣选方案，安排定单拣选任务。拣选人由射频终端指引到货位，显示拣选数量。经扫描货物和货位的条码，WMS确认拣选正确，货物的库存量也同时减除。

（5）发货：WMS制作包装清单和发货单，交付发运。称重设备和其他发货系统也能同时与WMS联合工作。

（6）站台直调：货到收货站台，如已有定单需要这批货，WMS会指令叉车司机直送发货站台，不再入库。

近年来，更先进的WMS在硬件配套与软件联通上都有进一步发展。硬件配套高架自动储存系统（AS/RS），还能自动连接自动导向车（AGV）、输送带、回转货架等。高架自动储存系统利用互联网科学技术及立库货架技术，合理利用高空部分的仓储空间，减小仓库面积。自动化机械设备负责货物取放及货物的自动化运输，大幅减少工人数量，减轻人工的劳动强度。软件系统则与企业其他管理系统相结合，如运输管理系统（TMS）、订单管理系统（OMS）和业务计划系统（ERP）等，使之融入企业的整体管理系统之中。

2. 优点 相较于传统仓库管理，WMS具有以下优势。

（1）提高运营效率：WMS通过自动化触角延伸至每一个环节，如入库、出库、拣配和装运，精准地减少拣配和装运中的差错，避免重复和无效劳动。WMS与其他系统如ERP、运输管理系统等紧密协作，数据共享，让管理者能够洞悉仓库内外的每一个环节，加快货物的流通速度。

（2）减少浪费，降低成本：WMS可以识别限期使用或易腐商品，迅速定位需要优先拣配的商品，减少浪费。高级WMS配备模拟功能，可精心规划仓库平面图，精确决定托盘、货架和设备的最佳摆放位置，节省时间和成本。

（3）提供实时库存可视性：运用条形码、RFID标签、传感器等位置追踪手段，时刻洞察库存动态，更精准地预测需求。

（4）优化劳动管理：通过预测劳动力需求，根据员工的技能水平、距离远近等因素，合理分配任务，减少工人在仓库中来回走动的时间。

（5）改善客户与供应商关系：WMS可大幅提升客户订单的履行效率，降低错误率，缩短供应商在装卸区的等待时间，提高客户与供应商满意度。

WMS已成为现代仓库管理不可或缺的工具，目前被广泛应用于医药行业、机械制造行业、零售行业等，逐步助力仓储"数智化"升级。

（五）分布式控制系统

分布式控制系统（distributed control system，DCS）是具有数字通信能力的仪表（输入/输出设备、控制设备和操作员接口设备）控制系统。它不仅可以完成指定的控制功能，还允许控制、测量和运行信息在具有通信链路的、可由用户指定的一个或多个地点之间相互传递，实现对可编程逻辑控制器（PLC）、有轨制导车辆（rail guided vehicle，RGV）、自动导引运输车（automated guided vehicle，AGV）、自主移动机器人（automated mobile robot，AMR）、工业机器人（industrial robot）、智能芯片等装备的远程控制。其中，PLC是一种具有微处理器的用于自动化控制的数字运算控制器，可以将控制指令随时载入内存进行储存与执行，通过输入编程语言，实现过程控制、数字控制等功能。RGV 是一种有轨制导车辆，具有自主导航和控制能力，通过程序控制实现取货、运送、放置等任务，并可与上位机或仓储管理系统（WMS）进行通信，结合激光定位、RFID 或条形码等技术实现智能化运行。AGV 是装备有电磁、光学或其他自动导引装置，能够沿规定的导引路径行驶，具有安全保护及各种移载功能的运输小车。相比于 RGV，AGV 轨道可有直行、转弯、分支、汇合等不同形态，具有一定的灵活性。AMR 是在 AGV 之后兴起的新一代移动机器人系统，它基于 AI 智能算法，集环境感知、动态决策、行为控制与自主执行于一体，具有智能感知、自主规划路径、灵活避障及安全地人机协作等能力。AMR 可利用软件对工厂内部绘制地图或提前导入工厂建筑物图纸实现导航，还可通过传感器和摄像头来感知周围环境，从而更加智能地规划路径。工业机器人是一种能自动控制、可重复编程、多用途、可在 3 个或更多轴上进行编程的操作机。工业机器人由主体、驱动系统和控制系统 3 个基本部分组成，可固定在某处，也可移动，用于工业自动化系统中。工业机器人通常由一系列相互铰接或滑动的关节组成，具有几个自由度，且具有与人手臂相似的动作功能，用于抓取或搬运物体（工件或工具）等多种用途。

电子信息产业的开放潮流和现场总线技术的成熟与应用，造就了一代又一代的 DCS，其技术特点包括全数字化、信息化和集成化。DCS 的基本构成包括以下 4 个部分。

1. **操作员站** 主要完成人机界面的功能，一般采用桌面型通用计算机系统，如图形工作站或个人计算机等。为了提高画面的显示速度，一般都在操作员站上配置较大的内存。

2. **现场控制站** 是 DCS 的核心，系统主要的控制功能由它来完成。系统的性能、可靠性等重要指标也要依靠现场控制站保证，因此对它的设计、生产、安装都有很高的要求。现场控制站的硬件一般都采用专门的工业级计算机系统，其中除了计算机系统所必需的运算器（即主 CPU）、存储器外，还包括了现场测量单元、执行单元的输入 / 输出设备（即过量 I/O 或现场 I/O）。在现场控制站内部，主 CPU、内存等负责数据运算、处理和存储的部分被称为逻辑部分，而现场 I/O 的部分被称为现场部分。这两部分需要严格隔离，以防止现场环境中各种信号对计算机的处理产生不利影响。

3. **工程师站** 主要作用是对 DCS 进行应用组态。应用组态是 DCS 应用过程当中必不可少的一个环节，因为 DCS 是一个通用的控制系统，基于该系统可实现各种各样的应用，组态需完成某个具体系统的控制、控制回路的算法、控制计算中参数的选择、人机界面的设置等工作，才能成为一个针对具体控制应用的可运行系统。

4. **系统网络** 是连接系统各个站的桥梁。由于 DCS 是由各种不同功能的站组成的，这些站之间必须实现有效的数据传输，以实现系统总体功能。因此，系统网络的实时性、可靠性和数据通信能力关系到整个系统的性能，特别是网络的通信规约，关系到网络通信的效率和系统功能的实现，一般由各个 DCS 厂家专门设计。

DCS 具有安全可靠、功能完善、通用灵活和操作简便等特点，是工业过程计算机控制的先进形式，在电力、冶金、石化、医药等各行各业都获得了广泛应用。

二、生产过程质量检测与控制

生产过程质量检测与控制是中药生产过程的重要环节，是通过系统化方法，对原药材、中间体及成品的理化性质、成分含量、微生物指标等关键参数进行检测与评估，保障药品的有效性、安全性；并通过标准化流程和动态调整手段，预防或纠正生产偏差，确保成品质量的稳定性和一致性。从原料筛选到成品出厂的全链条管控，能够最大限度减少工艺波动与人为误差，确保每一批次产品符合预设质量标准。

（一）过程分析技术

传统的中药生产制造，主要依赖最终产品的检验环节，即"质量源于检测"（quality by testing, QbT）。该模式存在两大不足：一是终端检测判定不符合标准，整批药品将面临报废，难以在生产过程纠偏，经济损失大；二是一批产品生产失败后，难以快速发现问题症结，影响后续排产。即只能检测，难以控制。

随着国际制药行业"质量源于设计"（quality by design, QbD）理念的引入，部分现代中药企业开始在生产过程中推动产品质控从依赖终端检测转向工艺设计与过程控制。具体而言，QbD 是先确定目标产品特性，制定产品关键质量属性，然后设计满足产品关键质量属性的物料和工艺流程，并通过次序的监控和更新工艺确保稳定的质量；同时，通过质量风险管理，系统性评估生产环节的潜在风险，了解物料属性和工艺参数对产品的影响，并制定预控策略。即既能检测，又能控制。

过程分析技术（process analytical technology, PAT）的兴起进一步推动了现代中药生产 QbD 理念的落地实践。PAT 是通过实时检测关键工艺参数（critical process parameter，CPP）与关键质量属性（critical quality attribute, CQA），结合数学模型和先进分析工具，实现生产过程的动态控制与优化。其核心是"产品质量源于设计和过程"，而不是终点检测，将离线检测转化为在线、近线或旁线检测，并深度融合传感器技术、数据建模和风险控制策略，将被动的终点检验升级为主动的过程质控，将人工经验调节转变为机器自主决策，从而确保产品质量一致性，降低工艺波动风险。中药的 PAT 主要通过近红外光谱、拉曼光谱及其他在线检测技术等，采集与分析生产过程中的关键指标，并与统计学过程控制结合，形成前馈机制，从而实现批次的自动判定与放行。

（二）在线质量检测与控制指标的选择

中药工业化生产是一个复杂的动态系统工程，通常以批次方式生产，通过对原料药材进行生产工艺规定的一系列单元操作，包括提取、浓缩、分离、干燥、制剂成型等，最后制备成制剂。中药工业化生产具有工艺复杂、工序繁琐、影响因素多、非线性及交互作用效应显著等特点，生产过程的环境、设备、工艺参数、人员操作等因素的波动均可导致化学成分转移转化及物理属性变化，影响产品质量的稳定性。因此，对生产过程中产品质量的实时在线检测与控制尤为关键。

对于中药质量在线检测与控制指标的选择，应能代表产品的内在质量，优先选择能体现道地性、安全性、有效性、专属性的化学成分，兼顾不稳定、易变化的药效成分。部分中药材在产地加工、炮制、制剂过程中，化学成分变化可能与形、色、气、味关联变化，可引入形、色、气、味客观化检测方法，建立中药质量的内外关联表征技术体系。同时，综合考虑化学成分的获取速度，易于快速检测，适于液态、半固态、固态等多种相态的成分检测。

（三）生产过程在线检测技术

目前，中药质量控制的主要模式是指纹图谱定性与多指标成分定量相结合。色谱、质谱技术在其中发挥了重要作用。然而，由于复杂的样品处理及冗长费时的分析过程，该模式难以应用于在线检测。

为了及时获取生产过程的质量信息，过程质量控制所采用的检测技术应当快速、灵敏。同时，应考虑检测技术的成本、检测装备应用于工业现场的可行性等。近年来，针对中药生产过程各环节的在线检测方法开展了大量研究，尤其是近红外光谱等技术广泛应用，建立了中药原料质量快速评价方法，提取、浓缩等生产过程指标性成分在线检测方法，制粒过程粒度及混合均匀度在线检测方法等。

2016 年，我国颁布《医药工业发展规划指南》，明确提出："开发应用基于过程分析技术的智能化控制系统，建立质量偏差预警系统，最大限度约束、规范和减少员工操作，促进 GMP 严格执行，有效保证产品质量稳定"。目前，在制药行业发展迅速并广泛应用的在线检测技术主要有光谱技术、仿生评价技术等。

1. 光谱技术

（1）近红外在线检测技术（On-line NIRSA）：近红外光谱（near infrared，NIR）是指波长范围为 780 ~ 2 526 nm 的电磁波，主要由 C–H、N–H、O–H 和 S–H 等基团基频振动的倍频和合频组成，具有分析速度快、样本无须预处理、分析成本低、不破坏样本等特点，适用于中药产品的水分快速测定，以及部分化学成分的定性鉴别与定量分析，近年来已发展为应用最普遍的 PAT 技术之一。欧美国家药典已把 NIR 检测技术作为一种标准的检测方法，并广泛用于药物生产各阶段的定性、定量分析。

中药制造过程 NIR 装备、建模与应用是解决过程质量控制的重要手段。近红外在线检测技术可通过直接安装在生产线上的在线近红外光谱仪，利用光谱测量技术实时检测、实时反馈，为过程控制、质量控制、过程管理与决策等提供支持，达到指导生产、控制风险、避免浪费、提高效率等目的。

在光谱分析中，尤其是 NIR 区域，其吸收强度弱且谱区重叠严重。中药成分多样，近红外光谱信息复杂。因此，用简单的最高点作为评估值是不确切的，需借助化学计量学方法从干扰严重的复杂光谱中提取信息，并建立定性或定量模型，把模型嵌入分析软件来分析模拟信号，把分析数据转换到 DCS 中去，形成生产控制信号，最终控制执行元件（如温控仪、阀门等）。收集代表性样品并采集近红外光谱，建立近红外预测模型（图 8–3），模型建好后就可导入实际生产线中，实时在线监测生产过程。模型预测准确度常用均方根误差（$RMSE$）及对应的决定系数（R^2）来表示，一般 $RMSE$ 越接近 0，R^2 越接近 1，则说明模型预测准确性越高。

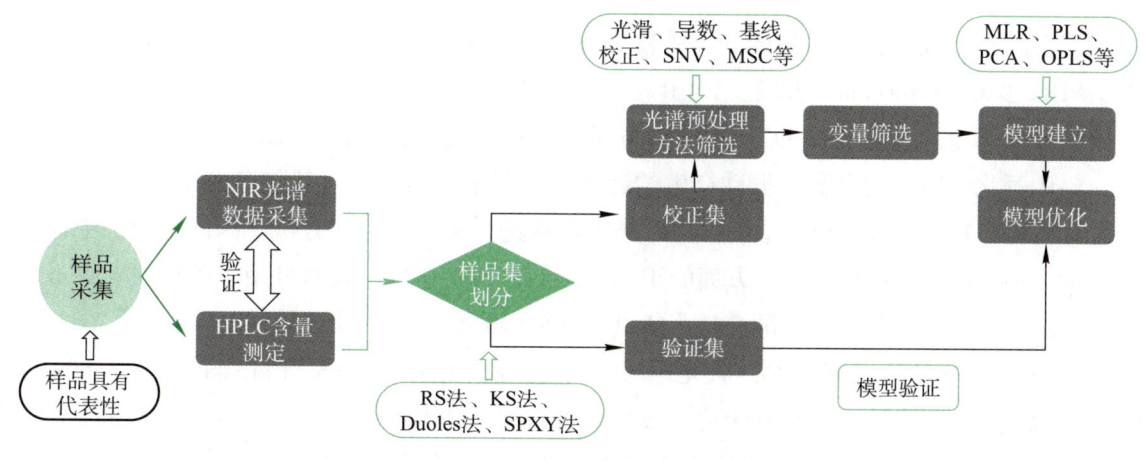

图 8–3 近红外预测模型建立流程

（2）拉曼光谱在线检测技术：拉曼效应是电磁辐射的非弹性散射，当一定频率的激光照射到样品表面时，物质中的分子与光子发生能量转移，振动态（原子的摆动/扭动，化学键的摆动/振动）发生不同方式和程度的改变，然后散射出不同频率的光。频率的变化决定于散射物质的特性，不同种类的原子团振动的方式是独一的，可以产生与入射光频率有特定差值的散射光，其光谱称为"指纹光谱"，照此原理可鉴别组成物质的分子种类。

相较于传统分析检测技术，拉曼光谱在线检测技术具有较强的分析优势：①无须制备样品，可降低成本损耗，一定程度上可避免样品被机械损坏；②数据采集快，分析时间短；③受极性溶剂干扰小，可直接对水溶液样品进行测量分析；④受样品物态影响小，可直接测量固、液、气态物质及异质混合物等。例如，在甘草配方颗粒的提取制备工艺过程中，可采用拉曼光谱技术结合多种算法模型，实时监测与定量分析甘草中甘草苷、甘草酸的提取过程。

（3）在线微波检测技术：微波检测技术是非破坏性检测技术，不需要对样品进行前处理，具有采集快速且实时提供数据的特点。微波检测技术在中药制造过程中主要用于水分的在线检测，可通过空间辐射或穿过介质内部的方式进行检测，其基于水分子和电磁场相互作用的结果。当检测样品时，磁场迅速改变极性，样品表面及内部的水分子会根据电磁场的极性变化产生吸收或共振，被水分子吸收的能量来自电磁场，即导致电磁场能量损失，这种能量损失的强度和水分子含量具有线性关系，从而可对样品整体水分进行综合评价。所测值为总体水而非表面水，水分检测结果代表性好，不受环境粉尘、光线及样品颜色等因素影响。相较于 NIR，微波检测技术具有更强的穿透力，可检测样品表面及内部整体水分，且不一定需要使用化学计量学软件建模，在中药工业生产中，尤其是干燥工艺环节用于实时水分检测，具有明显的技术优势。

（4）高光谱成像技术：高光谱成像（hyperspectral imaging，HSI）也称化学或光谱成像，是一种从被测样品中获取光谱和空间信息的技术，可获取被探测目标 300～2 600 nm 的光谱和空间特征。该技术结合成像和光谱分析的技术特点，获取的信息囊括光谱及其二维空间的分布信息，以实现对物质特性的研究，具有信息量丰富、分辨率高、图谱合一及数据模型种类多等优势。HSI 技术最早应用于空间遥感与测量，随后逐步渗透到农业、水资源保护、医疗诊断、食品质量控制等领域。

高光谱成像技术数据采集方便，可以在不同波长下生成数百张相同样本的图像，与传统的所谓灰度图像（只有 1 个通道）或 RGB 图像（有 3 个通道）相比，它在光谱维度上有 N 个通道，因此，高光谱图像中的每个像素都包含该特定位置的光谱，这是表征该特定像素组成的有用指纹。

目前，高光谱成像仪可采集的光谱范围通常在可见和近红外（VNIR，400～1 000nm）及近红外（NIR，900～1 700 nm）波段。VNIR 波段可以表征叶绿素、花青素等化合物的含量，此波段主要应用于颜色、形状、硬度、机械损伤等感官特征的无损检测。NIR 波段主要反映 O–H、C–H、N–H 等化学键和组合分子振动产生的泛音，呈现水、脂肪、氨基酸等有机化合物的含量。大多数有机化合物都可以通过合适的方法在该波段内进行定量和定性分析，因此常用于中药材的真伪鉴别、种类区分及产地溯源等方面的识别。例如，高光谱成像技术可用于姜黄粉末中玉米粉掺假的鉴别，枸杞多糖及总糖含量检测，冬虫夏草粉末的真假鉴别及含量判断等。

（5）激光诱导击穿光谱技术：激光诱导击穿光谱法（laser-induced breakdown spectroscopy，LIBS）作为一种发射光谱法，具有快速、在线分析、对样品损害小、可同时测定多种元素、可实现原位或远程在线操作等优点。LIBS 主要是通过高能脉冲激光烧灼样品表面，当激光到达样品表面的能量超过样品的击穿阈时，激光灼烧区的微粒会出现多光子电离现象，从而产生初始自由电子，这些电子不断重复着初始自由电子的行为，使微粒、分子、原子等不断被电离，从而产生激光诱导等离子体，等离子体在冷却时会发出材料中存在的化学元素特定的辐射，经光收集器有效地收集等离子体光以后，进入检测器，并产生对应的谱图，最后经过数据处理，由发射位置和强度得到定性、定量的结果。目前，LIBS 在中药质量控制中可用于中药材的产地溯源、真伪鉴别、含量测定、重金属检测等。但目前 LIBS 技术还存在一些缺点，如 LIBS 检测过程中，由于仪器本身、样品性质和数据处理方式的不同，会导致 LIBS 系统检测到的信号灵敏度、可重复性、准确度较差等情况。

2. 仿生评价技术 外观性状评价是中药传统质量控制技术之一，主要包括形、色、气、味、质地等方面。但传统质量控制方法对于评价人员的经验累积和五官敏感度要求较高，存在较强的主观性与经验性。仿生评价技术是现代工程技术与生物科学联合形成的交叉学科，通过现代信息技术和传感器技术相结合，利用机器模仿人的味觉、嗅觉、视觉等感官，已被广泛应用于中药质量控制、产地鉴别、炮制评价等方面。

（1）视觉检测技术：该技术综合应用图像处理与分析、模式识别、人工智能、精密仪器等技术，是一种非接触式检测方法。它还是一种利用计算机视觉系统来代替人工视觉进行检测的新兴技术。机器视觉是在色度学原理基础上发展而来，具有精准的色彩检测分析能力，在中药颜色分析中应用广泛，可实时、自动获取加工过程中物料的一幅或多幅图像，转化为可分析数据，判断颜色变化，评价药材质量。例如，利用视觉分析仪对焦栀子炮制过程中的颜色变化规律进行分析，为分析该药材颜色变化与美拉德反应产物的相关性提供了数字化信息，且视觉分析仪获取的颜色数据与传统肉眼评价的主观颜色判断结果基本相符。利用视觉成像技术监测微丸流化包衣厚度控制效果较好，厚度变化的可视化结果显示与离线检测结果具有良好的一致性。

（2）嗅觉检测技术：气是传统中药质量评价的重要指标之一。传统评价方式主要依赖评价人员的嗅闻，主观性较强。近年来，先后发展出了电子鼻、快速气相色谱电子鼻、顶空固相微萃取 – 气质联用技术等多种嗅觉检测技术。电子鼻又称为"人工嗅觉系统"，是一种模拟人和动物嗅觉感官功能的仿生技术，利用一系列传感器对气味样本进行检测和识别，然后利用模式识别算法对气味进行分类和量化，可实现对气味的感知、鉴别和评估，具有准确度高、灵敏度高、检测速度快、无损伤和不使用有机溶剂等优点。例如，黄精药材霉变过程中麦角甾醇含量增加，通过电子鼻技术联合回归分析能初步预测黄精的霉变程度。在传统电子鼻基础上，发展出了结合电子鼻与超快速气相色谱的新系统，又称快速气相色谱电子鼻。基于气相原理的快速气味分析技术，比普通的气相检测更加灵敏，分析时间更短，内附 Kovats 保留指数定性库，可以对气味成分定性分析。例如，基于超快速气相电子鼻研究枳壳麸炒前后气味变化，发现甲基叔丁基醚和异戊醇为麸炒枳壳饮片中新增加成分，D– 柠檬烯、β – 月桂烯和 γ – 松油烯为生、麸炒枳壳气味差异标志物。顶空固相微萃取法（HS–SPME）是一种样品前处理技术，集提取、富集、解吸和进样等步骤于一身，具有操作简便快速、灵敏度高、避免使用有机溶剂等特点，适合分析易挥发性和半挥发性物质，能全面快速地获得样品中挥发性物质的组成信息。结合气质联用分析技术，配套300 多种气味化合物数据库，可对中药各种气的成分顶空分析与快速定性、定量检测。例如，采用顶空固相微萃取 – 气相色谱 – 三重四极杆质谱联用（HS–SPMEGC–QQQ–MSMS）技术构建了余甘子气味成分谱，发现乙酸乙酯、芳樟醇、α – 松油醇等是其对抗仓储害虫的主要气味物质。

（3）味觉检测技术：传统的味觉评价主要通过感官尝味法，对于品尝者的味道鉴别能力要求高，评估结果主观性较强。随着电子舌技术的引进，利用其味觉传感器阵列替代味蕾，接收产生"味道"的成分并形成响应值，反映酸、苦、涩、咸、甜及回味信号，实现对味道的数字化评价，增强评价的客观性，提高鉴别的安全性，在质量控制、炮制前后味道变化评估等中药领域具有广泛应用。例如，通过电子舌等方法可用于生山楂、炒山楂、焦山楂"味"的差异评价，为山楂炮制味道变化及炮制程度控制提供了新思路。

第三节　中药生产过程应用

在当今中药产业快速发展的背景下，中药信息学作为一门新兴交叉学科，为中药生产过程提供了全新的视角和方法。通过结合信息学的理论和技术，可实现对中药生产过程的精细管理和智能化控制，提高生产效率和质量，助推中药产业的创新和发展。通过深入探讨中药信息学在中药生产过程中的应用，可以更好地理解中药信息学在中药产业中的重要作用。

一、在中药栽培中的应用

（一）在药材资源调查中的作用

信息技术高效助力中药材资源调查。通过利用遥感技术、无人机航拍、物联网传感器等现代信息技术手段，可实现对中药资源分布、生长环境、品种特性等数据的自动化、实时化采集。也可以整合多源数据，包括地理空间数据、生态环境数据、社会经济数据等，形成全面的中药资源数据库。运用大数据分析、数据挖掘等技术，对采集到的中药资源数据进行清洗、去重、转换等预处理，确保数据的准确性和一致性。对处理后的数据进行深入分析，可揭示中药资源的分布规律、生长习性、药效成分等关键信息。同时，借助 GIS 技术，将中药资源与地理空间信息相结合，实现中药资源的空间分布展示、查询和分析。通过可视化技术，将复杂的中药资源数据以地图、图表、三维模型等形式直观呈现，帮助研究人员和决策者更好地理解中药资源状况。构建智能决策支持系统，整合中药资源数据、分析模型、专家知识等资源，为中药资源保护、开发和利用提供智能化的决策支持。根据中药资源调查数据和分析结果，制定科学的资源保护政策、开发计划和利用策略。自 2011 年起，国家中医药管理局组织开展了第四次全国中药资源普查。在此过程中，中药信息学发挥了重要作用。通过运用遥感技术、GIS 技术、大数据分析等手段，普查工作取得了显著成果，形成了大量与中药资源相关的数据信息，为中药资源的保护、利用和开发提供了科学依据。

（二）在药材适生区规划中的应用

信息学在药材适生区规划中的应用主要体现在利用现代信息技术手段，对药材生长环境进行全面监测与分析，科学评估生态条件，优化资源配置，从而制定科学合理的适生区规划方案。通过物联网、大数据、GIS 等技术的融合应用，实现对药材生长环境的精准感知和预测，为政府和企业提供决策支持，促进中药材产业的可持续发展。这种应用不仅提高了药材种植的科学性和精准性，还确保了药材的产量和品质，为中药材产业的现代化和国际化奠定了坚实基础。

以黄芪为例，黄芪喜凉爽干燥的气候，耐寒耐旱，怕热怕涝，适宜在土层深厚、富含腐殖质、透水力强的中性和微酸性砂质土壤中生长。通过信息学手段监测和分析潜在适生区的气候、土壤等环境参数，评估其是否满足黄芪的生长条件。利用GIS技术分析黄芪潜在适生区的地形、地貌和植被覆盖情况，评估其生态条件的稳定性和可持续性。考虑黄芪生长对生态环境的影响，以及生态环境对黄芪生长的反馈作用，确保规划区域的生态平衡。通过遥感技术调查和分析黄芪资源的分布情况，确定其主要产地和优势区域。根据黄芪资源的分布特点和市场需求，优化适生区的布局和资源配置，确保黄芪产业的可持续发展。

（三）在中药材种植中的应用

信息学在中药材种植方面的应用显著提升种植栽培效率与品质。通过物联网、大数据及人工智能技术，实时监测土壤、气候等环境参数，结合远程监控技术，对中药材的生长过程进行实时监测，包括植株生长状态、病虫害情况等。此外，智能化决策系统根据数据分析结果，为种植者提供专业化种植建议，优化种植方案。

以铁皮石斛为例，利用物联网技术，在铁皮石斛的种植基地部署智能监测系统，实时监测土壤湿度、温度、光照强度、CO_2浓度等关键环境参数。这些参数对于铁皮石斛的生长至关重要，通过实时监测可确保生长环境处于最佳状态。将收集到的数据通过云计算和大数据分析平台进行处理，分析铁皮石斛生长过程中的环境变化趋势。基于分析结果，种植者可以及时调整灌溉、施肥、通风等管理措施，为铁皮石斛提供精准的生长环境控制。利用信息学技术建立铁皮石斛的生长周期模型，模拟其在不同环境条件下的生长过程。通过模型预测，种植者可以了解铁皮石斛的生长周期、生长速度及各阶段的生长需求等信息。结合图像识别和机器学习技术，建立病虫害监测系统。该系统能够自动识别铁皮石斛叶片上的病斑、虫卵等异常特征，并发出预警信号，有助于种植者及时发现并处理病虫害问题，防止其扩散和蔓延。根据病虫害监测系统的预警信息，结合铁皮石斛的生长特性和病虫害发生规律，制定智能防治方案。

（四）在中药材采收中的应用

中药材的采收期对其质量和疗效具有重要影响。信息学技术，如大数据分析、机器学习等，可以通过分析中药材生长过程中的环境数据（如温度、湿度、光照等）和生理指标（如生长速度、有效成分含量等），精准预测中药材的最佳采收期。

例如，在人参采收过程中，首先通过集成传感器网络、物联网和大数据分析等手段，实时监测人参的生长速度。通过在人参种植基地部署传感器，可以持续收集土壤湿度、温度、光照强度等环境参数，以及人参植株的高度、直径等生长数据，这些数据经过处理后，可以生成生长速度曲线图，帮助种植者和管理人员直观了解人参生长情况。再利用高清摄像头拍摄人参的外观图像，包括根部的颜色、形态等特征。将图像传输到计算机或云端服务器，利用图像识别算法进行分析，比较人参当前图像与标准成熟度图像的差异，判断人参的成熟度是否达到采收标准。此外，利用摄像头拍摄人参的色泽图像，并利用图像处理算法提取出亮度、饱和度、色调等特征参数。将提取出的特征参数与标准色泽范围进行对比，判断人参的色泽是否符合要求。色泽鲜亮、均匀的人参通常品质更佳。当各个参数达到人参最佳采收条件时，系统自动发出预警信号，提醒种植者和管理人员启动采收计划。采用机械化采收设备或人工辅助采收，确保人参的完整性和品质。采收结束后，利用红外光谱、紫外光谱等技术，对人参样品进行快速无损检测，分析化学成分和含量。再利用高效液相色谱（HPLC）等技术，进一步分离和测定人参中的具体有效成分，如人参皂苷、多糖等。将分析得到的数据进行整理和分析，建立人参有效成分数据库，为采收时期的选择提供数据支持（图8-4）。

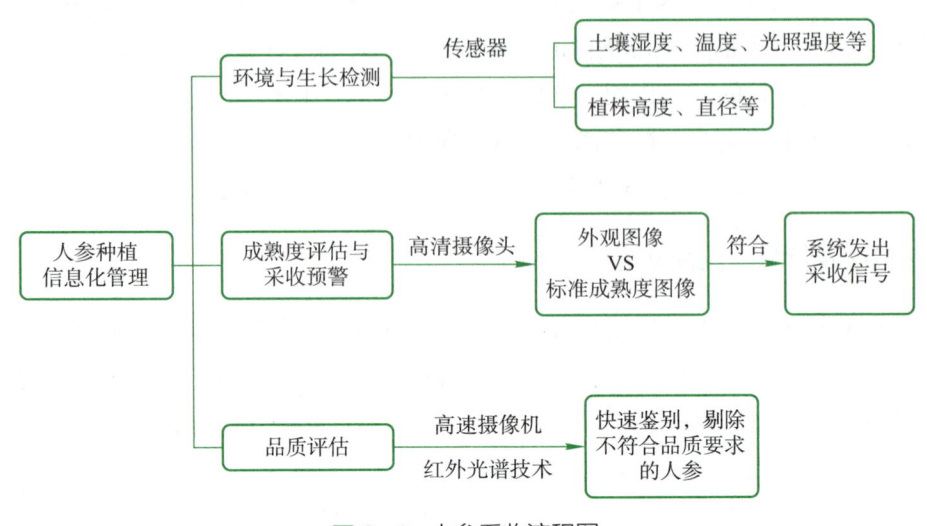

图 8-4　人参采收流程图

二、在中药炮制与加工中的应用

炮制加工是影响饮片质量的关键因素之一。传统炮制对火力、火候的判断主要依靠药工经验，并存在生产规模小、生产效率低、饮片质量不稳定等问题。随着传统炮制工业化发展，传统炮制器具逐渐被多功能高效清洗机、切片机、风选机、炒药机等机械化设备替代，生产效率得到显著提高。随着信息化与工业化的深度融合，中药炮制结合智能色选技术、感官识别技术、传感技术、在线检测技术等新技术，开展了系列中药饮片工艺研究和技术创新，使中药饮片生产向自动化、智能化生产转型。

智能色选技术基于光学特性，用于检测饮片的异常颜色或表面缺陷和杂质，并自动对其进行分类和挑选去除，以实现饮片的快速净制与分类，有效提高饮片智能化生产流程。目前，各种智能色选设备已广泛运用于中药材、饮片的色选除杂，特别是果实种子类，如枸杞、酸枣仁、补骨脂、半夏、车前子、莲子、女贞子、山茱萸、五味子等。

火力、火候是中药炮制的技术精华，也是影响饮片质量的重要工艺因素。传统的火力、火候判断主要依赖老药工经验，主观性强、不易客观量化。而智能感官评价技术、智能传感技术、在线监测技术的应用，使得传统炮制经验可以转化为具体工艺参数，对于保障饮片质量具有重要意义。例如，在中药饮片炮制生产过程中，通过各种传感器可实时监测和采集饮片温度、含水率、色泽、气、质地、关键成分等信息，并结合自动化智能设备反馈控制，实现中药饮片生产的实时控制及智能生产。目前，机器视觉、NIR检测、热传感、数字孪生技术等已开始尝试应用于饮片炮制在线生产监测，提升中药饮片智能化工艺装备过程质量控制能力，提高饮片质量与生产效率。例如，黄芩、当归、大黄等大品种饮片已实现生产过程的在线监测。

中药饮片生产联动技术是集成融合装备制造技术、自动化控制技术和在线检测技术等于一体的联动生产技术体系。中药饮片联动化生产通过数字化集成系统及自动化控制系统组成"净－润－切－炮制－干燥"整套联动生产线，借助数据采集及处理系统，将单体设备通信接口集成在同一个平台系统上，可实现自动解包、振动筛选、除尘、清洗、浸润、切片、干燥、炮制和包装全过程的流水线生产。通过智能联动技术改变传统的人工物料转运和单机操作模式，可极大提升饮片炮制效率和设备运行稳定性。

三、在中药制剂生产中的应用

（一）在制剂工艺环节的应用

利用在线/离线设备，通过软测量技术实时检测和反馈，能够更好地指导中药生产各环节（如提取、浓缩、干燥等），从而解决中药有效物质复杂、生产过程缺乏实时监测等问题。

中药提取是影响中药制剂的内在质量和临床疗效的关键技术单元。因此，运用信息学技术对提取过程中的关键工艺参数和关键质量属性进行在线检测和控制尤为重要。例如，利用折光技术可对中药提取过程中的可溶性固形物进行在线监控，将在线折光仪安装于提取罐的外循环管道上，实时检测一、二煎煮过程中的可溶性固形物含量变化，并对数据进行分析建模，研究煎煮液中固形物成分与煎煮效果（指标成分）之间的关系，从而优化煎煮过程。又如，在丹参提取过程中，使用理想解排序法（technique for order preference by similarity to an ideal solution，TOPSIS）能够综合考量提取液中 8 种有效成分的含量，建立以提取工艺和 NIRS 数据为自变量、提取液有效成分含量为因变量的人工神经网络模型，根据各批次丹参质量的近红外数据调整相应提取工艺，保障提取效果的一致性。

目前，在自动化提取车间内已实现包含水提、醇提、水沉、醇沉等全工段的自动化控制，何首乌、陈皮、红参、麦冬、五味子、当归、川芎、红花、藿香正气口服液等 10 余个品种实现了提取全流程自动控制。建立的提取车间自动化控制系统具有自动及手动功能，数据文字显示、实时趋势显示、棒形图显示、工艺流程动态画面显示，操作人员可随时了解被控设备的运行状态和各种监控参数；并实现批次管理、生产数据实时记录，报警提示和存储功能，同时具备异常报警、联锁，并提醒员工事故点，及时进行处理功能。

在中药浓缩过程中，温度、速度、时间和压力的控制尤为重要，不同的浓缩温度会导致浓缩速度和时间不一致，可能引起成分的变化。信息学技术能够对这些参数进行实时监测与管理，有效提高中药浓缩工艺的调控管理水平，避免结焦、液冷或热分解等问题，从而确保中药生产的稳定、安全，并符合相关标准，严格控制成品质量与疗效。例如，采集摩罗丹水提液浓缩过程的在线近红外光谱数据，利用 PLS 建立了芍药内酯苷、芍药苷、密度和固含物 4 个关键质控指标的定量校正模型。该模型预测结果准确可靠，可实现摩罗丹水提液浓缩过程中关键质控指标的在线检测和质量控制。又如，在胃苏颗粒减压浓缩过程中，采用 NIRS 结合 PLS 建立柚皮苷、橙皮苷、新橙皮苷和密度的定量校正模型。模型预测结果可靠，可用于胃苏颗粒浓缩过程中这些成分和密度的在线定量测定。信息学技术不仅涵盖了整个浓缩生产流程，还对各个控制点参数进行精密自动化控制，大大提高了浓缩控制系统的效率和质量，减少了人为因素的干扰。

干燥是中药固体制剂生产过程的重要工艺单元之一，优化干燥工艺以实现提质增效成为研究热点。信息学技术能够准确确定最佳的干燥温度和时间，确保中药制剂中的有效成分充分提取和保留，为制剂工艺的持续改进提供可靠的科学依据。例如，在健胃消食片浸膏粉的喷雾干燥过程中，采用在线近红外技术对浸膏粉的水分、橙皮苷含量和粒径等关键质量指标进行实时监测，获取实时质量信息，加强生产过程控制，确保最终产品质量的均一性。此外，通过观测多批次喷雾干燥后浸膏粉的水分数据，将水分作为新的依据变量，形成新的整体控制逻辑，最终建立以在线近红外检测为基础、可动态调节水分的水分 – 进风温度闭环控制逻辑。

中药制剂成型是一个复杂过程，受到物料理化性质和外部条件的多重影响。目前，制剂成型的生产线多为独立控制系统，缺乏各环节的统筹考虑，容易导致设备利用率低、能耗大、产品质量不达标等问题。随着技术的不断突破，中药信息学可以综合利用多传感器信息融合技术、智能控制技术和人机协作技术，实现中药制剂成型工艺的高速、高可靠性生产。例如，在无菌注射液的成型工艺中，以 MES 为主体构建工业生产线，优化无菌注射剂的称量配料、产品制备、灌装 /分装、冻干轧盖、灯检贴标、外包装等流程。MES 系统以生产优化为核心，统筹生产信息，支配整个生产过程，使人和设备按照工艺及预定生产规程运作，减少人为和设备因素对产品质量的影响，提升生产管理水平和产品质量。此外，MES 系统中电子批记录的实现简化了批次生产步骤，降低了制造、审查和放行时间。

（二）在制剂设备智能化中的应用

信息学技术与制剂设备的融合实现了设备的智能化操作和控制，使设备具备智能学习和自适应能力。智能化设备能够根据制剂工艺要求，自动调节参数，优化工艺流程，确保生产过程的稳定性和一致性。此外，智能化设备还能实时监测运行状态，预测故障风险并提前进行维护，从而降低故障率，延长设备使用寿命。同时，信息化管理平台实现了互联网技术与工厂的深度融合，自动化采集和存储生产全流程信息，为制剂生产的质量和安全提供可靠保障，推动制药行业迈向智能化制造新阶段。

以中药大蜜丸自动化生产为例，研发自动化丸剂生产成套设备，解决多个制丸工艺难题，建成大蜜丸自动化生产线。在合坨过程中，采用自动升降的在线混合搅拌和双螺旋搅拌桨叶设计，研发适应高黏度液体计量的全自动密闭合坨设备，解决了原有设备生产产尘量大和蜜水计量不准确的问题。在控制丸机上装有速度和位置传感器，在多道检测药丸重量的构件上装有高精度重量传感器，整个机组联网，具备在线检测和远程诊断功能。药粉混合到丸剂成型的整个过程由连续设备完成，中转储存采用符合药品生产标准的 PU 输送提升带，无须人工操作。药粉搅拌、药丸筛选、烘干、成品选丸、包衣等工序全部自动化运行，实现了中药大蜜丸生产方式的变革。

（三）在制剂质量控制中的应用

信息学技术在制剂质量控制中发挥关键作用，利用数据分析和图像处理技术全面检测和分析制剂成品，确保符合标准要求。建立制剂质量追溯系统可实现信息的全面记录与管理，确保质量可追溯、可控制。近年来，PAT 在中药制造工业中的应用成为研究热点，具有实时性、系统性、无损绿色、整体快速检测等优势，能够有效保障中药制剂质量的稳定性，提高生产效率，并对中药量 – 质传递规律研究具有关键作用。

例如，在液体制剂配制的在线检测过程中，采用 NIR 在线检测参灵草溶液配制过程中腺苷和人参皂苷的含量，通过将光谱数据与相应的理化检测数据关联，使用 PLS 建立模型。验证结果表明，模型预测与实验结果具有较高的匹配性，证明 NIR 技术可用于液体制剂配制中关键质量参数的在线检测。在液体制剂灌封过程中，在线灯检机采用高速视觉相机，对药液杂质和瓶身外观瑕疵进行快速识别，大大提升了检测效率，且所有图像及统计数据实时储存并输出至 MES 系统，形成云记录与质量分析。

四、在中药仓储管理中的应用

（一）在中药源头追溯中的应用

信息学技术已经成为确保中药质量安全和追溯可溯性的重要手段之一。通过整合大数据分析、区块链技术和物联网等先进技术，信息学为中药材种植、采集、加工等环节提供了全面的信息化监管和管理系统，实现了中药源头信息的全面记录和追溯，为确保中药质量的可控性、可追溯性提供了重要支持。这些信息技术手段不仅提升了中药质量安全的管理效率和水平，也为中药产业健康可持续发展奠定了技术基础。中药源头追溯系统主要包括 6 个子系统，分别为种植（养殖）追溯子系统，中药材专业市场追溯子系统，中药材经销企业追溯子系统，中药饮片生产追溯子系统，中药饮片经营追溯子系统，中药饮片使用单位、医疗机构及药店和零售连锁子系统。通过软件、硬件结合的方式确保追溯的完整性，通过 Web 端追溯网站或手机 APP 端输入各环节追溯信息，通过智能打码机或便携式打码机进行赋码打码，上传各环节现场操作、流转信息和质量数据，再用手机微信小程序或微信端扫码展示追溯信息，随时随地查询每个环节的基本操作信息、批号流转信息、质量检测信息等，帮助企业全面提高产品质控水平（图 8-5）。

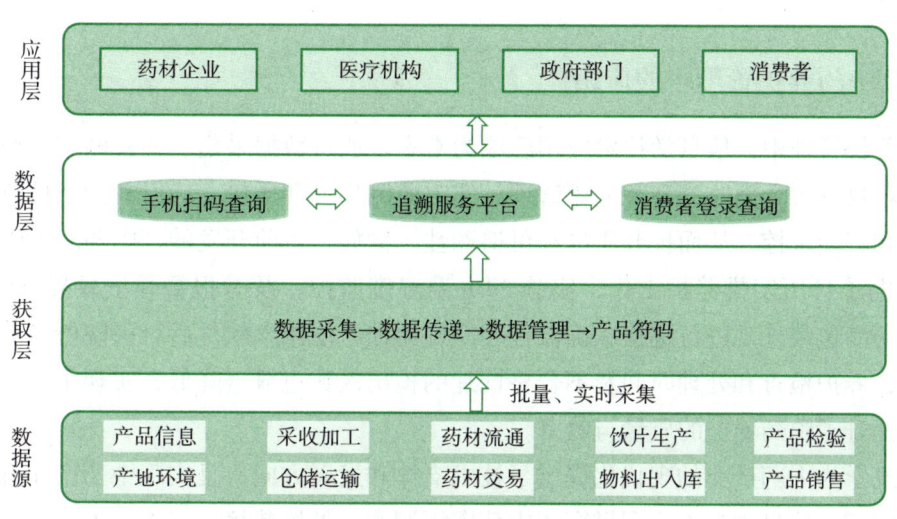

图 8-5　中药材源头追溯系统结构示意图

（二）在库存优化与仓储中的应用

信息学技术在库存优化与仓储中的应用，为现代物流与供应链管理提供了重要支持。通过数据分析、人工智能和物联网等技术手段，信息学能够实现对库存与仓储环节的精细化管理和智能化决策。通过实时监测和分析库存数据，信息系统能够优化库存量、减少库存积压和过剩，降低资金占用和物资浪费。同时，信息学技术还可以通过智能预测和物流优化算法，提高仓储容量利用率、减少物流成本，并能够及时响应市场需求变化。这些技术的应用不仅提升了库存管理的效率和准确性，也为企业提供了更高效、灵活的仓储解决方案，帮助企业降低成本、提高竞争力。通过虚实孪生仓储系统的建立，金银花等中草药的入库、存储和出库全流程实现了数字化监控和追踪管理。系统利用扫描枪扫描产品包装上的数字认证二维码，并通过全景摄像头、北斗定位设备和温湿度传感器实现对仓内外状态、位置移动和环境参数的实时监测和调整。所有数据采集将通过区块链技术实现可信记录，并在异常情况发生时及时通知仓库管理员和客户端。在实际应用中，该系统成功降低了储存损耗至 1% 以内，确保了金银花的质量真实性，提高了消费者信任感，改善了仓储效率，同时也降低了企业存储成本，为企业发展提供了有力支持（图 8-6）。

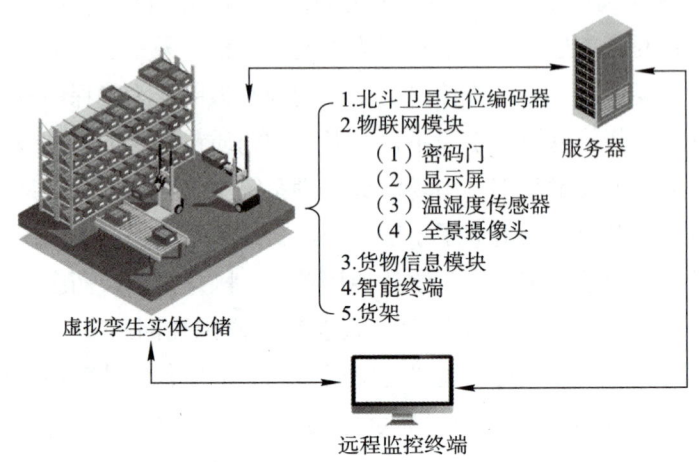

图 8-6　虚实孪生仓储系统架构

（三）在中药养护管理中的应用

在中药养护管理中，信息学技术应用已成为常态。通过数据采集、物联网和区块链技术的应用，可对中药材进行全面监控和智能化管理，实时监测环境和质量，确保养护条件符合规定，实现信息共享和智能调控，从而提升质量和可追溯性。例如，目前开发的"中药养护管理系统"软件，可通过电子日历安排养护工作，实施 24 h 温湿度监控，及时报警并记录异常情况。同时，软件还可对药品包装外观进行巡检，确保包装完好无损。使用该软件后，医院所需养护的饮片种类大幅减少，养护检查和处理时间及不合格饮片的检出次数也显著降低，实现了养护的精细化管理，并有效提升了中药养护的质量与效率。

中药信息学为中药产业的现代化提供了技术支撑和发展方向，是实现中药产业升级、提高国际竞争力的关键。信息学技术应用贯穿了中药资源调查、种植栽培、产地加工、炮制、制剂、仓储管理、市场流通的各个环节，提升了生产管理的智能化水平、优化了资源配置、加强了质量控制，使中药生产整个过程更加透明度与可控。中药信息学在生产中的应用，正推动着中药行业向更高质量、更智能化、更可持续的方向发展；随着技术的不断成熟和政策的持续支持，中药信息学将在中药生产中发挥更加重要的作用。

（张定堃　贺亚男）

🌐 数字资源详见　新形态教材网

📖 编者导学　　📺 拓展阅读　　💻 教学课件　　✂ 思考题

中药信息学在临床中的应用

思维导图

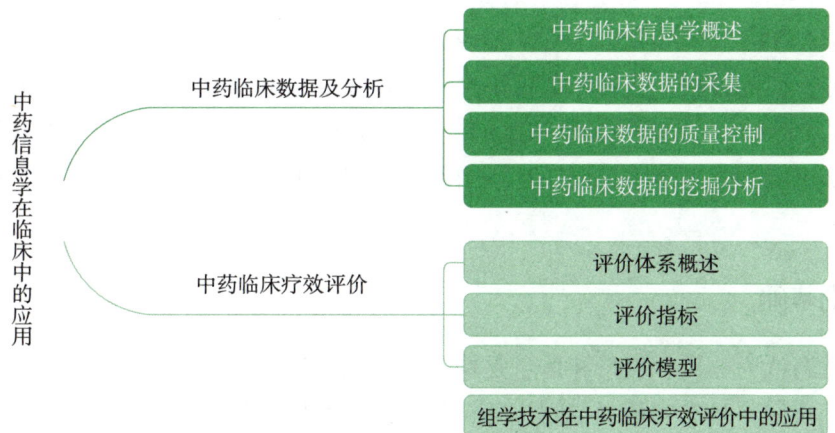

随着信息技术的飞速发展，中药临床信息学作为一门新兴交叉学科，正逐步展现出其在中药研究和应用中的重要价值。它通过集成和分析大量中药临床数据，不仅能够深化我们对中药作用机制的理解，还能优化中药的临床应用策略，提高治疗效果和安全性。本章将重点讨论中药临床数据的采集、管理、挖掘与分析，以及中药的临床疗效评价方法，旨在提供一个关于如何利用信息学手段提升中药临床应用价值的全面视角。

第一节　中药临床数据及分析

一、中药临床信息学概述

中药临床信息学是一门结合中医药学和信息科学的交叉学科，旨在通过现代信息技术优化疾病的诊断、治疗及研究过程。它利用数据采集、处理、分析等信息技术手段，对中药临床信息进行深入挖掘，以揭示中药治疗的规律和机制。这一领域的发展不仅提高了中医药治疗的精确度和个性化水平，还推动了中医药知识的传承和创新，展现了中医临床与信息学之间深刻的内在联系。

（一）理论基础

现代科学普遍认为物质、能量和信息是构成宇宙和描述自然现象的三大基本要素。物质是指构成宇宙万物的实体，具有质量和空间位置，是能量的载体。能量则是物质存在和变化的动力源泉，表现为物质运动和交互作用的能力，可在不同形态间转换，但总量守恒。信息代表着物质状态和能量变化的知识和数据，是对宇宙规律的认识和描述。在现代科学研究中，物质、能量与信息相互作用、相互转换，共同构成了复杂系统的运行机制和演化规律，是理解宇宙和人类社会的关键。

中药信息学的研究和应用，融入了现代科学的三大基本要素：物质、能量、信息。这一理念不仅与古老的中医理论相吻合，而且为中药临床信息学的发展提供了全新的视角。在这一框架下，中医药学不仅关注物质的转化，如药材的物理属性、能量的交换，气的运动和转化；还注重信息的流动和处理，如疾病诊断和治疗中的信息交换。

中医学将人体视为一个整体，强调心、脏腑、精气神的协调运作。这些概念与现代科学中的物质、能量、信息三元素理论产生了独特的对话。精、气、血、津液、神之间有着相互依存、相互制约的关系。精、气、神为人身"三宝"，可分而不可离。精可化气，气能生精，精能生神，气能养神。"精"在中医中既是物质基础也是生命活动的核心，与现代科学中物质的概念相契合；"气"被视为维持生命活动的动力和能量，类似于现代物理学中的能量概念；而"神"则涉及信息的层面，关注心理活动和生命活动的外在表现，体现了信息对生命活动的调控作用。精气相关、精神互用、神气互生，这与物质、能量、信息之间的相互作用、相互转换相对应。

在现代医学的理解中，人体被看作是一个复杂的系统，其中物质、能量与信息三者不断地相互作用和交织。在这个系统内部，通过不断的物质与能量交换，人体能够吸收食物中的营养，转化为生命活动所需的能量。此外，人体内部拥有复杂的信息交流网络，这些网络确保了生理功能的协调运行，并使得人体能够适应和响应外部环境的变化。信息的角色在于调控与指导，是人类理解生命现象、促进医学发展的关键。这种从信息角度理解生命的视角，展现了中医学独特的洞察，即通过信息流的模式理解健康与疾病。

（二）定义

中医学是以中医药理论与实践经验为主体，研究人类生命活动中健康与疾病转化规律及其预防、诊断、治疗、康复和保健的学科。基于信息科学理论对中医药临床数据进行采集、传递、处理、挖掘分析的过程，形成了中药临床信息学。

1. 基本概念 中药临床信息学是中药信息学的分支学科，其遵循中医药理论和规律，突出中医药临床特点和优势，通过创新开发信息科学方法、计算机科学方法和知识管理方法，研究中医药学临床实践活动中的信息及运动规律，以扩展临床相关人员的信息功能特别是智力功能，促进保健与疾病预防，提供更有效率和更安全的患者医疗护理，提高转化研究的有效性，提高中医知识的利用，促进临床疗效提高、经验传承和中医药理论发展。中药临床信息学综合运用信息科学、数据科学、医学知识和技术手段，对中医药临床数据进行收集、处理、分析、利用和解释，提高中医药的临床决策质量，推动中医药现代化和国际化发展，同时也为中医药的标准化和信息化建设提供支持。

2. 研究对象 中药临床信息学的研究对象主要包括中医药的临床数据和知识体系。这些数据不仅涵盖了患者的基本信息、诊疗记录、药物配方、治疗效果评估、随访信息等，还包括中医的理论体系、诊断方法、治疗原则等丰富的知识内容。

3. 研究内容 中药临床信息学主要侧重 3 个研究领域：中医药临床信息化建设与管理，中医药临床信息提取、处理、再生与控制，中医药临床知识发现、经验传承应用与知识传播。具体研究内容包括以下几个方面。

（1）中医药临床信息系统应用研究：致力于整合中医医院内部的各类信息系统，创建一个中医临床信息的综合平台。平台主要聚焦于患者的全方位信息收集，包括基本资料、电子病历、检查检验结果、诊疗情况、中医护理和临床结果等。同时探索健康档案和随访数据的集成，推动健康数据在更广泛范围内的共享。此外，致力于提升数据质量，以支持中医临床知识的挖掘和应用。

（2）中医药临床数据挖掘分析研究：旨在开发一整套集成和分析工具，以解决数据的非规范性和不完整性问题。通过科学的"数据审编"流程，有效整合和预处理来自不同来源和格式的数据，开发适合中医药研究的数据分析工具和解决方案，以揭示中医诊疗的规律，为临床研究提供方法支持。

（3）中医药临床信息规律和经验传承研究：聚焦于采用规范化处理后的数据，结合中医药理论和临床研究需求，深入分析和总结经验丰富的名老中医经验、不同学科的疾病治疗规律。目标是发掘和验证中医药的创新理论。通过建立技术平台和模式，促进临床规律和经验的分析、展示、共享和传播，同时也在实际应用中不断优化和完善。

（4）中医药临床术语标准及应用研究：涉及建立和应用一套中医临床信息的术语标准体系，以确保数据收集和分析的规范化和标准化。这一体系结合中医药理论和实践的特点，满足中西医结合的现代临床研究需求，并与国际生物信息学等领域的标准相衔接，为中医药的临床和基础研究提供坚实基础。

（5）基于临床诊疗数据的真实世界研究：涉及使用临床诊疗数据开展研究并指导临床实践，以推动中药临床研究的发展。中医药的优势在于临床疗效。采用真实世界研究方法评价中药临床有效性、安全性等符合中医药特点，且能够推动中医药传承精华，守正创新，实现中医药现代化、国际化发展。

作为跨学科领域，中药临床信息学涉及临床、信息科学、数据科学、知识管理等，通过各个学科之间交流合作，服务临床科研，促进中医药学术发展，推动中药产业进步。

4. 研究方法　中药临床信息学结合中医药的基本理论和信息科学的方法论，综合运用计算机科学、统计学、自然语言处理、复杂网络、人工智能等方法分析中医药临床信息数据。利用信息科学的视角和技术来深入理解和处理复杂系统的动态特性，尤其在分析复杂系统的运作机制、构建人工系统以达成特定目标，以及优化和改进系统运作机制方面表现出其独特的能力。信息学方法论的关键在于它的能力，不仅仅是处理物质和能量问题，而且能够从信息处理的角度出发，去理解、整合和改革复杂系统。它强调功能性的分析，通常从系统的行为出发，通过对行为的分析来洞察系统的功能，这对于那些结构不明确的复杂系统尤其重要。中药信息学遵循这一理论框架，发展出了一套独特的研究方法，旨在通过信息学的方法解决中医药领域中遇到的复杂问题，强调在实际应用中既要考虑信息处理，也要关注物质和能量的相互作用。

5. 研究目标　中药临床信息学作为交叉学科领域，是以中医基本理论为基础，以信息技术为指导，以提高临床疗效为核心开展相关研究的一门交叉学科。学科发展的目标是促进中医临床信息数据的分析利用、探索中医药临床信息的规律、推进名老中医临床经验的传承与传播等。

二、中药临床数据的采集

辨证论治是中医学诊治疾病的基本理论和思维方法，即根据中医理论分析四诊获得的临床资料信息，明确病变的本质，拟定治则治法。辨证论治是理、法、方、药运用于临床的过程。辨证，即通过四诊合参收集的资料对患者表现的症状、体征进行综合分析，辨别为何种病证。论治，则是根据辨证的结果，确定相应的治疗方法及使用的药物和方剂。中药临床数据的采集主要围绕诊疗过程进行。

（一）中药临床数据特征

第二章第四节介绍了中药临床的数据类型，主要包括临床试验数据、病例研究数据、患者报告结局（PRO）数据及电子健康记录（EHR）数据等。这里总结一下这些中药临床数据的特征，主要包括以下几个方面。

1. 系统性　系统科学从整体的角度研究对象，这与中医学系统思维有相似之处。系统思维是中医的主要思维方式之一，是把认识的对象作为系统，研究系统、要素和外部环境之间的相互作用与联系，从而综合研究认识对象。临床诊治过程中系统思维指导着对人体生理、病理的认识。

2. 整体性和个体化　中药治疗强调根据个体体质、疾病特征及环境因素进行综合诊断和治疗，旨在达到人体内外环境的平衡。这意味着临床数据不仅记录病症的具体表现，还包括患者的生活习惯、饮食情况、情绪状态等多方面的信息，以反映个体的整体状况。

3. 复杂性　中药诊疗依据辨证论治的原则，即通过辨识疾病的症状和体征来确定病因、病性、病位和身体反应状态，进而选择适当的治疗方法。临床数据中详细记录患者的辨证类型，如气虚、血瘀等，以及根据这些信息所作出的治疗决策，包括药物选择、配方调整等。中医的诊疗特点决定了中药临床数据的复杂性。

4. **动态性** 中医药治疗过程中强调动态观察患者的变化，调整治疗方案。因此，临床数据不仅包括初诊时的信息，还包括随访时的各种变化情况。

5. **症状描述的主观性** 中药临床数据中的症状描述往往比较主观，依赖患者的自我感受和医生的经验判断。例如，对于痛、痒、麻等感觉的描述，不同患者可能表达不一致。

6. **多态性** 中医诊断中，舌象和脉象是两个重要的依据。舌象包括舌体的颜色、形态、舌苔等，脉象则涉及脉搏的速度、力度、节律等。这些信息在临床数据中占据重要位置，对诊断和治疗具有重要指导意义。

7. **多样性** 中药临床数据涵盖了各种治疗方法，如草药、针灸、推拿、拔罐等，每种方法在数据中都有详细的记录，包括使用的草药配方、针灸的穴位选择、推拿的手法等。

8. **大数据特征** 中药临床数据积累了大量的病例信息、治疗方案、药物配方等，这些数据来源广泛，包括但不限于门诊、住院、实验室检测结果、药房记录等。随着中医电子医疗记录系统的普及，这些数据正在以前所未有的速度增长。中药临床数据包含结构化数据（如患者的基本信息、诊断结果、处方等）和非结构化数据（如医师的观察、患者自述的症状描述、治疗过程的文字记录等）。此外，中医的诊疗过程中还会产生大量的图像数据（如舌象图片）和声音数据（如脉象记录），增加了数据的多样性。中医诊疗中，相同的病症在不同个体中可能会表现出不同的症状和反应，同一治疗方案在不同患者身上的效果也可能有所不同。这种可变性要求中药临床数据分析时能够处理和适应高度个性化的治疗信息。中药临床数据的这些大数据特征，使得其成为医疗健康数据分析和挖掘的宝贵资源，同时也带来了数据管理和分析的挑战。

中药临床数据的特征体现了中医的整体观念、辨证论治原则及对治疗效果综合评估的重视。与西医依据明确疾病分类和标准化治疗方案的方法相比，中医更加强调对患者个体差异的关注和治疗方案的灵活性。中药临床数据的特征不仅体现了中医的治疗原则和方法，也为现代医学研究和跨学科合作提供了重要的数据资源。通过深入分析和研究这些数据，有助于更好地理解中医的有效性和机制，从而促进中医与现代医学的融合发展。

（二）中药临床数据采集系统

1. **中医临床术语系统** 医学系统命名法——临床术语（systematized nomenclature of medicine——clinical terms，SNOMED CT）是综合的系统化医学临床术语集，用于完整表达疾病、病史、疗效等临床医疗信息。SNOMED CT 定义了 31 万条医学概念和 700 万条语义关系，并且与电子病历系统整合，已在 50 多个国家使用。SNOMED CT 包含 19 个顶层概念，分别为身体结构、临床发现、环境和地理位置、事件、观察对象、有机体、药物 / 生物产品、物理力、物理对象、操作、限定值、人为记录件、具有明确语境环境的情况、社会环境、特殊概念、标本、分期与分度、物质及 SNOMED CT 模型成分。由于中医药与现代医学的差异，SNOMED CT 不能直接应用于中医临床术语。中国中医科学研究院借鉴 SNOMED CT 构建了中医临床术语系统，实现了中医临床术语的标准化与规范化。

中医临床术语系统（traditional Chinese medicine clinical terminological systems，TCMCTS）的发展经历了长期的历史过程，其内容和框架逐渐丰富和完善，反映了中医学知识的积累和理论的发展。

先秦至汉朝时期，中医学的基础理论和术语开始形成，主要文献包括《黄帝内经》《伤寒杂病论》。在这一时期，中医术语主要关注阴阳五行理论、脏腑经络、疾病的发生机制等基础概念的阐述。魏晋南北朝至唐宋时期，中医学理论进一步发展，产生了许多重要的医学著作，如《千金方》等，中医术语系统得到了进一步的丰富和完善。明清时期中医学理论达到高峰，产生了大量的医学专著，如《本草纲目》《温病条辨》等，中医术语系统在这一时期得到了大规模的扩展和深化。随着现代科学技术的发展和中西医学的交流，中医术语系统也在不断吸收新的知识和理念，逐步与国际医学术语体系接轨，同时也对传统术语进行了整理和标准化。2005 年中国医学科学院中医药信息研究所参照 SNOMED CT 建立中医临床术语系统，并于 2018 年 1 月发表中医临床术语系统 v2.0（TCMCTS v2.0）。

中医临床术语系统依据中医临床的特色，建立中医临床术语分类结构，用于描述中医治疗活动和健康状况。目前系统收录 3.8 万个左右概念，11.3 万个术语。

TCMCTS v2.0 分类框架主要遵循国际标准化组织，顶层概念共有 18 个大类，包括症状体征、四诊对象、病症、中医操作 / 方法、病因病机、原理经验、治法治则、中药和方剂、机体形态、分期与传变、中医体内物质、中医环境和地理定位、中医器械和设备、中医计量单位和量词、连接概念、医案结构、短语、限定值。

中医临床术语的标准化和国际化是中医学发展的重要趋势，对于提升中医学的国际地位、促进中医学科学研究和教育，以及提高中医临床诊疗的质量和效率都具有重要意义。

2. 中医辅助诊疗系统　利用人工智能技术和大数据分析，整合中医药的丰富知识库和临床数据，通过算法模型辅助医师进行病情分析、诊断和治疗。主要功能包括病例管理，创建诊疗决策模型，获取患者临床诊疗信息，提供辅助诊疗建议及方案等。

3. 中药管理系统　是专门用于中药材、成药、中药配方颗粒、中药煎药及中药调剂管理等的信息系统。它集中药采购、库存、销售、配方、处方管理及质量控制等功能于一体，旨在提高中药的管理效率和使用安全性。下面以中药煎药管理与质量控制系统为例进行介绍。

系统设计的目标是通过信息化技术与手段，对煎药全过程进行信息化管理，实现煎药流程监管、煎药设备监控、煎药工艺控制、药品追踪及质量控制。系统设计遵循实用性、可靠性、先进性、可扩展性、标准化和安全性等原则。

系统的总体架构建立在医院信息系统（HIS）或中医院管理服务系统之上。主要流程包括代煎处方的接方、审方、调剂、复核、泡药、煎煮、包装、发药等环节，操作人员通过扫描条码获取信息并记录每个环节的详细信息，具体流程如图 9-1 所示。系统的主要功能包括中药存储管理、中药调剂管理、中药煎药管理、质量控制管理、发药与配送管理、溯源管理、接口管理及查询统计等。

中药煎药管理与质量控制系统实现了煎药过程的规范化，保证了煎药质量，提高了工作效率与医疗服务水平。

4. 中医电子病历系统　电子病历系

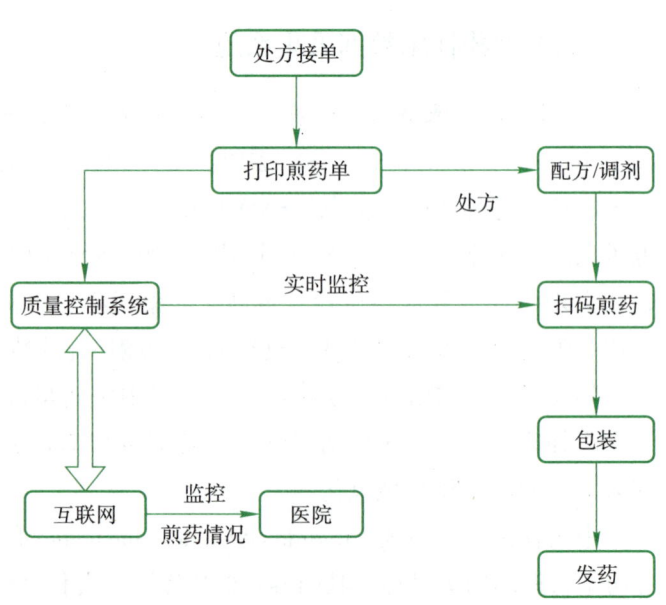

图 9-1　中药煎药管理与质量控制系统流程

统（EMR）是信息时代医疗行业的一个重要标志，用于存储、管理和分析患者的医疗信息。这些系统旨在提高医疗服务的效率和质量，减少医疗错误，以及提高患者满意度。电子病历系统的发展历程和现状在国内外有所不同，但共同目标是实现更高效、更安全的医疗服务。

电子病历系统的概念于20世纪60年代初在美国提出，早期系统主要用于大型学术医疗中心，用于存储和检索患者信息。20世纪80年代，随着计算机技术的进步，电子病历系统开始在美国和欧洲的医院中推广。1991年，美国医学信息协会（AMIA）将EMR定义为一个能够支持患者治疗和研究的电子记录系统。21世纪初，随着国际标准的建立和推广，电子病历系统的互操作性和标准化成为发展重点。近年来，随着云计算、大数据和人工智能技术的发展，电子病历系统不仅在医院内部实现了高度整合，还与其他健康信息系统进行了广泛的链接，实现了数据共享和综合健康管理。

中国电子病历系统的发展起步于20世纪90年代末，早期主要集中在一些大型医院和城市医疗中心。2009年，中国政府启动了新医改，电子病历系统建设成为医疗卫生信息化的重要内容。随后，国家卫生健康委员会发布了一系列标准和指南，推动电子病历系统的标准化和普及。

中医电子病历是在西医电子病历基础上研发而成。中医电子病历系统基本结构不仅要包含西医的病名、诊断、检查、国际疾病分类（ICD）编码等内容，还要体现中医辨证论治的精髓，包含中医四诊、辨证、证候变化、处方用药及计量、针刺穴位、针刺方法、疗程等内容。中医电子病历充分遵循中医辨证与辨病相结合的思维模式，通过中医临床路径、结构化录入、经典文献知识库、协定处方、疾病模板等病历技术手段，帮助临床医生运用辨证论治的思维记录和分析患者病情。

中医电子病历功能分为三个模块，分别为运维功能、业务功能和科研功能。其功能框架如图9-2所示。运维功能主要负责系统的运行维护和安全保障。业务功能是系统的核心部分，包含患者信息录入查询、病历模板制定、中医诊疗、随访，以及检查检验信息等的录入。中医电子病历也包含科研功能，满足临床研究数据的获取。

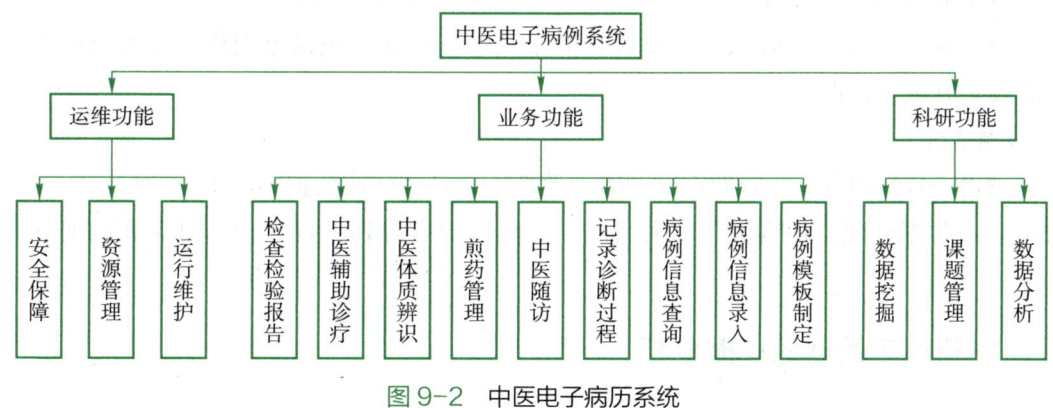

图 9-2　中医电子病历系统

三、中药临床数据的质量控制

临床数据的质量控制是确保临床研究结果准确性、可靠性和完整性的关键环节。高质量的临床数据对于疾病诊断、治疗效果评估、新药开发和医疗决策等都至关重要。

（一）中药临床数据的要求

1. 准确性和完整性　中医药临床数据采集应包括患者的人口学基本信息、诊疗信息、疾病史、检查检验结果、辅助检查报告等。中医诊断依赖辨证施治，这要求症状描述、舌象、脉象等信息必须准确无误。数据应详细记录患者的主观症状描述、医生的客观检查结果以及诊断过程中使用的辨证论治原则。

2. 一致性　中医强调根据患者的体质和病情进行个体化治疗。因此，数据中不仅要记录治疗方案，还要详细记录治疗前后患者病情的变化、体质的改变等，以评估治疗效果。中医治疗方案包括草药配方、针灸、推拿等，每种治疗的具体操作、使用的药材或穴位、治疗的频次和时长等都应详细记录，以确保治疗的一致性和可复现性

3. 时效性　中医药临床信息采集不仅要满足临床业务基本要求，也要尽可能满足临床科研需求。这就要求临床数据采集的过程要及时有效，实时收集临床研究数据，研究人员可以及时掌握各种数据，推动各项研究的进展，提高工作效率。

4. 安全性与保密性　临床数据的收集和使用须遵循医疗伦理和患者隐私保护原则，对敏感数据进行适当保护，确保患者信息的安全。

（二）中药临床数据的质量控制措施

为满足临床诊疗和科研的需求，如何保证和提高临床数据的质量至关重要。结合中医药辨证施治的诊疗原则，中医药临床数据的质量控制从以下几个方面实施。

1. 数据采集质量控制

（1）标准化采集工具：采用统一的数据采集表格或电子数据捕获（electronic data capture，EDC）系统，以减少数据收集过程中的差异和错误。

（2）数据采集培训：对研究人员进行培训，确保他们理解数据采集的重要性、方法和标准。

2. 数据录入和处理质量控制

（1）双重数据录入：采用双重数据录入的方式来减少手动录入错误。

（2）自动错误检查：EDC 系统中设置自动错误检查功能，包括范围检查、逻辑检查等，以便于及时发现并更正错误。

3. 数据清理

（1）逻辑一致性检查：检查数据的逻辑一致性，识别并解决数据中的不一致性。

（2）缺失数据处理：识别数据缺失情况，并根据预定计划进行处理，以保证数据分析的完整性。

四、中药临床数据的挖掘分析

中药临床数据挖掘方法依托强大的信息科学、数据科学和人工智能技术，旨在从丰富的中药临床数据中提取有价值的知识和信息。这一过程不仅需要捕捉数据的显性特征，更要深入挖掘隐性知识，以支持和优化中医的诊疗过程。第三至第六章详细讲解了数据分析算法、经典机器学习算法、深度学习方法及数字技术等，这些算法与技术为中药临床数据挖掘分析提供了理论基础。

（一）基于数据挖掘的中药临床用药规律分析

中药临床用药规律的分析旨在深入理解中药在临床治疗中的应用模式、药物配伍原则、剂量

选择及对不同疾病和体质患者的适用性。通过这种分析，可以总结出中药治疗的经验规律，优化临床用药方案，提升治疗效果，同时为新药的开发和中医理论的现代化研究提供数据支持。临床用药规律分析常见的方法包括分类分析、聚类分析、主成分分析、正交偏最小二乘分析、关联规则分析等。

　　1. **分类分析**　中医的辨证诊治本质是分类问题。近年来基于机器学习的分类模型被广泛应用于中医证候诊断分析，如贝叶斯方法、支持向量机、决策树、神经网络等。研究的核心目标是针对这些疾病进行精确的证候辨证，以探究和分析中医诊疗的知识体系。例如，在中医辨证系统的研究中，可以将中医体系中的证候、症素和症名作为贝叶斯网络的节点集来建立中医辨证贝叶斯网络系统。再如利用神经网络，可以建立脉象人工神经网络模型，为计算机识别脉象和辅助诊断疾病提供一种有效方法。此类方法在中医辨证中的应用和研究也在不断发展，进一步推动了中医临床实践的进步。由于中药临床数据的复杂性，相关研究也存在一定的局限性，例如相关研究的可重复性难以保证等问题。

　　第三章详细介绍了聚类分析，该方法是分类分析的一种。聚类分析主要是一种无监督的学习模型，在疾病分型、证候症型、中药用药规律等研究中具有广泛应用。图 9-3 显示了通过收集近10 年治疗某慢性疾病的 3 041 首处方，对使用频率前 40 味中药进行聚类分析的结果。具体的计算过程需要根据处方及其包含的中药，构建中药处方的数据 0-1 矩阵，即中药在处方中出现则设置相应的值为 1，未出现设置为 0。根据第三章中介绍的聚类算法可以对中药处方的 0-1 矩阵进行聚类。聚类结果中可以观察出各类中药之间的关系，据此可以进一步研究用药规律及药物配伍关系等。

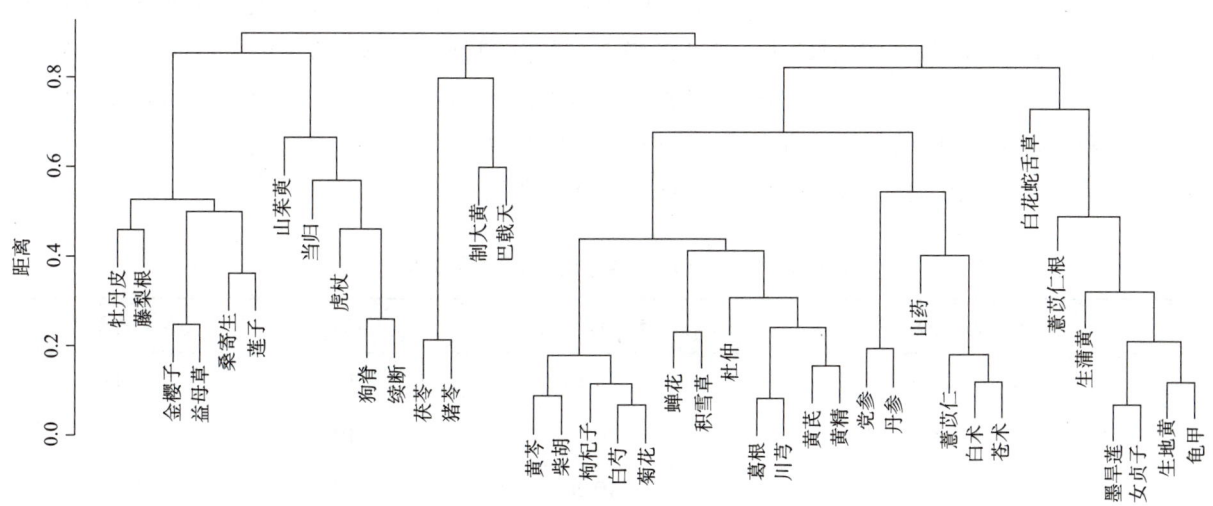

图 9-3　中药聚类分析树状图

　　近年来聚类分析广泛应用于中药数据的挖掘分析。以近 10 年中药治疗食管癌的数据挖掘为例，对 23 种高频使用的中药进行系统聚类分析，并设定聚类数为 4，结果显示这些中药可以被分为 4 个不同的组合。第一组包括麦冬、沙参、丹参、砂仁、贝母，第二组由白花蛇舌草、半枝莲、黄芪、太子参、薏苡仁、半夏、陈皮、茯苓、白术、甘草、党参组成，第三组为当归、熟地黄、人参、白芍，第四组为由莪术、代赭石、威灵仙。这四个药物组合整体上显示了扶正祛邪、健脾疏肝的共同功效，旨在实现益气健脾、清热养阴、化瘀解毒的治疗效果，这反映了食管癌根本病理为热结气郁、痰凝血瘀的特点。再以利用 K-均值聚类法对老年病的中医治疗进行深入的数据挖掘和分析为例，研究涵盖了 166 位患者的 383 次诊疗记录，包括 292 种不同的临床症状和 358 种使用的药物。通过 *K*-均值聚类分析，可以将药物分为 39 个类别，而方剂（药物组合）则被分为 20 个类别。聚类结果表明，老年病的中医治疗主要集中在肝和肾，强调了多脏器联合治疗的重要性。治疗策略通常针对气滞、血虚和阴虚的复合辨证，同时综合使用既能扶正的补肾、平肝、健脾药物，又能清热、利湿、散结祛邪的药物。方剂结构多采用复方小方，以四君子汤和天麻钩藤饮为基本框架进行加减变化，常结合补肾的六味地黄丸、知柏地黄丸，补肝的独活寄生汤，以及安神的酸枣仁汤等方剂。

2. 关联规则分析　是常用的数据挖掘的方法之一，用于发现大数据集中变量之间的有意义的关联或频繁模式。它通过识别数据的项集共现关系，来预测某些项目的出现可能会导致其他项目同时出现的规律。关联规则包含 3 个重要的概念，分别是支持度、置信度及提升度。对于规则 A → B，支持度（support）定义为 A 和 B 同时出现的概率，置信度（confidence）定义为 A 出现的条件下 B 出现的概率，即 $P(B|A)$，提升度（lift）表示含有 A 的条件下同时含有 B 的概率与 B 的总体概率之比，反映了 A 和 B 之间的相关性。常用的关联规则算法包括 Apriori 算法和 FP-Growth 算法。Apriori 算法利用了频繁项集所有非空子集必须也是频繁的这一性质。它从单个项开始，逐步扩展到更大的项集，同时剪枝掉支持度不足的项集。FP-Growth 算法则构建一个特定的数据结构，称为频繁模式树，以有效压缩数据集，然后递归地分解这棵树，以找到频繁项集，通常比 Apriori 算法更高效。

在中药临床研究中，关联规则分析可以用于揭示药物配伍的内在规律、辨证施治的模式及药效组合的优化等方面。通过利用关联规则分析中药临床数据，可以系统地总结和发现中医药治疗的经验规律，为中医药的科学研究和临床应用提供强有力的数据支持。关联规则分析可利用 SPSS 软件或者 R 包实现。R 中 arules 包可以实现关联规则分析，arulesViz 包可以对关联规则进行可视化。表 9-1 展示了 3 041 首处方进行关联规则分析后排名前 10 的药物组合信息及对应支持度、置信度和提升度的结果。可见，金雀根、藤梨根、白术 3 味中药在治疗该病的处方中经常配伍使用。排名前 10 关联规则可视化的结果如图 9-4 所示。

表 9-1　3 041 首处方中药物之间关联规则分析

药物组合	支持度（%）	置信度（%）	提升度
地骨皮，川芎 => 葛根	10.13	100.00	1.52
藤梨根，金雀根 => 杜仲	10.26	100.00	1.42
藤梨根，金雀根 => 生黄芪	10.26	100.00	1.28
藤梨根，金雀根 => 决明子	10.26	100.00	1.27
藤梨根，金雀根 => 苍术	10.26	100.00	1.25
藤梨根，金雀根 => 白术	10.26	100.00	1.12
牡丹皮，金雀根 => 白术	10.56	100.00	1.12
金雀根，丹参 => 杜仲	10.03	100.00	1.42
金雀根，丹参 => 白术	10.03	100.00	1.12
金雀根，党参 => 白术	10.36	100.00	1.12

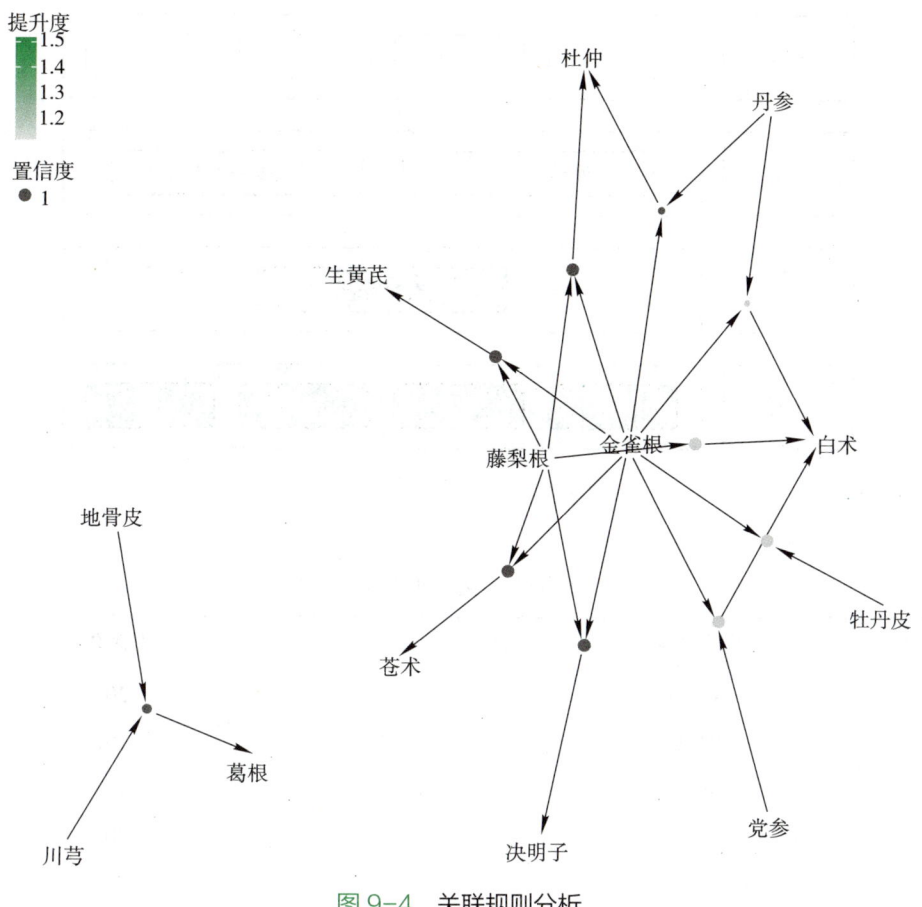

图 9-4 关联规则分析

（二）人工智能在中药临床数据中的应用

人工智能（AI）在中药临床应用中正逐步展现出其强大的潜力，通过高效处理和分析大量数据，AI 技术不仅能够辅助中医药专家在诊断和治疗中做出更准确的决策，还能促进中药新药的发现和开发，以及提升中医药的科学研究水平。下面从 3 个方面介绍 AI 在中药临床中的应用。

1. 中药处方推荐（herbal prescription recommendation，HPR） 是中医药临床决策中重要的研究。中药处方不是随意的中药组合，而是基于临床经验总结和中药配伍原则实施辨证论治。处方的药物组合能够在增强效果的同时降低毒性，达到积极的治疗效果。中医医师的诊疗开方过程如图 9-5 所示，首先确定患者症状，如发热、咽痛等；其次根据患者症状确定证型，如外感风热表证；再次确定治疗方法，如辛凉解表；最后一步推荐处方中药。随着深度学习、人工智能的发展，研究者们开发出各类处方推荐系统，辅助决策诊疗过程。

处方推荐系统的开发需要大量的中医药知识数据，包括药物成分、药效、配伍禁忌、历史处方数据。此类数据通常源于古代书籍、文献资料、临床数据和现代临床研究。根据 AI、深度学习算法分析这些历史文献资料及临床数据，学习中药的配伍规律和治疗效果，发现药物之间的潜在联系和相互作用，从而识别有效药物组合。处方推荐系统能够辅助医生制定更加科学合理的处方，同时也能提高工作效率。常见的处方推荐算法包括决策树、神经网络、深度学习及大语言模型等，表 9-2 列举了 6 个处方推荐系统。

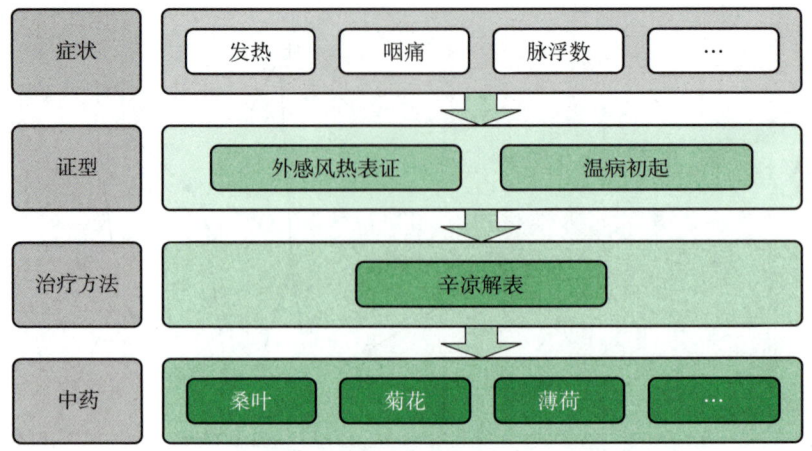

图 9-5 中医诊断开方过程

表 9-2 处方推荐系统

系统名称	发表年份
TCM CDW	2010
PTM	2017
SMGCN	2020
FordNet	2021
PresResST	2024
Lingdan-PR	2024

2. **辅助诊断** AI 在诊断辅助领域的应用是革命性的，主要基于深度学习、机器学习等算法，分析和解读大量的医学图像和数据，进而辅助医生识别疾病模式，提高疾病的检测速度和准确性。例如，在放射学中，AI 可以帮助识别肿瘤、骨折和其他异常，甚至在某些情况下超越人类专家的诊断能力。除了图像分析，AI 还可以处理电子病历中的文本数据，预测患者的健康趋势，识别慢性疾病的早期信号，并为治疗提供个性化建议。随着技术的不断进步，AI 正在成为医疗专业人员不可或缺的助手，使得医疗服务更加高效、准确和个性化。

以对糖尿病诊断的研究为例，通过数字舌象仪采集糖尿病受试者和非糖尿病受试者的舌象图片，可以利用支持向量机建立基于标准化舌象图像的诊断方法。模型通过分割合并法和色度阈值法分离舌体和舌苔，以提取的舌头图像颜色和纹理特征作为输入变量，训练支持向量机诊断模型。

在脉象诊断领域，研究人员开发了一种迭代滑动窗口算法，将去噪信号分割成单个周期，并通过分析分割后的脉搏波形特征，总结出重要特征，利用三次支持向量机对健康个体和肺癌患者的脉搏波形进行分类。这一研究显示脉象分析在肺癌识别中具有应用潜力。

3. **药效及药物毒性预测** AI 模型能够预测不同药物成分的药理作用及其潜在的毒性反应，为药方的安全使用提供科学依据。此类研究与生物信息学研究类似，将蛋白互作网络（PPI）、疾病基因关系等应用于中药及处方研究中。

以药效预测为例，传统的中医诊疗过程中医师根据患者症状开具相应的处方，这通常是基于已有的中医理论和临床经验，而对于中药与症状之间的关系则没有定量的量化。基于机器学习算法，可以根据临床数据，构建模型量化每种中药与相应症状之间的关系。

疗效预测的流程如图9-6所示，算法依据复杂网络从现有的数据库中搜集相关数据构建中药－症状的关系网络，并设置指标量化药效。涉及的数据包括症状与基因、中药靶标与基因关系图谱，以及人的蛋白互作网络。这3个关系网络都可以从数据库中收集汇总。症状与基因之间的关系可以从疾病－基因关系数据库中检索，常用的数据库包括SymMap、DisGeNet及MalaCards等。中药靶标与基因关系的数据在第二章第一节介绍的TCMSP等中药数据库中能够检索出。第二章介绍的STRING数据库则包含了人的蛋白质相互作用信息。通过整合这3个关系图，

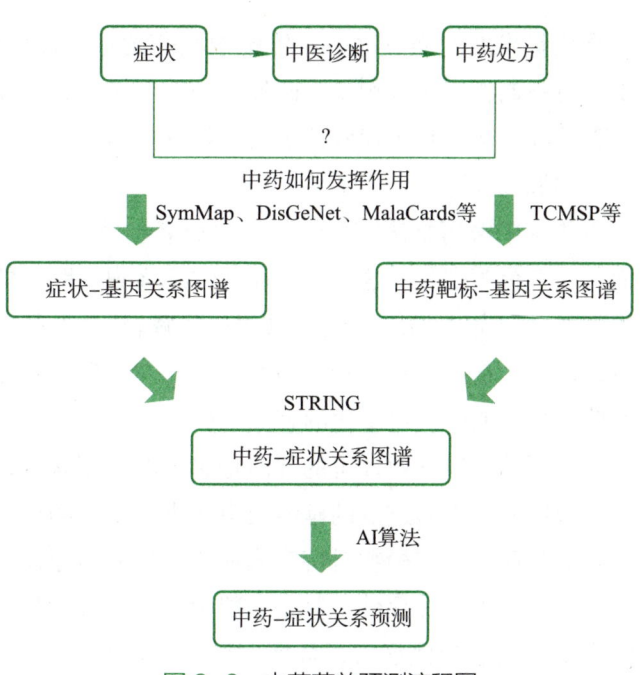

图9-6 中药药效预测流程图

得到中药－症状的网络。研究者可以通过设定指标基于机器学习算法量化症状与中药的关系，如研究者以图模型中最短路径作为指标，在符合伦理审查的基础上，利用住院患者的数据进行验证等。最后可以将该方法用于中药药效的预测，助力临床诊疗和中药基础研究等方面。

4. 面临的挑战 结合以上几点，不难看出AI技术在提高医疗诊断准确性和效率方面的重要作用及其在未来医疗实践中的潜在价值，也为中医药的科学基础研究提供思路和方法。不过，尽管AI在中医药领域的应用存在诸多优势，其在实际应用过程中也面临一些挑战。

（1）中医药理论体系的复杂性：中医药的理论体系复杂，涉及大量依赖经验和直觉的诊疗过程，这为AI的数据处理和算法训练带来挑战。

（2）中医药临床数据的非结构化：中医药强调个体化治疗，而AI强调规律性和量化分析，两者之间的本质差异可能限制AI在临床应用中的推广。

（3）中医药个体化诊疗特点：中医药诊疗过程中的个体化治疗特点与人工智能追求规律性和量化分析的特性存在一定的冲突，可能导致人工智能在实际临床应用中的推广和接受程度受限。

（4）中医辨证论治特征：中医诊断依赖医师的感官体验，如望、闻、问、切等，当前的AI技术还未能完全模拟这种人类的感知能力。

（5）伦理问题：AI在中医药领域的应用涉及数据隐私保护、算法决策透明度等伦理问题，需要社会、法律和技术层面的更多探讨和支持。

第二节 中药临床疗效评价

一、中药临床疗效评价体系概述

中医药临床疗效评价是推动中医药事业发展的重要基础，但评价方法的不完善成为制约中医

药高质量发展的瓶颈之一。传统中医药的疗效评价多侧重个案经验总结，对群体性研究关注较少，更强调临床实践积累。此外，中医药辨证论治模式与现代医学以疾病为基础的诊疗模式存在显著差异，使得临床疗效评价具有特殊性与复杂性，构建科学、统一的临床疗效评价体系仍具有较大挑战。

传统中医药临床疗效评价多以患者的临床表现为主要指标，如临床症状改善，舌象、脉象、面色、气色等变化。这些指标往往缺乏客观、明确的定量标准和评价方法，且在具体描述上存在模糊性。例如，临床疗效常以"症状减轻""舌苔由厚腻转薄白""脉象由弦转缓"等表述为有效，而以"症状未见改善""脉象未变""舌象无变化"等描述无效。这种评价方式主要依靠医者经验，缺乏明确且可量化的客观指标。

中医药临床疗效评价的导向是患者的临床获益，包括临床症状与体征的明显改善、辨证论治的疗效明确、疾病进展的延缓及患者生活质量的提高。为确保中药在临床实践中正确使用，研究应聚焦于明确这些药物对特定病证或人群的治疗作用，包括其单独使用或与标准治疗方案联用的临床获益与安全性评估。鉴于多数中药源于长期临床经验，开展严谨设计的临床研究，对明确其临床适应证、最佳剂量、合理疗程、安全性和有效性至关重要。初步的Ⅰ/Ⅱ期临床试验可确保中药安全性，并为后续更精确的Ⅲ期临床试验提供依据。

以经典名方苓桂术甘汤为例，该方由茯苓、桂枝、白术、甘草组成，具有温阳化饮、健脾利湿之功效。现代药理研究表明，苓桂术甘汤具有抗炎、抗氧化、保护心肌、调节糖脂代谢和水液代谢等作用。多年临床研究证明，苓桂术甘汤对非酒精性脂肪肝具有明确疗效，并最终成功上市，相关研究为其他经典名方的现代开发及临床应用提供了重要示范与参考。

目前，中医药临床疗效评价主要依据《中药新药临床研究一般原则》和《中医内科病证诊断疗效标准》等标准。临床疗效评价体系构建仍然面临指标科学筛选、评价标准统一规范及方法学系统优化等问题。在制定临床疗效评价标准时，应遵循客观性原则、动态评价原则、专家共识与科学方法相结合原则，既要充分体现中医药传统特色，又需符合现代科学研究的规范要求。

二、中药临床疗效评价指标

（一）常用疗效指标

药物上市的核心依据是其有效性，它不仅是药品上市的根本要求，也是获得市场准入的关键条件。为了证明药物具备临床上的有效性，申请人必须借助科学研究，其中包括执行规范的、对照良好的临床试验，以及采用可以准确反映或预测患者实际获益的疗效指标。选取恰当的临床试验疗效指标对于评估药物的临床效果至关重要，是确保药物研究可信度和有效性评估的基础。

疗效指标是用于评估医疗干预，如药物治疗、医疗设备或治疗方案有效性的量化指标，是在临床试验或医疗实践中设定的特定目标或测量点，通过这些指标可以判断治疗对患者健康状态的改善程度。疗效指标通常分为以下几类。

1. **主要疗效指标**　在临床试验中，主要疗效指标是能确切反映临床试验目的、药物有效性的指标。一般应在临床试验设计之初就确定。主要疗效指标直接反映了治疗的核心目标，是试验成功与否的关键判断依据。

2. **次要疗效指标**　除了主要目标外，临床试验还可能评估一系列次要目标，用于收集治疗可能产生的其他有益效果的信息。一个临床试验中，可以设计多个次要指标。次要疗效指标有助于提供更全面的治疗效果评估。

3. 安全性指标 是用于评估医疗干预，特别是药物治疗、手术操作或使用医疗设备等对患者可能造成的不良影响或副作用的量化指标。安全性指标对于评估药物的风险－效益比是必不可少的，包括不良事件的发生率、严重不良事件等，这些指标对于全面了解治疗方案的安全性至关重要，帮助医疗专业人员和患者权衡治疗的风险与益处。

在选择临床疗效指标时，我们要注意以下几个关键点，一是要精确挑选反映中医证候和药物特点的指标；二是能够结合现代医学研究，建立包含中医主观证候和客观指标的综合评价体系；三是需要构建多维度、以研究目的为导向的疗效评价指标体系。

（二）疗效评价模式

1. 以证候为核心的疗效评价 中医药学实践中，辨证论治原则是核心，其中证候的疗效评价是评估中药临床效果的一个显著特点。直接采用西医评价体系来衡量中药疗效，可能会忽略对中医证候的关键评价，导致无法全面客观地反映中药的实际疗效。中医治疗的优势在于通过整体调节策略纠正"证"的失衡状态，这要求评价中医疗效时，必须考虑到对"证"改善情况的评估。

中医证候的疗效评价包括证候相关指标的选取，如主要症状的变化，这些指标既反映了中医"辨证论治"的特色，也适用于评价中医治疗效果显著的疾病。然而，这些评价方法存在主观性强和标准难以统一的问题。为了准确评估中药疗效，通常采用包括四级标准法、循证医学法和量表法在内的多种方法。这些方法旨在通过科学研究提供疗效评价的准确依据，其中四级标准法通过加权积分法评估症状变化，循证医学法强调基于临床研究创造最佳证据，量表法则通过定性和定量分析综合评价中医证候的变化。通过这些方法，中医药学不仅在保持其传统治疗原则的同时，也在不断引入现代科学技术来规范和优化证候疗效的评价。

例如：①通过分析试验药物与对照药的作用强度来提出证候疗效分级的方法，并特别关注数学计算可能引入的级差偏差问题。②采用四级标准法，对特定中药方在糖尿病肾病治疗中的效果进行系统性研究，并通过治疗前后的积分变化来评估疗效。③采用循证医学的原则和方法，对某些中药方在治疗特定疾病急性期的文献进行全面的检索和质量评价，重点分析这些中药方的临床疗效，以寻找可靠的治疗证据。在建立和完善中医证候评估体系方面，借鉴了循证医学理念，通过进行随机对照试验和系统性文献分析，进一步发展中医药研究方法。④构建一个涵盖功能状态、心理功能和中医证候3个维度的疗效评价量表，用以探讨中医疗效评价量表制作的方法学问题，并提出结合定性和定量指标的评价方法。通过对特定疾病的中医证候量表进行初步构建、筛选及预调查，并对量表的效度和信度进行检测，为疾病中医证候评定标准的规范化研究提供新的思路和方法。

这些研究表明，中医药学界正不断探索和完善中医证候疗效评价的科学方法，旨在更准确地反映中医药的临床疗效，为中医药的现代化发展和国际化推广奠定坚实的科学基础。

2. 以终点指标为核心的疗效评价 终点指标是指在临床研究中对患者的影响最大、最为直接且极度关注的临床事件，如疾病的最终结果或重大的临床事件（例如心肌梗死、骨折或脑卒中的发生）。这类指标能够真实反映治疗干预的效果，具有较小的偏差，因而被视为评估临床疗效的"硬指标"，在中药临床疗效评价中尤为重要。通过以终点指标为基准的评价，可以直观展现中药治疗的实际效用，为临床提供客观的证据支持。这符合中医治疗追求根本解决问题的理念。

终点指标主要用于评价治疗的长期效果，特别适合于慢性疾病的研究，但这要求较长的观察周期和更大的样本量，同时也涉及更多的影响因素。在实际的临床研究中，由于经费和时间的限制，常采用替代指标作为主要的疗效评价指标，尤其在新药的Ⅱ期和Ⅲ期临床试验中更为常见。

例如，在一项针对亚洲地区心力衰竭患者的前瞻性研究中，研究者将一年内全因死亡和再住院率作为终点指标，以此来分析不同患者群体的治疗效果。另一项研究则发现，许多慢性心力衰竭患者愿意为了改善症状和生活质量而牺牲部分生存时间，这一发现强调了在慢性疾病治疗中，提升患者生活质量和关注患者情绪变化的重要性。

这些研究表明，终点指标在评价中药治疗效果时具有重要作用，能够为中医药的科学研究和实际应用提供坚实的证据基础。

3. 以症状体征改善为核心的疗效评价　《中药新药临床研究指导原则（试行）》中提出了"症状轻重分级"这一概念，用以评价症状和体征改善的程度，这个分级系统把改善划分为临床痊愈、有效、显效和无效4个等级。通过加权积分法，即对症状和体征的改善给予积分并累计加权，来评定疾病的治疗效果，从而为中药疗效提供一个评价标准。这种基于症状和体征改善的评价方法，直观反映了中药治疗的有效性，是中药新药临床研究中最常用的疗效评价方式。

症状体征指标，既包括患者的主观感受，也包括医生通过观察或检查得到的客观数据。这些指标被广泛认可并应用于多种研究中，但由于其具有较强的主观性，受患者认知和医生经验等多种因素影响，在实际使用时应当明确定义、量化标准。例如，一项研究分析了急性胰腺炎患者在接受特定中药汤剂联合某肽类药物治疗后，临床体征指标的恢复情况，以此评估治疗对症状体征的影响。另一研究通过考察心绞痛患者的症状体征指标，如发作频率、持续时间、硝酸甘油用量及疼痛评分等，评估了某中药胶囊联合常用心脏病药物治疗不稳定型心绞痛的疗效及其对血液流变学和炎症因子的影响。这些研究展示了基于症状和体征的疗效评价方法在中药临床研究中的应用价值。

4. 以患者报告结局为核心的疗效评价　过去50年里，临床各科领域已经开发了适用于60余种疾病的患者报告结局（patient-reported outcome，PRO）量表，这些量表广泛应用于临床研究和新药的临床试验。

PRO量表是一种基于患者直接报告的评价工具，用于测量患者健康状态的各个方面，这种方法的特点在于它能够反映中医"以人为本"的治疗理念，强调患者主观感受的重要性，从而在一定程度上突出中医治疗的优势，并使疗效评价更加客观和科学。例如"中医主观症状标准化量表"和"中医客观症状标准化量表"，通过收集中医的主观和客观症状信息，实现症状的标准化收集。一个具有中医特色的PRO量表，可能覆盖生存质量、中医肝病、脾胃系疾病等多个领域。

PRO量表作为疗效评价的工具，在中医药研究中发挥着越来越重要的作用，为中医药的科学研究和应用提供了重要支持，同时也促进了中医药评价体系的发展和完善。

（三）核心指标集

1. 概述　核心指标集（core outcome set，COS）是在特定的健康或医疗保健领域内，所有临床试验都应当测量和报告的一系列标准化和最基本的结局指标集合。COS的主要目标是提高临床研究的效用，减少不同研究结果之间的差异，并提升研究的整体价值。拥有高质量的COS对于提高研究的透明度和价值极为关键，其中质量的考量包括方法学质量和报告质量两个维度。方法学质量侧重COS开发过程中对标准和规范的遵循，确保研究结果的科学性和可靠性；而报告质量则关注 COS 的报告完整性和全面性，是评估质量的一个重要方面。

为了促进 COS 报告的标准化并提高质量，有效性试验核心结局指标（core outcome measures in effectiveness trials，COMET）工作组于 2016 年 10 月推出了 COS 报告规范，即 COS-STAR 声明（core outcome set-staandards for reporting: the COS-STAR statement）。此后，中国学者于 2017 年 7 月发布了 COS-STAR 声明的中文版，旨在提高中文临床研究报告的规范性。同年，"基于共识标准选择健康测量工具"（consensus-based standards for the selection of health measurement instruments，COSMIN）工作组发布了 COSMIN 清单，专门评估与患者报告结局（PRO）相关的测量工具的质量，从而进一步加强临床研究的科学基础和实际应用价值。

为了确保 COS 研究的质量，COMET 工作组制定了一系列指导规范和实用工具，包括 COS-STAR（核心指标集报告规范）、COMET 工作手册、COS-STAD（核心指标集研制规范）、COS-STAP（核心指标集标准方案），以及 COS-SOMI（核心指标集测量工具选择实践指南）。这些资源旨在提升 COS 研究的透明度、完整性、规范性，并指导 COS 的实施和报告，以增强临床研究的价值和可靠性。

COS-STAR 声明和 COS-STAP 清单分别聚焦于 COS 研究报告和研究方案的标准化，明确了包括研究背景、方法、结果、讨论等内容的报告条目。COMET 工作手册提供了 COS 研究的全面指导，包括研制背景、步骤、实施、复核与更新及其发展与推广。COS-STAD 则专注于 COS 的研制过程，包括确定范围、利益相关者参与和共识过程的具体条目。COS-SOMI 为指标测量工具的选择提供了规范性建议，确保测量工具的科学性和适用性。

通过这些指导规范和工具，COMET 工作组旨在促进 COS 在临床研究中的规范使用，确保研究结果的科学性和实用性，从而提升研究质量和促进医疗保健领域的进步。

2. 构建 构建一个体现中医药特性的临床评价体系，包括开发评价指标，是中医药发展中的一个重要方法论问题。中医药临床研究面临的主要挑战之一是评价指标的不统一、缺乏标准化、不被广泛认可及随意性较大。为了克服这些问题，中医药临床研究借鉴 COMET 工作组在建立核心指标集（COS）方面的经验和做法，创建了适用于中医药的自有中医药临床试验核心指标集（core outcome set of traditional Chinese medicine，COS-TCM）。COS-TCM 的构建可以分为以下几个步骤（图 9-7）。

（1）确定 COS-TCM 的适用范围：在制定 COS-TCM 时，关键在于明确其适用范围。这包括确定目标疾病、目标人群及具体干预措施。COS-TCM 可以针对某一特定疾病的患病群体，适应于多种治疗方法，或某种特定治疗手段，如手术或药物治疗等。适用范围的确定还需考虑中医的证候分型、患者的年龄或疾病的病程等多种因素。此外，我们还需要明确 COS-TCM 的设计目的，确保其在实际应用中的有效性和实用性，从而提高中医治疗的整体质量和效率。

（2）COS-TCM 研究规划与注册：在开展 COS-TCM 研究之前，首先要通过广泛的文献检索来确认是否已有相关研究存在。如果没有相应的研究，需要针对现有临床研究或系统评价中的结局指标多样性进行评估，例如利用结局矩阵来展示这些指标的不一致性及潜在的报告偏倚，从而明确制定 COS-TCM 的必要性。

在 COS-TCM 研究正式开始前，必须制定并注册研究方案，建议将研究计划书公开发表。研究方案应详细说明包括适用范围、研究方法、参与的研究机构及成员、资助来源等信息。所有 COS-TCM 的研究都应在 COMET 协作网络或中国临床试验核心指标集研究中心进行注册，以保证研究的透明度和可追溯性。

（3）制定研究方案：在开展 COS-TCM 研究时，研究者需要确定哪些利益相关方将参与到研究过程中，包括医生、研究人员、患者、政策制定者、企业代表及广大公众。挑选参与者时，要综合考量各个群体的人数规模、代表性、参与意愿及可能存在的利益冲突。通常情况下，应确保至少有来自卫生技术领域的专业人士和患者加入到研究团队，以确保研究的全面性和有效性。

（4）确定 COS-TCM 结局指标：构建 COS-TCM 结局指标的过程涉及几个关键步骤，以确保收集到的指标能准确反映临床研究的关键结果。

1）进行系统性文献回顾来集合初步的结局指标列表，限制文献检索的时间范围至最近的 24 个月，旨在减少工作负担，同时确保获取最新的研究成果。

2）通过与患者等研究参与者进行详细的访谈，深入了解他们对于各个结局指标重要性的看法，从而对初步收集的指标进行修正和补充。根据 COMET 工作手册的建议，将结局指标依据其性质分为 12 个主要类别，如生理和病理状态、生活质量和心理健康等。

3）设计德尔菲调查问卷，列出所有潜在的结局指标，确保问卷结构清晰、内容全面。同时，明确区分短期和长期结局指标的测量时间点，例如，建议只在超过一年的随访研究中评估某些特定的结局，如放射性损伤。

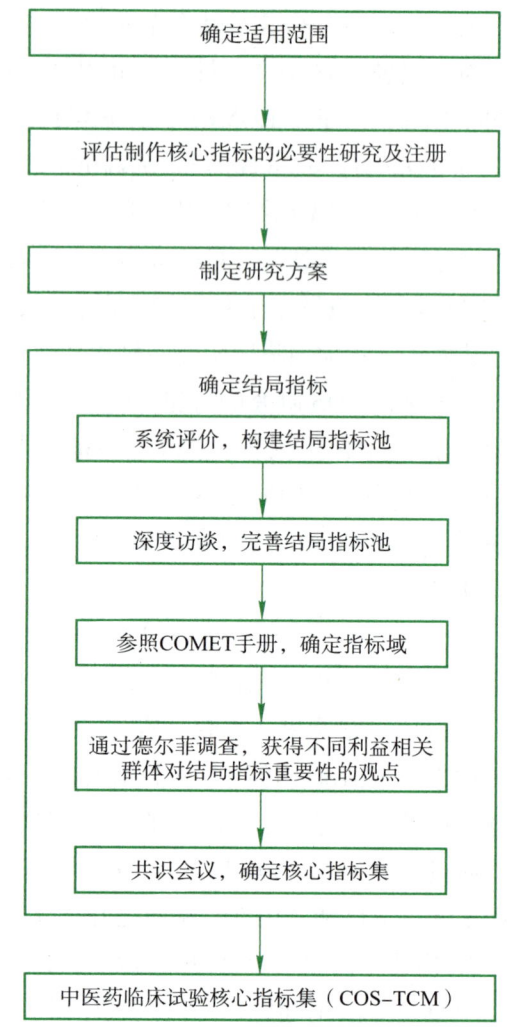

图 9-7　中医药临床试验核心指标集（COS-TCM）的构建流程

4）举行共识会议，研究团队向参会的专家详细介绍德尔菲调查的过程和候选指标，通过讨论和投票确定最终的核心指标集。如果出现分歧，可以通过名义小组方法来解决，以达成共识。

建立中医药临床试验核心指标集能够解决临床研究评价指标中存在的诸多问题，有助于提高中医药临床研究质量。例如，在应对全球范围内乙型肝炎病毒感染和慢性乙型肝炎患者的挑战中，传统抗病毒治疗存在多重局限性，中药因其在改善症状和肝功能方面显示出的潜力而在中国得到广泛应用。基于这一背景，通过系统评价和专家共识的方法，建立了适用于中医药治疗慢性乙型肝炎的核心指标集，提升了中医药在该领域临床试验的方法学质量，并为后续临床证据的综合分析提供基础。再如，中药在肿瘤治疗中显示出潜在的疗效优势，但要准确展现这些优势，必须依赖公认疗效指标的精确测量和数据分析。针对中医药治疗肺癌的临床疗效评价指标多样且公认度低的问题，参照国际 COMET 协作网和中医药临床试验核心指标集研制技术规范，构建了治疗肺癌的核心指标集，包括五类指标及相应公认的评价道具，提升了肺癌中医临床研究设计和证据转化应用。

拓展阅读 9-1:《中医药临床试验核心指标集研制技术规范》介绍

核心指标集研究方法还不成熟，因此中医药临床试验核心指标集的制定过程也面临一些挑战，包括难以标准化的原始结局指标、指标分类的交叉性、缺乏反映中医特色的指标和测量工具，以及达成国际共识的困难。这些问题凸显了在中医药临床研究中发展科学、规范化评价体系的紧迫性和复杂性。

三、中药临床疗效评价模型

中医药的临床疗效评价是一项复杂而系统的工程，主要是因为中医药的理论和治疗方法具有独特的特质。中医药学的核心理念包括"整体观念"和"辨证论治"，这两大特点指导着中医治疗和疗效评价的全过程。中医药治疗的疗效是由多重因素共同作用的结果，包括但不限于人文关怀产生的心理效应、药物的多组分和多靶点作用、针灸和艾灸的物理效应等。

在评价中医药的临床疗效时，面临的挑战之一是如何从多种可能的评价方法中选择出既能体现中医药自身特色，又能被国内外学术界广泛认可和接受的方法和体系。有效的疗效评价应该是全面和客观的，不应仅限于单一指标的分析或多指标的简单叠加。考虑到中医药疗效的产生是一个多系统、多层次、多方面的过程，疗效评价方法应当能够综合反映这些复杂性，同时评价指标应具备代表性、可靠性和可量化性。

针对中医药独特的治疗特色，评价疗效时需采用包含长期和短期效果、直接和间接效果的综合评价方法，确保评价结果能全面反映治疗的实际效果。因此，构建一个符合中医药特点的临床疗效评价体系，不仅需要深入理解中医药的理论和实践，还需要运用现代科学的方法和技术，以确保评价的科学性、准确性和普适性。

（一）综合评价模型

在中医药治疗的效果评估中，考虑到其作用机制涉及多个目标点、途径和通道，以及疾病结果的多维性特点，依赖单一指标的评价方法往往不能全面反映治疗的整体效果。这是因为单一指标评估仅能揭示治疗在某个特定方面的作用或原理，而不能提供一个全面的研究评估视角。尤其当不同维度的结局指标呈现不一致甚至对立的结果时，就难以形成一个明确的结论。

结合综合评价与单一指标评价的方法既可以充分挖掘和利用各个单独指标的信息，又能提供一个更广阔的评估视角，有助于更全面地反映中药综合干预的效果，以及患者的整体受益。进一步而言，为了克服传统中药疗效评估中依赖单一指标的局限性，需要开发新的评估方法以构建综合疗效变量，从而更好地评估中药新药的疗效。例如，偏最小二乘－二阶因子模型可以提供高效的解决方案。该方法通过基于真实数据的客观加权，考虑变量的结构特点，构建一个层次化、结构化的综合评价模型及其综合评分。这不仅克服了基于单一指标的评价限制，也更好地适应了中医临床治疗的特点，从而实现了对中药疗效的全面评价。

综合评价模型建立的步骤如下。

1. 资料收集和指标确定　中医药临床疗效评价指标包括中医病证、症状或体征的疗效评价指标，理化检查指标，生存质量等。疗效指标的选择应反映中医证候主要病机和特征，同时根据不同组方治疗证候表现的侧重点不同，结合人用经验对契合药物特点的疗效评价指标精确筛选，建立起既有中医证候的主观症状，又有客观指标的综合疗效评价指标。

样本的选取则可通过医院的医疗信息系统或中医临床病历提取相关信息。

2. 数据处理　对指标数据需要进行的一定的预处理，使其转换为同一方向。如每天走路的步数是正向作用，走得多有助于保持健康，而抽烟是负向作用，抽得越频繁对健康越不利。那么我们可以将抽烟的频率根据不同的水平按 0～9 赋值，赋值越大表示抽烟频率越低，对健康的负向作用越小，即 0 表示抽烟次数最多，从而达到与步数方向一致的目标。

3. 统计学方法分析　常用的统计学方法包括偏最小二乘、单因素分析、逻辑回归、多变量回归及网络分析等。这些方法在第三章和第四章中有详细的介绍。根据选定的统计学方法构建模型估计参数，并利用拟合优度方法检验模型，计算出综合疗效得分。根据得分进行疗效分析比较，计算差异显著性。

（二）纵向数据模型

纵向数据是一种通过在不同时间点对相同对象进行多次观测而收集的数据类型，它结合了时间序列和截面数据的特点。纵向数据的收集方式与横向数据不同，后者仅在一个时间点对对象进行单次观测。纵向数据的分析超越了传统横断面研究的描述性统计局限，能够提供关于时间变化影响的深入洞见。

在医学领域，纵向数据展现了几个独特的特性，包括时间的连续性、不等间隔的时间观测点、数据的自相关性及变量类型的复杂性。为了有效地比较不同治疗方案的疗效，并分析影响疗效的因素，需要根据这些数据特征构建合适的模型，从而实现对各种药物治疗效果的精确评估。

常用的纵向数据模型包括广义线性混合模型、广义估计模型、非线性混合效应、重复测量方差分析等。

以广义估计模型为例，广义估计方程是一种分析纵向数据的方法，侧重分析因素对总体水平的影响。令 y_{ij} 表示第 i 个个体的第 j 个观测值，$i = 1, 2, \cdots, n$；$j = 1, 2, \cdots, t$。X_{ij} 为相应自变量，$X_{ij} = (X_{ij1}, X_{ij2}, \cdots, X_{ijp})$，$p$ 为个体重复测量次数。广义估计方程的模型构建步骤如下。

1. 构建响应变量与解释变量关系式　$E(y_{ij}) = \mu_{ij}$，$g(\mu_{ij}) = X_{ij}^{\mathrm{T}} \boldsymbol{\beta}$，$g(\cdot)$ 为连接函数，$\boldsymbol{\beta} = (\beta_0, \beta_1, \cdots, \beta_p)$ 为模型参数。

2. 计算响应变量的条件方差　$\mathrm{Var}(y_{ij}) = \lambda V(\mu_{ij})$，$\lambda$ 为尺度参数，需要根据模型估计，$V(\cdot)$ 表示方差函数。

3. 个体重复观测间相关性计算　个体内部重复测量值之间的相关矩阵通常采用给定的相关结构矩阵 $\boldsymbol{R}_i(\boldsymbol{\alpha})$ 替代，$\boldsymbol{\alpha}$ 是未知参数向量，其对应的协方差矩阵可以表示为 $V_i = A_i^{\frac{1}{2}} \boldsymbol{R}_i(\boldsymbol{\alpha}) A_i^{\frac{1}{2}}$，$A_i$ 是维度 $p \times p$ 的对角矩阵，对角线元素为 $\lambda V(\mu_{ij})$。从而得到 $\boldsymbol{\beta}$ 的估计方程为

$$S(\boldsymbol{\beta}, \boldsymbol{\alpha}, \lambda) = \sum_{i=1}^{n} \frac{\partial \mu_i}{\partial \boldsymbol{\beta}} V_i^{-1}(\boldsymbol{\alpha}) (\boldsymbol{y}_i - \boldsymbol{\mu}_i) = 0 \tag{9-1}$$

在广义估计方程中，相关结构的选择对估计的精确性有一定意义。正确的相关结构使结果更加精确。常见的相关结构矩阵构建方法包括以下 5 种。

（1）独立结构：对角线元素为 1，其余为 0，其相关矩阵形式如下。

$$C(Y_{ij}, Y_{ik}) = \begin{cases} 1, & j = k \\ 0, & j \neq k \end{cases} \tag{9-2}$$

（2）可交换结构：对角线元素为 1，其余为 η，其相关矩阵形式如下。

$$C(Y_{ij}, Y_{ik}) = \begin{cases} 1, & j = k \\ \eta, & j \neq k \end{cases} \tag{9-3}$$

（3）一阶自回归相关结构：其相关矩阵形式如下。

$$C(Y_{ij}, Y_{i,j+t}) = \boldsymbol{\alpha}^{\mathrm{T}}, t = 0,1,2,\cdots,n_i-j \tag{9-4}$$

（4）无结构相关：其相关矩阵形式如下。

$$C(Y_{ij}, Y_{ik}) = \begin{cases} 1, & j = k \\ \eta_{jk}, & j \neq k \end{cases} \tag{9-5}$$

（5）m 阶相邻相关：其相关矩阵形式如下。

$$C(Y_{ij}, Y_{i,j+k}) = \begin{cases} 1, & t = 0 \\ \eta_t, & t = 1,2,\cdots,m \\ 0, & t > m \end{cases} \tag{9-6}$$

对广义估计方程的模型评价一般采用 QIC 准则（quasi-likelihood under the independence model criterion），QIC 形式为

$$QIC = -2Q_R + 2trace(\boldsymbol{A}_I^{-1}\boldsymbol{V}_R) \tag{9-7}$$

QIC 值越小，说明模型越合适。当 $trace(\boldsymbol{A}_I^{-1}\boldsymbol{V}_R) \approx trace(\boldsymbol{I}) = p$ 时，则有 QIC 的简化形式

$$QIC_\mu = -2Q(\hat{\mu}; \boldsymbol{I}) + 2p \tag{9-8}$$

四、组学技术在中药临床疗效评价中的应用

第二章第三节中药生物信息学数据部分，介绍了基因组学、蛋白质组学和代谢组学及相关数据的获取方法等。近年来，随着中药研究的发展，组学技术在中药临床疗效评价中也被广泛应用。

（一）基因组学在中药临床疗效评价中的应用

基因组学是整体水平上对基因的活动规律进行探讨，它以分子生物学、电子计算机和信息网络技术为研究手段，它是从整体基因组的层次来阐明所有基因在染色体上的位置、结构，基因产物的功能，以及基因之间的关系。

人类基因组学的研究方法和核心理念与中医学的整体观和辨证施治理念存在诸多相通之处。基因组学深刻洞察到基因相互之间的复杂联系，即一种疾病可能源自多个基因的变异，同一基因在不同的表达状态下又可能引发多种疾病。尤其是随着研究重心从结构向功能的转移，基因间的相互作用与联系受到了更多的关注，这一点体现了基因组学与中医学在思维方式上的相似性，为中医证候研究提供了新的思路和技术支持。例如，在一项某中药处方对于慢性肝病患者的临床疗效研究中，以外周血液中丙肝 RNA 水平为评价指标，结果显示在试验组中丙肝 RNA 水平显著低于对照组。这表明中药处方能显著降低丙肝 RNA 表达。

然而，目前将基因组学应用于中药临床疗效评价的研究还相对较少，这主要归因于两个方面的挑战：一是临床样本采集的局限性。对于多数疾病而言，很难获取疾病部位的组织样本进行基因表型检测或转录组提取，更多情况下，研究依赖血清/血浆、尿液、粪便等临床常规样本来判

断病理变化或治疗效果，但这些样本所含的基因组和转录组信息并不能完全反映疾病部位的具体病理状态。二是缺乏明确的遗传学靶基因和相应的疗效评价标准，这意味着难以通过靶向检测来明确药物的治疗效果。

（二）蛋白质组学在中药临床疗效评价中的应用

中医学以整体观念和辨证论治为其核心特征，这与蛋白质组学的整体性、系统性、动态复杂性及阶段稳定性的特点高度契合。蛋白质组学不仅能在整体水平上研究机体的蛋白质，反映基因组的动态变化，还与中医诊断过程中的"辨病"和"辨证"两大环节相吻合。作为中医药理论体系核心的中医病机理论，可以通过蛋白质组学方法分析不同病机患者的血清、尿液或组织蛋白质，通过质谱鉴定寻找差异蛋白质，从而助力临床诊断。同时，蛋白质组学亦能通过质谱分析揭示不同疾病同一病机的微观特异性，并进一步阐明中医药治疗作用机制。中医证候学和蛋白质组学都注重从整体角度探究健康与疾病。中医证候学侧重于理解人体阴阳、气血和脏腑之间相互作用的整体病理状态，而蛋白质组学则从细胞、组织或器官的蛋白质全集入手，探索蛋白质的多样性如何共同影响机体功能。两者均认识到，生物体处于一个动态平衡状态，会随内外环境变化而调整。

这种整体观的共性，为中西医学的融合提供了新视角。特别是中医的辨证施治理念与蛋白质组学对生物体状态动态变化的关注，两者相辅相成，为中医证候的科学研究提供了新的方法。蛋白质组学的进步，特别是在理解蛋白质如何反映疾病状态方面的进展，进一步加深了对中医证候本质的理解，促进了中西医学的交流和融合。例如，在一项针对慢性肾病患者的定量蛋白质组学研究中，研究团队分析了治疗前后 IgA 肾病患者血浆的蛋白质组学特征变化，并开发了一种评估患者与健康人之间综合生物标志物的距离的方法。研究结果显示，这种距离与患者对药物治疗的响应及其长期预后呈正相关。进一步的研究将这种评估方法应用于评价类固醇疗法与中药 – 类固醇联合疗法对 IgA 肾病患者的疗效，发现联合疗法相比单一类固醇疗法能更有效地使患者的蛋白质组学特征趋于正常。这种综合评估策略不仅提供了一个个性化的疗效评估平台，而且为基于蛋白质组学特征的中药疗效评价方法的开发提供了借鉴。另一项关于参芪化瘀方的多中心、随机、双盲、安慰剂对照临床试验方案也提到，通过蛋白质组学技术来评估该方剂在糖尿病性下肢动脉疾病患者中的疗效和安全性，阐释其治疗糖尿病的机理，并筛选具有中医诊断和临床疗效评价特征的生物标志物。这表明蛋白质组学技术在中药临床疗效评价研究中正发挥着越来越重要的作用。采用生物标志物与临床疗效指标相结合的评价方法能够更好地体现中药的多成分多靶点治疗特性，并对中药复杂体系的潜在疗效靶标探索具有重要意义。

（三）代谢组学在中药临床疗效评价中的应用

代谢组学是继基因组学、蛋白质组学之后近年来新兴的组学研究方法，已成为系统生物学的关键组成部分，代谢组学揭示整体生物系统的变化。中医学视人体为一个统一整体，认为证候是由多种条件和因素综合作用产生的病变，通过辨证施治，依据疾病的不同阶段和证型，选择合适的治疗方法，包括合理配伍方剂、结合个体体质及时调整药物剂量，以实现动态调治，达到治愈的目的。这与代谢组学的研究具有相似性，为中医学的"病、证、方、药"理论体系提供了一种新的研究视角，因此代谢组学的研究手段为中医证候的评价提供证据支持，同时为中药的现代化和标准化推广奠定基础。

由于药味多、成分复杂、成分间的交互作用，以及在炮制及煎煮过程中发生的化学反应等多重因素，中药复方展现出其药效及作用机制的复杂非线性特性。因此，中药复方对人体疾病的调节作用为多种成分的综合作用效果。当方药成分进入人体并发挥疗效时，其基本过程为药物分子与人体内生物分子之间的相互作用，这一过程涵盖了多成分、多靶点及多途径的相互作用，这不可避免地会引发遗传物质、细胞、器官乃至整体多个层面的结构与功能变化。通过将代谢组学技术应用于中药效果评估，观察药物在体内的代谢变化过程及其引起的内源性代谢物变化，不仅可以揭示中药疗效的物质基础和处方配伍的内在规律，而且还能在治疗学方面推测中药的作用机制。

在中药临床疗效评价过程中，研究者可以通过比较中药治疗前后患者体内的代谢标志物的变化，辅助临床疗效评价。例如在一项随机对照临床试验中，研究显示葛根汤对严重痛经有明显的缓解作用，并且未观察到任何不良反应。经过连续三个月经周期的治疗，试验组的视觉模拟评分显著低于安慰剂对照组。通过代谢组学分析，试验组与安慰剂组之间的代谢谱有明显区分，并识别出差异显著的代谢物。这些代谢物与线粒体功能、氧化还原平衡、炎症性疼痛以及情绪调节等生理过程密切相关。这些发现表明葛根汤可能通过调节这些差异代谢物的含量，并通过作用于多个靶点和途径来发挥其镇痛效果。

相较于基因组学和蛋白质组学等其他组学研究领域，代谢组学在中药临床研究中展现出特定的优势，具体体现在以下 4 个方面：①代谢组学主要关注生物体的体液，如血清、尿液、唾液、精液、脑脊液和胸腔积液等，这些样本的采集与处理过程相对简便，能有效减少患者的不适。②代谢物是基因和蛋白质功能活动的直接产物，其在代谢层面的变化往往是基因组和蛋白质组变化的放大，使得代谢物的检测变得更为直接和易于观察。③与庞大的基因和蛋白质数据库相比，代谢组学不需要建立复杂的全基因组或表达序列标签数据库，因为代谢物的种类相对较少。代谢组学的结果易于与临床生化指标和功能活动建立联系，增强了其临床应用的直接相关性。④由于代谢物结构在不同生物组织中保持一致，无种属特异性，代谢组学的检测技术具有更广泛的通用性，这些优势使代谢组学成为解读生物体功能状态的重要工具。

（赵　娟　孙继佳）

🌐 **数字资源详见　新形态教材网**

📖 编者导学　　👥 拓展阅读　　🖥 教学课件　　✂ 思考题

参考文献

[1] 吕玉光，高晓燕.仪器分析 [M].北京：中国医药科技出版社，2021.

[2] 陈铭.生物信息学 [M].3 版.北京：科学出版社，2018.

[3] 严蔚敏，李冬梅.数据结构（C 语言版）[M].2 版.北京：清华大学出版社，2015.

[4] 高组新，言方容.医药统计分析与 SPSS 软件应用 [M].北京：人民卫生出版社，2018.

[5] 张文彤，董伟.SPSS 统计分析高级教程 [M].3 版.北京：高等教育出版社，2017.

[6] 王耘，乔延江.中药信息学 [M].北京：科学出版社，2018.

[7] 陈峰.医用多元统计分析方法 [M].2 版.北京：中国统计出版社，2007.

[8] 周志华.机器学习 [M].北京：清华大学出版社，2016.

[9] 赵军，刘文婷.Python 医学数据分析入门 [M].北京：人民邮电出版社，2022.

[10] 刘顺祥.从零开始学 Python 数据分析与挖掘 [M].北京：清华大学出版社，2018.

[11] 华琳.医学数据挖掘案例与实践 [M].北京：清华大学出版社，2023.

[12] 崔蒙，吴朝晖，乔延江.中医药信息学 [M].北京：科学出版社，2015.

[13] 王映辉，刘保延.中医临床信息学 [M].北京：科学出版社，2017.

[14] 崔蒙.中医药信息学概论 [M].北京：科学出版社，2016.

[15] 高蕊，张俊华.中医药临床疗效评价方法 [M].北京：中国中医药出版社，2021.

郑重声明

高等教育出版社依法对本书享有专有出版权。任何未经许可的复制、销售行为均违反《中华人民共和国著作权法》，其行为人将承担相应的民事责任和行政责任；构成犯罪的，将被依法追究刑事责任。为了维护市场秩序，保护读者的合法权益，避免读者误用盗版书造成不良后果，我社将配合行政执法部门和司法机关对违法犯罪的单位和个人进行严厉打击。社会各界人士如发现上述侵权行为，希望及时举报，我社将奖励举报有功人员。

反盗版举报电话　　（010）58581999　58582371
反盗版举报邮箱　　dd@hep.com.cn
通信地址　北京市西城区德外大街4号　高等教育出版社知识产权与法律事务部
邮政编码　100120

读者意见反馈

为收集对教材的意见建议，进一步完善教材编写并做好服务工作，读者可将对本教材的意见建议通过如下渠道反馈至我社。

咨询电话　400-810-0598
反馈邮箱　gjdzfwb@pub.hep.cn
通信地址　北京市朝阳区惠新东街4号富盛大厦1座　高等教育出版社总编辑办公室
邮政编码　100029

防伪查询说明

用户购书后刮开封底防伪涂层，使用手机微信等软件扫描二维码，会跳转至防伪查询网页，获得所购图书详细信息。

防伪客服电话　　（010）58582300